JN025330

最新
重要判例解説

民事訴訟法

Civil Procedure

小林秀之 Kobayashi Hideyuki
山本浩美 Yamamoto Hiromi

日本評論社

は し が き

　本書は、現行民訴法が成立した平成 8 年以降の民訴法に関する24の重要な最高裁判例を読み解き、それぞれのポイントや意味するところを解説したものである。

　民訴法に限らず、各主要法令に関する重要な判例、とりわけ近時の判例を客観的かつ詳細に解説した本があれば至便この上ないということは、法律学に関わったことがあれば誰しも思うことである。近時の判例の動向・趨勢の把握はそれぞれの法令の理解、解説や研究に必要不可欠だからである。しかし、いざそういう本を執筆しようとしても、近時の重要判例をピックアップし、研究者や実務家のみならず学生等の学習者のニーズにも目配りしつつ広い視野に立って緻密に解説するというのは容易なことではない。網羅的な調査を要し、単独の著者あるいは少数の著者の仕事としては労が多い割には、専門性という点で報われるものが乏しいということもある。

　本書はそうした困難を覚悟の上で、実務的にも学習にも有益な本を世に送りたいとの思いで執筆されたものである。

　本書をご一読いただければ、現行民訴法成立後の平成期を中心とした最高裁判例が新しい方向性を打ち出しつつあることがわかるはずである。ここでいくつか例を挙げてみよう。

　まず、第 1 事件として冒頭で扱っている玉龍寺事件である。この判例は、学説や過去の判例が混迷を深めていた宗教団体の内部紛争における民事審判権の限界という問題について、「宗制に違反して甚だしく本派の秩序を紊した」と構成することによって、宗教上の教義や信仰の内容に立ち入ることなく裁判所が判断できるという新たな方向性を示している。

　第2事件の大成建設事件でも、学説と判例の対立が激しかった一部請求における残部請求の可否について、中間的な方向性を打ち出している。すなわち、信義則に照らして一部請求敗訴後の残部請求は許されないとするが、一部請求勝訴後の残部請求は許されるという従来の判例の立場と合わせると、それなりに妥当な方向性を示したものといえるだろう。

　第6事件では、遺産確認の訴えの適法性を前提としつつ、相続分全部を譲渡した者はその後の遺産分割審判等で当事者にならないのだから遺産確認の訴えでも当事者適格を失うとしている。遺産確認の判断が、遺産分割審判等の前提問題としての機能を果たしていることを明確にした判決である。

　第10事件では、学説が近時有力に主張していた「法的観点指摘義務」を最高裁が正面から認め、釈明義務の一態様として肯定した。「法的観点指摘義務」は、主張共通の原則から当事者が陳述した自己に不利益な事実を認定できるが、その場合裁判所は釈明することを要するとした第9事件でも、「法的観点指摘義務」の考え方が示唆されている。また、第15事件では「法的観点指摘義務」が既判力の範囲に影響を及ぼすとの考え方が、少数意見として示されている。

　本書では第6章（証拠の収集）において、文書提出義務をめぐる4件の判例（第11事件〜14事件）を取り上げている。一見すると判例の傾向として文書提出命令の判例が許可抗告事件であるにもかかわらず増えているように見える。確かに文書提出命令をめぐる判例の増加傾向は顕著であり、この4件はそうした多数の判例の一部に過ぎない。文書提出命令をめぐる判例といえば、貸出稟議書についての最決平成11年11月12日・民集53巻8号1787頁を思い浮かべる読者が多いかもしれないが、今後の判例の動向を占うには、その限界を画す本書の第11事件や第12事件の方が重要であると考えられる。社内通達文書や自己査定資料がその限界を画し、全体として一定の範囲で提出義務が肯定される傾向を作り出していくと思われるからである。

　また、第18事件（馬毛島事件）では、入会権確認訴訟を固有必要的共同訴訟であるとした上で、提訴に反対する住民を被告として提訴した場合の当事者適格を肯定した。

　以上、「はしがき」ゆえ、本書で取り上げた24の判例のごく一部を紹介したに過ぎないが、全体をじっくりお読みいただければ、いずれも判例の新しい方向性を示唆していることがおわかりいただけるものと思う。

　つまり、現行民訴法成立後の平成期の判例の傾向を知れば、民訴法の判例の趨勢を把握することができ、あるいは今後の動向を占うこともできるのである。

　本書は若手研究者、法科大学院を含む大学院生、ゼミの学部生、さらには実務家を主な読者として想定している。しかし、民訴法に関心を持つ読者であれば、本書を読み通すことにより、民訴法の将来の意外な方向性がわかることを実感していただけるのではないだろうか。

　このような意図を実現するため、本書の執筆にあたってはなるべく客観的で網羅的な叙述を心がけた。私たち著者の見解は、そうした叙述の後景に退いているが、賢明な読者には行間から読み取っていただければと願っている。

　また叙述のスタイルも、事件ごとにまず予備知識を提供した上で、設問形式の事案を提示し、小問を設けて順番に解説するという構成にした。こうすれば読者は興味を持って読み進めるだろうと考えたからだ。なお、設問は各種の試験問題に通じる形式とし、必要な読者には試験対策になるようにもしている。

　昨今の厳しい出版事情に加え、コロナ禍とそれによる緊急事態宣言下で、本書の原稿の完成はまさに「困難を極めた」という一言に尽きる。執筆にあたって参考文献を調べようにもコロナ禍のため図書館は休館していたし、対面での打ち合わせも思うに任せない状態であった。著者2名の共同作業は、ベースとなる第一稿を山本浩美教授が執筆し、それをもとに小林がコメントしながら修正加筆を行うという手順で進めた。

　本書は、2017年から2019年にかけての『受験新報』の連載「判例から考える民事訴訟法」がもとになってはいるものの、全面的に大幅な加筆・修正が施されている。

　最後になったが、ようやく出版にこぎつけたことについては、日本評論社
事業出版部の高橋耕氏と岩元恵美さんのご尽力によるところが大きい。著者
として深く御礼を申し上げる。

　　令和3年8月

　　　　　　　　コロナ・パンデミックと緊急事態宣言下のオリンピックのなかで

　　　　　　　　　　　　　　　　小林　秀之（文責）

　　　　　　　　　　　　　　　　山本　浩美

凡　例

頻出書籍の略称

伊藤：　　　　　伊藤眞・民事訴訟法（第7版・有斐閣・2020年）

兼子：　　　　　兼子一・民事訴訟法体系（酒井書店・1954年）

小林・新ケース：小林秀之・新ケースでわかる民事訴訟法（日本評論社・2021年）

小林・民訴法：　小林秀之・民事訴訟法（新世社・2013年）

新堂：　　　　　新堂幸司・新民事訴訟法（第6版・弘文堂・2019年）

高橋・概論：　　高橋宏志・民事訴訟法概論（有斐閣・2016年）

高橋・重点上：　高橋宏志・重点講義民事訴訟法（上）（第2版補訂版・有斐閣・2013年）

高橋・重点下：　高橋宏志・重点講義民事訴訟法（下）（第2版補訂版・有斐閣・2014年）

三木ほか：　　　三木浩一ほか・民事訴訟法（第3版・有斐閣・2018年）

一問一答：　　　一問一答新民事訴訟法（商事法務・1996年）

雑誌別冊増刊の略称

平成○年度主要民事判解：別冊判例タイムズ・平成○年度主要民事判例解説

平成○年度重要判解：　　ジュリスト臨時増刊・平成○年度重要判例解説

民執法判例百選（××年）：別冊ジュリスト・民事執行法判例百選

民訴法判例百選（第○版・××年）：別冊ジュリスト・民事訴訟法判例百選（第○版・×
　　　　　　　　　　　　　　　　　×年）

民法判例百選Ⅰ（第○版・××年）：別冊ジュリスト・民法判例百選Ⅰ総則・物件（第○
　　　　　　　　　　　　　　　　　版・××年）

リマークス△号：　　　　法律時報別冊・私法判例リマークス△号

論究ジュリ△号：　　　　ジュリスト増刊・論究ジュリスト△（××年）

判例集・雑誌の略称

民集：	最高裁判所民事判例集	際商：	国際商事法務
裁判集民事：	最高裁判所裁判集民事	司研論集：	司法研修所論集
		自正：	自由と正義
判時：	判例時報	ジュリ：	ジュリスト
判タ：	判例タイムズ	曹時：	法曹時報
判評：	判例評論	登研：	登記研究
		登情：	登記情報
金商：	金融・商事判例	判例自治：	判例地方自治
金法：	金融法務事情	比雑：	比較法雑誌
銀法：	銀行法務21	ひろば：	法律のひろば

法教：	法学教室	同法：	同志社法学
法協：	法学協会雑誌	富大経済論集：	（富山大学）
法時：	法律時報	日法：	日本法学（日本大学）
法セ：	法学セミナー	白鷗：	白鷗法学
		法学：	東北大学法学会
民研：	民事研修	法研：	慶應義塾大学大学院法
民商：	民商法雑誌		学研究科論文集
民訴雑誌：	民事訴訟雑誌	法政研究：	九州大学法政学会
		北星論集	北星学園大学経済学部
岡法：	岡山大学法学会雑誌	（経済学部）：	北星論集
法経学会雑誌：	岡山大学法経学会雑誌	北園：	北海学園大学法学研究
金沢：	金沢法学	明治学院ロー：	明治学院ローレビュー
熊法：	熊本法学	名城：	名城法学
商討：	商学討究（小樽商科大学）	立正：	立正法学論集
知財政策学研究：	知的財産法政策学研究	龍谷：	龍谷法学
	（北海道大学）		

※本文中の〔　〕は執筆者による注ないし補足である。

最新重要判例解説民事訴訟法●目次

民事審判権の限界

民事審判権の限界 玉龍寺事件

最判平成21年9月15日・裁判集民事231号563頁・判時2058号62頁

▶予備知識

　民事訴訟との関係で法律上の争訟性の有無がしばしば争われる場合として、宗教上の地位の存否や、ある宗教の教義の解釈が争われる事案がある。裁判所法3条にいう「**法律上の争訟**」とは、当事者間の具体的な権利義務ないし法律関係の存否に関する紛争であって、かつ、それが法令の適用により終局的に解決することができるものに限られる（最判昭和41年2月8日・民集20巻2号196頁）。したがって、具体的な権利義務ないし法律関係に関する紛争であっても、法令の適用により解決するのに適しないものは裁判所の審判の対象となりえない（最判昭和56年4月7日・民集35巻3号443頁）。法律上の争訟は、特に、訴えの利益や（民事）審判権の限界に関して議論される。

　「**訴えの利益**」とは、本案判決をすることの必要性およびその実際上の効果（実効性）を、個々の請求内容について吟味するために設けられる要件であり、その必要性・実効性が認められる場合に、その請求には、本案判決を求める利益（訴えの利益）があるとされる。民事訴訟は、具体的権利義務をめぐる紛争を解決するためのものであり、したがって、紛争の対象が権利関係として認められない場合、または、たとえ権利関係を対象とするものであっても、本案判決をすることによって当該紛争を解決することが期待できない場合には、裁判所が本案判決をなす要件に欠けるとされる。このような意味で問題にされるのが、訴訟要件としての訴えの利益である。訴えの利益の中には、2種類のものがある。第1は、訴えによって定立されている請求が本案判決の対象となりうるものかどうかを問題とするものであり、通常、「**権利保護の資格**」と呼ばれる。第2は、権利保護の資格が満たされていることを論理的前提とした上で、当該事件の事実関係を考慮して、本案判決によって訴訟物についての争いが解決されうるかを問題とするものであり、通常、「**権利保護の利益**」と呼ばれる。狭義で訴えの利益の概念を用いる場合には、これを意味する。

　ただし、権利保護の資格と権利保護の利益の概念は、その限界が明確でなく、それを欠いた場合の訴訟上の取扱いも変わるわけではないので、この区別は現在では重視されず、ともに訴えの利益の用語に包含されるに至っている（詳細は、第2章❷訴えの利益参照）。

　民事審判権の限界とは、民事司法権の内在的制約から、立法権や行政権がからむ紛争、自治的団体内部の紛争に対して、裁判所が審理や裁判を行うことができない場合があることを示し、その限界を考えるための概念であるが、従来は、訴えの利益の中で若干論じられるに過ぎなかった。民事訴訟との関係で法律上の争訟性の有無がしばしば争われる場合として、宗教上の地位の存否や、ある宗教の教義の解釈が争われる事案があり、これらに裁判所の審判権が及ぶかどうかが問題とされることがある。

判例のポイント 👆

　宗教法人がその所有する土地の明渡しを求める訴えは、請求の当否を決する前提問題となっている占有者である住職に対する擯斥（ひんせき）処分の効力を判断するために、宗教上の教義ないし信仰の内容に立ち入って審理、判断することを避けることができないという事情の下においては、裁判所法3条にいう「法律上の争訟」に当たらず、不適法である。

　「宗制に違反して甚だしく本派の秩序を紊（みだ）した」ことを理由とする上記住職に対する剝職処分の効力が問題となっているのであれば、必ずしも宗教上の教義ないし信仰の内容に立ち入って審理、判断する必要はない。

設　問

設例

　宗教法人であるXは、A寺の庫裏および本堂等（以下「本件各建物」という）を占有してA寺の境内地（以下「本件土地」という）を占有しているYに対し、本件土地の所有権に基づき、本件各建物から退去して本件土地を明け渡すことを求めた。

　Yは、Xの代表役員となっていたが、Xの代表役員は、「Xを包括する宗教法人である臨済宗妙心寺派（以下「包括法人B」という）の宗則の規程によってA寺の住職の職にある者」をもって充てることとされ、包括法人Bにおいては、住職は僧侶であることが前提とされている。そのため、当該住職が包括法人Bから擯斥処分、すなわち、僧侶の身分を喪失させ、僧籍台帳からその登録を削除する処分（包括法人Bの懲誡規程2条1号）を受けると、僧侶の身分を喪失すると同時に住職の地位を失い、その結果、Xの代表役員の地位も喪失するという関係にある。他方、Yは、自分が宗教法人Xの代表役員であることを前提として本件土地の占有を正当化し、同役員たる地位にあることをもって占有権原を主張するものと理解された。

　包括法人Bは、A寺の住職であるYが日本カルチャー協会の主催する「在家僧侶養成講座」に講師としてかかわり、同講座を受講した者に法階を授与するなどしたこと（以下「Yの上記行為」という）が、包括法人Bの懲誡規程4条1項3号所定の「**宗旨又は教義に異議を唱え宗門の秩序を紊した**」との擯斥処分事由に該当するとして、Yを擯斥処分（以下「本件処分」という）にした。

　Xは、Yが本件処分を受けたことにより、僧侶の身分を喪失すると同時にA寺の住職の地位を失い、その結果、Xの代表役員の地位も喪失したから、本件土地の占有権原を失ったと主張して、Yに対し、本件土地の所有権に基づき、本件各建物から退去して本件土地を明け渡すことを求めて訴訟提起した。

　第1審は、このXの請求を認容したが、原審（控訴審）は、本件処分の効力の有無が本件請求の当否を決する前提問題となっており、この点を判断するために上記擯斥事由の存否を審理する必要があるところ、包括法人Bの「宗旨又は教義」の内容について一定の評価をすることができないから、Xの訴えは、裁判所法3条にいう「法律上の争訟」に当たらないとして、これを却下した。そこで、Xが上告受理の申立てをした。

問　い

小問(1)　裁判所法3条にいう「法律上の争訟」について説明しなさい。

小問(2) 訴えの利益について説明しなさい。

小問(3) Ｘは、Ｙの上記行為が懲誡規定４条１項３号所定の擯斥事由に該当する旨主張しているのであって、この主張および上記擯斥事由の内容に照らせば、本件訴訟の争点である上記擯斥処分の効力の有無を判断するには、宗教上の教義ないし信仰の内容に立ち入って審理、判断することを避けることはできないことを前提にして、Ｘの訴えについて裁判所は本案判断をなすべきかについて説明しなさい。

小問(4) 上記懲誡規定５条１号は、「宗制に違反して甚だしく本派の秩序を紊した」ことを剝職事由として定め、また、包括法人Ｂにおいて、法階は、管長が叙任することとされている。仮に、Ｙの上記行為が上記剝職事由に該当するか否かが問題となっているとすれば、裁判所は宗教上の教義ないし信仰の内容に立ち入って審理、判断する必要があるかについて説明しなさい。

なお、剝職処分とは住職等を解職させる処分であり、本件では、剝職処分を受けた住職等は住職等としての地位を失い、その結果、Ｘの代表役員としての地位も喪失するという関係にあった。

判 例 か ら 考 え る

本問は、玉龍寺事件（最判平成21年９月15日・裁判集民事231号563頁）に基づいたものであり、設例と同様の事実関係において、同最判は、Ｘの訴えは裁判所法３条にいう「**法律上の争訟**」に当たらず、不適法としたが、その根拠をおおむね次のように判示している（以下「玉龍寺事件」という）。

「上記懲誡規定５条１号は、『宗制に違反して甚だしく本派の秩序を紊した』ことを剝職事由として定めているところ、包括法人において、法階は、管長が叙任することとされているのであるから（管長及び管長代務者規程３条１項６号、法階規程１条２項）、Ｙの上記行為が上記剝職事由に該当するか否かが問題となっているのであれば、必ずしも宗教上の教義ないし信仰の内容に立ち入って審理、判断する必要はなかったものと考えられる。しかし、Ｘは、Ｙの上記行為が懲誡規定４条１項３号所定の擯斥事由に該当する旨主張しているのであって、この主張及び上記擯斥事由の内容に照らせば、本件訴訟の

争点である上記擯斥処分の効力の有無を判断するには、宗教上の教義ないし信仰の内容に立ち入って審理、判断することを避けることはできないから、Xの訴えは、裁判所法3条にいう『法律上の争訟』に当たらず、不適法というべきである。これと同旨の原審の判断は、正当として是認することができる」。

　以下では、法律上の争訟、訴えの利益、宗教上の教義ないし信仰の内容と本案判断、および剥職事由と宗教上の教義ないし信仰の内容について解説する。

解　説

1　法律上の争訟

　設例のもとにした玉龍寺事件では、その訴訟の争点である擯斥処分の効力の有無を判断するには、宗教上の教義ないし信仰の内容に立ち入って審理、判断することを避けることはできないから、Xの訴えは、裁判所法3条にいう「**法律上の争訟**」に当たらず、不適法であるとした。

　裁判所法3条にいう「法律上の争訟」とは、当事者間の具体的な権利義務ないし法律関係の存否に関する紛争であって、かつ、それが法令の適用により終局的に解決することができるものに限られる（最判昭和41年2月8日・民集20巻2号196頁）。これについて、学説も異論がないとされている[1]。したがって、具体的な権利義務ないし法律関係に関する紛争であっても、法令の適用により解決するのに適しないものは裁判所の審判の対象となりえない（**板まんだら事件**・最判昭和56年4月7日・民集35巻3号443頁）。宗教上の教義や信仰の対象も、法令の適用により解決するのに適しないものといえよう。

2　訴えの利益

　訴えの利益とは、本案判決をすることの必要性およびその実際上の効果（実効性）を、個々の請求内容について吟味するために設けられる要件であり、その必要性・実効性が認められる場合に、その請求には、本案判決を求める利益（訴えの利益）があるといわれる[2]。

　民事訴訟は、具体的権利義務をめぐる紛争を解決するためのものであり、

したがって、紛争の対象が権利関係として認められない場合、または、たとえ権利関係を対象とするものであっても、本案判決によって当該紛争を解決することが期待できない場合には、裁判所が本案判決をなす要件に欠ける。このような意味で問題にされるのが、訴訟要件としての訴えの利益である。**訴えの利益**の中には、2種類のものがある。第1は、訴えによって定立されている請求が本案判決の対象となりうるものかどうかを問題とするものであり、通常、「**権利保護の資格**」と呼ばれる。第2は、権利保護の資格が満たされていることを論理的前提とした上で、当該事件の事実関係を考慮して、本案判決によって訴訟物についての争いが解決されうるかどうかを問題とするものであり、通常、「**権利保護の利益**」と呼ばれる。狭義で訴えの利益概念を用いる場合には、これを意味する[3]。

ただし、権利保護の資格と権利保護の利益の概念は、その限界が明確でなく、それを欠いた場合の訴訟上の取扱いも変わるわけではないので、この区別は現在では重視されず、ともに訴えの利益の用語に包含されるに至っている[4]。現在では、権利保護の資格がないとされる場合であっても、権利保護の利益があれば訴えを認めるべきであるとされているので、権利保護の資格は有効な判断枠組みとはなっていない[5]。

民事審判権の限界とは、民事司法権の内在的制約から、立法権や行政権がからむ紛争、自治的団体内部の紛争に対して、裁判所が審理や裁判を行うことができない場合があることを示し、その限界を考えるための概念であるが、従来は、訴えの利益の中で若干論じられるに過ぎなかった。しかし、近時では、民事審判権の限界を、訴えの利益とは別に独立させて論じるようになっている[6]。本書もその立場に立って、訴えの利益は別に第2章❷で説明している。民事訴訟との関係で法律上の争訟性の有無がしばしば争われる場合として、宗教上の地位の存否や、ある宗教の教義の解釈が争われる事案があり、裁判所の審判権が及ぶかどうかが問題とされる[7]。

3 宗教上の教義ないし信仰の内容と本案判断

(1) 判例

　ア　宗教法人の代表役員の地位と寺院の住職たる地位

　設例では、Ｙが擯斥処分を受けて寺院の住職の地位や宗教法人の代表役員の地位を喪失したか否かが問題とされている。寺院の住職たる地位の確認または宗教法人における代表役員の地位の確認が、訴訟物そのものまたは請求の当否の前提問題となっている場合における従来の判例の考え方は、大略、次のようである。

　何人が宗教法人の機関である代表役員等の地位を有するかにつき争いがある場合においては、当該宗教法人を被告とする訴えにおいて特定人がその地位を有し、または有しないことの確認を求めることができ、かかる訴えは法律上の争訟として審判の対象となりうるものである（**銀閣寺事件**・最判昭和44年7月10日・民集23巻8号1423頁）。

　また、他に具体的な権利または法律関係をめぐる紛争があり、その当否を判定する前提問題として特定人につき住職たる地位の存否を判断する必要がある場合には、その判断の内容が宗教上の教義の解釈にわたるものであるような場合は格別、そうでない限り、その地位の存否、すなわち選任ないし罷免の適否について、裁判所が審判権を有する（**種徳寺事件**・最判昭和55年1月11日・民集34巻1号1頁）。

　さらに、本来当該宗教団体内部においてのみ自治的に決定せられるべき宗教上の教義ないしは宗教活動に関する問題ではなく、もっぱらある寺院における住職選任の手続上の準則に従って選任されたかどうか、また、右の手続上の準則が何であるかに関する問題については、それが宗教法人の代表役員たる地位の前提をなす住職の地位を有するかどうかの判断に必要不可欠のものである限り、裁判所においてこれを審理、判断することができる（**本門寺事件**・最判昭和55年4月10日・判時973号85頁）。

　しかし、住職たる地位の確認を求めるという訴えは、単に宗教上の地位の確認を求めるに過ぎないものであって、法律上の権利関係の確認を求めるものとはいえず、このような訴えは、その利益を欠くものとされる（**銀閣寺事件**）。

　イ　宗教団体内部においてされた懲戒処分と請求の当否を決する前提問題

　宗教団体内部においてされた懲戒処分が被処分者の宗教活動を制限し、あるいは当該宗教団体内部における宗教上の地位に関する不利益を与えるも

にとどまる場合においては、当該処分の効力に関する紛争をもって具体的な権利または法律関係に関する紛争ということはできないから、裁判所に対して当該処分の効力の有無の確認を求めることはできない（**教覚寺事件**・最判平成4年1月23日・民集46巻1号1頁）。

　それでは、宗教団体内部においてされた懲戒処分の効力が請求の当否を決する前提問題となる場合はどうか。設例では、XのYに対する土地明渡請求の前提問題として、Yの受けた擯斥処分の有効性が争われている。宗教団体内部においてされた懲戒処分の効力が請求の当否を決する前提問題として争われた最高裁判決のうち、主要なものとして、**蓮華寺事件**（最判平成元年9月8日・民集43巻8号889頁）がある。この蓮華寺事件は、**板まんだら事件**を参照判例として掲げている。この問題に関する現在の判例の流れは、板まんだら事件と蓮華寺事件によって生み出されたと評されている[8]。

　板まんだら事件では、宗教団体内部においてされた懲戒処分の効力が問題とされたのではなく、板まんだらが偽物であるから寄付が錯誤により無効となるかが問題とされた。板まんだら事件では、寄付金についての不当利得返還請求の前提問題として、宗教上の判断を伴う板まんだらの真偽についての判断が避けられないとして、訴えが却下されている。この事件で、被上告人らは、上告人宗教団体に対して、寄付金名義で金銭給付契約に基づき金銭を給付したが、その意思表示に錯誤があったとして同契約の無効を主張して、その金銭の返還を求める不当利得返還請求をした。同最判は、当該訴訟は具体的な権利義務ないし法律関係に関する紛争の形式をとっており、その結果信仰の対象の価値または宗教上の教義に関する判断は請求の当否を決するについての前提問題であるにとどまるものとされてはいるが、当該訴訟の帰すうを左右する必要不可欠のものと認められ、また、記録にあらわれた当該訴訟の経過に徴すると、当該訴訟の争点および当事者の主張立証も右の判断に関するものがその核心となっていると認められることからすれば、結局当該訴訟は、その実質において法令の適用による終局的な解決の不可能なものであるとする旨の判断をして、訴えを却下した。

　この板まんだら事件を参照判例として掲げた蓮華寺事件の事案は、次のようである。X寺がYに対し、X寺を包括する宗教法人である日蓮正宗がYを

僧籍剥奪処分たる擯斥処分に付したことに伴い、YがX寺の住職たる地位ひいてはX寺の代表役員たる地位等を失い、X寺が所有する建物の占有権原を喪失したとして、当該建物の所有権に基づきその明渡しを求めた。これに対し、Yは、当該擯斥処分は日蓮正宗の管長たる地位を有しない（血脈相承がない）者によってされ、かつ、日蓮正宗宗規所定の懲戒事由に該当しない無効な処分であると主張して、X寺の当該請求を争い、YがX寺の代表役員たる地位確認を求めた。そして、Yは、自己を擯斥処分にしたとされる法主は前法主から血脈相承を受けていないから法主ではないなどと主張した。

　これについて、最高裁は、当事者間の具体的な権利義務ないし法律関係に関する訴訟であっても、宗教団体内部においてされた懲戒処分の効力が請求の当否を決する前提問題となっており、その効力の有無が当事者間の紛争の本質的争点をなすとともに、それが宗教上の教義、信仰の内容に深くかかわっているため（血脈相承が本当にあったか）、その教義、信仰の内容に立ち入ることなくしてその効力の有無を判断することができず、しかも、その判断が訴訟の帰趨を左右する必要不可欠のものである場合には、当該訴訟は、その実質において法令の適用による終局的解決に適しないものとし、裁判所法3条にいう「法律上の争訟」に当たらないというべきである（前記板まんだら事件参照）として、XからのからえとYからの訴えをいずれも却下した。この蓮華寺事件は、「本質的争点」の見極めをはじめとして、かなり実質的かつ柔軟な考慮を可能にする諸要素を有していた[9]。

　このように板まんだら事件の考え方は、蓮華寺事件において踏襲されている[10]。蓮華寺事件と玉龍寺事件は、事案も判旨も類似しているが、蓮華寺事件では擯斥処分当時の管長の懲戒権限の存否が争われていた点で[11]、玉龍寺事件とは異なっている。

(2) 学説

　ア　はじめに

　宗教上の教義ないし信仰の内容に立ち入って審理、判断することを避けることはできない場合において、学説には、訴え却下判決という判例の結論に賛成する見解（後記エ参照）も有力である。しかし、裁判を受ける権利を尊重する観点から、訴え却下という従来の判例の立場を批判し、裁判所は本案

判決をするべきであるとして、自律結果受容説（自律結果尊重説）と主張証明責任説（主張立証責任説）が主張されている。

　イ　自律結果受容説

自律結果受容説は、宗教団体の自律的決定・処分を尊重し、そこに手続的瑕疵のない限り、それを判決の基礎に置くとする見解である[12]。学説においては自律結果受容説が多数を占めている[13]。

　自律結果受容説では、宗教上の教義に関わる事実自体を事実認定の対象とすることは不可能であるとし、宗教団体の自律権を尊重する立場から、本来の証明主題である教義に関わる事実に代わって、団体内部において地位の取得が承認されている事実を宗教上の地位の取得を基礎づける事実とみなすべきであるとして、証明主題を変更するものである[14]。この説では、証明主題が本来の要件事実からその事実に関する団体の自律的決定へと変更されている[15]。そして、主張証明責任の対象事実（主要事実）に関しては、団体が自律的決定をしたと自ら認めていることが対象事実となる[16]。

　この自律結果受容説は、自律的決定に対する裁判所の介入の可能性が最も弱い学説の一つである[17]。自律結果受容説に対しては、宗教における信仰と宗教団体を明確に区別すべきであり、宗教団体を主宰する地位は宗教団体に属する個人と財産をめぐる世俗的な利益を管理・支配できる地位であって、その管理・支配を通じて一般市民法秩序に連なるものであるから、宗教団体内部の自律的判断をそのまま受容しなければならないとするのは不当であるとする批判がある[18]。

　ウ　主張証明責任説

主張証明責任説は、宗教団体の紛争から生じた訴訟でも、具体的な（世俗的）権利または法律関係の主張が訴訟物をなすものにあっては、宗教上の事項が前提問題に入っていても、本案判決が原則であるとする。その上で、宗教団体には自律権があり、その自律権行使が実体的・手続的要件を具えていることを認定できるならば、自律的処分を有効として判決できるし、逆に要件具備が認定できないならば、その認定できない要件事実については、裁判所がその認定に立ち入れないために認定できない場合を含めて、その事実に主張責任・証明責任を適用して判決すべきであるとする[19]。すなわち前提問

題に対する裁判所の審判権に関し争訟性が争われる場合の処理につき、裁判
所の審判権の及ばない前提問題についての当事者の主張には立ち入らないま
ま、それを理由なしとして本案判決をする[20]。

　この主張証明責任説では、主張証明責任の対象事実（主要事実）について、
通常の場合と同じく処分権限と処分事由の存在が対象事実であり[21]、この説
に立った場合、設例では、特段の事情がなければ、その事実の証明がないも
のとして原告の請求が棄却されるであろう。

　主張証明責任説に対しては、被処分者が勝訴することになることから、宗
教団体の秩序を裁判所が大きくゆるがすことになるとの批判がある[22]。なぜ
なら、主張証明責任説では、宗教団体の多数による機関決定としての擯斥処
分がなされたとしても、宗教団体は建物の明渡しを求めることもできず、ま
た、当該住職の地位を否定することもできないからである[23]。

　エ　訴え却下説

　紛争の背景や内容からみて紛争の実質が高度の宗教性を有する事件の場合、
紛争解決機能からいえば却下判決でも終局的解決にならないということでは
なく、そのような実質を持つ紛争に裁判所は関与しないという態度を明確に
する上において**訴え却下判決**の方が妥当であるとする見解がある[24]。蓮華寺
事件や板まんだら事件等の判例も結果的に訴えを却下しているが、このよう
な立場に立った場合、設例では、基本的に訴えが却下されることになる。

　訴え却下説に対しては、処分有効性およびそれに基づく世俗的請求につい
ての本案判断がなされなくなって、結局、国民の裁判を受ける権利が全うさ
れず、問題解決が自力執行に委ねられてしまうおそれがあるとして、批判が
加えられている[25]。

　オ　玉龍寺事件に対する評価・批判

　Xの訴えは裁判所法3条にいう「法律上の争訟」に当たらず、不適法とい
うべきであると判示した玉龍寺事件は、請求の当否を判断する前提問題に宗
教上の事項が含まれている場合の取扱いについて、従来の判例による判断枠
組みを踏襲したものであり[26]、その点では目新しい判断を示していない。

　しかし、玉龍寺事件のような従来からの判例の枠組みでは、訴えが却下さ
れることで請求の当否に関する実体的判断はなされないため、裁判による紛

争の抜本的解決が図られず、紛争状態が残存するという批判が加えられている[27]。そして、玉龍寺事件で問題にされるべきは、むしろ本門寺事件で検討されたような、「宗教団体上の地位の選任・剝奪が、宗教法人における手続上の準則に従ったものか否か」という点であり、そうした問題は、当然に裁判所による審理の対象となりうるものではなかったか、との批判が加えられている[28]。

自律結果受容説に従えば、設例では、Yに対する擯斥処分がXの内部で承認されているかどうかが判断されればよく、その判断を前提として本案判決が出されることになる[29]。しかし、玉龍寺事件は、教義をめぐる争点に立ち入らなければ、裁判所は審理できるという中間的解決方法を示唆しているとみるべきだろう[30]。

4 剝職事由と宗教上の教義ないし信仰の内容

玉龍寺事件は、「上記懲誡規定5条1号は、『宗制に違反して甚だしく本派の秩序を紊した』ことを剝職事由として定めているところ、包括法人において、法階は、管長が叙任することとされているのであるから（管長及び管長代務者規程3条1項6号、法階規程1条2項）、Yの上記行為が上記剝職事由に該当するか否かが問題となっているのであれば、必ずしも宗教上の教義ないし信仰の内容に立ち入って審理、判断する必要はなかったものと考えられる」と傍論的な判示をした。

その判示の意図は、宗教団体における懲戒処分の効力が争われても、本案判決を欲する当事者に対して宗教事項を持ち出さないように釈明すればよいとし、同種事件へ本案判決の扉を開くかのようなメッセージであると指摘されている[31]。

現実的に玉龍寺事件から得られる教訓は、宗教団体等が有する財産を管理する構成員ないし所属員に関わる懲誡（懲戒）の場合、宗教法人等はその懲誡規程（懲戒制度）の中に宗旨または教義というような文言が含まれていないものの適用を検討すべきことになろうか。

本判決（玉龍寺事件）の意義

　本判決は、「上記懲誡規定5条1号は、『宗制に違反して甚だしく本派の秩序を紊した』ことを剥職事由として定めているところ、包括法人において、法階は、管長が叙任することとされているのであるから（管長及び管長代務者規程3条1項6号、法階規程1条2項）、Yの上記行為が上記剥職事由に該当するか否かが問題となっているのであれば、必ずしも宗教上の教義ないし信仰の内容に立ち入って審理、判断する必要はなかったものと考えられる」と傍論的ではあるが、本案判断を可能とする判示をした。

1）田中豊・民事訴訟判例読み方の基本（日本評論社・2017年）7頁。
2）新堂・257頁。
3）伊藤・177頁。
4）高橋・重点上358頁以下、上田徹一郎・民事訴訟法（第7版・法学書院・2011年）211頁以下。
5）高橋・概論78頁以下。
6）小林秀之「民事訴訟法の現代問題(2)」判タ750号16頁、20頁（1991年）。
7）三木ほか・353頁〔垣内秀介〕。
8）門田孝「判批」速報判例解説6号15頁、17頁（2010年）。なお、板まんだら事件の控訴審である東京高判昭和51年3月30日に対する評釈として、宗教上の行為が前提問題となっていることを理由に裁判権を否定し、訴訟上の請求である私法上の権利につき司法救済を拒否することは、現行法秩序の建前からは許されないものであって、訴えを不適法却下するべきでないとする見解もある。この見解は、裁判所が宗教上の前提問題について、何らかの判断を示しても、それは宗教上の問題そのものの確定を目的とする既判力的確定判断でないから、信教の自由に裁判所が介入することにはならないとする。小室直人「判批」判評212号（判時822号）147頁、150頁（1976年）。
9）川嶋四郎「『一切の法律上の争訟』（裁判所法3条1項）についての覚書——宗教団体の内部紛争における法的救済形成のあり方についての若干の考察：民事訴訟法学の視角から」同法67巻3号1頁、12頁（2015年）。
10）松本博之＝上野泰男・民事訴訟法（第8版・弘文堂・2015年）83頁以下、高橋・重点上338頁以下。
11）当該管長の懲戒権限の有無は、その擯斥処分が団体内部の手続規範を遵守してなされたか否かの問題であるとする見解もある。そして、当該管長の懲戒権限の有無は、当該管長が真の管長、すなわち法主か否かの問題であり、それは当該管長が前の法主から「血脈相承」を受けたか否かにかかるが、血脈相承とは秘伝であり、授けられた者以外には窺い知れないとされ、血脈相承は、日蓮正宗の教義の一部をなすとされる。これについて、竹下守夫「判批」民商102巻3号（1990年）105頁、123頁以下〔懲戒事由の存在も、具体的場合における懲戒

権の発生要件事実であるから、原告側が主張・立証責任を負う〕。

12）高橋・重点上340頁、川嶋・前掲注9）53頁、松浦馨「民事訴訟による司法審査
　　の限界」新堂幸司ほか編・紛争処理と正義（竜嵜還暦記念・有斐閣出版サービ
　　ス・1988年）1頁、36頁）、小島武司・民事訴訟法（有斐閣・2013年）226頁以
　　下〔紛争解決の必要性と宗教団体の自律性との調和の実現〕、新堂・251頁、濱
　　崎録「判批」リマークス41号102頁、105頁（2010年）、門田・前掲注8）18頁。
　　また、仏世寺事件・最判平成11年9月28日・判時1689号78頁の元原利文裁判官
　　の反対意見も同旨。さらに大経寺事件・最判平成14年2月22日・判時1779号22
　　頁の河合伸一裁判官の反対意見も同旨。
13）濱崎・前掲注12）104頁。
14）伊藤・179頁。
15）三上威彦「判批」法研86巻4号78頁、84頁（2013年）。
16）高橋・重点上341頁注9〔松浦説について〕。
17）山本和彦・民事訴訟法の基本問題（判例タイムズ社・2002年）34頁以下。
18）中野貞一郎「判批」判タ704号76頁、80頁（1989年）。また、梅本吉彦・民事訴
　　訟法（第4版・信山社出版・2009年）317頁。
19）中野貞一郎「判批」民商103巻1号（1990年）1頁、22頁以下。
20）中野貞一郎「判批」民訴法判例百選（第2版・1982年）10頁、11頁。また、片
　　井輝夫「法律上の地位の前提たる宗教上の地位と裁判所の審判権」判タ829号4
　　頁、17頁以下（1994年）、板まんだら事件・最判昭和56年4月7日・民集35巻3
　　号443頁の寺田治郎裁判官の意見。
21）高橋・重点上341頁注9。
22）高橋・重点上340頁。
23）三上・前掲注15）85頁。
24）本間靖規「判批」龍谷18巻1号77頁、93頁（1985年）。また、請求棄却判決をし
　　た場合には法律構成を変えて類似の紛争が次々と裁判所に持ち込まれるおそれ
　　があるから、かえって訴え却下判決の方が同種の紛争を封じ込めるため、訴え
　　却下判決の方が紛争を終局的に解決する場合もありうることについて、小林・
　　新ケース58頁。
25）山本・前掲注17）43頁以下。
26）濱崎・前掲注12）104頁、堀野出「判批」速報判例解説6号161頁、162頁以下
　　（2010年）、原啓一郎「判批」平成21年度主要民事判解206頁、207頁。
27）濱崎・前掲注12）104頁。
28）門田・前掲注8）18頁。
29）堀野・前掲注26）164頁。
30）小林・民訴法95頁。
31）小林学「判批」平成21年度重判141頁以下。また、本判決は、剥職事由の存否が
　　問題となる事例においても、その主張事由が「宗制に違反して甚だしく本派の
　　秩序を紊した」というような宗教上の教義ないし信仰の内容に立ち入って審理、
　　判断する必要がない場合には、民事審判権が及ぶことを示唆しているとの指摘は、
　　小林・新ケース61頁。

訴え

2 一部請求と残部請求 大成建設事件

最判平成10年6月12日・民集52巻4号1147頁

▶予備知識

　金銭その他の不特定物の給付を目的とする債権に基づく**給付訴訟**において、原告が債権のうちの一部の数額についてのみ給付を申し立てることがある。請求の内容として原告が被告に対する給付請求権を主張し、それについての権利保護形式として、裁判所が被告に対して給付義務の履行を命じるよう求める訴えを**給付の訴え**と呼ぶ。給付の訴えを裁判所が認容して下す判決は**給付判決**と呼ばれる。給付判決が確定すると、その判決は**給付請求権の存在**を**既判力**により確定する。そして、確定した給付判決は、判決主文中の給付命令を実現するための**執行力**が認められる。逆に給付の訴えを裁判所が棄却した場合、その棄却判決が確定すれば、給付請求権の不存在を確認する既判力が生じる。

　金銭その他の不特定物の給付を目的とする債権に基づく給付訴訟において、原告が債権のうちの一部の数額についてのみ給付を申し立てる行為を**一部請求**と呼ぶ。一部請求について請求認容または請求棄却の判決が確定したときに、その既判力等が後の**残部請求**（残額請求）に対して、どのような効果を及ぼすかが訴訟法上問題とされている。一部請求後の残部請求の可否の問題について、今日では、明示的一部請求の認容判決後の残部請求に限りこれを許そうとする方向と、前訴の一部請求の明示・黙示または認容判決・棄却判決を一切区別せずに残額請求は常に遮断されるとする一部請求（全面）否定説が有力である。

　そもそも原告が、自己が有していると考える債権の全部でなく、一部請求をする理由が問題となるが、一定の条件の下で、学説の一部および判例が、原告からの一部請求を肯定（残部請求を肯定）するのは、訴訟政策的な理由による。わが国の**提訴手数料**は訴額にある程度比例するから、訴額が高額だと損害賠償請求を提起しなければならない被害者の経済的な負担が重くなる。そこで原告が、その負担を回避する目的で一部請求が利用されることが多い。

　わが国の判例が**明示の一部請求**を適法とするのは、特に損害賠償請求において金額の算定が事前には不確定である上に、被告からの過失相殺による減額の可能性もあって、裁判所による最終的な認容額を原告が確実には予想できないこと、しかも提訴手数料が、訴額が増加するに従って高額になっていくことが主たる理由である。

　一部請求と明示しなかった前訴での後の残部請求を許さないとするのが、判例の立場である。他方、判例は、一部請求と明示された訴えに対する前訴確定判決の既判力は残部の請求に及ばないとする。したがって一部請求明示説に立つ従来の判例の立場によれば、残額請求は、原告が一部と明示した請求の全部で勝訴している場合はもちろん、一部勝訴ないし請求棄却判決を受けている場合でも可能であると従来は解されてきた。

判例のポイント 👆

　判例は、信義則による紛争の蒸し返し防止を認め、新訴訟物理論への接近を図ってきた。同様に一部請求について一部請求敗訴後の残部請求を信義則によって否定し、一部請求否定説への歩み寄りを図っている。これらの判例の動向は、従来の学説対立とは異なる視点から妥当な解決を柔軟に図るもので注目される。新訴訟物理論や一部請求否定説とは必ずしも一致せず、信義則を用いて事案に即した中間的な解決を目指していることに留意する必要がある。

設　問

設例

　Ｙは、大規模な宅地開発を計画し、土地買収等の業務をＸ（不動産売買等を目的とする会社）に委託した。ＸとＹは、右業務委託の報酬に関し、報酬の一部として、買収した土地をＹが宅地造成して販売する際にその1割をＸに販売または斡旋させる旨の合意（本件合意）をした。

　しかし、Ｙは、その後に宅地開発を断念したため、Ｘとの間で業務委託の報酬に関する紛争が生じた。

　ＸＹ間の前訴において、Ｘは、主位的請求として商法512条に基づく報酬

請求権、予備的請求として本件合意に基づく報酬請求権を主張し、それぞれ
12億円の報酬請求権のうち1億円の支払を求めた。前訴判決は、Xの請求を
いずれも棄却し、右判決が確定した。

　Xは、前訴判決の確定の直後に本件訴訟を提起し、(1)主位的請求として、
本件合意に基づく報酬請求権のうち前訴で請求した1億円を除く残額2億
9830万円、(2)予備的請求として、商法512条に基づく報酬請求権のうち前訴
で請求した1億円を除く残額2億9830万円の支払を求めた。

　第1審判決は、Xの各訴えを却下したが、原判決（控訴審判決）は、本訴
の主位的請求および予備的請求は、前訴の各請求とは同一の債権の一部請
求・残部請求の関係にあるが、本訴が前訴の蒸し返しであり、Xによる本訴
の提起が信義則に反するとの特段の事情を認めるに足りる的確な証拠はない、
として、第1審判決を取り消し、事件を第1審に差し戻す旨の判決をしたと
ころ、Yが上告をした。

問　い

小問(1)　数量的に可分な請求につき全部の請求をすることなく一部の請求を
　　　　する原告の動機・目的ないし原因を説明しなさい。

小問(2)　Xの主位的請求および予備的請求は、前訴で数量的一部を請求して
　　　　棄却判決を受けた各報酬請求権につき、その残部を請求するもので
　　　　あり、当該事件では特段の事情の認められないことを前提として、
　　　　Xによる本訴の提起に関する上記原審の判決の是非について、判例
　　　　の立場から説明しなさい。

小問(3)　Xの主位的請求および予備的請求は、前訴で数量的一部を請求して
　　　　棄却判決を受けた各報酬請求権につき、その残部を請求するもので
　　　　あり、当該事件では特段の事情の認められないことを前提として、
　　　　Xによる本訴の提起に関する上記原審の判決の是非について、学説
　　　　の立場から説明しなさい。

小問(4)　数量的一部請求を全部または一部棄却する旨の判決が確定した後に、
　　　　原告が残部請求の訴えを提起することは、実質的には前訴で認めら
　　　　れなかった請求および主張を蒸し返すものであり、前訴の確定判決

によって当該債権の全部について紛争が解決されたとの被告の合理
的期待に反し、被告に二重の応訴の負担を強いるものというべきで
ある、とする見解の是非について説明しなさい。

判 例 か ら 考 え る

本問は、**一部請求後の残部請求の可否**の問題であり、特に一部請求が「棄
却された」後の残部請求訴訟の提起の可否を問うものである。金銭その他の
不特定物の給付を目的とする債権に基づく給付訴訟において、原告が債権の
うちの一部の数額についてのみ給付を申し立てる行為を一部請求と呼ぶ。一
部請求について請求認容または請求棄却の判決が確定したときに、その既判
力等が後の残部請求（残額請求）に対して、どのような効果を及ぼすかなど
が訴訟法上問題とされている。

本問は、一部請求棄却後の残部請求に関する重要な判断を示した最判平成
10年6月12日・民集52巻4号1147頁をもとにしたものである（以下「大成建
設事件」という）。同最判は、原審の一部請求・残部請求に関する判断は是認
することができない旨を述べたが、その理由を訴訟上の信義則に求め、次の
ように判示している。

「一個の金銭債権の数量的一部請求は、当該債権が存在しその額は一定額
を下回らないことを主張して右額の限度でこれを請求するものであり、債権
の特定の一部を請求するものではないから、このような請求の当否を判断す
るためには、おのずから債権の全部について審理判断することが必要になる。
すなわち、裁判所は、当該債権の全部について当事者の主張する発生、消滅
の原因事実の存否を判断し、債権の一部の消滅が認められるときは債権の総
額からこれを控除して口頭弁論終結時における債権の現存額を確定し（最高
裁平成2年(オ)第1146号同6年11月22日第3小法廷判決・民集48巻7号1355頁参照）、
現存額が一部請求の額以上であるときは右請求を認容し、現存額が請求額に
満たないときは現存額の限度でこれを認容し、債権が全く現存しないときは
右請求を棄却するのであって、当事者双方の主張立証の範囲、程度も、通常
は債権の全部が請求されている場合と変わるところはない。数量的一部請求
を全部又は一部棄却する旨の判決は、このように債権の全部について行われ

た審理の結果に基づいて、当該債権が全く現存しないか又は一部として請求
された額に満たない額しか現存しないとの判断を示すものであって、言い換
えれば、後に残部として請求し得る部分が存在しないとの判断を示すものに
ほかならない。したがって、右判決が確定した後に原告が残部請求の訴えを
提起することは、実質的には前訴で認められなかった請求及び主張を蒸し返
すものであり、前訴の確定判決によって当該債権の全部について紛争が解決
されたとの被告の合理的期待に反し、被告に二重の応訴の負担を強いるもの
というべきである」。

　以下では、一部請求をする原告の理由ないし事情、一部請求後の残部請求
に関する判例の立場および学説、そして、大成建設事件を解説する。

解　説

1　はじめに

　一部請求後の残部請求の可否の問題について、一部請求全部肯定説もある
が、後述するように今日では、明示的一部請求認容後の残部請求に限りこれ
を許そうとする方向と、前訴請求の一部の明示・黙示または認容判決・棄却
判決を一切区別せずに残額請求は常に遮断されるとする一部請求（全面）否
定説が有力である。

2　一部請求をする原告の理由ないし事情

　そもそも原告が、自己が有していると考える債権の全部でなく、一部請求
をする理由ないし事情が問題となる。一定の条件の下で、学説の多数説およ
び判例が、原告からの一部請求を肯定（残部請求を肯定）するのは、**訴訟政策
的な理由**による。わが国の**提訴手数料**は訴額にある程度比例するから、訴額
が高額だと損害賠償請求を提起しなければならない被害者の負担が重くなる
ので、その負担を回避する目的で一部請求が利用されることが多い。提訴手
数料の負担のために提訴が躊躇されるのでは、裁判を受ける権利を侵害する
おそれがある。また、損害賠償請求は全体の金額の確定が事前には難しく、
被告からの過失相殺などにより減少する可能性も高いという性質も有する。
わが国の判例が明示の一部請求を適法とするのは、特に損害賠償請求におい

て金額の算定が不確定である上に、被告からの過失相殺による減額の可能性
もあって、裁判所による最終的な認容額を原告が確実には予想できないこと、
しかも提訴手数料が、訴額が増加するに従って高額になっていくことが理由
である。その意味では、一部請求後の残部請求を認めることはもっぱら政策
的な理由によるものである。さらに、常に債権の全部の請求をすることを必
要的とし、それに見合う提訴手数料を必ず支払わなければならないとする規
律を原告に要求することは原告にとって酷であるという衡平感が、その基底
にある。学説も、近時は判例に賛成する説が増加してきているのは、同様な
感覚に基づくものと思われる[1]。

3 一部請求後の残部請求に関する判例の立場

　一部請求後の残部請求の可否の問題は、残部請求の可否の問題だけではな
く、一部請求がなされた場合における訴訟物の範囲の問題、一部請求と過失
相殺の問題、および一部請求と相殺の問題などとの理論的整合性が問われる。
そこで、最初にこれらに関する判例の立場を概観した上で、その後に一部請
求後の残部請求の可否の問題を検討する。

(1) 残部請求の可否に関する従来の判例

　一部請求と明示しなかった前訴の後の残部請求を許さないとするのが、判
例の立場である（最判昭和32年6月7日・民集11巻6号948頁）。

　他方、判例は、一部請求と明示した前訴確定判決の既判力は残部の請求に
及ばないとする（最判昭和37年8月10日・民集16巻8号1720頁）。すなわち同最判
は、1個の債権の数量的な一部についてのみ判決を求める旨を明示して訴え
が提起された場合は、訴訟物となるのは右債権の一部の存否のみであって、
全部の存否ではなく、したがって右一部の請求についての確定判決の既判力
は残部の請求に及ばないと解するとした。

　したがって**一部請求明示説**に立つ従来の判例の立場によれば、残額請求は、
原告が勝訴している場合はもちろん、一部勝訴ないし請求棄却判決を受けて
いる場合でも可能であると解されてきた[2]。この判例の立場に対しては、一
部請求であることが「明示」されていたか否かによって、既判力の客観的範
囲を異別に解する理論的な理由づけは困難であるとしながらも、おおむね妥

当な適用結果を導くとして多くの賛成を得ているとされている[3]。一部請求を認める判例の理解の仕方として、一部請求についての判決により残部の請求についても事実上解決がなされる有用性が挙げられる[4]。

(2) 一部請求と過失相殺に関する判例

　一部請求訴訟において過失相殺が行われる場合に、過失相殺によって減額する部分は、原告が有する請求権のどの部分からするかという問題がある。この問題につき、外側説、内側説および案分説（按分説）が対立するところ、最高裁は、外側説に立つことを明らかにした（最判昭和48年4月5日・民集27巻3号419頁）。この判例の取扱いは、請求された一部額の外側から減額を施すために「**外側説**」と呼ばれる。

(3) 一部請求と相殺

　過失相殺は割合による減額の主張であるのに対し、相殺の抗弁は債権と金額を特定した減額の主張であるという違いはあるが、最判平成6年11月22日は、原告から金銭債権の一部請求がなされたのに対して被告が相殺の抗弁を主張した場合の審理判決の方法につき、過失相殺の場合と同様の処理（**外側説**）に従う処理をすべき旨を判示した（最判平成6年11月22日・民集48巻7号1355頁）。

4　一部請求後の残部請求に関する学説

　一部請求後の残部請求の可否の問題について、判例は一部請求明示説をとっているが、学説では、一部請求否定説、前訴で一部と明示したかを一つの基準として残部請求の可否を区別する説や一部請求肯定説がある。

(1) 一部請求否定説

　一部請求（全面）否定説は、数量的に可分な債権の一部請求については、一部請求後の残部請求を原則として許すべきでないとする。単に数量的に可分な債権の一部を請求した場合には、残部の請求は前訴の既判力によって妨げられるとする[5]。一部請求をする前訴手続過程において原告は裁判所の判断を知る機会を十分に持っており、しかも原告が請求の拡張をすることはたやすいものであるから、一部請求を肯定することは原告を保護し過ぎるし、仮に残部請求をする再訴を許すことは被告・裁判所の不利益になるとの理由

を挙げて、一部請求否定説が主張されている。すなわち何度も応訴を強いられる被告の煩わしさや重複審理を余儀なくされる裁判所の不経済、非効率に着目して、原告側の利益の保護のためには訴え提起段階での一部請求を許容すれば足りるとする。そして、原告は、その後の訴訟の経過に応じて請求の拡張という訴訟行為で対応を行うべきであるとし、その結果、後訴での残部請求を認めないとする[6]。

(2) 前訴で一部と明示されたか否かを基準

　前訴で債権の一部と明示されたか否かを一つの基準として残部請求の可否を区別する説がいくつか存在する。

　　ア　一部請求においては債権全部が訴訟物になることを前提とする説

　　一部請求においては債権全部が訴訟物になると考え、したがって前訴で一部請求について棄却判決が確定したときは、債権全部の不存在が確定され、残額請求は既判力によって遮断されるとする。また、一部請求について認容判決が確定したときにも、債権全部の存在が既判力によって確定されるが、それが残部請求についてどのような効果を及ぼすかは、前訴で一部であることが明示されているかどうかによって異なるとされる。一部と明示されていないときは、当該債権の金額が給付を求められた金額をもって確定されたのであり、後にそれと矛盾する主張をなすことは既判力の双面性に反するものとして許されない。これに対して明示の一部請求が認容された後の残額請求訴訟においては、原告は既判力をもって存在を確定された債権の残額についてその給付を求めるのであるから、既判力が残額請求を遮断する効果を持つことはないが、後訴で残部請求をする原告は、その残部請求の訴えを提起することについて**訴えの利益**が要求されるとする。そして、明示された一部請求の認容判決の確定後に、訴訟外で被告が残額の弁済を拒絶する場合には、原告の訴えの利益が肯定されるとする[7]。

　　イ　一部請求後の残部請求の可否を禁反言の法理によって説明する説

　　前訴における請求が一部であると明示された場合、または明示されていなくても前訴請求の客観的内容もしくは解釈により、残部請求に行為矛盾がないと認められる場合には、前訴確定判決の既判力が残部請求に及ばない（「特定の」一部請求がなされた場合も同様に既判力が及ばず残部請求ができる）とする。

前訴の一部請求が「明示」または「特定の」一部請求であった場合でも、例外的に、前訴で債権の全体としての存否が争われ、当該紛争の具体的様相や手続担当主体・手続経過の具体的事情を含めての前訴における原告の訴訟追行に基づき、被告が紛争は前訴判決により全面的に決着をみたものと信じており、原告に残部請求の後訴を認めて被告に複次応訴を強いることが不当に原告を利すると認められるときは、禁反言の法理を適用して残部請求の後訴を却下すべきであるとする[8]。

　原告は、一部請求であることを明示すべき行為責任（一部明示責任）に加えて、一部請求の訴えを提起した理由を明らかにすべき行為責任（理由明示責任）を負うとし、また、一定の限られた場合には、一部請求の前訴において残部債権の部分にまで請求を拡張すべき行為責任（請求拡張責任）も負うことがあるとする見解がある[9]。訴訟上の信義則に基づく一部明示責任、理由明示責任、請求拡張責任は、一部請求の前訴における行為責任であるが、この行為責任を履行しなかった場合には、訴訟上の信義則に基づく結果責任としての不利益を受けることがある[10]。一部請求の前訴が黙示一部請求の場合には、訴訟物は訴求された一部であって残部に既判力は及ばないが、一部明示責任の不履行による信義則の効果として、後訴における残部債権の主張は許されない。一部請求の前訴が明示一部請求であって、これが一部棄却または全部棄却された場合には、残部債権を含む債権全体に関する当事者の攻撃防御を経て債権全体について不存在の判断がなされているので、信義則に基づく権利失効の原則の適用により、後訴における残部債権の主張は許されない。後訴における残部請求が許されるのは、一部請求の前訴が明示的一部請求であって、かつ、原告がその前訴において勝訴した場合のみである[11]。

　一部請求の原告は、前訴において一部請求である旨を明示する信義則上の行為責任を負っているとする見解がある[12]。一部請求の原告は、前訴において一部請求である旨を明示する信義則上の行為責任を負っているとする見解は、黙示の一部請求の場合、その一部明示責任を履行しなかったことの結果責任として、一部請求の前訴における勝敗にかかわらず、残部請求の後訴は、被告が当然に一部請求であることを認識できる場合を除いて、認められないとする[13]。

(3) 一部請求（全面）肯定説

前訴で一部と明示したか否かまたは敗訴したか否かを問わずに、後訴を提起して残部請求することを認める**一部請求（全面）肯定説**がある。たとえば、100万円の債権のうち30万円を求めるという訴訟を起こした場合などは、処分権主義、既判力の客観的範囲や私法上の権利の分割行使が自由であるとする原則等を根拠として、請求権の一部が訴訟物であり、既判力は勝訴敗訴を問わず、その請求権の判断された一部に限定される結果として、後訴で残部請求が可能であるとする[14]。

かつての通説は、一部請求肯定説であり、一部請求と残部請求とは別個の訴訟物となるから、残部の追加は訴えの変更となり、請求の減額は訴えの一部取下げとなり、また一部請求と残部請求は二重起訴の関係に立たないし、既判力もそれぞれ別個に生ずるとしていた[15]。

(4) 判例に対する評価

判例の立場は、その理論づけは十分でないが、おおむね妥当な適用結果を導くところから多くの賛成を得ている、と評され、近時は判例に賛成する説が増加してきているとされる[16]。

今日では、明示的一部請求認容後の残額請求に限りこれを許そうとする方向と、前訴請求の一部の明示・黙示、認容判決・棄却判決を一切区別せずに残額請求は常に遮断されるとする見解の2つの方向で議論はまとまりつつある。すなわち現時点の多数説は、判例理論とされるものを肯定的に理解した上でそれに対する理論的な支柱を提供しようとして形成されてきた。判例の採る一部請求明示説に対しては、残部請求をする再訴を許すことは被告・裁判所の不利益になるとの理由を挙げて批判されることもあるが、判例の理解の仕方として、一部請求についての判決によりそれに沿って残部の請求についても事実上解決がなされる有用性が指摘されている[17]。

しかし、一部請求肯定説に対しては、紛争解決の効率性を著しく害し、同一の債権の成立等に関する裁判所による審理が重複してしまうおそれ、被告が同一の債権に関して2度以上の応訴の煩わしさを強いられるおそれがあるとの批判がなされている[18]。

5　大成建設事件

　大成建設事件は、数量的一部請求訴訟で敗訴した原告による残部請求が原則として信義則により許されないとの判断を示した。同最判がその理由として挙げるところは、①一部請求の当否を判断するためには、おのずから債権の全部について審理判断する必要があり、当事者の主張立証の範囲、程度も通常は全部請求の場合と変わらないこと、②一部請求を全部または一部棄却する判決は、後に請求しうる部分が存在しないとの判断を示すものであること、③棄却判決確定後に原告が残部請求の訴えを提起することは、実質的には前訴で認められなかった請求および主張の蒸し返しであり、前訴によって紛争が解決されたとの被告の合理的期待に反し、被告に二重の応訴の負担を強いるものであることである[19]。

　大成建設事件は、明示的一部請求では判決主文で認容できる金額の限度が一部額に限定されるだけで、審理の対象は債権全体に及んでいるという理解をし、この論理によることで、債権全体が審理・判断の対象となったのだから、その存在を否定された残額の請求は信義則に反するような前訴の蒸し返しになるのだという論理が可能になるとされる[20]

　明示の一部請求肯定説を論理的に貫けば残部前求には既判力が及ばない以上、一部請求を棄却する判決が確定した後でも、残部請求の後訴は許されるはずである。しかし請求原因事実も含め、事実関係はすべて共通のはずだから、残部請求が後訴で認容されると、実質的に前訴判決と矛盾した判断とみられるし、また前訴と後訴の請求に関わる事実関係がほとんど同一であるとすると、後訴の提起自体が前訴の紛争の蒸し返しとみられる。その意味では、一部請求を棄却する確定判決後に残部の債権の支払を求めて訴訟提起することは、仮に前訴判決の既判力に抵触しないとしても、信義則に反し許されないことになる。

　一部請求敗訴後の残部請求が許されないとする考え方は、一部請求否定説が指摘する問題点を解決する面もあり、同説に実質的に近づくことになる[21]。ただし、一部請求勝訴後の残部請求は、判例理論では許されることになり、この点が一部請求否定説と異なる。

　訴訟物と既判力の範囲は一致しなければならないとすることが伝統的な理

論であるが、大成建設事件は、この伝統的理論との整合性を図りつつ、後訴遮断の範囲を広げるために信義則を適用した。信義則によって既判力の範囲を訴訟物から事実上解放し、柔軟化している。訴訟物を訴訟の審理に従い可変的に捉えているといえる（可変的訴訟物理論に近づいている）。

本判決（大成建設事件）の意義

　一部請求明示説に立つ従来の判例の立場によれば、残額請求は、原告が勝訴している場合はもちろん、一部勝訴ないし請求棄却判決を受けている場合でも可能であると解されてきた。しかし、大成建設事件は、最高裁として初めて、金銭債権の数量的一部請求訴訟で「敗訴した」原告が残部請求の訴えを提起することは、特段の事情がない限り、「信義則に反して」許されないものとした。

1）小林・民訴法291頁。このほかの理由について、梅本吉彦・民事訴訟法（第4版・信山社・2009年）214頁注1。
2）佐上善和「判批」法教220号132頁、133頁（1999年）。
3）中野貞一郎「一部請求論について」民事手続の現在問題（判例タイムズ社・1989年）96頁以下。
4）上野泰男「判批」平成10年度重要判解122頁、124頁。
5）新堂・338頁、701頁。また特定債権の不特定の一部の請求は、請求の趣旨の一定を欠くものとして不適法であると考え、給付の目的を分量的に分割請求するだけでは一部請求とは認められないとし、裁判所は訴状の補正を命じ、原告がこれに応じないときは当該訴求金額を債権額とする全部請求として審判すべきであるとするのは、兼子一「確定判決後の残部請求」民事法研究 I（弘文堂書房・1940年）391頁。
6）高橋・重点上97頁以下、107頁。
7）伊藤・230頁以下。
8）中野・前掲注3）106頁以下。
9）三木浩一「一部請求論の展開」民事手続法（慶應義塾大学出版会・2008年）195頁、204頁以下。
10）三木・前掲注9）209頁。
11）三木・前掲注9）217頁。
12）川嶋隆憲「再訴事案の法的規律——英米法理論からの比較法的アプローチ」法研86巻11号37頁、85頁（2013年）。
13）川嶋・前掲注12）85頁。
14）たとえば木川統一郎・民事訴訟法重要問題講義（中・成文堂・1992年）306頁以下。
15）春日偉知郎「判批」民法判例百選 I（第4版・1996年）94頁。

16) 小林・民訴法291頁、山下郁夫「判批」ジュリ1141号172頁（1998年）。
17) 上野・前掲注4）124頁。
18) 高橋・重点上98頁。
19) 信義則違反による蒸し返しの禁止に関する大成建設事件の判断を妥当とするのは、河野正憲「判批」民訴法判例百選（第4版・2010年）172頁、175頁。
20) 越山和広「一部請求後の残額請求と既判力・信義則」現時法学の理論と実践（伊東喜寿記念・慶應義塾大学出版会・2000年）312頁、326頁〔実質的に前訴の蒸し返しとされるような個別事例の中から、信義則による原則的遮断を受ける類型にまで高められたという点で画期的であるという評価が可能とする〕。
21) 小林・民訴法293頁。大成建設事件が一部請求敗訴の場合に残部請求を原則的に許さないとするのは、個別的な信義則による制限というよりは制度的なものではないかとの指摘は、小林・新ケース289頁。また、大成建設事件が後訴を既判力により遮断せずに、信義則により残額請求の後訴を遮断した点において、従来の判例理論を実質的に修正するものであるとの指摘は、小林秀之編・判例講義民事訴訟法（弘文堂・2019年）18頁、19頁〔金子宏直〕。なお、判例の立場の要約について、高橋宏志「一部請求判例の分析」民事手続法制の展開と手続原則（松本古稀記念・弘文堂・2016年）211頁、229頁以下。

3 明示の一部請求の訴えと裁判上の催告

最判平成25年6月6日・民集67巻5号1208頁

▶予備知識

　平成29年に消滅時効制度も含む民法の大改正がなされた。平成29年改正前民法下においては、時効期間の進行中に債権者が権利を行使したときに、それまでに進行した時効の期間の経過を全く無意味にすることを、「時効の中断」と呼び、中断事由が終了すると、その終了から新たな時効が進行を始めることとされていた。「時効の停止」とは、時効の完成の間際に、権利者が時効中断のための措置をとることが不可能または著しく困難な事情が発生した場合に、時効によって不利益を受ける権利者を保護して、その事情の消滅後に一定期間が経過するまで、時効の完成を延期することであった。

　平成29年改正後の現行民法における時効の完成猶予・時効の更新や催告の制度の下で、一部請求と明示した裁判上の請求をした場合、残部の債権について裁判上の請求に準ずるものとして「時効の完成猶予」（及び「時効の更新」）の効力または裁判上の催告として催告の効力はあるかが議論されている。

　現行民法の下では、裁判上の請求等がある場合には、その事由が終了する（確定判決又は確定判決と同一の効力を有するものによって権利が確定することなくその事由が終了した場合にあっては、その終了の時から6箇月を経過する）までの間は、時効は、完成しない（民法147条1項）。民法147条1項の場合において、確定判決又は確定判決と同一の効力を有するものによって権利が確定したときは、時効は、裁判上の請求等が終了した時から新たにその進行を始める（民法147条2項）。

　この民法147条は、裁判上の請求等による時効の完成猶予及び時効の更新を規定する。時効の完成猶予とは、猶予事由が発生しても時効期間の進行自体は止まらないが、本来の時効期間の満了時期を過ぎても、所定の時期を経過するまでは時効が完成しないという効果を意味する。時効の更新とは、更新事由の発生によって進行していた時効期間の経過が無意味なものとなり、時効が新たに零から進行を始めるという効果を意味する。数量的に可分な債権の明示的一部請求の訴えは、残部の債権に対して、裁判上の請求に準ずるものとして時効の完成猶予の効力（消滅時効中断の効力）および認容判決の確定による時効の更新の効力を有するか、また、そのように解することができない場合、その訴えは、裁判上の催告として、訴訟の終了から6カ月を経過するまでの間は、時効の完成が猶予されるものとして扱ってよいかが議論されている。

判例のポイント 👆

　数量的に可分な債権の一部についてのみ判決を求める旨を明示して訴えが提起された場合、原則として、当該訴えの提起は、残部について裁判上の催告として時効の完成猶予の効力を生ずるから、当該債権は、当該訴えに係る訴訟の終了後から6カ月を経過するまでの間は、時効は完成しないものとして扱われる。

設　問

設例

　XがYを被告として2235万円の支払を求める訴訟を平成21年6月30日に裁

判所に提起した（以下この訴訟を「本件」と呼ぶ）が、その経緯は次の通りであり、これらの事実関係を前提として、下の問いに答えなさい（平成29年改正前民法を前提とする）。

　Yは、平成12年 6 月24日、亡Aの遺言執行者であるXに対し、未収金債権に係る債務を承認した。その未収金債権は商行為によって生じた債権であり、上記承認により、同日から 5 年（＝平成17年 6 月24日）の経過により消滅時効が完成することになる。

　Xは、平成17年 4 月16日到達の内容証明郵便で、Yに対し、その未収金債権の支払を催告した上、同年10月14日、未収金債権のうち5293万円余の支払を求める訴えを提起した（この訴えを「別件訴え」と呼び、別件訴えに係る訴訟を「別件訴訟」という）。Xは、別件訴訟において、その未収金債権の総額は、 3 億9761万円余であり、その一部を請求すると主張した。これに対し、Yは、上記総額には相殺処理によってすでに消滅した分が含まれていると主張した（この抗弁を「別件抗弁」という）。

　原審（控訴審）は、平成21年 4 月24日、別件抗弁に理由があると判断し、現存する未収金債権の額は7528万円余であると認定して、Xの請求を全部認容する旨の判決（以下「別件判決」という）を言い渡した（同年 9 月18日確定）。

　Xは、別件訴訟係属中の平成21年 6 月30日、本件訴えを提起し、別件訴訟で請求していなかった残部2235万円（以下「本件残部」という）の支払を求めた。これに対し、Yは、本件残部については、別件訴訟の請求の対象となっていなかった以上、消滅時効が完成しているなどとして、時効を援用した。

　なお、別件訴訟においては、一部消滅の抗弁である別件抗弁が提出され、これが一部認められているから、未収金債権の全部について裁判所による審理判断を経て認定されていることを前提とする。

問　い

小問(1)　原告が数量的に可分な債権のうちの一部を請求する訴訟を提起した場合、その訴訟物はどのように考えられるかについて説明しなさい。

小問(2)　数量的に可分な債権について明示的な一部請求訴訟が提起され、その請求に関する本案判決が確定した後に、残部の債権の請求をする

　　　ことがその前訴確定判決によって遮断されるかについて説明しなさい。

小問(3)　裁判上の請求による時効の完成猶予及び時効の更新について説明しなさい。

小問(4)　平成29年改正前の民法下においてＸが、「別件判決においては、本件未収金債権の一部が消滅している旨の別件抗弁に理由があると判断された上、現存する本件未収金債権の額が7528万3243円であると認定されたのであるから、別件訴えの提起は、請求の対象となっていなかった本件残部についても、裁判上の請求に準ずるものとして消滅時効の中断の効力を生ずる」と主張した場合、Ｙはどのような反論をすることができるかについて説明しなさい。

　　　また、Ｘが、明示的一部請求の訴えが提起された場合、原則として、当該訴えの提起は、残部について、裁判上の催告として消滅時効の中断の効力を生ずると主張した場合、Ｙはどのような反論をすることができるかについて説明しなさい。

小問(5)　現行民法の下において、数量的に可分な債権につき明示的一部請求の訴えが提起されたとき、その提起は残部の債権について時効の完成猶予の効力はあるかについて説明しなさい。

判 例 か ら 考 え る

　数量的に可分な債権の一部請求後の残部請求の可否に関しては、いくつかの論点があるが、本問は、そのうち一部請求と消滅時効の中断の範囲および裁判上の催告に関わる最判平成25年6月6日・民集67巻5号1208頁（以下「最判平成25年6月6日」という）をもとにしたものである。平成29年に消滅時効も含む民法が改正されたので、最判平成25年6月6日は、同改正後では、時効の完成猶予及び時効の更新または催告などの問題として再構成されることになる。

　最判平成25年6月6日は、数量的に可分な債権の一部についてのみ判決を求める旨を明示して訴えが提起された場合、当該訴えの提起による裁判上の請求としての消滅時効の中断の効力は、その一部についてのみ生ずるのであ

って、当該訴えの提起は、残部について、裁判上の請求に準ずるものとして消滅時効の中断の効力を生ずるものではないとした。そして、同最判は、この理は、明示的一部請求の訴えに係る訴訟において、「弁済、相殺等により債権の一部が消滅している旨の抗弁が提出され、これに理由があると判断されたため、判決において上記債権の総額の認定がされたとしても、異なるものではないというべきである」とした。同最判は、その理由として、「当該認定は判決理由中の判断にすぎないのであって、残部のうち消滅していないと判断された部分については、その存在が確定していないのはもちろん、確定したのと同視することができるともいえないからである」とした。

　また、最判平成25年6月6日は、明示的一部請求の訴えが提起された場合、原則として、当該訴えの提起は、残部について、「裁判上の催告」として消滅時効の中断の効力を生ずるというべきであり、債権者は、当該訴えに係る訴訟の終了後6カ月以内に〔平成29年改正前〕民法153条所定の措置を講ずることにより、残部について消滅時効を確定的に中断することができるとして、その理由を次のように判示している。

　「明示的一部請求の訴えにおいて請求された部分と請求されていない残部とは、請求原因事実を基本的に同じくすること、明示的一部請求の訴えを提起する債権者としては、将来にわたって残部をおよそ請求しないという意思の下に請求を一部にとどめているわけではないのが通常であると解されることに鑑みると、明示的一部請求の訴えに係る訴訟の係属中は、原則として、残部についても権利行使の意思が継続的に表示されているものとみることができる」。

　以下では、一部請求と訴訟物、明示的一部請求後の残部請求の可否、平成29年の消滅時効に関する改正、平成29年改正前民法における一部請求と消滅時効、ならびに現行の民法における一部請求と時効の完成猶予等について解説する。

解　説

1　はじめに

　数量的に可分な債権の一部請求後の残部請求の可否に関し、最判平成25年

6月6日は、一部請求と消滅時効の中断の範囲および一部請求と裁判上の催告の問題に関わる。平成29年民法改正に伴ってその争点を再構成すれば、一部請求と時効の完成猶予（または時効の更新）の範囲および一部請求と裁判上の催告の問題となる。この民法の改正では、改正前民法において時効の「中断」と呼んでいたものを現行民法では時効の「更新」と呼び、また、時効の「停止」と呼んでいたものを時効の「完成猶予」と呼ぶ[1]。

　1個の債権の数量的に可分な一部についてのみ判決を求める旨を明示して訴えが提起された場合、訴訟物となるのはその債権の一部の存否のみであって、全部の存否ではなく、したがってその一部の請求についての確定判決の既判力は残部の請求に及ばないとするのが判例であり（最判昭和37年8月10日・民集16巻8号1720頁）、この立場は一部請求明示説と呼ばれている。

　学説では、一部請求後の残部請求の可否の問題について、一部請求（全面）肯定説もあったが、今日では、明示的一部請求認容後の残部請求に限りこれを許そうとする方向と、前訴請求が一部と明示されたか否かまたは前訴請求が認容されたか棄却されたかを区別せずに残部請求は常に遮断されるとする一部請求（全面）否定説の2つの方向で議論は収斂しつつある[2]。

　そもそも原告が、債権の全部でなく一部の請求を先にする理由は、特に損害賠償請求において金額の算定が不確定である上に、被告からの過失相殺によって原告の請求認容額が減額される可能性もあって、裁判所による最終的な認容額を原告が確実には予想できないこと、しかも申立手数料が、訴額が増加するに従って高額になる制度が採られていることにある。仮に常に債権の全部の請求をすることを必要的とし、それに見合う申立手数料を必ず支払わなければならないとすると、原告に酷であるという衡平感がその基底にある。学説も、近時は判例に賛成する説が増加してきているのは、同様な理由に基づくものと思われる[3]。

2　一部請求と訴訟物
(1) はじめに
　一部請求は、単一・同一の請求権の数量的一部訴求を扱うのであるから、複数の権利によって理由づけられうる請求の単複異同を問題とする訴訟物論

争とは、直接の関連がないとされる[4]。すなわち、一部請求問題は、訴訟物理論のいずれの立場に立つかとは関わりのない問題であり、訴訟物理論による影響を受けないとされる[5]。

　一部請求訴訟の訴訟物をどのように理解するかについては、学説・判例が分かれている。そもそも、一部請求論において訴訟物の捉え方に重きを置かない考え方がある。しかし、大別すると、①常に、訴求されている一部のみが訴訟物になるとする見解、②常に、残部を含む債権の全体が訴訟物になるとする見解、③一部請求である旨を明示した場合には、訴求されている一部のみが訴訟物になるが、明示がない場合には、債権全体が訴訟物になるとする見解に分けることができる[6]。このほか、かつては、債権そのものにつき法律上の区分しうる何らかの標識（標準）の存否に基づいて取扱いを異別にする見解があった。

(2) 一部請求論において訴訟物の捉え方に重点を置かない考え方

　一部請求に関する問題について、「訴訟物」はいかようにも説明できるのであってそれ自体が決定的重要性を持っているとはいえず、訴訟物について既判力が生ずるとする命題を不動のものとする思考に対しては再検討が必要であるとする指摘がなされている[7]。前訴における一部請求の訴訟物をどのように構成するかについては、残部を請求する後訴を肯定するか否定するかという結論を得た後の理由づけのための手段に使われているに過ぎないと批判している[8]。また、今日では、残部請求の適否を訴訟物ないし既判力の観点とは別に、信義則の観点から調整する見解も学説上有力に主張されており、一部請求論と訴訟物論の関連は、かつてほど密接なものではなくなっていると指摘されている[9]。

(3) 訴求されている一部のみが常に訴訟物になるとする見解

　残部請求に対して既判力が作用するかに関して、一部請求と残部請求は、前訴における明示の有無にかかわらず、原則として訴訟上の請求を異にするものとして、既判力は作用しないとする見解がある。その理由は、金銭支払請求訴訟における訴訟上の請求ないし訴訟物は、請求権の発生原因とその金額を提示することによって特定されると解するのが一般的な理解であるところ、そのような理解を前提とすると、前訴において一定額を請求し、後訴に

おいて前訴で請求しなかった残額を請求する場合には、前訴と後訴で訴訟上の請求ないし訴訟物は別個であるからであるとする[10]。

また、明示的な一部請求訴訟の場合、前訴の訴訟物が債権の一部に限られる以上、前訴において残部債権には訴訟係属が生じなかったのであるから裁判されなかった結果として、訴訟物理論に左右されることなく、前訴の一部請求と残部請求の後訴では訴訟物が異なることは明らかであるとし、そして、隠れた一部請求訴訟においても原告の請求する債権の一部が訴訟物をなすとみるのが原則として正しいとする見解がある[11]。一部請求訴訟を全部または一部棄却する確定判決は、前訴と訴訟物を異にする残部請求の後訴に対して、後者が一部請求の前訴と矛盾関係に立つことを理由に既判力を及ぼすとしている[12]。

さらに、判例の立場では、明示の有無によって訴訟物の範囲そのものが変わるという帰結を説明する理論構成に疑問があると指摘し、判例の立場とは異なって、常に、訴求されている一部のみが訴訟物になるとする考え方を前提とした上で、一部請求が認容された場合には、一部であるとの明示がある限り、残部請求は妨げられないが、明示のない一部請求認容後の残部請求や、明示の有無にかかわらず、一部請求棄却後の残部請求については、信義則に反するものとして不適法とする見解がある[13]。

このほか、数量的に可分な債権の一部を請求する訴えは、権利濫用と目すべき細分請求の場合を除き、常に適法であるとし、一部請求に対する本案判決が確定すれば、請求認容・請求棄却のいずれを問わず、既判力は当該一部に限って生じ、後訴の残部請求には及ばないとする見解がある[14]。

なお、明示の有無の問題は、訴訟物特定要素ではなく、信義則要素として捉えるべきであるとする見解は、明示一部請求の場合のみならず黙示一部請求においても訴訟物は訴求された一部債権のみであり、残部債権は訴訟物とならないとする[15]。

(4) 残部を含む債権の全体が常に訴訟物になるとする見解

特定の基準があるかどうか、または一部であることが明示されているかどうかを問わず、常に債権全体が訴訟物となり、既判力の客観的範囲もそれを基準として決定されると考える見解がある。その理由は、実体法上の権利関

係を訴訟物とすることを考えた場合（すなわち旧訴訟物理論に立った場合を前提）には、数額は、金銭債権特定のために不可欠の要素であり、全体の債権とは別に、一部の金額のみを目的とする債権が存在するものではないから、原告が請求の趣旨において債権全額のうち一部のみの給付を求めているときにも、それは、給付命令の上限を画するという効果しかもたず、訴訟物は、その一部を含む債権全体になるとする[16]。そして、請求の趣旨および判決主文において表示されるのは、一部に過ぎないが、訴訟物は、請求の趣旨および原因を総合して権利関係として特定されるのであるから、債権全部を訴訟物とすることは妨げられないとする[17]。

(5) 明示された場合はその一部・明示されていない場合は債権全部（判例の考え方）

　一部請求に対する判決の残部請求に対する効果を考える際には、一部請求の訴訟物をどのように構成するかによって判断が分かれる。判例は、給付の求められている部分が債権全部の一部であることが明示されているときには、その一部のみが訴訟物になるという考え方をとるとされる[18]。

(6) 区分標識（区別標準）により取扱いを異別にする見解

　一部請求の訴訟物について、一部請求といっても、純然たる機械的・数量的な分割の場合と、債権そのものにつき法律上の区分しうる何らかの標識のある場合（たとえば履行期が異なるとか、担保権の及ぶ部分とそうでない部分とか、反対給付に係る部分とそうでない部分とかなど）を区別すべく、前者については前後同一の請求として既判力が及ぶが、後者は権利が可分とみられる限り、既判力はその可分と観念される部分についてのみ生じるとする見解がある。そのように考えると、一部請求というのは、厳密にいえば後者の場合についてのみ考えられ、前者の場合は厳密な意味では一部請求とはいえず、むしろ全部の請求を訴訟物として提示しつつ、給付判決を求める最上限を画しているにとどまるとする[19]。この説を最上限画定説と呼ぶ。

　また、一部請求についてその請求部分が特定された場合とそうでない場合とを区別して、一部請求の訴訟物を考える見解がある。債権の一部が他の部分から区別しうる標準が存在する場合は、その部分を一部請求として認めることができるとする。一部請求の場合、その一部が特定された場合でなけれ

ば、判決の対象とはなりえないとし、特定債権の不特定の一部の訴求は、請求の趣旨の一定を欠くものとして不適法であると考え、給付の目的を分量的に分割請求するだけでは、一部請求とは認められないとする[20]。この説を特定必要説と呼ぶ。

最上限画定説は分割された請求を給付判決の最上限を画しているにとどまるとみるのに対して、特定必要説は、分割された請求を常に全部とみて、残額請求は既判力により遮断されるとする点で異なっている[21]。

この特定必要説に対して、金銭債権の明示的一部請求については請求の特定を欠き、不適法とする見解があるが、訴求債権の存在自体が原因関係により特定されていれば、金銭債権の一部であることを明示することにより、当該原因関係に基づく金銭債権であるとともに、請求の範囲も画されているのであり、それは金銭債権の可分性により十分特定されていると認められ、請求の特定性について欠ける点はないとする見解がある[22]。

また、区分標識の有無により一部請求の許否をする説に対しては、訴求債権自体が請求原因たる事実関係によって特定されている以上、裁判所としては審判対象に迷うことはなく、請求の範囲の特定も、数量的債権たる性質上、数量の限定で足りるはずであるとの批判が加えられている[23]。

3 明示的一部請求後の残部請求の可否

従来の判例の一部請求明示説の立場によれば、前訴の明示的一部請求において、原告が勝訴している場合はもちろん、原告が一部勝訴ないし請求棄却判決を受けている場合でも、後の残部請求は可能であると解されてきた[24]。ただし、近年、判例は、金銭債権の明示的な一部請求訴訟で「敗訴した」原告が残部請求の訴えを提起することは、特段の事情がない限り「信義則に反して」許されないとした（大成建設事件・最判平成10年6月12日・民集52巻4号1147頁）。一部請求を認める判例の理解の仕方として、一部請求についての判決により残部の請求についても事実上解決がなされる有用性が指摘される[25]。

学説では、判例の立場を支持する説のほか、一部請求（全面）否定説があり[26]、この説に立てば残部請求の訴えを提起することはできない。また、前

訴で一部と明示したかを一つの基準として残部請求の訴え提起の可否を区別するいくつかの説がある[27]。さらに、かつては一部請求（全面）肯定説が主張されており[28]、この説に立てば、残部請求の訴えを提起することは可能である。

4　裁判上の請求等による時効の完成猶予及び時効の更新

　平成29年に消滅時効に関する民法の規定が改正され、また、裁判上の請求による時効の完成猶予等に関する民訴法の規定も改正された。

(1) 消滅時効に関する民法の改正

　消滅時効に関する民法の規定が改正され、裁判上の請求等による時効の完成猶予・時効の更新および催告による時効の完成猶予の制度が作られた。

　ア　裁判上の請求等による時効の完成猶予・時効の更新

　裁判上の請求等がある場合には、その事由が終了する（確定判決又は確定判決と同一の効力を有するものによって権利が確定することなくその事由が終了した場合にあっては、その終了の時から6箇月を経過する）までの間は、時効は、完成しない（改正後民法147条1項）。民法147条1項の場合において、確定判決又は確定判決と同一の効力を有するものによって権利が確定したときは、時効は、裁判上の請求等が終了した時から新たにその進行を始める（民法147条2項）。

　民法147条は、裁判上の請求等による時効の完成猶予及び時効の更新を規定する。時効の完成猶予とは、猶予事由が発生しても時効期間の進行自体は止まらないが、本来の時効期間の満了時期を過ぎても、所定の時期を経過するまでは時効が完成しないという効果を意味する。時効の更新とは、更新事由の発生によって進行していた時効期間の経過が無意味なものとなり、時効が新たに零から進行を始めるという効果を意味する[29]。

　時効に関して民法では、(a)権利行使の意思を明らかにしたと評価できる事実が存在する場合を「完成猶予」事由に、(b)権利の存在について確証が得られたと評価できる事実が存在する場合を「更新」事由に、それぞれ割り振るという方針が基礎に据えられている[30]。換言すると、権利者がいわゆる権利の上に眠っておらずに、権利行使をしたとみられるような事象があると、そ

こでまず時効の完成猶予という効果が与えられる。さらに、確かに権利が存在すると認められるような事象が生じた場合には、そこで時効の更新という効果を認めて、新たな時効期間がスタートすることになる[31]。

　時効がまだ完成していない段階で一定の事由があれば、それまで進行していた期間が無になり、時効期間は、更新があった時点から起算され、再び進行を始める。この時効の更新は、改正前民法下で用いられていた「中断」という概念が、「更新」に替えられている[32]。また、時効の完成猶予は、時効の更新と異なり、すでに進行した期間が無になるのではなく、単に、時効の完成が延期されるだけのことである。ここでは、改正前民法下で用いられていた「停止」という概念が、「完成猶予」に替えられている[33]。

　民法は、「裁判上の請求」を時効の更新事由（中断事由）とせず、時効の完成猶予事由としている（民法147条1項1号）。これは、改正前民法からの実質的変更である[34]。

　イ　催告による時効の完成猶予

　民法150条は、催告による時効の完成猶予について規定する。催告があったときは、その時から6箇月を経過するまでの間は、時効は、完成しない（民法150条1項）。催告によって時効の完成が猶予されている間にされた再度の催告は、民法150条1項の規定による時効の完成猶予の効力を有しない（民法150条2項）。

(2) 裁判上の請求等・強制執行等および時効の完成猶予・時効の更新

　民法は、時効の完成猶予から更新事由に接続しうるものを裁判上の請求等と強制執行等の2つに大別して規定[35]するが、以下では、裁判上の請求による時効の完成猶予等に関する改正を中心に解説する。

　裁判上の請求による時効の完成猶予等に関して、民訴法の規定が改正された。訴えが提起されたとき、または民訴法143条2項（民訴法144条3項および145条4項において準用する場合を含む）の書面が裁判所に提出されたときは、その時に時効の完成猶予又は法律上の期間の遵守のために必要な裁判上の請求があったものとされる（民訴法147条）。時効完成の猶予の時期を訴状の裁判所への提出時とするのは、個々の場合の訴訟進行、特に送達の遅延によって訴訟中に時効が完成してしまうことを防ぐためである[36]。

　民法は、まず訴えの提起の段階で時効の完成猶予という、とりあえず時効を完成させないという効果を与えて、その後に勝訴して権利があるということになると、その段階で時効の更新（従来でいう中断）の効果を認めて時効期間を再スタートさせることになっている[37]。

　すなわち裁判上の請求があると、まずは、時効の完成が猶予される（民法147条1項）。そして、その裁判手続において、確定判決または確定判決と同一の効力を有するものによって権利が確定したときは、その事由の終了まで時効の完成が猶予された上で（民法147条1項）、その事由の終了の時において時効は更新され、時効期間は新たにその進行を始める（同条2項）。他方で、確定判決等による権利の確定に至ることなく中途でその事由が終了した場合には、時効の更新は生じないが、その終了の時から6箇月を経過するまでは、引き続き時効の完成が猶予される（民法147条1項柱書かっこ書き部分）。これは、「裁判上の催告」に関する判例（最判昭和45年9月10日）を踏まえたものとされる[38]。中途でその事由が終了した場合としてそこで想定されているのは、訴えが取り下げられた場合または訴えが却下された場合である。これは、改正前民法下においてこの2つの場合について判例法として認められていた「裁判上の催告」の考え方を、条文中に取り込んだものとされる[39]。改正前民法の規定では、時効中断事由であるとされていた裁判上の請求などについて、訴えを提起すると、時効中断という効果を認めていたが、途中で訴えが取り下げられると、遡ってその効果がないかのような規定になっていた[40]。

5　一部請求と平成29年改正前民法における消滅時効

　最判平成25年6月6日は、明示的な一部請求訴訟の提起が債権の残部について裁判上の催告としての効果を生じうることを認めたが、当該事案では、第1の催告から6カ月以内に平成29年改正前の民法153条所定の措置を講じなかった以上は、第1の催告から6カ月を経過することにより、残部について消滅時効が完成したとされた。

(1) 裁判上の催告

　ア　判例の立場

　数量的に可分な債権の一部についてのみ判決を求める旨を明示して訴えが

提起された場合、当該訴えの提起による「裁判上の請求」としての消滅時効の中断の効力は、その一部についてのみ生ずるのであって、当該訴えの提起は、残部について、「裁判上の請求」に準ずるものとして消滅時効の中断の効力を生ずるものではないとするのが、従来の判例である（最判昭和34年２月20日・民集13巻２号209頁）。

　最判平成25年６月６日は、残部について、「裁判上の請求」に準ずるものとして消滅時効の中断の効力を生ずるものではないとしてその判例を踏襲したが、明示的な一部請求訴訟の提起が債権の残部について裁判上の催告としての効果を生じうることを最高裁として初めて明らかにした[41]。「裁判上の催告」は、「裁判上の」という形容詞句がついてはいるが、その実質は改正前民法153条で規定される「催告」に過ぎない[42]。催告とは、債務者に対して履行を請求する債権者の意思の通知をいう。この催告の効力は弱いとされていた[43]。

　最判平成25年６月６日は、債権の残部について裁判上の催告としての効果を生ずる要件として、①明示的一部請求の訴えにおいて請求された部分と請求されていない残部とは、請求原因事実を基本的に同じくすること、および、②明示的一部請求の訴えを提起する債権者としては、「将来にわたって残部をおよそ請求しないという意思の下に請求を一部にとどめているわけではないのが通常である」ことを前提として、②を否定する特段の事情がない限り、残部について裁判上の催告としての効力が生じるとした。同最判は、①について明確にした点と②について原告の意思につき推定をすべき旨を述べた点で新たな判断を示した[44]。

　イ　学説

　学説では、従前から裁判上の催告という考え方が示されていた。すなわち請求の意思が示されたとみることのできる行為が裁判上でなされたとき、当該訴訟の係属している間は催告が継続しているものと考えて、当該訴訟の終結した時から６カ月内に他の強力な中断事由に訴えれば、時効中断の効力は維持されるものと解釈すべきであり、一部の請求についての訴訟の終結した時から６カ月内に訴えを提起すればよい、と主張されていた[45]。一部の訴えも全部の権利の主張を実際上包含する以上、一応の中断力を生ずるのであり、

裁判上の主張は裁判外の主張（催告）よりはるかに明確な権利の主張であるとされる[46]。このように残部債権について裁判上の催告の効力を認めるのが多数であるとされた[47]。

(2) 再度の催告

　ア　最判平成25年 6 月 6 日と再度の催告

　仮に、最判平成25年 6 月 6 日の事案で、残部債権について催告の効力が認められるとしても、第 1 の催告から 6 カ月以内に平成29年改正前の民法153条所定の措置を講じなかった以上は、第 1 の催告から 6 カ月を経過することにより、消滅時効が完成していたとするのが、同最判の立場である。同最判は、第 2 の催告が明示的一部請求の訴えの提起による裁判上の催告であっても異なるものではないとし、これを本件についてみると、Xは、本件催告から 6 カ月以内に別件訴えを提起したに過ぎず、本件残部について〔平成29年改正前の〕民法153条所定の措置を講じなかったのであるから、本件残部について消滅時効が完成していることは明らかであるとした。

　イ　再度の催告の明文化

　現行の民法では、催告によって 6 カ月時効の完成が猶予されている間に、再度の催告による時効の完成猶予は認められないことが明文化（民法150条 2 項）された。そこで、「裁判上の催告」を民法150条の催告であるとしつつ、6 カ月以上の期間、時効の完成猶予を認めることはできなくなったとの指摘もある[48]。

6　一部請求と現行民法の時効障害

(1) はじめに

　平成29年の民法（債権法）の改正の際に、消滅時効の制度も改正され、新たに時効の完成猶予及び時効の更新の制度が作られた。この新たな制度と最判平成25年 6 月 6 日は、どのような関係に立つか。現行の民法は、債権の一部について訴えが提起された場合における残部についての時効の完成猶予及び時効の更新の問題に関しては、それ以後の解釈の展開に委ね、特定の立場をとっていないとされる[49]。

(2) 最判平成25年 6 月 6 日と現行民法

最判平成25年6月6日の立場に立つとすると、明示的一部請求の訴えが提起され、それが認容される判決がなされた場合であっても、請求されなかった残部の債権については時効の更新はなされないことになる。そして、この場合、残部の債権については、特別な事情のない限り、催告があったものとして、訴訟の終了から6カ月を経過するまでの間は、時効の完成が猶予されるものとされる[50]。

(3) 学説

ア 時効の完成猶予説

残部債権に関する消滅時効について、学説は、必ずしも一部請求理論とは連動させず、明示の有無にかかわらず、（一部請求の場合にも請求権全部が訴訟物となるとする立場からはもちろん、権利行使説の立場から、あるいは時効の完成猶予効の範囲を訴訟物に限定しない立場から）その権利関係全部について時効の完成猶予効を認める見解が多数であるとされる[51]。

イ 時効の更新説

明示的一部請求の訴えによって、残部についても「裁判上の請求」があったものと評価し、時効の完成猶予の効果を認めることができるとする見解がある。そして、明示的一部請求を認容する判決が確定することをもって、請求した一部と同様に残部についても時効の更新を認める立場（改正前民法下の全部中断説に対応する説）がある[52]。

本判決（最判平成25年6月6日）の意義

　本判決の立場では、数量的に可分な債権に関して明示的一部請求の訴えが提起され、その訴えが認容される判決がなされた場合であっても、請求されなかった残部の債権については時効の更新はなされないことになる。しかし、明示的一部請求の訴えが提起された場合、その請求された一部だけでなく、原則として、残部の債権についても裁判上の催告として時効の完成猶予の効力を生ずる。この場合、残部の債権については、特別な事情のない限り、催告があったものとして、訴訟の終了から6カ月を経過するまでの間は、時効の完成が猶予されるものとされる。

1）潮見佳男・民法（全）（第 2 版・有斐閣・2019年）101頁。

2）越山和広「一部請求後の残額請求と既判力・信義則」現時法学の理論と実践（伊東喜寿記念・慶應義塾大学出版会・2000年）307頁。

3）小林・民訴法291頁。

4）小林・民訴法290頁以下、中野貞一郎・民事手続の現在問題（判例タイムズ社・1989年）87頁。

5）松本博之「一部請求訴訟後の残部請求訴訟と既判力・信義則」福永有利ほか編・民事訴訟法の史的展開（鈴木古稀祝賀・有斐閣・2002年）193頁、197頁。

6）三木ほか・445頁〔垣内秀介〕。

7）井上治典「確定判決後の残額請求——一部請求論の素描」三ヶ月章＝青山善充編・民事訴訟法の争点180頁以下（1979年）。

8）井上・前掲注 7）181頁。また、一部請求論に関して、一部請求（一部訴求）の訴訟物は何かを決めることは重要でなく、その問題解決の役に立たないとするのは、中野・前掲注 4）87頁。

9）川嶋隆憲「再訴事案の法的規律——英米法理論からの比較法的アプローチ」法研86巻11号37頁、82頁以下（2013年）、小林・民訴法291頁。

10）川嶋・前掲注 9）83頁以下。

11）松本・前掲注 5）200頁、209頁。なお、同論文は、原告が一部請求訴訟であることを明示している場合と一部請求訴訟であることが事情から明らかになる場合を、「明示的一部請求訴訟」と呼称するよりは、「公然の一部請求訴訟」とする呼称の方がより適切であるとしている。

12）松本・前掲注 5）227頁。

13）三木ほか・445頁、448頁〔垣内秀介〕。また、三木浩一「一部請求論について——手続運営論の視点から」民訴雑誌47号30頁、33頁、51頁以下（2001年）。なお、一部請求をした場合の残部請求に関して、その両請求の訴訟物が同一であることに関して懐疑的であるのは、高橋・重点上136頁注15。

14）中野・前掲注 4）108頁。

15）三木浩一「一部請求論の展開」民事手続法（慶應義塾大学出版会・2008年）195頁、199頁以下。

16）伊藤・230頁。

17）伊藤・231頁〔一部請求においても債権全部が訴訟物になると考えると、一部請求について棄却判決が確定したときには、債権全部の不存在が確定され、残部請求は既判力によって遮断される〕。

18）伊藤・230頁。

19）三ヶ月章・民事訴訟法（有斐閣・1959年）107頁以下。

20）兼子一・民事法研究第 1 巻（第 3 版・弘文堂・1951年）416頁以下。

21）松本幸一「金銭債権の一部請求についての一考察」日法80巻 3 号591頁、626頁（2015年）。

22）梅本吉彦・民事訴訟法（第 4 版・信山社出版・2009年）239頁以下。

23）中野・前掲注 4）89頁。

24）佐上善和「判批」法教220号132頁、133頁（1999年）。

25）上野泰男「判批」平成10年度重判解122頁、124頁。

26）新堂・338頁、701頁、高橋・重点上107頁。

27）たとえば、伊藤・230頁以下、中野・前掲注 4）106頁以下、菊井維大＝村松俊

夫・全訂民事訴訟法Ⅰ（補訂版・日本評論社・1993年）1280頁〔判例の立場に賛成〕。

28) たとえば、木川統一郎・民事訴訟法重要問題講義（中・成文堂・1992年）306頁以下。

29) 筒井健夫＝村松秀樹編著・一問一答民法（債権関係）改正（商事法務・2018年）44頁参照。

30) 潮見佳男「『裁判上の催告』の理論のゆくえ」法教457号72頁（2018年）〔改正前民法下の「停止事由」と「中断」事由は、いずれの理由づけによって分類整理されていたわけではなかった〕。

31) 深山雅也「民法（債権法）改正の最重要ポイント（前編）」NIBEN Frontier 178号2頁、5頁（2018年）。

32) 潮見・前掲注30）72頁。

33) 潮見・前掲注30）72頁。

34) 潮見・前掲注30）77頁。

35) 松久三四彦「改正民法が民事裁判実務に及ぼす影響（第1回）──消滅時効に関する見直し」判時2416号124頁、126頁以下（2019年）。

36) 新堂・前掲注26）228頁。

37) 深山・前掲注31）6頁。

38) 筒井＝村松編著・前掲注29）46頁。

39) 潮見・前掲注30）77頁。

40) 深山・前掲注31）5頁以下〔改正前の規定では、裁判を起こしている間は催告の効果があると考え、その間は中断し続けるという解釈になっていた〕。

41) 武藤貴明「判批」最高裁時の判例8号（2018年）196頁、197頁。また、香川崇＝上江洲純子「判批」法教472号30頁、40頁（2020年）〔上江洲純子〕。この最判平成25年6月6日の判旨を肯定的に評価するのは、新井敦志「判批」立正50巻1号193頁、208頁（2016年）。

42) 坂田宏「判批」リマークス48号110頁、113頁（2014年）。

43) 我妻栄・新訂民法総則（岩波書店・1965年）464頁。

44) 山田文「判批」法教422号4頁、8頁（2015年）。

45) 我妻・前掲注43）465頁以下。

46) 我妻栄・民法研究Ⅱ（有斐閣・1966年）264頁以下。また松久三四彦・時効制度の構造と解釈（有斐閣・2011年）99頁注43。

47) 山本和彦「判批」金法2001号18頁、20頁（2014年）。

48) 四宮和夫＝能見善久・民法総則（第9版・弘文堂・2018年）466頁以下。

49) 潮見佳男・民法（債権関係）改正法の概要（金融財政事情研究会・2017年）38頁以下。また、一部請求と時効の完成猶予及び時効の更新について、潮見・前掲注30）78頁。

50) 山野目章夫・民法概論1民法総則（有斐閣・2017年）348頁参照〔改正前民法下の裁判上の催告説〕、近江幸治・民法総則（第7版・成文堂・2018年）348頁。なお、佐久間毅ほか・民法Ⅰ総則（第2版補訂版・有斐閣・2020年）307以下〔原田昌和〕、四宮＝能見・前掲注48）466頁〔残部債権に対する時効の完成猶予の効果を認めるとした場合において、民法150条の類推適用で処理するのか、民法147条の類推適用で処理するのか議論が残る〕。また、民法150条の「催告」は改正前民法153条の「催告」と同じであり、明示的一部請求の残部については、

民法150条の適用を認めることができるとし、制度的な変容を受けつつ、新たな時効完成猶予制度の下で民法150条の「催告」の解釈として、従前の解釈（最判平成25年 6 月 6 日の先例価値）は承継されるとするのは、平野裕之・新債権法の論点と解釈（第 2 版・慶應義塾大学出版会・2021年）。

51）中野貞一郎＝松浦馨＝鈴木正裕編・新民事訴訟法講義（第 3 版・有斐閣・2018年）199頁〔堤龍弥〕。たとえば、債権全体について時効の完成猶予（改正前民法の時効中断に相当）の効力が生じるかどうかという問題があるが、一部請求の場合にも債権全体が訴訟物となるとする見解は、時効の完成猶予（時効中断）の効力も債権全体について認められるとするのは、伊藤・242頁。

52）中舎寛樹・民法総則（第 2 版・日本評論社・2018年）388頁。これに対して、明示的一部請求は残部についての裁判上の催告としての効力が認められ、時効の完成猶予の効力が認められるにとどまり、時効更新の効力は認められないとするのは、松岡久和ほか編著・改正債権法コンメンタール（法律文化社・2020年）131頁〔香川崇〕。

当事者と第三者の訴訟担当

権利能力のない社団の構成員全員に総有的に帰属する不動産に関する所有権移転登記手続請求訴訟の原告適格

最判平成26年 2 月27日・民集68巻 2 号192頁

▶予備知識

　法人でない社団（権利能力のない社団・法人格のない社団）は、構成員全員に総有的に帰属する不動産について、その所有権の登記名義人に対し、当該社団の代表者の個人名義に所有権移転登記手続をすることを求める訴訟の原告適格を有するか否かが議論されている。

　当事者とは、訴えまたは訴えられることによって判決の名宛人となる者をいう。**当事者能力**とは、民事訴訟の当事者となることのできる一般的な資格をいう。当事者能力は、民訴法に特別の定めがある場合を除き、民法その他の法令に従う（民訴法28条）とされており、私法上権利能力を有する者は、訴訟物のなんたるかを問わず、当事者能力を有することが原則とされている。当事者能力の存在は、**訴訟要件**の一つである。裁判所は、当事者能力の存否をいつでも職権で調査し、その欠缺があると判断するときは、訴えを却下しなければならない。

　社団とは、個々の構成員から独立した固有の目的を持つ、単一体として認められる人の集合体である。団体の形成や財団の設立は自由であるが、法人格を取得するには、法定の組織を備えた上、主務官庁の許可や認可が必要な場合がある。そのため、現実には、法人格のない団体や財産の集まりが一つの統一体として事実上社会活動を営み、取引界に登場することがある。当事者能力に関する民訴法29条は、「法人でない社団又は財団で代表者又は管理人の定めがあるものは、その名において訴え、又は訴えられることができる」と規定する。判例によれば、民訴法29条にいう法人でない社団（権利能力のない社団）に当たるというためには、団体としての組織を備え、多数決の原則が行われ、構成員の変更にかかわらず団体そのものが存続し、その組織において代表の方法、総会の運営、財産の管理その他団体としての主要な点が確定していなければならない（三田市11番区事件・最判昭和42年10月19日・

民集21巻8号2078頁、権利能力のない社団の要件について・最判昭和39年10月15日・
民集18巻8号1671頁）。

　ところで、判例・登記実務は、法人でない社団の名義の登記や法人でない
社団の代表者である旨の肩書を付した記載の登記は許されないとしている
（最判昭和47年6月2日・民集26巻5号957頁）。それでは、法人でない社団は、
その構成員全員に総有的に帰属する不動産について、その所有権の登記名義
人に対し、当該社団の代表者の個人名義に所有権移転登記手続をすることを
求める訴訟の原告適格を有するか。判断される権利の帰属主体（法人でない
社団の構成員全員）と訴訟当事者（法人でない社団）がずれることになって、法
人でない社団の当事者適格をどのように構成するかが問題となる。

判例のポイント 👆

> 　法人でない社団は、その社団の構成員全員に総有的に帰属する不
> 動産につき所有権の登記名義人に対し当該社団の代表者の個人名義
> に所有権移転登記手続をすることを求める訴訟の原告適格を有する。

設　問

設例

　次の事実関係を前提として、下の問いに答えなさい。

1　法人でない社団（権利能力のない社団）であるＸ（ある市の消防団に所属する
分団の一つ）が、その構成員全員に総有的に帰属する土地について、共有持
分の登記名義人のうちの1人の権利義務を相続により承継したＹに対し、委
任の終了を原因として、Ｘの代表者であるＡへの持分移転登記手続を求めて
訴訟提起した。

2　原審（控訴審）は、Ｘの請求を認容した。その原審判決の主文中、持分移
転登記手続を命ずる部分は、「Ｙは、Ｘ代表者Ａに対し、上記土地について、
委任の終了を原因とする持分移転登記手続をせよ」というものである。

3　これに対し、上告したＹは、⑴権利能力のない社団の構成員全員に総有
的に帰属する不動産については、当該社団の代表者が自己の個人名義に所有
権移転登記手続をすることを求める訴訟を提起すべきものであって、当該社

団自身が代表者の個人名義に所有権移転登記手続をすることを求める訴訟を提起することはできない、(2)権利能力のない社団の構成員全員に総有的に帰属する不動産については、当該社団の代表者である旨の肩書を付した代表者個人名義の登記をすることは許されないから、「X代表者A」名義に持分移転登記手続をすることを命じた原審の判断は違法である、と主張した。

問　い

小問(1)　入会権と法人でない社団の当事者能力について説明しなさい。

小問(2)　法人でない社団は、その構成員全員に総有的に帰属する不動産について、その所有権の登記名義人に対し、当該社団の代表者の個人名義に所有権移転登記手続をすることを求める訴訟の原告適格（原告の当事者適格）を有するかについて説明しなさい。

小問(3)　Xの請求を原審が認容した上記の「Yは、X代表者Aに対し、上記土地について、委任の終了を原因とする持分移転登記手続をせよ」とする判決の確定後、当該事件の原告でもなく被告でもないAが、当該判決により自己の個人名義への所有権移転登記の申請をすることはできるかについて説明しなさい。

小問(4)　法人でない社団の代表者である旨の肩書を付した代表者個人名義の登記をすることは許されないとする旨の最高裁判決（最判昭和47年6月2日・民集 26巻5号957頁）があるが、設例の原判決の主文においては、「X代表者A」への持分移転登記手続が命じられている。上記の原判決の主文はどのようなことを命ずる趣旨のものと解すれば、この最判昭和47年6月2日の判旨と整合するかについて説明しなさい。

判　例　か　ら　考　え　る

　本問は、法人でない社団（権利能力のない社団）は構成員全員に総有的に帰属する不動産について、その所有権の登記名義人に対し、当該社団の代表者の個人名義に所有権移転登記手続をすることを求める訴訟の原告適格を有すると解した最判平成26年2月27日・民集68巻2号192頁（以下「最判平成26年」という）をもとにした。

この最判平成26年は、「権利能力のない社団は、構成員全員に総有的に帰属する不動産について、その所有権の登記名義人に対し、当該社団の代表者の個人名義に所有権移転登記手続をすることを求める訴訟の原告適格を有すると解するのが相当である。そして、その訴訟の判決の効力は、構成員全員に及ぶものと解されるから、当該判決の確定後、上記代表者が、当該判決により自己の個人名義への所有権移転登記の申請をすることができることは明らかである」とした。それに続けて、同最判は、「原判決の主文においては、『Ｘ代表者Ａ』への持分移転登記手続が命じられているが、権利能力のない社団の代表者である旨の肩書を付した代表者個人名義の登記をすることは許されないから（前掲最高裁昭和47年6月2日第2小法廷判決参照）、上記の主文は、Ａの個人名義に持分移転登記手続をすることを命ずる趣旨のものと解すべきであって、『Ｘ代表者』という記載をもって原判決に違法があるということはできない」とした。

以下では、入会権と法人でない社団の当事者能力、法人でない社団の登記請求権に関する従来の判例、法人でない社団の不動産登記請求権に関する当事者適格、および法人でない社団による当該代表者の個人名義への移転登記手続請求について解説する。

解　説

1　入会権と法人でない社団の当事者能力

(1)　入会権

設例の原告は、消防組織法18条1項およびこれを受けたＭ市消防団設置条例に基づいて設置されたＭ市消防団に所属する分団の一つであるところの法人でない社団であるが、法人でない社団は、入会権を有する社団の当事者能力が争われることが多い。**入会権**は、一般に一定の地域の住民が一定の山林原野などにおいて共同して収益をする慣習上の権利、または重点を共同体による土地支配において、村落共同体もしくはこれに準ずる共同体が、土地、主として山林原野に対して総有的に支配するところの慣習上の物権である[1]。民法は、入会権には共有の性質を有するもの（民法263条）と共有の性質を有しないもの（民法294条）との2種があるとし、前者に共有の規定を適用し、

後者に地役権の規定を準用する。

　入会団体が権利能力のない社団に当たる場合は、構成員の総有に属する不動産について構成員個人の登記名義にできる。そして当該構成員は、入会団体の代表者でなくても、自己の名で登記手続請求訴訟を追行する原告適格を有する（最判平成 6 年 5 月31日・民集48巻 4 号1055頁）。

(2) 法人でない社団の当事者能力

　ア　当事者能力

　当事者能力とは、民事訴訟の当事者となることのできる一般的な資格をいう。当事者能力は、訴訟事件の内容性質に関係なく一般的に判定される資格であり、特定の請求との関係でそれについて本案判決を求めることができるという資格（当事者適格）と一応区別して論じられる。当事者能力の存在は、訴訟要件の一つである。裁判所は、当事者能力の存否をいつでも職権で調査し、その欠缺があると判断するときは、訴えを却下しなければならない。

　イ　法人でない社団

　社団とは、個々の構成員から独立した固有の目的を持つ、単一体として認められる人の集合体である[2]。団体の形成や財団の設立は自由であるが、法人格を取得するには、法定の組織を備えた上、主務官庁の許可、認可や登記などが必要とされる場合がある。たとえば、行政庁の公益認定が必要とされ（公益社団法人及び公益財団法人の認定等に関する法律 4 条以下）、所轄庁の認可が必要とされ（私立学校法30条以下）、また、所轄庁の認証が必要とされることがある（宗教法人法12条以下）。このほか、民法36条は法人の登記を必要なものとしており、設立の登記が必要とされることがある（一般社団法人及び一般財団法人に関する法律22条、会社法49条）。

　そのため、現実には、法人格のない団体や財産の集まりが一つの統一体として事実上社会活動を営み、取引界に登場することがある。そして、このような社会活動や取引行為をする以上、これらの団体や財産の集合体と第三者との間に紛争を生じることがあり、これを解決する必要性が生じうる。すでに現実に統一体として社会活動を営んでいる以上、そこから生じた紛争を解決するには、その統一体をそのまま訴訟上も当事者として扱うのが、紛争解決の方法としても直接簡明といえる[3]。

ウ 法人でない社団と当事者能力

　民訴法29条は、「法人でない**社団又は財団**で代表者又は管理人の定めがあるものは、その名において訴え、又は訴えられることができる」と規定する。法人でない社団は、自然人でも法人でもないから、本来は、当事者能力を認められないが、民訴法29条の要件を満たしている場合には、当事者能力が認められる。判例によれば、民訴法29条にいう法人でない社団（権利能力のない社団）に当たるというためには、団体としての組織を備え、多数決の原則が行われ、構成員の変更にかかわらず団体そのものが存続し、その組織において代表の方法、総会の運営、財産の管理その他団体としての主要な点が確定していなければならない（三田市11番区事件・最判昭和42年10月19日・民集21巻8号2078頁、最判昭和39年10月15日・民集18巻8号1671頁参照）。これらのうち、財産的側面については、現在では不要とされるようになっている（最判平成14年6月7日・民集56巻5号899頁）。

　従来から学説では、法人でない社団で代表者または管理人の定めのあるものに、権利義務の帰属を示す判決をしても差し支えないとし、個別の事件の解決を通じてその社団に権利能力を認めることに帰すると主張されていた[4]。民訴法の学説では、民訴法29条に該当する団体については、当事者能力のみならず、実体法上の権利能力も認められるべきであるとするのが多数説である[5]。これに対して、判例は、訴訟を介した当該事件の範囲でも法人でない社団の権利能力を否定していると理解されている[6]。

2 法人でない社団の登記請求権に関する従来の判例

(1) はじめに

　昭和47年に最高裁は、権利能力のない社団（法人でない社団）の資産はその社団の構成員全員に総有的に帰属しているのであって、社団自身が私法上の権利義務の主体となることはないから、社団の資産たる不動産についても、社団はその権利主体となり得るものではなく、したがって、登記請求権を有するものではないとした（最判昭和47年6月2日・民集26巻5号957頁。以下「最判昭和47年6月2日」と呼ぶ）。そして、本来、社団構成員の総有に属する不動産は、右構成員全員のために信託的に社団代表者個人の所有とされるもので

あるから、代表者は、右の趣旨における受託者たる地位において右不動産につき自己の名義をもって登記をすることができるものと解すべきであるとした。

　この最判昭和47年6月2日は、権利能力のない社団による登記手続請求権に関して、社団の当事者適格を否定した判例であると解されてきた[7]。すなわち最判昭和47年6月2日の趣旨からすると、権利能力のない社団が当事者となって登記手続を請求することは理由がないことになる[8]。

　これに対して、最判昭和47年6月2日は、法人でない社団が原告となって代表者への移転登記手続を求めることができるか否かについては何ら判示していないとする分析もあった[9]。

(2) 登記名義人とすることとされた構成員の原告適格

　入会権は権利者である一定の村落住民（部落民）に総有的に属するものである（最判昭和41年11月25日・民集20巻9号1921頁）が、村落住民が入会団体を形成し、それが権利能力のない社団に当たる場合には、権利能力のない社団である入会団体において、規約等に定められた手続により、構成員全員の総有に属する不動産につきある構成員個人を登記名義人とすることとされた場合には、当該構成員は、入会団体の代表者でなくても、自己の名で右不動産についての登記手続請求訴訟を追行する原告適格を有するものと解するのが判例である（最判平成6年5月31日・民集48巻4号1065頁。以下「最判平成6年5月31日」と呼ぶ）。

　この最判平成6年5月31日は、所有権または登記請求権が構成員全員の総有に属することを前提に、登記名義人となるべき構成員が任意的訴訟担当として原告となるとしたと理解する立場もある[10]。しかし、最判平成6年5月31日はある種の法定訴訟担当の構成を採用したとの理解が多い[11]。

　従来の判例の立場の理解として、最判昭和47年6月2日の「信託」構成は比喩的なものであったなどとして、最判平成6年5月31日に引きつけて判例の立場を理解する見解が多い[12]。たとえば、信託構成は最判平成6年5月31日によって実質的に変更・修正されたとされる[13]。

3　法人でない社団の不動産登記請求権に関する当事者適格

(1) 学説

　構成員全員に総有的に帰属する不動産の所有権移転登記手続請求訴訟に関し、法人でない社団の原告としての当事者適格について、学説では、その当事者適格を肯定する説と否定する説がある。そして、その当事者適格を肯定した場合に、当事者適格の理論構成について固有適格構成と訴訟担当構成の対立がある。

　学説では、最判平成26年と同様に、法人でない社団は、構成員全員に総有的に帰属する不動産について、その登記名義人に対し、当該社団の代表者の個人名義に移転登記手続を請求する当事者適格を有すると解するのが多数説である[14]。

　これに対し、学説では、法人でない社団の原告としての当事者適格を否定する見解もある[15]。否定説は、その理由として、訴訟法上、法人でない社団に当事者能力が認められたとしても、実体上、登記請求権がなく、登記申請能力がない者が原告となりうるかに疑問が生ずるとする。そして、仮に当事者能力が認められたとしても、元来、登記請求訴訟は、登記上の権利の名義人となるべき者あるいは現に登記上の名義人となってその不動産の権利主体と表示されている者が原告となり、被告となるべく、登記請求権はその間に生ずるものと解すべきことを理由とする。

(2) 判例

　最判平成26年の立場では、判断される権利の帰属主体（法人でない社団の構成員全員）と訴訟当事者（法人でない社団）がずれることになって、法人でない社団の当事者適格の性質をどのように位置づけるかが問題となる[16]。構成員全員に総有的に帰属する不動産の所有権移転登記手続請求訴訟に関して法人でない社団に当事者適格を認める場合、その理論構成として「固有適格構成」と「訴訟担当構成」の対立がある。

　原告の場合でいえば構成員に総有的に帰属する権利が争われ、それが存在すると判断される限りにおいて、法人でない社団を名宛人とする請求認容判決が出されてよいとする立場であり、事件限りの権利能力を民訴法29条により認める立場は「固有適格構成」と呼ばれる[17]。固有適格構成が伝統的通説

であるとされている[18]。

　判例は、これまで訴訟担当構成を採用する旨を明言したことがなく、判例は固有適格構成を前提とした判断を示していると指摘されている[19]。また最判平成26年を検討すると、同最判は固有適格説を採用したものであり、法人でない社団をめぐる紛争における「事の実態」に着目すれば、登記請求訴訟において民訴法29条により当該事件限りで権利能力が付与され、法人でない社団が固有の当事者適格を持つと明白に判示する方がより簡明かつ明快であり、最判平成26年は固有適格説に親和的であり、妥当であると評されている[20]。

　学説上、固有適格構成に該当する場合、判決効の拡張は予定されていない[21]。ただし、最判平成26年は固有適格構成に立った上で、判決効の構成員全員への拡張を肯定しているが、それは、構成員は社団の受けた判決の反射的効果を受けるものと理解されるとする[22]。

(3) 検討

　法人でない社団の構成員全員に総有的に登記請求権が帰属していて、その法人でない社団がこの権利を訴訟担当として行使すると主張するのが訴訟担当説である[23]。

　民訴法29条は、第三者の訴訟担当を前提とし、法人でない社団は訴訟担当者として訴訟に関与する者であり、その意味で当事者能力を有していると理解し、その訴訟担当構成として、法定訴訟担当構成を採れば、管理処分権の移転をもたらす法規等をどこに見出すか、また任意的訴訟担当構成を採れば、構成員全員からの管理処分権の授権がどこに見出されるかが問題となるとされる[24]。また、最判平成6年5月31日の分析に基づき、民訴法29条は、法人でない社団の当事者能力を定めるだけではなく、社団構成員全員の総有関係に関する訴訟について、法定の訴訟担当資格を与えた規定であるとする見解がある[25]。

　しかし、訴訟担当構成によれば、原則として構成員の特定表示が必要になるにもかかわらず、最判平成26年がそれに言及していないことを根拠として、同最判が訴訟担当構成を採用したと理解することについて批判的な見解もある[26]。すなわち訴訟担当構成を採る場合には、権利帰属主体の表示について、

何らかの手当てが必要となる[27]。

4　法人でない社団による当該代表者の個人名義への移転登記手続請求

　法人でない社団の財産である不動産は、その構成員全員に総有的に帰属する財産であるから、これを公示する方法としては、①構成員全員による共有名義の登記、②代表者個人の名義による登記、または③定款等により登記管理者とされた構成員の名義による登記が利用されてきた[28]。これに対し、判例・登記実務は、ⓐ法人でない社団の名義の登記やⓑ社団の代表者である旨の肩書を付した記載（たとえば、社団の名称をXとした場合の「X代表者甲野太郎」）の登記は許されないとしている（最判昭和47年6月2日）。

　設例のもととした事件の原審（控訴審）は、その判決の主文中、持分移転登記手続を命ずる部分において、「Yは、X代表者Aに対し、上記土地について、委任の終了を原因とする持分移転登記手続をせよ」としたが、法人でない社団の代表者である旨の肩書を付した代表者個人名義の登記をすることは許されないとするのが判例である（最高裁昭和47年6月2日参照）。そこで、原審判決の主文はこの判例に抵触するかのようにも思われる。

　しかし、上記の原審判決の主文は、Aの個人名義に持分移転登記手続をすることを命ずる趣旨のものと解すれば、判例に抵触するものではない。最判平成26年は、上記の原審判決の主文をこのように解して、「X代表者」という記載をもって原判決に違法があるということはできない、とした。

　最判平成26年では、法人でない社団（X）は代表者個人（A）への所有権移転登記を求める旨の間接給付型の請求の趣旨を定立している。しかし、受給者とされた代表者個人（A）は、社団（X）とは別の主体であり、かつ当事者ではないので、訴外第三者に過ぎない。そこで、判決の名宛人（X）ではない代表者個人（A）が、当該判決に基づいて自己名義（A）への所有権移転登記を申請できるとする最判平成26年に対して、疑問が表明されている[29]。

　これに対して、最判平成26年では、代表者が登記申請人となるのは、判決主文中において登記権利者として表示されていることが理由であるとされる[30]。

本判決（最判平成26年）の意義

　権利能力のない社団が原告となって、代表者等の個人名義への移転登記手続を請求する訴えを提起することの適否に関しては、これまで学説が対立し、また、下級審裁判例も分かれていた。本判決は、権利能力のない社団の代表者や、規約等に定められた手続により構成員全員の総有に属する不動産につきある構成員個人を登記名義人とすることとされた場合に、権利能力のない社団自身の原告適格を初めて肯定した点で意義を有している。

1）我妻栄著＝有泉亨補訂・新訂物権法（岩波書店・1983年）427頁。
2）松本博之＝上野泰男・民事訴訟法（第8版・弘文堂・2015年）249頁。
3）新堂・145頁。
4）兼子・111頁〔ただし法人でない以上、登記能力はないから、登記請求などはできない〕。この通説たる兼子説は、後述する固有適格説の系統に属するとされている。大江毅「判批」新・判例解説 Watch15号149頁、152頁（2014年）。
5）伊藤・127頁注22。同旨、新堂・149頁〔一般には認められていない権利能力が個別の訴訟を通じて認められることになる〕、三ヶ月章・民事訴訟法（有斐閣・1959年）182頁、上田徹一郎・民事訴訟法（第7版・法学書院・2011年）93頁。
6）伊藤・127頁注22、高橋・重点上187頁、小島武司・民事訴訟法（有斐閣・2013年）141頁。
7）松本＝上野・前掲注2）250頁、田邊誠「判批」民訴法判例百選（第4版）22頁、23頁（2010年）〔社団の代表者に原告適格を認める理由は、訴訟物たる登記請求権の主体であることによる〕、松原弘信「判批」判評673号（判時2244号）27頁、29頁（2015年）、大江・前掲注4）150頁。
8）下田文男「判批」民訴法判例百選（第3版）30頁、31頁（2003年）。
9）武藤貴明｜判批」曹時67巻12号3834頁、3839頁（2015年）。
10）田中豊「判批」最高裁判所判例解説民事篇平成6年度（法曹会）394頁、417頁以下、田邊・前掲注7）23頁。最判平成6年5月31日の判旨を前提とすると、入会団体をめぐる紛争において、登記請求権の帰属主体は社団構成員全員であることについて、山本克己「判批」法教305号104頁、112頁（2006年）、川嶋四郎「判批」リマークス50号110頁、112頁（2015年）。
11）畑瑞穂「判批」法教422号17頁、18頁以下（2015年）、我妻学「判批」法の支配176号113頁、119頁（2015年）。
12）畑・前掲注11）20頁。この最判平成6年5月31日の立場では、財産の管理処分の決定について全員一致の原則が規律として存在する場合には、結局のところ構成員全員の授権が必要となるため、反対する構成員がいる場合の訴訟提起の困難が解消されないという難点を指摘するのは、小林・新ケース325頁。
13）川嶋隆憲「判批」法研88巻3号58頁、62頁（2015年）。
14）川嶋・前掲注10）111頁、松原・前掲注7）29頁、大江・前掲注4）151頁、我妻・前掲注11）117頁、伊藤・前掲注5）130頁注29。最判平成26年は、登記能

力も登記申請資格も否定された社団が、代表者個人への所有権移転登記手続を求める訴訟の原告となることの可否（原告適格）につき、これを肯定した点に意義があると指摘するのは、小林秀之編・判例講義民事訴訟法（弘文堂・2019年）46頁〔名津井吉裕〕。

15) 吉井直昭「判批」最高裁判所判例解説民事篇昭和47年度（法曹会）614頁、626頁。また、吉野衛「判批」判評199号（判時783号）23頁、27頁（1975年）。

16) 畑・前掲注11）18頁。社団の固有適格も構成員からの授権に基づく訴訟担当も認めるのは、小島・前掲注6）143頁。

17) 堀野出「判批」平成26年度重要判解129頁、130頁。

18) 武藤・前掲注9）3843頁、名津井吉裕「判批」法教409号60頁、63頁（2014年）、兼子・前掲注4）111頁。

19) 武藤・前掲注9）3845頁以下。

20) 川嶋・前掲注10）113頁。同旨、松原・前掲注7）29頁以下、大江・前掲注4）152頁〔本判決は固有適格説にやや親和的〕。最判平成26年は固有適格説の立場をとったとするのは、我妻・前掲注11）120頁。

21) 名津井・前掲注18）63頁。

22) 名津井・前掲注18）63頁。

23) 西内康人「判批」平成26年度重要判解67頁、68頁。また構成員に判決の効力が及ぶことの説明ができる利点を捉えて訴訟担当説に立つのは、中野貞一郎＝松浦馨＝鈴木正裕編・新民事訴訟法講義（第3版・有斐閣・2018年）108頁〔本間靖規〕。

24) 坂田宏「当事者能力に関する一考察――非法人の当事者能力に関する議論を中心に」法学68巻1号1頁、15頁、18頁（2004年）。

25) 山本・前掲注10）111頁。同旨、長井秀典「判批」判タ650号18頁、26頁（1988年）、同旨、川嶋・前掲注13）66頁〔解釈による法定訴訟担当〕。

26) 堀野・前掲注17）130頁。

27) 名津井吉裕「法人でない団体の当事者適格の訴訟担当構成について」民訴雑誌55号202頁、207頁（2009年）。

28) 名津井・前掲注18）62頁、西内・前掲注23）68頁。

29) 名津井・前掲注18）64頁。

30) 大江・前掲注4）151頁。

5 任意的訴訟担当 ソブリン債事件

最判平成28年6月2日・民集70巻5号1157頁

▶予備知識

当事者適格とは、訴訟物たる特定の権利または法律関係について、当事者として訴訟追行し、本案判決を求めることができる資格をいう。その資格を持つ者の権能としてみて**訴訟追行権**ともいう。当事者適格の問題は、ある手

続で、だれが当事者となるべきか（またはなるべきであったか）を問うものである。

　訴訟上の請求は特定の権利義務の主張であることから、通常は、その権利義務の帰属主体であると主張される者が、その正当な当事者に該当すると考えられる。訴訟物たる権利義務の主体に代わり、またはこれと並んで、第三者がその訴訟物について当事者適格を持ち、しかも、この第三者が受けた判決の効力がその権利義務の主体にも及ぶ場合を、**第三者の訴訟担当**と呼ぶ。第三者の訴訟担当には、法律上当然に行われる訴訟担当である**法定訴訟担当**のほかに、**任意的訴訟担当**がある。

　権利関係の主体が訴訟追行権を第三者に授与し、第三者がその授権に基づいて当事者適格を取得する場合を任意的訴訟担当と呼ぶ。各種の法律が明文の規定をもって任意的訴訟担当を認める場合以外に、（狭義の）任意的訴訟担当の適法性を認めるべきかどうかについては、考え方が分かれる。

　最判昭和45年11月11日・民集24巻12号1854頁は、一定の場合、民法上の組合において組合規約に基づいて業務執行組合員に自己の名で組合財産に関する訴訟を追行する権限が授与されているときに任意的訴訟担当を認めるに至った。この最判昭和45年は、財産権上の請求における原告に関し、訴訟物である権利または法律関係について管理処分権を有する権利主体が当事者適格を有するのを原則とするが、第三者であっても、本来の権利主体からその意思に基づいて訴訟追行権を授与されることにより当事者適格が認められる場合もありうるとする。そして、このような任意的訴訟担当（原文は「任意的訴訟信託」）は、民訴法が訴訟代理人を原則として弁護士に限り、また、〔旧〕信託法11条（現行信託法10条）が訴訟行為をなさしめることを主たる目的とする信託を禁止している趣旨に照らし、一般に無制限にこれを許容することはできないが、当該訴訟担当がこのような制限を回避、潜脱するおそれがなく、かつ、これを認める合理的必要がある場合には許容する旨を判示した。

　学説では、弁護士代理の原則を潜脱しまたは訴訟信託の禁止の趣旨に抵触するおそれがない場合、権利の帰属主体が、その管理処分権の権能を他人に授権するについて、正当な業務上の必要があれば許すべきであるとする**正当業務説**がかつては通説であった。しかし、この正当業務説を具体的に適用し

た場合、任意的訴訟担当の認められる範囲が狭いものとなってしまう点が問題視されていた。そのため、近時は認められる範囲を拡大する動きが有力になってきていた（**実質関係説**）。

判例のポイント 👆

　外国国家であるＹがソブリン債である円建て債券を発行した際、Ｙと銀行であるＸらとの間では、Ｘらが当該債券の管理会社として、債券等保有者のために債券に基づく弁済を受け、または債権の実現を保全するために必要な一切の裁判上または裁判外の行為をする権限を有する旨の授権条項を含む管理委託契約が締結されたが、この契約は第三者である債券等保有者のためにする契約であると解することができる。さらに、社債に類似した当該債券の性質に鑑みれば、授権条項の内容は、債券等保有者の合理的意思にもかなうものである。そうすると、債券等保有者は、債券の購入に伴い、債券に係る償還等請求訴訟を提起することも含む債券の管理をＸらに委託することについて受益の意思表示をしたものであって、Ｘらに対し当該訴訟について訴訟追行権を授与したものと認められる。

設　問

設例

1　いずれも銀行であるＸらが、外国国家であるＹが発行したいわゆるソブリン債である円建て債券を保有する債権者らから訴訟追行権を授与された訴訟担当者であるなどと主張して、Ｙに対し、当該債券の償還および約定利息等の支払を求めた（以下「本件」という）。

2　本件の事実関係は、大略、次のとおりである。

⑴　Ｙは、平成８年12月から平成12年９月にかけて、４回にわたり、円建て債券を発行した。

⑵　上記⑴の各発行の際、Ｙは、債券の内容等をそれぞれ「債券の要項」（以下、各発行に係るものを総称して「本件要項」という）で定めた上、本件第４回債券につきＸらとの間で、Ｘらを債券の管理会社として、また、本件第５回

債券から本件第7回債券までにつき X1銀行との間で、X1銀行を債券の管理
会社として、それぞれ管理委託契約（以下、各発行に係るものを総称して「本件
管理委託契約」という）を締結した。本件管理委託契約には、契約から生ずる
権利義務に係る準拠法を日本法とする旨の定めのほか、次のような定めがあ
った。

 ア　Ｙは、本件債券の債権者（以下「本件債権者」という）のために、本件債
  券に基づく弁済の受領、債権の保全その他本件債券の管理を行うこと
  を債券の管理会社に委託し、債券の管理会社はその委託を受ける。

 イ　債券の管理会社は、本件債権者のために本件債券に基づく弁済を受け、
  または債権の実現を保全するために必要な一切の裁判上または裁判外
  の行為をする権限および義務を有するものとする（以下この条項を「本
  件授権条項」という）。

 ウ　債券の管理会社は、本件債権者のために公平かつ誠実に本件要項およ
  び本件管理委託契約に定める債券の管理会社の権限を行使する。

 エ　債券の管理会社は、本件債権者のために善良な管理者の注意をもって
  本件要項および本件管理委託契約に定める債券の管理会社の権限を行
  使する。

(3) 本件要項は、本件債券の内容のほか、債券の管理会社の権限等について
も定めており、本件授権条項の内容をも含むものであった。本件要項は、本
件管理委託契約の内容となっていたほか、発行された本件債券の券面裏面に
その全文が印刷され、本件債権者に交付される目論見書にも本件授権条項を
含めその実質的内容が記載されていた。

(4) 本件債券は、証券会社によって引受けがされ、当該証券会社を通じて販
売された。

(5) Ｙは、平成14年3月以降、本件債券につき順次到来した各利息支払日に
利息を支払わず、本件第4回債券および本件第5回債券の各償還日に元金の
支払をしなかった。また、X1銀行は、平成15年12月、本件第6回債券およ
び本件第7回債券について、Ｙが少なくとも本件第5回債券に係る元金の支
払を遅滞していることを理由に、債券の管理会社として、期限の利益を喪失
させた。

(6) Xらは、平成21年6月、Yに対し、本件債権者のうち、第1審判決別紙
1-1から同4-5までに記載の債券または利札の保有者（以下「本件債券等保
有者」という）のために本件訴訟を提起した。しかし、第1審裁判所が、X
らの当事者適格を認めることはできないとして、その訴えを不適法却下した
ので、Xらが控訴を提起した。

3　原審（控訴審）は、上記事実関係の下において、Xらが、本件訴訟につい
て、本件債券等保有者からその意思に基づき訴訟追行権を授与されたいわゆ
る任意的訴訟担当の要件を満たさず、原告適格を有するとはいえないから、
本件訴えは不適法であるとして、これを却下すべきものとした。そこで、X
らが上告受理申立てをした。

問　い

小問(1)　任意的訴訟担当を許容する要件に関する従来の判例について説明し
　　　　なさい。

小問(2)　任意的訴訟担当を許容する要件に関する学説について説明しなさい。

小問(3)　YとXらとの間で締結された本件授権条項を含む本件管理委託契約
　　　　は、第三者である本件債券等保有者のためにする契約であることを
　　　　前提として、Xらが、本件訴訟について本件債券等保有者のための
　　　　任意的訴訟担当の要件を満たし、原告適格を有することについて、
　　　　YがXらに対し本件訴訟について訴訟追行権を授与したものと認め
　　　　るのが相当である根拠について説明しなさい。

小問(4)　Xらにおいて本件債券等保有者のために訴訟追行権を適切に行使す
　　　　ることを期待することができる根拠について説明しなさい。

判 例 か ら 考 え る

　設例は、最判平成28年6月2日・民集70巻5号1157頁（以下「ソブリン債事
件」という）をもとにしたものである。このソブリン債事件は、任意的訴訟
担当について次のように判示して、任意的訴訟担当を認めなかった原審判決
および第1審判決を破棄して事件を第1審に差し戻した。

　「任意的訴訟担当については、本来の権利主体からの訴訟追行権の授与が

あることを前提として、弁護士代理の原則（民訴法54条1項本文）を回避し、又は訴訟信託の禁止（信託法10条）を潜脱するおそれがなく、かつ、これを認める合理的必要性がある場合には許容することができると解される（最高裁昭和42年(オ)第1032号同45年11月11日大法廷判決・民集24巻12号1854頁参照）。

　前記事実関係によれば、YとXらとの間では、Xらが債券の管理会社として、本件債券等保有者のために本件債券に基づく弁済を受け、又は債権の実現を保全するために必要な一切の裁判上又は裁判外の行為をする権限を有する旨の本件授権条項を含む本件管理委託契約が締結されており、これは第三者である本件債券等保有者のためにする契約であると解される。そして、本件授権条項は、Y、Xら及び本件債券等保有者の間の契約関係を規律する本件要項の内容を構成し、本件債券等保有者に交付される目論見書等にも記載されていた。さらに、後記のとおり社債に類似した本件債券の性質に鑑みれば、本件授権条項の内容は、本件債券等保有者の合理的意思にもかなうものである。そうすると、本件債券等保有者は、本件債券の購入に伴い、本件債券に係る償還等請求訴訟を提起することも含む本件債券の管理をXらに委託することについて受益の意思表示をしたものであって、Xらに対し本件訴訟について訴訟追行権を授与したものと認めるのが相当である。

　そして、本件債券は、多数の一般公衆に対して発行されるものであるから、発行体が元利金の支払を怠った場合に本件債券等保有者が自ら適切に権利を行使することは合理的に期待できない。本件債券は、外国国家が発行したソブリン債であり、社債に関する法令の規定が適用されないが、上記の点において、本件債券は社債に類似するところ、その発行当時、社債については、一般公衆である社債権者を保護する目的で、社債権者のために社債を管理する社債管理会社の設置が原則として強制されていた（旧商法297条）。そして、社債管理会社は、社債権者のために弁済を受け、又は債権の実現を保全するために必要な一切の裁判上又は裁判外の行為をする権限を有することとされていた（旧商法309条1項）。そこで、Xら及びYの合意により、本件債券について社債管理会社に類した債券の管理会社を設置し、本件債券と類似する多くの円建てのソブリン債の場合と同様に、本件要項に旧商法309条1項の規定に倣った本件授権条項を設けるなどして、Xらに対して本件債券について

の実体上の管理権のみならず訴訟追行権をも認める仕組みが構築されたものである。

以上に加え、Xらはいずれも銀行であって、銀行法に基づく規制や監督に服すること、Xらは、本件管理委託契約上、本件債券等保有者に対して公平誠実義務や善管注意義務を負うものとされていることからすると、Xらと本件債券等保有者との間に抽象的には利益相反関係が生ずる可能性があることを考慮してもなお、Xらにおいて本件債券等保有者のために訴訟追行権を適切に行使することを期待することができる。

したがって、Xらに本件訴訟についての訴訟追行権を認めることは、弁護士代理の原則を回避し、又は訴訟信託の禁止を潜脱するおそれがなく、かつ、これを認める合理的必要性があるというべきである。

以上によれば、Xらは、本件訴訟について本件債券等保有者のための任意的訴訟担当の要件を満たし、原告適格を有するものというべきである」。

以下では、任意的訴訟担当を許容する要件に関する判例、任意的訴訟担当を許容する要件に関する学説、本件訴訟で訴訟追行権を授与したものと認めるのが相当である根拠、および訴訟追行権を適切に行使することを期待することができる根拠について解説する。

解　説

1　はじめに

ソブリン債事件は、訴訟担当者が利益帰属主体と明確に異なりかつ利益帰属主体の特定性が緩和された任意的訴訟担当を許容した判例としての意義を有する[1]。ソブリン債事件は、最判昭和45年11月11日・民集 24巻12号1854頁（以下「最判昭和45年」という）を先例として、任意的訴訟担当については、本来の権利主体からの訴訟追行権の授与があることを前提とし、弁護士代理の原則（民訴法54条１項本文）を回避し、または訴訟信託の禁止（信託法10条）を潜脱するおそれがなく、かつ、これを認める合理的必要性がある場合には許容することができるとした。

このような任意的訴訟担当を許容する要件を前提として、ソブリン債事件は、まず、本件債券等保有者がXらに対し本件訴訟について訴訟追行権を授

与したかどうかについて判断している。

　次に、ソブリン債事件は、Xらにおいて本件債券等保有者のために訴訟追行権を適切に行使することを期待することができるので、Xらに本件訴訟についての訴訟追行権を認めることは、弁護士代理の原則（民訴法54条1項本文）を回避し、または訴訟信託の禁止（信託法10条）を潜脱するおそれがなく、かつ、これを認める合理的必要性がある旨などを判示している。

2　任意的訴訟担当を許容する要件に関する判例

(1) 従来の判例

　本件原審は、Xらが、本件訴訟について、本件債券等保有者からその意思に基づき訴訟追行権を授与された任意的訴訟担当の要件を満たさないとしたが、ソブリン債事件は、Xらがその任意的訴訟担当の要件を満たしていると判断した。

　権利関係の主体が訴訟追行権を第三者に授与し、第三者がその授権に基づいて当事者適格を取得する場合を**任意的訴訟担当**と呼ぶ[2]。手形の取立委任裏書（手形法18条）、区分所有建物の管理者（建物の区分所有等に関する法律26条4項）、債権回収会社（債権管理回収業に関する特別措置法11条1項）や選定当事者（民訴法30条）等のように法律が明文の規定をもって認める場合以外に、（狭義の）任意的訴訟担当の適法性を認めるべきかどうかについては、考え方が分かれる。

　かつて、判例は、無尽講の講元に講関係の債権債務に関する訴訟ついて任意的訴訟担当を認めていたにもかかわらず（大判昭和11年1月14日・民集15巻1頁）、民法上の組合においては、組合員の1人を清算人に選任し、この者にその名において裁判上および裁判外の行為をなす権限を授与しても、任意的訴訟担当にすることを認めなかった（最判昭和37年7月13日・民集16巻8号1516頁）。

　しかし、その後、最判昭和45年は、一定の場合、民法上の組合において組合規約に基づいて業務執行組合員に自己の名で組合財産に関する訴訟を追行する権限が授与されているときに任意的訴訟担当を認めるに至った。

(2) 最判昭和45年

　最判昭和45年は、財産権上の請求における原告に関し、訴訟物である権利
または法律関係について管理処分権を有する権利主体が当事者適格を有する
のを原則とするが、たとえば、第三者であっても、本来の権利主体からその
意思に基づいて訴訟追行権を授与されることにより当事者適格が認められる
場合もありうるとする。そして、このような任意的訴訟担当（原文は「任意
的訴訟信託」）は、民訴法が訴訟代理人を原則として弁護士に限り、また、
〔旧〕信託法11条（現行信託法10条）が訴訟行為をなさしめることを主たる目
的とする信託を禁止している趣旨に照らし、一般に無制限にこれを許容する
ことはできないが、当該訴訟担当がこのような制限を回避、潜脱するおそれ
がなく、かつ、これを認める合理的必要がある場合には許容する旨を判示し
た[3]。

　この最判昭和45年が言及する**弁護士代理の原則**とは、訴訟委任に基づく訴
訟代理人は、原則として弁護士でなければならない（民訴法54条1項）とする
原則である。この原則は、弁護士資格なしに法律事務を扱い、依頼者を食い
ものにするような、いわゆる三百代言などの不明朗な職業の発生を一般的に
予防するとともに、具体的には法律に暗い本人の利益保護を確実にし、かつ、
手続進行の円滑化を目的としたものである[4]。

　また、信託は訴訟行為をさせることを主たる目的としてすることができな
いと定める信託法10条は、旧信託法11条の趣旨を維持したものである。信託
法10条は、訴訟行為をなさしめるために財産の管理処分権を移転すること、
いわゆる訴訟信託の禁止を定めている[5]。訴訟信託を認めると、弁護士代理
の原則を潜脱するおそれ、濫訴のおそれ、三百代言の跳梁のおそれや、他人
間の法的紛争に介入し、司法機関（広義）を利用しつつ不当な利益を追求す
るおそれがあるために、訴訟信託は禁止されている。信託法10条は強行規定
であるから、同条に違反する信託行為は無効である[6]。

(3) 授権の必要性に関するソブリン債事件と最判昭和45年

　最判昭和45年では授権の必要性が明示されていなかったため、任意的訴訟
担当の要件として授権が必要であるか否かについて、学説において疑義が生
じていた[7]。任意的訴訟担当が許容されるための要件として、訴訟追行権の
授与は最判昭和45年では明示されていなかったが、最判昭和45年はこれを当

然の前提としており、ソブリン債事件も、任意的訴訟担当が許容される要件として訴訟追行権の授与が必要であることについて、最判昭和45年を踏襲し[8]、確認した[9]。

　ソブリン債事件は、民法上の組合の業務執行組合員について任意的訴訟担当の許容性を認めた最判昭和45年の後、それ以外の第三者に対する任意的訴訟担当の許容性を初めて判断したものである[10]。すなわち、ソブリン債事件は、最判昭和45年を基本判例とし、任意的訴訟の許容性の範囲を発展的に拡大したものである。後に述べる実質関係説などの学説と比較すると、任意的訴訟担当の許否に関して慎重な立場をとるのが従来の裁判例の傾向であったと評されている[11]が、ソブリン債事件は、そのような慎重な立場から離脱する方向を示した。

　判例は、訴訟物たる権利についての実体上の管理処分権とともに訴訟追行権が担当者に授与されており、担当者が被担当者と共同の利益を有する者の1人であるか、それに類する者であることが認められると、弁護士代理などの原則を潜脱するものではないとする[12]。これに対し、共同利益者のうちの1人ではない者による任意的訴訟担当を認めることに対して、裁判実務は総じて警戒的であると分析されてきた[13]。しかし、ソブリン債事件は、被担当者と担当者の地位が明確に異なる事案において、任意的訴訟担当を許容した[14]。

　ソブリン債事件に照らすと、任意的訴訟担当の要件として、次のような3つの要件を抽出することができる。第1に、本来の権利主体からの訴訟追行権の授与があること、第2に、弁護士代理の原則を回避し、または訴訟信託の禁止を潜脱するおそれがなく、かつ、第3に、これを認める合理的必要性があることである（第1の要件を「要件」として構成するのではなく、「前提」として構成し、要件を2つとする見解もある）[15]。

3　任意的訴訟担当を許容する要件に関する学説

　任意的訴訟担当を許容する要件について、かつては正当業務説が通説であったが、近年は実質関係説が有力に主張されており、実質関係説が多数説または通説といわれることもある。

(1) 正当業務説

　弁護士代理の原則を潜脱しまたは訴訟信託の禁止の趣旨に抵触するおそれがない場合、権利の帰属主体が、その管理処分権の権能を他人に授権するについて、正当な業務上の必要があれば許すべきであるとする説は、正当業務説と呼ばれる[16]。かつては、正当業務説が通説であったが、正当業務説の具体的な適用の結果は極めて制限的であった[17]。

(2) 実質関係説

　従来の通説であった正当業務説は極めて狭い範囲でしか任意的訴訟担当を認めなかったが、実質関係説は、その許容範囲の拡大を説いた[18]。

　実質関係説は、訴訟担当者のための任意的訴訟担当と権利主体のための任意的訴訟担当を認める。訴訟担当者が、訴訟の結果について利害関係を有する場合には、権利者の授権のある限り、任意的訴訟担当（訴訟担当者のための任意的訴訟担当）が許容され、また、実体法上の包括的な管理権が授与され、さらにその管理権に基づいて、現実に管理行為をなし、権利主体と同じ程度に訴訟物たる権利関係について知識を有する程度までその権利関係に関与している場合には原則として任意的訴訟担当（権利主体のための任意的訴訟担当）が許容されるとする見解は、**実質関係説**と呼ばれている[19]。実質関係説は、学説の一般的な支持を得ているとされ[20]、また、今日、多数説あるいは通説といわれることがあるとされる[21]。

　この実質関係説に対しては、両者を区別する基準が明確でないとする批判や[22]、任意的訴訟担当を許す要件が緩やか過ぎるとの批判が加えられている[23]。

4　本件訴訟で訴訟追行権を授与したものと認めるのが相当である根拠

　ソブリン債事件は、本件授権条項の内容は、本件債券等保有者の合理的意思にもかなうものであることなどを前提とした上で、本件債券等保有者は本件債券の購入に伴い本件債券の管理をＸらに委託することについて受益の意思表示をしたものであって、Ｘらに対し本件訴訟について訴訟追行権を授与したものと認めた。

(1) サムライ債またはソブリン債の発行に関する法的スキームと訴訟追行権

の授与

　ソブリン・サムライ債の発行に際しては、社債と同じく、発行体の発行する債券を引受会社（通常は証券会社）が買取引受けの方式で引き受け、引受会社が投資家（債権者）に債券を販売し、発行体から委託を受けた債券管理会社（通常は銀行）が債権者のためにソブリン・サムライ債に係る債券を管理し、元利金の支払事務等を行う、という法的スキームをとることが多く、発行体から管理会社に対し、当該債券の管理を委託する旨の契約が締結されるものとされている[24]。

　このようなソブリン・サムライ債は、本件と同様、公的機関が作成に関与した「債券の要項」モデルに準拠した「債券の要項」で、債券管理会社が発行体に対する訴訟追行権を有することが例外なく記載され、債券管理会社に訴訟追行権を授与する実務が確立されている状況にあるとされる[25]。

(2) 第三者のためにする契約と受益の（黙示の）意思表示

　ア　はじめに

　ソブリン債事件は、上記のように、本件授権条項を含む本件管理委託契約は第三者である本件債券等保有者のためにする契約であるとした上で、本件債券等保有者は本件債券の購入に伴い本件債券の管理をXらに委託することについて受益の意思表示をしたものであってXらに対し本件訴訟について訴訟追行権を授与したものと認めた。

　本件授権条項に含まれた、一切の裁判上の行為をする権限という文言は、訴訟追行権の授与を含むと解するのが自然である[26]。

　イ　第三者のためにする契約とソブリン債事件

　① 管理委託契約と第三者のためにする契約

　XらとYとの間の本件管理委託契約における本件授権条項によって、当該管理委託契約の契約当事者ではない債券等保有者のために訴訟を提起する権利がXらに付与されるといえるかが問題となる[27]。ソブリン債事件は、ソブリン債の管理委託契約の性質を発行体と債券管理会社による、第三者のためにする契約であると性質決定した[28]。

　契約から生ずる権利を第三者（契約当事者以外の者）に直接に帰属させる内容を有する契約を第三者のためにする契約という。甲乙間の契約で、甲が、

相手方乙に対して、一定の債務を負い、乙がその対価として一定の債務を直接に丙に対して負担する場合である。甲を要約者、乙を諾約者、丙を受益者という[29]。第三者丙の権利は、第三者丙が諾約者乙に対して利益を享受する意思表示をした時に発生する（民法537条）。

ソブリン債事件は、本件授権条項の位置づけに関し、その法律関係は第三者のためにする契約であるとして、この点については原審と同様の判断をしている[30]。ソブリン債事件は、訴訟担当者（債券管理会社）と相手方当事者（債券の発行主体）との間で締結された契約（債券管理委託契約）を、権利帰属主体（債券等保有者）を受益者とする第三者のためにする契約と解釈した上で、その契約条項から権利帰属主体の受益の（黙示の）意思表示を抽出し、それが任意的訴訟担当を基礎づける「授権」となる、という法律構成を採用した[31]。

② 社債の発行スキームと第三者のためにする契約

ソブリン債事件が本件債券と類似すると指摘する社債の発行スキームにおける管理委託契約（旧商法297条）に関し、平成 5 年改正商法の立案担当者は、これを第三者のためにする契約と解していた。その立案担当者によれば、社債の発行会社と社債管理会社との間の契約の効果が第三者である社債権者に及ぶのは、社債管理委託契約が第三者のためにする契約（民法537条）だからであるとされる。すなわち、社債管理会社は、社債管理委託契約において、第三者である社債権者のために（社債権者に代わって）社債管理事務を行うという給付をなすべきことを約する者、すなわち諾約者であり、発行会社はその相手方として要約者となり、社債権者は、第三者（受益者）になるとされる。そして、第三者（受益者）たる社債権者の受益の意思表示については、社債申込証に社債管理会社の商号が記載されることから、この社債申込証を使用して申込みがされることにより、その受益の意思表示があったものとされる[32]。

③ 本件債券の購入行為と訴訟追行権の授与

本件授権条項が記載された本件要項は、Ｙが発行した債券を証券会社が元引受けした際に当該証券会社に交付される。そして、証券会社が証券化・小口化して一般投資家に販売する際には、本件要項の実質的内容が記載された

目論見書が購入者に交付されるところ、この目論見書にも本件授権条項の記載がある。したがって、本件授権条項は一般投資家が本件債券を購入する際の意思の一部をなすとされる[33]。

　ソブリン債事件の事案では、本件債券の流通性が高かったので本件債券等保有者から明確・具体的な授権行為を認定することは困難であり、それが原因となって、この点に関するソブリン債事件の判断とその原審判決の判断が分かれ、原審判決は、この点を厳格に捉えたのに対して、ソブリン債事件は、本件債券を購入する行為から授権を認めたと指摘されている。すなわち明示的な授権を要するかが問題となったが、ソブリン債事件は、その購入行為のみから、訴訟追行権の授与まで認定した[34]。

　ウ　受益の（黙示の）意思表示とソブリン債事件

　① 債券の購入に伴う受益の（黙示の）意思表示

　ソブリン債事件は、第1審および控訴審が意思表示の明確性を要求していたのと異なって、黙示の意思表示があった旨の評価をしている。第1審および控訴審は意思表示の明確性を要求していたが、ソブリン債事件は、黙示の意思表示を認めたと評価できる点で、授権要件を大きく緩和した[35]。ソブリン債事件の「本件債券の購入に伴い」という判旨は、購入行為において受益の意思表示がなされたという判断を示している[36]。ソブリン債事件が認めたように債券購入に伴い授権があったとみることは合理的であり、管理会社の訴訟追行が認められるとされる[37]。

　ソブリン債事件は、（黙示の）意思表示を導いているが、受益の意思表示が黙示でもよいことは民法上の通説であり、妥当であるとされる[38]。これに対して、第三者のためにする契約における第三者の受益の意思表示について、判例・通説は黙示の意思表示を認めているが、それは主として実体的利益の享受を内容とする受動的な意思表示としての解釈であって、そのような解釈を直ちに訴訟追行権の（積極的）授与の場面に持ち込むことは難しいとの批判が加えられている[39]。

　② 授権条項と債券等保有者の合理的な意思

　本件授権条項が本件債券等保有者の合理的な意思にかなうとした点に、ソブリン債事件の本質があると指摘されている[40]。また、本件債券等保有者が

本件債券の管理をＸらに委託するということについて受益の意思表示を黙示の意思表示によってしたとする当事者の合理的意思の読み込みは、本件のような金融商品の取引の現実を踏まえた極めて妥当なものと評価されている[41]。

　これに対して、ソブリン債事件が「授権」要件の具備を肯定した根拠は薄弱であるとする旨の批判が加えられている[42]。また、ソブリン債事件に対して、任意的訴訟担当の基礎となる「授権」の内容が不明瞭であるとの批判が加えられている[43]。さらに、セカンダリー市場で利札のみを取得した者がいる場合、利札裏面には本件授権条項の記載はなく、また目論見書はセカンダリー投資家へは交付が予定されていないから、被担当者とされる本件債権等保有者の中には現実に本件授権条項をみる機会がなかった者もいる可能性があり、そのような者については、目論見書等への本件授権条項の記載という判旨部分は、受益の意思表示の存在を基礎づける根拠とはなり難いと批判されている[44]。

　　エ　債券等保有者の特定性の緩和とソブリン債事件

　ソブリン債事件は、本件債券等保有者は本件債券の購入に伴い本件債券の管理をＸらに委託することについて受益の意思表示をしたものであってＸらに対し本件訴訟について訴訟追行権を授与したものと認めた。

　権利主体が不特定のまま、Ｘらに対する「授権」を認定してよいかが問題となるが、「授権」を擬制する以上、権利主体は債券番号で特定された債券の提訴時現在の保有者として特定されていれば足りるという程度の特定性の緩和は差し支えないとされる[45]。また、委託の対象となる個別の債券は回債ごとに番号によって特定されており、その債券を有する債権者のために訴訟追行しているといえ、合理的必要性は否定されないとされる[46]。このように、ソブリン債事件は、授権母体の特定の必要性を緩和している点に特徴がある[47]。

5　訴訟追行権を適切に行使することを期待することができる根拠（社債との類似性等）

(1) 社債との類似性等

　　ア　はじめに

　ソブリン債事件は、Ｘらにおいて本件債券等保有者のために訴訟追行権を適切に行使することを期待することができるので、Ｘらに本件訴訟についての訴訟追行権を認めることは、弁護士代理の原則（民訴法54条１項本文）を回避し、または訴訟信託の禁止（信託法10条）を潜脱するおそれがなく、かつ、これを認める合理的必要性がある旨を判示している。

　そして、ソブリン債事件は、Ｘらにおいて債券等保有者のために訴訟追行権を適切に行使することを期待することができる根拠として、次のように述べている（その期待することができる根拠として、後に公平誠実義務等も挙げる）。すなわち、本件債券は多数の一般公衆に対して発行されるものであるから、発行体が元利金の支払を怠った場合に本件債券等保有者が自ら適切に権利を行使することは合理的に期待できないところ、ＸらおよびＹの合意により、本件債券について社債管理会社に類した債券の管理会社を設置し、本件要項に旧商法309条１項の規定に倣った本件授権条項を設けるなどして、Ｘらに対して本件債券についての実体上の管理権のみならず訴訟追行権をも認める仕組みが構築されたことを、Ｘらが本件で訴訟追行権を適切に行使することを期待することができる根拠としている[48]。

　イ　債券等保有者による権利行使と合理的な期待

　ソブリン債事件は、Ｘらにおいて本件債券等保有者のために訴訟追行権を適切に行使することを期待することができる根拠として、本件債券は多数の一般公衆に対して発行されるものであるから、発行体が元利金の支払を怠った場合に債券等保有者が自ら適切に権利を行使することは合理的に期待できないことを挙げている。

　上記のようなソブリン債事件の判旨は、一般の債券等保有者が外国の発行者に対して個別に訴訟を提起することは期待できないという現実を踏まえたものであると評されている[49]。また、ソブリン債事件の事案のように、不特定かつ多数の債権者があり、集団性が強く、各権利者の地位は基本的に同一であり、訴訟における攻撃防御方法も共通し、個別争点はほとんど想定できないような場合には、ある者が授権を受けて訴訟追行することに強い合理性が認められるとして、ソブリン債事件を肯定的に評価する見解がある[50]。さらに、無記名債であるソブリン・サムライ債を保有する多数の債権者を個別

に特定し、個々の債権者の個別事情を把握して各債権者から委任状を取得することは、不可能ではないにせよ、煩雑で相当の期間・労力を強いるおそれがあるから、このような状況に照らすと債券管理会社による任意的訴訟担当が必要であるとされる[51]。

　ウ　社債の仕組みと任意的訴訟担当

　ソブリン債事件によれば、社債管理会社は、社債権者のために弁済を受ける等のために必要な一切の裁判上の行為をする権限を有することとされており（旧商法309条1項）、XらおよびYの合意により、本件債券について社債管理会社に類似した債券の管理会社を設置し、本件要項に旧商法309条1項の規定に倣った本件授権条項を設けるなどして、Xらに対して本件債券についての訴訟追行権をも認める仕組みが構築されたものとされる[52]。

　この社債管理会社の旧商法309条1項の権限は法定権限であり、社債権者との関係では法定代理権と説明されるのが通説とされている[53]。すなわち、実体法上、社債管理会社は社債権者の法定代理人となる[54]。

　上記のように、旧商法（現行会社法も同様）の下での通説は、社債管理会社（会社法上は「社債管理者」）は社債権者の法定代理人と解されているところ、ソブリン債事件は、債券管理会社に任意的訴訟担当の地位を認めた理由が同様なのかについて沈黙していると指摘されている[55]。

(2)　公平誠実義務等

　ソブリン債事件は、Xらにおいて本件債券等保有者のために訴訟追行権を適切に行使することを期待することができる根拠として、上記したように本件債券と社債とに類似性があること等に加えて、Xらが銀行法に基づく規制・監督に服することやXらが本件管理委託契約上、本件債券等保有者に対して公平誠実義務・善管注意義務を負担することを挙げている。

　このような公平誠実義務・善管注意義務を述べる判旨部分の捉え方については、任意的訴訟担当を許容する要件として、弁護士代理の原則を回避し、訴訟信託の禁止を潜脱するおそれがなく、任意的訴訟担当を認める合理的必要性の充足性判断をしているとも解せられる[56]。

6　ソブリン債事件に対する評価等

　ソブリン債事件に対しては、否定的な見解もわずかにあるが、ソブリン債事件は正当な判断をしたものとして、肯定的に評価し[57]、または、結論的に妥当であるとする見解が多い[58]。

　ソブリン債事件は、適正な団体を通じた契約（約款）による任意的訴訟担当の可能性一般に道を開く可能性があると指摘されている[59]。ソブリン債事件の事案では、訴訟担当に関する一般論によれば、その確定判決の既判力が被担当者である債券等保有者らに及ぶことになる[60]。

本判決（ソブリン債事件）の意義

　本判決は、ソブリンのサムライ債の債券の償還を求める訴訟について、サムライ債の債権者から債券の管理会社への授権による任意的訴訟担当を認めたものである。本判決は、利益帰属主体の特定性が緩和されかつ訴訟担当者と利益が同一といえない場合でも任意的訴訟担当を許容した判例としての意義を有する。

1）上田竹志「判批」法セ742号128頁（2016年）。なお、ソブリン債事件について抵触法上の観点から論じたものとして、嶋拓哉「判批」リマークス55号134頁以下（2017年）。
2）伊藤・199頁。
3）なお、任意的訴訟担当を訴訟信託と呼ぶこともあるが、信託法10条の「訴訟信託」と混同のおそれがあるから避けた方がよいとされている。新堂・298頁。
4）新堂・181頁以下。
5）伊藤・199頁。
6）四宮和夫・信託法（新版・有斐閣・1989年）142頁以下。また、寺本昌広・逐条解説新しい信託法（補訂版・商事法務・2008年）54頁以下。
7）八木敬二「判批」一橋法学17巻2号323頁、327頁（2018年）。
8）園田賢治「判批」法教445号17頁、20頁（2017年）。
9）山本和彦「判批」法研89巻12号51頁、55頁（2016年）、神谷隆一「判批」学習院法務研究12号147頁、157頁（2018年）。
10）鶴田滋「判批」判評703号（判時2336号）14頁、16頁（2017年）。また、ソブリン債事件は、明示的な授権のない任意的訴訟担当を認めた点に意義を認め、さらに、同最判の後には、任意的訴訟担当と法定訴訟担当の間に連続性を認める訴訟担当論が目立つと指摘するのは、名津井吉裕「変動する第三者に対する判決効の拡張」民訴雑誌66号103頁、104頁（2020年）。
11）三木ほか・133頁以下〔垣内秀介〕。

12）伊藤・203頁以下。

13）内海博俊「判批」新・判例解説 Watch20号181頁、184頁注 8（2017年）。

14）三木ほか・134頁〔垣内〕。また、ソブリン債事件は、共同の利益を有する者の
 1 人ではない者による任意的訴訟担当を肯定したという点で、最判昭和45年の
 射程を広げたと指摘されている。神谷・前掲注 9）169頁。

15）3 つの要件として構成するのは、川嶋四郎「判批」法セ753号120頁（2017年）、
 鶴田・前掲注10）162頁。また、園田・前掲注 8）21頁、遠藤元一「判批」法の
 支配185号118頁、122（2017年）、内海・前掲注13）183頁、松永栄治「判批」
 ジュリ1506号76頁、78頁（2017年）、八木・前掲注 7）537頁。さらに、小出篤
 「判批」平成28年度重要判解118頁、119頁。これとほぼ同旨、田村篤「判批」金
 法2058号45頁、46頁（2017年）。

16）兼子・161頁。また、弁護士代理の原則や訴訟信託の禁止に反する弊害が認めら
 れない場合、委任者・受任者の関係からいってそれが社会観念上受任者の正当
 な業務とみうるときには任意的訴訟担当が有効となりうることを認めるのは、
 三ヶ月章・民事訴訟法（有斐閣・1959年）186頁以下。

17）中野貞一郎＝松浦馨＝鈴木正裕編・新民事訴訟法講義（第 3 版・有斐閣・2018
 年）179頁〔福永有利〕。また、中野貞一郎・民事訴訟法の論点 I（判例タイム
 ズ社・1994年）113頁。

18）八木・前掲注 7）330頁。

19）福永有利「任意的訴訟担当の許容性」中務俊昌編・民事訴訟の理論（上・有斐
 閣・1969年）75頁、84頁、91頁以下。この実質関係説に従うのは、上田徹一郎・
 民事訴訟法（第 7 版・法学書院・2011年）235頁。これまで合理的必要がある任
 意的訴訟担当を認めていこうとする実質関係説や最判昭和45年の基本的考え方
 を、肯定する学説が多数であったとするのは、田頭章一「判批」法教436号42頁、
 45頁（2017年）。この実質関係説（福永説）を前提とした上で、3 つに分類する
 のは、山本克己「民法上の組合の訴訟上の地位(1)——業務執行組合員による任
 意的訴訟担当」法教286号72頁、79頁（2004年）。このほか堀野出「任意的訴訟
 担当の意義と機能（ 2・完）」民商120巻 2 号263頁、282頁以下（1999年）。

20）神谷・前掲注 9）159頁。

21）中野・前掲注17）120頁。また、実質関係説は多数の学説の支持を受けていると
 される。高橋・重点上300頁以下。このほかの説として、中野・前掲注17）121頁、
 高橋・概論97頁。また、松本博之＝上野泰男・民事訴訟法（第 8 版・弘文堂・
 2015年）266頁以下。

22）松本＝上野・前掲注21）267頁。

23）中野・前掲注17）120頁。

24）松永・前掲注15）78頁。なお、座談会「サムライ債の債権管理会社による訴訟
 追行の可否——東京地判平25. 1. 28をめぐって」金法1981号 6 頁、9 頁（2013年）
 〔大類雄司発言〕。

25）遠藤・前掲注15）126頁。なお、本件の被告となったアルゼンチン共和国は、平
 成13年12月に、公的対外債務の元利金につき一時支払停止を宣言したので、第
 4 回債ないし第 7 回債は、順次デフォルトしていった。座談会・前掲注24）10
 頁〔大類発言〕。

26）山本・前掲注 9）56頁。

27）小出・前掲注15）119頁参照。

28）上田竹志「判批」リマークス54号110頁、111頁（2017年）。

29）我妻栄・債権各論（上巻・岩波書店・1954年）113頁以下。

30）栗原脩「判批」金法2045号4頁、5頁（2016年）。同旨、松永栄治「判批」最高裁判所判例解説民事篇平成28年度（法曹会）336頁、349頁。

31）伊東俊明「任意的訴訟担当論について——兼子理論を手かがりとして」岡法68巻1号1頁、36頁（2018年）。

32）吉戒修一「平成5年商法改正法の解説(7)」商事法務1331号27頁、31頁（1993年）。

33）名津井吉裕「判批」金法2073号70頁、71頁（2017年）。

34）上田・前掲注1）128頁。

35）八田卓也「判批」金法2064号38頁、42頁以下（2017年）。

36）栗原・前掲注（30）5頁。

37）西川佳代「判批」早稲田大学法務研究論叢2号222頁、235頁（2017年）。

38）小出・前掲注15）119頁。また、八木・前掲注7）335頁。

39）田頭章一「法定訴訟担当と任意的訴訟担当の関係について——『境界領域』における議論の整理のために」熊本法学145号211頁、225頁（2019年）。また、垣内秀介「任意的訴訟担当における授権をめぐって」高田裕成ほか編・民事訴訟法の理論（高橋先生古稀祝賀・有斐閣・2018年）211頁、221頁。

40）山本和彦「判批」NBL1080号59頁、62頁（2016年）。

41）河野憲一郎「判批」熊法140号163頁、172頁（2017年）。

42）八田卓也「判批」平成28年度重判解137頁。また、八田・前掲注（35）46頁。

43）伊東・前掲注31）37頁。

44）八田・前掲注35）45頁。

45）名津井・前掲注33）72頁。

46）松永・前掲注15）80頁。

47）八田・前掲注42）136頁。

48）これに関して、園田・前掲注8）22頁。同旨、田村・前掲注15）48頁。

49）栗原・前掲注30）5頁。

50）山本・前掲注9）58頁。

51）遠藤・前掲注15）125頁。

52）本件授権条項の表現は、会社法制定前の〔旧〕商法309条1項（会社法705条1項）の文言にならったものである。栗原・前掲注36）5頁。

53）小出・前掲注15）119頁。

54）八木・前掲注7）331頁。同旨、吉戒・前掲注32）31頁。これに対して、松下淳一「社債管理会社の地位・権限と民事手続法との関係について」学習院大学法学会雑誌31巻1号35頁、43頁注3（1995年）。また、山本克己「社債管理会社および担保の受託会社の訴訟上の地位について——代理と訴訟担当の境界事例の一つとして」京都大学法学部創立百周年記念論文集第3巻（有斐閣・1999年）545頁、580頁以下。

55）田頭・前掲注19）46頁。

56）田村・前掲注15）48頁。同旨、田頭・前掲注19）46頁以下、名津井・前掲注33）73頁、八木・前掲注7）339頁以下。また、松永栄治「判批」最高裁時の判例IX281頁、284頁（2019年）。

57）たとえば、鶴田・前掲注10）19頁。同旨、川嶋・前掲注15）120頁、河野・前掲注41）166頁、山本・前掲注40）65頁。

58）たとえば、小出・前掲注15）119頁。同旨、栗原・前掲注30）5頁、遠藤・前掲
　　注15）129頁、上田・前掲注28）113頁。また、本判決は、正当業務説の枠内と
　　いいながら、任意的訴訟担当を純粋の第三者（債権管理会社である銀行）に認
　　めており、従来の判例理論の枠組みを一歩踏み出している。その際に、債権管
　　理会社である銀行と債権等保有者との間の実質関係を吟味しており、新しい方
　　向（実質関係）を目指していると指摘するのは、小林・新ケース105頁以下。
59）川嶋・前掲注15）120頁。
60）八田・前掲注42）137頁。

訴えの利益
（と当事者適格）

6 遺産確認の訴えの適法性と当事者適格

最判平成26年2月14日・民集68巻2号113頁

▶予備知識

　特定の不動産が被相続人の遺産であるかが、共同相続人間で争われることがある。**遺産確認の訴え**は、その確定判決により特定の財産が遺産分割の対象である財産であるか否かを既判力により確定し、これに続く**遺産分割審判**の手続等において、当該財産の遺産帰属性について争うことを許さないとすることによって共同相続人間の紛争の解決に資することを目的とする訴えである。

　特定の不動産が被相続人の遺産であるかが、共同相続人間で争われる場合、遺産確認の訴えにより、それを解決する方法がある。その際、遺産確認の訴えに関しては、そもそも遺産確認の訴えというものがどうして必要なのか、また、訴えの利益が認められるかが問題となる。その上で、固有必要的共同訴訟と解されている遺産確認の訴えに関し、共同相続人が自己の相続分の全部を譲渡した場合、その共同相続人を遺産確認の訴えにおいて当事者として扱うべき必要があるかという当事者適格が問題となる。

　遺産分割は家庭裁判所の専属管轄とされているものの、遺産分割の審判には既判力がないので、遺産帰属性を確定するために遺産確認の訴えが必要となる場合がある。相続財産等の前提事項の存否を争う当事者は、遺産分割の審判の効力が後に失われることのないよう遺産分割の審判がなされる前に、別に地方裁判所等において遺産帰属性を確定させるための遺産確認の訴えの提起というような民事訴訟の利用を検討する必要性が生じる。

　原告が、請求の内容である権利関係について、その存在または不存在の確認という権利保護形式での本案判決を求めるのが、確認の訴えである。**確認の訴え**に対する本案判決は、請求認容でも請求棄却でも**確認判決**である。民事訴訟は、法律上の争訟の解決を目的とするものであるから、確認の対象となりうる訴訟物も、権利関係に限られるのが原則であり、その権利関係の基準時としては一般に現在の権利関係でなければならないとされた。ある権利

関係について争いが生じても、その権利関係が過去のものとなっていれば、過去の権利関係の存否を現在において確認しても、その確認判決が有効・適切なものとはいえないし、新たな権利関係が形成されたのであれば、新たな権利関係を確認対象とする方が紛争解決につながるからである。そこで確認の訴えの場合、原則として**過去の法律関係の確認は許されず、現在の法律関係の確認**を求めるべきとされてきた。

　しかし、過去の法律関係の確認でも、それが現在の紛争の解決に直接役立つものであれば確認の利益を認めてもよいとする考え方が近時有力になりつつある。そこで、遺産確認の訴えについて、訴えの利益の存否を検討する必要が生じる。

判例のポイント

　共同相続人のうち自己の相続分の全部を譲渡した者は、遺産確認の訴えの当事者適格を有しない。

　なぜなら、共同相続人のうち自己の相続分の全部を譲渡した者は、積極財産と消極財産とを包括した遺産全体に対する割合的な持分をすべて失うことになり、遺産分割審判の手続等において遺産に属する財産につきその分割を求めることはできないのであるから、その者との間で遺産分割の前提問題である当該財産の遺産帰属性を確定すべき必要性はないからである。

設　問

設例

　死亡した被相続人Aの共同相続人である原告らが、Aの遺産分割が未了であるとして、同じくAのその余の共同相続人である被告らとの間で複数の不動産がAの遺産であることの確認を求める事件（以下「第1事件」という）と、うち1名の被告が、その不動産の一部を占有している1名の原告に対し、所有権に基づき、上記占有部分の明渡し等を求める事件（以下「第2事件」という）が併合審理された訴訟（以下「本件」という）がある。

　本件が第1審に係属後、共同相続人である被告ら9名のうち4名が訴え提

起前に自己の相続分全部を他の共同相続人に譲渡していたことが明らかとなり、原告らは同被告らに対する訴えを取り下げ、第1審は、この取下げが有効であることを前提に、第1事件および第2事件の各請求をいずれも棄却した。

　しかし原審（控訴審）は、相続分の譲渡には相続放棄のような遡及効がなく、譲渡人は共同相続人としての地位を失わないから遺産確認の訴えの当事者適格を喪失しないとして、固有必要的共同訴訟における共同被告の一部に対する訴えの取下げは効力を生じないとし、第1審の訴訟手続を違法としてこれを取り消し、本件を第1審に差し戻した。

問　い

小問(1)　遺産確認の訴えが過去の法律関係の確認を求める訴えであっても適法とされる理由について説明しなさい。

小問(2)　固有必要的共同訴訟とは何かについて説明しなさい。

小問(3)　遺産確認の訴えが固有必要的共同訴訟とされる理由について説明しなさい。

小問(4)　自己の相続分の全部を譲渡した者は遺産確認の訴えの当事者適格を喪失するかについて説明しなさい。

判 例 か ら 考 え る

　本問は、共同相続人のうち自己の相続分の全部を譲渡した者は、遺産確認の訴えの当事者適格を有しないと解した最判平成26年2月14日・民集68巻2号113頁・判タ1410号75頁（以下「最判平成26年」という）をもとにしたものである。

　遺産分割手続は非訟であるため、遺産の範囲について相続人間で争いがあると、既判力ある訴訟（遺産確認の訴え）によって確定する必要性を生じることがある。相続開始時に被相続人に帰属していた財産（遺産）が、相続により相続人に承継される共同相続の場合には、その財産を共同相続人の間で分割する必要性が生じる。これを遺産分割と呼ぶが、遺産の分割について、共同相続人間に協議が調わないとき、又は協議をすることができないときは、

各共同相続人は、その全部又は一部の分割を家庭裁判所に請求することができる（民法907条2項）。遺産の分割に関する審判事件は、相続が開始した地を管轄する家庭裁判所の管轄に属する（家事事件手続法191条1項、別表第2の12）。

　家庭裁判所が、相続権、相続財産等の前提事項の存否を判断して、遺産分割の処分をした後、地方裁判所等における民事訴訟の判決によって前提たる権利の存在が否定されたときは、遺産分割の審判もその限度で効力を失うとされる。そこで、相続財産等の前提事項の存否を争う当事者は、遺産分割の審判の効力が後に失われることのないよう遺産分割の審判がなされる前に、別に地方裁判所等において遺産帰属性を確定させるための遺産確認の訴えの提起というような民事訴訟の利用を検討する必要性が生じる。家庭裁判所の審判手続においてしたそれらの前提事項に関する判断には既判力は生じないからである。

　通説・判例による限り、**非訟**（家庭裁判所）で遺産分割の協議や審判をやっても既判力がないから、それは**訴訟裁判所**の判決によってひっくり返されることがある。家庭裁判所が、相続権、相続財産等の前提事項の存否を判断して、遺産分割の処分をした後、民事訴訟の判決によって前提たる権利の存在が否定されたときは、分割の審判もその限度で効力を失うとされている（最決昭和41年3月2日・民集20巻3号360頁）。

　本問のもととした最判平成26年は、遺産確認の訴えの当事者適格に関する原審の判断（相続分の譲渡には相続放棄のような遡及効がなく、譲渡人は共同相続人としての地位を失わないから遺産確認の訴えの当事者適格を喪失しない旨の判断）は是認できないとして、訴えの取下げは有効になされたと結論した。そして、最判平成26年は、その遺産確認の訴えにおける当事者適格の問題を遺産分割審判における当事者の資格の問題と密接に関連させている。同判決の判旨を理解するためには、遺産確認の訴えの意義・必要性や確認の利益および遺産確認の訴えの固有必要的共同訴訟としての取扱いを検討する必要がある。

解　説

1　はじめに

　本問は、共同相続人が自己の相続分の全部を譲渡した場合に、その者が遺産確認の訴えにおいて当事者適格を有するか否かを主に問うものであり、その前提として、遺産確認の訴えと訴えの利益（確認の利益）の問題や遺産確認の訴えが**固有必要的共同訴訟**とされる根拠等を問うている。

　遺産分割は家庭裁判所の専属管轄とされているものの、審判には既判力がないので、遺産帰属性を確定するために遺産確認の訴えが必要となる場合がある。遺産分割紛争がこじれると、家庭裁判所の審判手続の途中で地方裁判所において遺産確認の訴えにより遺産帰属性を確定させて家庭裁判所へ戻るなど両者を往復することにより当事者に高額な訴訟費用負担をもたらすことになる[1]。

2　遺産確認の訴えと過去の法律関係の確認

　遺産確認の訴えと訴えの利益（確認の利益）との関係が問題とされる。民事訴訟は、法律上の争訟の解決を目的とするものであるから、確認の対象となりうる訴訟物も、権利関係に限られるのが原則であり、その権利関係の基準時としては一般に現在の権利関係でなければならないとされる。ある権利関係について争いが生じても、その権利関係が過去のものとなっていれば、過去の権利関係の存否を確認しても、その確認判決が有効・適切なものとはいえないし、新たな権利関係が形成されたのであれば、新たな権利関係を確認対象とする方が紛争解決につながるからである[2]。そこで確認の訴えの場合、原則として過去の法律関係の確認は許されず、現在の法律関係の確認を求めるべきとされた[3]。

　かつて、遺産確認の訴えを適法とした下級審判決（東京高判昭和52年3月30日・判時856号47頁）はあったが、遺産確認の訴えを「過去」の法律関係の確認と捉える立場もあった。たとえば、特定の不動産が被相続人の遺産であることの確認を求める訴訟が提起された場合、不動産が被相続人の遺産であるということは、その不動産を被相続人がその死亡（に接着する）時において

所有していたという過去の一定時点の権利関係を意味するとし、したがって、特定の不動産が被相続人の遺産であることの確認を求める請求は過去の権利の確認請求であるとする見解もあった[4]。

　しかし、最判昭和61年3月13日・民集40巻2号389頁は、遺産確認の訴えは共有持分の割合は問題にせず、端的に、当該財産が現に被相続人の遺産に属すること、換言すれば、当該財産が現に共同相続人による遺産分割前の共有関係にあることの確認を求める訴えであるとした。その原告勝訴の確定判決は、当該財産が遺産分割の対象たる財産であることについて既判力をもって確定し、したがって、これに続く遺産分割審判の手続においておよびその審判の確定後に当該財産の遺産帰属性を争うことを許さず、原告の前記意思によりかなった紛争の解決を図ることができるところであるから、かかる訴えは適法というべきであるとした。そして、同最判は、この遺産確認の訴えは当該財産が現に共同相続人による遺産分割前の共有関係にあることの確認を求める訴えと解し、これに続く遺産分割審判で遺産帰属性を争えなくすることにより紛争解決に資するとした。また仮に単なる共有持分確認の訴えを提起してその請求認容判決が出たとしてもその確定判決は当該財産の取得原因が相続であることまでは確定できないことを根拠として、遺産確認の訴えを認める必要性がある旨を判示して（最判昭和61年3月13日）、遺産確認の訴えの適法性を肯定した。

　前述したように、一般に確認の訴えは、過去の権利または法律関係ではなく、現在の権利または法律関係を確認の対象とするものでなければならないと解されているところ、前掲最判昭和61年3月13日は、遺産確認の訴えを現在の法律関係の確認を求める訴えであると捉え直して確認の利益を肯定し、遺産分割前の共有関係を確定すればその後の遺産分割手続はスムーズに進行し、紛争解決に資するはずだと考えている[5]。

3　固有必要的共同訴訟とは

　遺産確認の訴えを適法と解した場合、特に共同相続人が3人以上いるような場合に、遺産確認の訴えは共同訴訟形態として固有必要的共同訴訟となるかが問題となる。

　共同訴訟人の1人の訴訟行為、共同訴訟人の1人に対する相手方の訴訟行為、および共同訴訟人の1人について生じた事由は他の共同訴訟人に影響を及ぼさないとする民訴法39条の規律を共同訴訟人独立の原則と呼ぶ。通常共同訴訟では、この共同訴訟人独立の原則が適用される[6]。

　これに対して、民訴法40条が適用されて裁判資料の統一と手続進行の統一が図られる共同訴訟形態は、**必要的共同訴訟**と呼ばれる。この必要的共同訴訟は、必ず一定範囲の者の共同訴訟としなければならず、一人ひとりによる個別訴訟は当事者適格を欠いて訴え却下となる**固有必要的共同訴訟**と、一人ひとりによる個別訴訟は禁じられずに適法であるが、共同訴訟となった場合には裁判資料の統一と手続進行の統一が図られる**類似必要的共同訴訟**とに分かれる。講学上、一定範囲の者の共同訴訟となることが要求されることを「**訴訟共同の必要**」と呼び、民訴法40条によって裁判資料の統一と手続進行の統一が要求されることを「**合一確定の必要**」と呼ぶ。固有必要的共同訴訟では訴訟共同が必要であるが、類似必要的共同訴訟では訴訟共同の必要がない[7]。

4　遺産確認の訴えと固有必要的共同訴訟

　訴訟共同が必要とされる類型の一つとして、共同所有形態における紛争に関するものがあり、遺産確認の訴えは当該財産が現に共同相続人による遺産分割前の共有関係にあることの確認を求める訴えとも解することができる。

　最判平成元年3月28日・民集43巻3号167頁は、遺産確認の訴えの性質から、遺産確認の訴えは当該財産が現に共同相続人による遺産分割前の共有関係にあることの確認を求める訴えであり、その原告勝訴の確定判決は、当該財産が遺産分割の対象である財産であることを既判力をもって確定し、これに続く遺産分割審判の手続及び右審判の確定後において、当該財産の遺産帰属性を争うことを許さないとすることによって共同相続人間の紛争の解決に資することができるとした。そして、この点に遺産確認の訴えの適法性を肯定する実質的根拠があるのであるから（前掲最判昭和61年3月13日）、遺産確認の訴えは、共同相続人全員が当事者として関与し、その間で合一にのみ確定することを要するいわゆる固有必要的共同訴訟と解するのが相当であるとし

た[8]。

　これは、目的物件につき一定の数人の間に共有関係が存在するかどうかの確認を求める訴訟も固有必要的共同訴訟と解されており（大判大正2年7月11日・民録19輯662頁）、遺産確認の訴えもこのような訴訟と同類型のものと考えられる。また遺産分割は共同相続人全員による遺産共有の状態を共同相続人間で解消しようとするものであるから（民法907条）、その全員が当事者となることを要し、一部の者を除外してされた分割協議は、原則として無効になると解されることから[9]、遺産分割の前提手続としての機能を果たすべき遺産確認の訴えについても、固有必要的共同訴訟と解するのが相当という考え方に基づいている[10]。

5　相続分の全部を譲渡した者と遺産確認の訴えの当事者適格

(1) 従来の考え方

　訴訟物たる権利関係について、本案判決を求め、または求められる訴訟手続上の地位を**当事者適格**と呼ぶ。当事者適格は、訴訟要件の一つであり、当事者と訴訟物との関係に着目して、裁判所が本案判決をすべきかどうかを判断するものである。確認訴訟においては、訴訟物たる権利関係の主体に当事者適格が認められ、確認の利益と当事者適格とは密接不可分の関係にある[11]。

　相続分の譲渡人の遺産確認の訴えにおける当事者適格について直接かつ明示的に論じた学説は少なく、遺産確認の訴えの当事者となるべき共同相続人とは**遺産分割審判の当事者**を指すとする学説があった[12]。また**遺産分割審判**の前提手続としての機能を果たすべき遺産確認の訴えも、当事者の範囲に関してはこれと同一であることを要するとしなければ、所期の目的を達成することはできないとして、遺産分割を求めることができる地位が遺産確認の訴えの当事者適格を基礎づけるとする考え方が示されていた[13]。なお、最判平成26年が判示の対象とした遺産確認の訴えの当事者適格に関する争点を直接に扱う従来の裁判例はなかった[14]。

(2) 検討

　最判平成26年は、遺産分割を求める権利を有しない者（遺産分割の当事者たりえない者）は遺産確認の訴えの当事者適格を有しないとしたもので、「遺産

分割を求めることができる地位」が遺産確認の訴えの当事者適格を基礎づけるとみている[15]。

　遺産確認の訴えは、遺産分割に係る家事調停・家事審判手続の進行の基礎となるものであり、遺産分割の前提問題の解決という機能を有するものであるから、その後に予定される遺産分割手続の当事者となるべき者が、遺産確認の訴えの当事者適格の判断基準とされると考えるのが自然である[16]。相続分の譲渡をした者が遺産確認の訴えの当事者適格を失わないとすると、紛争関係を離脱した者に訴訟共同の規律（40条）を強いることになり必ずしも望ましくなく、手続の複雑化にもつながるおそれがあるからである[17]。

本判決（最判平成26年）の意義

　本判決は、遺産確認の訴えは、共同相続人による遺産分割前の共有関係を確認する固有必要的共同訴訟であることを前提に、遺産分割を求める権利を有しない者（遺産分割の当事者たりえない者）は遺産確認の訴えの当事者適格を有しないとした。そして、「遺産分割を求めることができる地位」が遺産確認の訴えの当事者適格を基礎づけるとみている。

　仮に、相続分の全部の譲渡をした者が遺産確認の訴えの当事者適格を失わないとすると、遺産分割をめぐる紛争関係を離脱した者に訴訟共同の規律（40条）を強いることになり必ずしも望ましくなく、手続の複雑化にもつながるおそれがある。

1 ）水野紀子「日本相続法の現状と課題」論究ジュリ10号98頁、101頁（2014年）。
2 ）伊藤・187頁。
3 ）高橋・重点上367頁以下。
4 ）小山昇「遺産の範囲確定のための民事訴訟」島津一郎＝安倍正三＝田中恒朗編・相続法の基礎（新版・青林書院新社・1981年）154頁、155頁。
5 ）小林・新ケース118頁、小坏眞史「審判と訴訟との関係」判タ1100号352頁以下（2002年）。
6 ）伊藤・662頁。
7 ）高橋・重点下315頁以下。
8 ）この結論については、学説の多くが賛同することについて、渡辺森児「判批」法研88巻5号103頁、105頁（2015年）。
9 ）谷口知平＝久貴忠彦編・新版注釈民法（27）相続(2)（補訂版・有斐閣・2013年）391頁〔伊藤昌司〕。

10) 田中壮太「判批」最高裁判所判例解説民事篇平成元年度（法曹会）96頁、104頁参照。
11) 伊藤・193頁。
12) 山本和彦「遺産確認の訴えと固有必要的共同訴訟」ジュリ46号49頁、51頁（1989年）。
13) 田中・前掲注10）105頁。また、加本牧子「判批」ジュリ1519号66頁、68頁（2018年）。
14) 安達栄司「判批」ひろば2014年9号50頁、52頁。
15) 安達・前掲注14）52頁。
16) 加本牧子「判批」最高裁時の判例8号（2018年）181頁、183頁
17) 川嶋四郎「判批」法セ725号120頁（2015年）〔判旨賛成〕。

具体的相続分の確認を求める訴え

最判平成12年2月24日・民集54巻2号523頁

▶予備知識

　民法903条1項により算定される**具体的相続分**の価額またはその価額の遺産の総額に対する割合の確認を求める訴えに、確認の利益は存在するかが議論されている。具体的相続分は、遺産分割における分配の基準となるべき**計算上の価額またはその価額の遺産の総額に対する割合**を意味する。

　遺産分割をするためには、相続人、相続分または相続財産など、その前提となるべき事項がある。これらは、実務において、**遺産分割の「前提問題」**と呼ばれることが多い。家庭裁判所は、遺産分割審判（家事事件手続法191条・別表第2の12）の前提問題である相続権や相続財産等の権利関係について、審判手続において審理判断することができる。しかし、審判における権利関係の判断に不服があれば、当事者は別に地方裁判所等に民事訴訟を提起して、権利関係を争うことができ、遺産分割審判の前提とされた権利の存在がその民事訴訟の判決によって否定されれば、審判もその限りにおいて効力を失うことがある。

　この遺産分割審判とその前提問題に関する確認訴訟との関係が問題となる事案に関して、従来、最高裁は、遺産確認の訴えの適法性を認める理由を次のように判示した（最判昭和61年3月13日・民集40巻2号389頁）。

　共同相続人間において、ある財産が被相続人の遺産に属するか否かについて争いのある場合、**遺産確認の訴え**は、端的に、当該財産が現に被相続人の遺産に属すること、換言すれば、当該財産が現に共同相続人による遺産分割前の共有関係にあることの確認を求める訴えであって、その原告勝訴の確定判決は、当該財産が遺産分割の対象たる財産であることを既判力をもって確定し、したがって、これに続く遺産分割審判の手続においておよびその審判の確定後に当該財産の遺産帰属性を争うことを許さず、もって、遺産分割の前提問題として遺産に属するか否かの争いに決着をつけようとした原告の意思によりかなった紛争の解決を図ることができるところであるから、かかる訴えは適法というべきであるとした（詳細は、前講参照）。

　それでは、**具体的相続分**とは遺産分割における分配の基準となるべき計算上の価額またはその価額の遺産の総額に対する割合を意味すると解した場合、民法903条１項により算定される**具体的相続分の価額またはその価額の遺産の総額に対する割合の確認を求める訴えは、確認の利益があるのだろうか。**

判例のポイント

　民法903条１項により算定される具体的相続分の価額またはその価額の遺産の総額に対する割合の確認を求める訴えは、確認の利益を欠くものとして不適法である。具体的相続分は、遺産分割における分配の基準となるべき計算上の価額または割合を意味し、それ自体実体法上の権利関係ということはできないからである。具体的相続分は、遺産分割や遺留分確定の前提問題であって、判決によって確認することが紛争の直接かつ抜本的解決のために必要ということはできない。

設　問

設 例

　平成４年11月10日に死亡した者（被相続人Ａ）の共同相続人であるＸおよびＹ間で、遺産分割審判が確定した後、Ｘは、遺産分割審判の前提とされた特別受益財産の範囲、その価額、および相続財産の価額を争い、Ｙに対し、

右審判の前提とは異なる具体的相続分の額および割合の確認を求める訴訟を提起した（以下「本件」という）。

　その遺産分割審判の内容は、Yに宅地、マンション等を取得させ、他方、Xに土地、借地権、建物を取得させ、XがYに対し清算金として2億2312万円を審判確定後6カ月以内に支払うことを命じたものであった。この審判では、Yにつき、Aから贈与されていた建物（400万円相当）を特別受益財産と認定し、他方、Xにつき、Aから資金の一部の援助を受けてAが借地していた土地の底地の持分2分の1を昭和57年にXが権利者から購入しており、その援助の割合を乗じて価額を評価した右底地の持分（相続開始時の額は1億6179万円）を特別受益財産と認定していた。そして、これを前提に、Yの具体的相続分の価額を3億7519万5000円（遺産総額は5億9260万円であり、Yの割合は0.6331）と算定し、遺産分割時での価額により時点修正をした具体的取得分を算出して、前記金額の清算金の支払をXに命じたものであった。

　Xは、本件訴訟において、(1)Yには、審判で認定された建物のほかに別の特別受益財産があること、(2)Xの特別受益財産は、当時Aから援助を受けた金額を基本に評価すべきであること、(3)相続財産である借地権の評価額は、審判で認定された金額より低額であることを主張して、Yの具体的相続分の金額は2億169万8500円（遺産総額は4億124万7000円）、その割合は0.502679を超えないことの確認を求めて本件訴えを提起した。

　すなわち具体的相続分に関して、Xは、XおよびYの母である亡Aを被相続人、XおよびYを共同相続人とする、別紙遺産目録記載のAの遺産の分割における、民法903条1項に基づく、Yの具体的相続分の価額は金2億169万8500円、同相続分率は0.502679（4億124万7000分の2億169万8500）を超えないことを確認する、との判決を求める訴えを提起した。

　第1審は、Xの訴えを不適法却下した。この判決に対して、Xが控訴し、民法903条1項所定の相続分（以下「具体的相続分」という）につき、これが遺産に対する相続人の権利割合を示す権利関係であることを前提として、当然に確認訴訟の対象となり、かつ確認の利益を有する旨を主張した。

　この控訴に対して、原審（控訴審）は、控訴を棄却して、その理由を次のように述べた。

　「遺産分割の前提としての具体的相続分は、遺産分割の前提事項として一般に認められている相続人や遺産の範囲等とは性質を異にし、遺産分割手続における計算上の分配基準にすぎず、民事訴訟の対象としての適格性を有するものではないと解するのが相当である」。

　この判決に対して、Xは、上告受理の申立てをし、具体的相続分は相続権の割合をいうものであるから、その存否が審判手続において決定されても、その審判手続とは別に訴訟手続により確定できることは明らかである旨を主張した。この点について、最高裁は、上告受理決定をした。

問　い

小問(1)　遺産分割をする際における具体的相続分の算定方法について説明しなさい。

小問(2)　遺産分割審判の前提としての遺言無効確認の訴えは適法か、また、遺産確認の訴えは適法かについて、確認の利益の存否の観点から説明しなさい。

小問(3)　相続財産を構成する個々の財産に対する具体的相続分に基づく共有持分の有無を確認の訴えの対象とすることが許されるかについて説明しなさい。

小問(4)　特定財産が特別受益財産（民法903条1項）に該当することの確認を求める訴えについて、確認の利益があるかどうかを説明しなさい。

小問(5)　具体的相続分は、遺産分割審判事件における遺産の分割や遺留分減殺請求〔平成30年の民法改正により、「遺留分侵害額請求」となった。以下、同じ〕に関する訴訟事件における遺留分の確定等のための前提問題として審理判断される事項であり、このような事件を離れて、具体的相続分のみを別個独立に判決によって確認することが紛争の直接かつ抜本的解決のため適切かつ必要であるということはできないかどうかについて、確認の利益の存否の観点から説明しなさい。ただし、具体的相続分は「実体法上の権利関係」に該当しないことを前提とする。

判 例 か ら 考 え る

　設例のもとにしたのは、最判平成12年2月24日・民集54巻2号523頁（以下「最判平成12年」という）である。この最判平成12年は、**具体的相続分**の価額またはその価額の遺産の総額に対する割合の確認を求める訴えに関して、次のように判示した。

　「民法903条1項は、共同相続人中に、被相続人から、遺贈を受け、又は婚姻、養子縁組のため若しくは生計の資本としての贈与を受けた者があるときは、被相続人が相続開始の時において有した財産の価額にその贈与の価額を加えたものを相続財産とみなし、法定相続分又は指定相続分の中からその遺贈又は贈与の価額を控除し、その残額をもって右共同相続人の相続分（以下「具体的相続分」という）とする旨を規定している。具体的相続分は、このように遺産分割手続における分配の前提となるべき計算上の価額又はその価額の遺産の総額に対する割合を意味するものであって、それ自体を実体法上の権利関係であるということはできず、遺産分割審判事件における遺産の分割や遺留分減殺請求に関する訴訟事件における遺留分の確定等のための前提問題として審理判断される事項であり、右のような事件を離れて、これのみを別個独立に判決によって確認することが紛争の直接かつ抜本的解決のため適切かつ必要であるということはできない。

　したがって、共同相続人間において具体的相続分についてその価額又は割合の確認を求める訴えは、確認の利益を欠くものとして不適法であると解すべきである」。

　以下では、具体的相続分の算定方法、遺産分割審判とその前提事項、個々の財産に対する具体的相続分に基づく共有持分の有無の確認を求める訴え、特定財産が特別受益財産に該当することの確認を求める訴えと確認の利益および具体的相続分についてその価額または割合の確認を求める訴えと確認の利益について解説する。

解　説

1　はじめに

　最判平成12年は、最高裁として初めて実体法上具体的相続分の法的性質について判断したこと、および具体的相続分の価額または割合の確認を求める訴えを不適法とした点に意義がある[1]。最判平成12年は、具体的相続分の権利性を否定するとともに、その争いは遺産分割の前提としてそれと別個独立に訴訟において価額または割合の確認を求める利益はないとした[2]。

　具体的相続分が、実体法上意味を持つ権利概念である「相続分」なのか（相続分説）、それともそれは単に遺産分割の分配基準としての機能のみを営むに過ぎない単なる計算過程上の観念的な操作概念である「遺産分割分」なのか（遺産分割分説）については、見解が対立している。最判平成12年は、このような具体的相続分の法的性質について、「分配の前提となるべき計算上の価額又はその価額の遺産の総額に対する割合を意味するもの」であり、それ自体「実体法上の権利関係」であるとはいえないとして遺産分割分説を採用した。そして、具体的相続分が実体法上の権利関係であるとはいえない以上、その確認訴訟を不適法であるとしても、実体法上の権利関係については訴訟による確認の途を保障した最決昭和41年3月2日・民集20巻3号360頁に抵触するものではないとしている[3]。

2　具体的相続分の算定方法

　設例では、具体的相続分の価額またはその価額の遺産の総額に対する割合の確認を求める訴えが問題とされているが、遺産分割をするためには、具体的相続分を算定するほか、相続人や相続財産など、その前提となるべき事項があり、遺産分割審判とその前提事項とされる権利関係を確認対象とする民事訴訟との相互関係が問題となる。

　まず、具体的相続分は、次のように算定される。共同相続人の中に被相続人から特別受益（贈与または遺贈）を受けた者がいる場合には、①この特別受益のうちの贈与を相続財産額に加算して「みなし相続財産」とした上で、各共同相続人の相続分（一応の相続分）を確定する。そして、②特別受益（贈与

または遺贈）を受けた相続人（受益相続人）についてその特別受益額を一応の相続分から控除し、残額をもってこの者の具体的相続分（民法903条1項）とする。寄与分がある場合、寄与分は、「みなし相続財産」を確定するにあたり、相続時に現存する相続財産の価額からこれを控除することによって算定・考慮（民法904条の2第1項）される[4]。

3 遺産分割審判とその前提事項

　遺産の分割について、共同相続人間に協議が調わないとき、または協議をすることができないときは、各共同相続人は、その分割を家庭裁判所に請求することができる（民法907条2項）。遺産分割手続において調停が開始されたものの、調停が成立しなかったときは、調停の申立てがあった時に審判の申立てがあったものとみなされる（家事事件手続法272条4項）。遺産分割をするためには、相続人、相続分または相続財産など、その前提となるべき事項があるが、これらは、実務において、**遺産分割の「前提問題」**と呼ばれることが多い[5]。**具体的相続分**も、家庭裁判所における遺産分割手続の「前提問題」の一つである。

　家庭裁判所は、遺産分割審判（家事事件手続法191条・別表第2の12）の前提事項である相続権や相続財産等の権利関係について、民事訴訟手続による権利の確定を待たずに、審判手続において審理判断することができるが、当事者は、審判における権利関係の判断に不服があれば、別途民事訴訟を提起して、権利関係を争うことができ、遺産分割審判の前提とされた権利の存在が判決によって否定されれば、審判もその限りにおいて効力を失うものとされる[6]。

　この遺産分割審判とその前提事項に関する確認訴訟との関係が問題となる事案に関して、従来、最高裁は、遺産分割審判の前提として、**遺言無効確認の訴え**の適法性を認めていた（最判昭和47年2月15日・民集26巻1号30頁）。また、最高裁は、**遺産確認の訴え**の適法性を認めていた（最判昭和61年3月13日・民集40巻2号389頁）。さらに、最高裁は、共同相続人間における**相続人の地位不存在確認の訴え**の適法性を認め、そのような訴えは固有必要的共同訴訟であるとしていた（最判平成16年7月6日・民集58巻5号1319頁）。

　このような中で、最判平成12年は、遺産分割審判の前提事項として具体的相続分の価額または割合の確認を求める訴えについて、その確認の利益を否定した。

4　個々の財産に対する具体的相続分に基づく共有持分の有無の確認を求める訴え

　最判平成12年では、具体的相続分の価額またはその価額の遺産の総額に対する割合の確認を求める訴えにおける確認の利益が問題とされているが、従来、この問題を直接的に扱った最高裁の判決はなかった。しかし、下級審裁判例としては、相続財産を構成する個々の財産に対する具体的相続分に基づく共有持分の有無の確認を求める訴えについての大阪地判平成 2 年 5 月28日・家裁月報43巻 4 号74頁があった。この大阪地判平成 2 年 5 月28日によれば、具体的相続分は、遺産分割における分配基準としての割合に過ぎず、遺産分割の過程においてのみ機能する観念的性質のものであって、遺産分割前の段階で具体的相続分（あるいはこれに基づく共有持分）が独立に処分の対象となるなどこれについて具体的な権利義務関係が成立する余地はない旨を判示し、当該訴えについて、相続財産を構成する個々の財産に対する具体的相続分に基づく共有持分の有無を確認の訴えの対象とすることは許されないとした。

　この大阪地判平成 2 年 5 月28日に対しては、相続分説的な立場から次のような批判が加えられていた。第 1 に、具体的相続分は、実体法上の権利割合であるからこそ、遺産分割審判をする裁判所を拘束するのであり、具体的相続分の権利性を認める限り、遺産分割審判に争訟性を認めることができるから、確認の利益如何によって、遺産共有の特殊性から総遺産に対する具体的相続分の存否あるいは個別財産に対する具体的相続分による共有持分の存否確認も許されると批判された[7]。第 2 に、相続開始時に存在する相続財産に対する各共同相続人の遺産分割前の持分は具体的相続分として実体法上の持分権であり、また特別受益の有無はむしろ実体法上の持戻請求権の存否として構成すれば確認の利益を認めうるのであって、遺産分割前においては具体的相続分の確認訴訟は許されると批判された[8]。第 3 に、具体的相続分が実

体的権利であることを否定することはできず、遺産分割前でも具体的相続分は共同相続財産全体に対する実体的な持分であると批判された[9]。

　これらの批判は、相続分説的な立場からなされていたが、最高裁は、最判平成12年の前（平成7年）に、すでに**特別受益財産**につき遺産分割分説に親和的な判断を示していた。

5　特定財産が特別受益財産に該当することの確認を求める訴えと確認の利益

(1)　最判平成7年3月7日の概要

　最判平成12年では具体的相続分の価額またはその価額の遺産の総額に対する割合の確認を求める訴えにおける確認の利益が問題となったが、すでに最高裁は、特定財産が特別受益財産（民法903条1項）に該当することの確認を求める訴えについては確認の利益を欠くものとして不適法であるとしており、その中で具体的相続分の確認の訴えに関する最判平成12年を予測しうるような判旨を示していた。

　すなわち、最判平成7年3月7日・民集49巻3号893頁（以下「最判平成7年」という）は、民法903条1項は被相続人が相続開始の時において有した財産の価額に特別受益財産の価額を加えたものを具体的な相続分を算定する上で相続財産とみなすこととしたものであって、これにより、特別受益財産の遺贈または贈与を受けた共同相続人に特別受益財産を相続財産に持ち戻すべき義務が生ずるものでもなく、また、特別受益財産が相続財産に含まれることになるものでもないとし、その結果、ある財産が特別受益財産に当たることの確認を求める訴えは、現在の権利または法律関係の確認を求めるものということはできない旨を判示する。そして、過去の法律関係であっても、それを確定することが現在の法律上の紛争の直接かつ抜本的な解決のために最も適切かつ必要と認められる場合には、その存否の確認を求める訴えは確認の利益があるものとして許容される（最高裁昭和44年(オ)第719号同47年11月9日第1小法廷判決・民集26巻9号1513頁参照）が、ある財産が特別受益財産に当たるかどうかの確定は、具体的な相続分または遺留分を算定する過程において必要とされる事項に過ぎず、しかも、ある財産が特別受益財産に当たること

が確定しても、その価額、被相続人が相続開始の時において有した財産の全範囲およびその価額等が定まらなければ、具体的な相続分または遺留分が定まることはないから、右の点を確認することが、相続分または遺留分をめぐる紛争を直接かつ抜本的に解決することにはならないとする。また最判平成7年は、ある財産が特別受益財産に当たるかどうかは、遺産分割申立事件、遺留分減殺請求に関する訴訟など具体的な相続分または遺留分の確定を必要とする審判事件または訴訟事件における前提問題として審理判断されるのであり、右のような事件を離れて、その点のみを別個独立に判決によって確認する必要もないとし、結論として、特定の財産が特別受益財産であることの確認を求める訴えは、確認の利益を欠くものとして不適法であるとした。

(2) 分析・評価

　特別受益財産は、具体的相続分や遺留分を算定するための一要素に過ぎず、上記のような訴訟または審判においてより直接的抜本的な紛争の解決が期待できる他の方法（遺留分減殺請求または遺産分割審判による具体的相続分の確定等）が存在するので、その確認の対象適格性を認めることが適切かつ有効であるとはいえないから、最判平成7年の考え方は妥当なものであると評価されていた[10]。

　また、最判平成7年は、確認の利益の存在を否定する理由として、特別受益財産を現在の権利または法律関係とみることはできないこと、特定の財産が特別受益財産に当たることが過去の法律関係であるとみたとしても直ちに紛争解決につながらないこと、特定の財産が特別受益財産に該当するかどうかは、遺産分割や遺留分減殺請求事件における前提問題として審理判断されれば足り、別個独立に判決によって確認する必要もないことを挙げるなど[11]、確認の利益の存在を否定する上で、具体的相続分の確認を求める訴えと確認の利益に関する判断をした最判平成12年と類似した理由づけをしていた。

　この最判平成7年は、特別受益財産に関するものであり、具体的相続分に関するものではないから、具体的相続分の法的性質について直接的に何らかの判断を示しているものではないが、遺産分割分説と共通する考え方が看取できると指摘されていた[12]。そして、最判平成7年は、特定の財産が特別受益財産に当たることの確認を求める訴えは、過去の法律関係を確認の対象と

なしうる即時確定の利益を欠くので不適法であるとし、結論的には遺産分割
分説によるようであり、これを受けて最判平成12年が遺産分割分説を採用す
ることを明らかにしたとされる[13]。最判平成7年は、共同相続人間で遺産分
割の前提問題として具体的相続分自体を訴訟で確定する道をふさぐという実
質を有していると分析されていた[14]。

　その後、最判平成12年は、具体的相続分の法的性質を明示するとともに、
その確認訴訟の適法性についても、最判平成7年の延長線上に問題を捉え、
その適法性を否定したものである[15]。

6　具体的相続分についてその価額または割合の確認を求める訴えと確認の利益

(1) はじめに

　最判平成12年は、具体的相続分の権利性を否定するだけでなく、判旨の後
半部分において、具体的相続分の確定だけによっては紛争解決の直接かつ抜
本的解決が導かれないことを特に理由に挙げて、確認の利益を否定してい
る[16]。すなわち、最判平成12年は、Ⓐ具体的相続分が実体法上の権利関係で
はないことと確認の利益の存否（以下「Ⓐ問題」という）、およびⒷ遺産分割
審判事件等を離れて具体的相続分のみを別個独立に判決によって確認するこ
とが紛争の直接かつ抜本的解決のため適切かつ必要であるということはでき
ない点と確認の利益の存否（以下「Ⓑ問題」という）を問題としている。

　確認の利益の存在を否定した最判平成12年について、学説からの理論的な
分析は、いくつかに分かれている。学説は、最判平成12年について、①法律
上の争訟、②確認の利益のうち対象選択の適否、③紛争の成熟性の要求（な
いし即時確定の必要などと呼ばれる）、または④方法選択の適否の視点から、確
認の利益の存否を分析している。

(2) 訴えの利益と権利保護の資格および権利保護の利益

ア　伝統的な学説

　訴えの利益には、請求が本案判決の対象になりうるのかという問題（権利
保護の資格ないし請求適格）と、当該事件における具体的事実関係に照らして、
請求について本案判決をすることが必要かつ実効的かという問題（権利保護

の利益または必要）に区別されて理解されてきたが、この区別は相対的である。このうち、権利保護の資格の問題は、審判権の限界の問題となり、または隣接する[17]。

　伝統的に、訴えの利益（ないし確認の利益）は、権利保護の資格と権利保護の利益に分けて考察されてきた。しかし、近時は、具体的な事案において、原告の法的地位に生じた危険の除去や不安定な状態の解消に役立つのであれば、確認の対象が現在の権利または法律関係でなくても、確認の利益を認めるべきであるとして、伝統的に権利保護の資格として扱われてきた問題を権利保護の利益の問題として一元化して判断する見解が有力であるとされる[18]。

　イ　給付・確認・形成の各種の訴えに共通に要求される、訴えの利益の一般的要件

　最高裁によれば、裁判所法3条にいう「**法律上の争訟**」とは、当事者間の具体的な権利義務ないし法律関係の存否に関する紛争であって、かつ、それが法令の適用により終局的に解決することができるものに限られる（最判昭和41年2月8日・民集20巻2号196頁）。これについて、学説も異論がないとされている[19]。

　最判平成12年について、法律上の争訟に当たらないとして訴えの利益の存在を否定する見解は、次のように主張する。給付・確認・形成の各種の訴えに共通に要求される、訴えの利益の一般的要件として、法律上の争訟性がある。すなわち原告の請求は、「法律を適用して判断すべき具体的な、権利・法律関係の存否の主張」でなければならない（裁判所法3条の「法律上の争訟」であることの民事訴訟上の発現）。法律上の争訟に当たらない場合は、当該事件が司法権の範囲に属さないから訴えの利益を欠き不適法となる場合であるとし、具体的相続分は、それ自体を実体法上の権利関係ということはできず、遺産分割審判事件等と別個に具体的相続分の価額または割合の確認を求める訴えの利益はない（最判平成12年）とされる[20]。このような分析は、法律上の争訟（ないし権利保護の資格）の視点から④問題に焦点を当てて最判平成12年を分析したものである。

　このように法律上の争訟（ないし権利保護の資格）から最判平成12年を分析する考え方は、後述のように、一元化して訴えの利益を理解した上で確認の

利益のうち対象選択の適否の視点から、最判平成12年に関して確認の利益の存在を否定する見解と共通する考え方である。

(3) 一元化して訴えの利益を理解する見解

　ア　伝統的な見解に対する批判

　訴えの利益について、上記したような権利保護の資格および権利保護の利益から理解する伝統的な見解に対しては批判も加えられている。すなわち、権利保護の資格と権利保護の利益の概念は、その限界が明確でなく、それを欠いた場合の訴訟上の取扱いも変わるわけではないので、この区別は現在では重視されず、ともに訴えの利益の用語に包含されるに至っている[21]。現在では、権利保護の資格がないとされる場合であっても、権利保護の利益があれば訴えを認めるべきであるとされているので、権利保護の資格は有効な判断枠組みとはなっていない、と伝統的な見解は批判されている[22]。

　かつては、確認の対象は現在の権利または法律関係でなければならないとされたが、近時は、具体的な事案において、原告の法的地位に生じた危険の除去や不安定な状態の解消に役立つのであれば、確認の対象が現在の権利または法律関係でなくても、確認の利益を認めるべきであるとして、伝統的に権利保護の資格として扱われてきた問題を権利保護の利益の問題として一元化して判断する見解[23]が有力であるとされ[24]、この一元化する見解は、訴えの利益または確認の利益について次のように主張している。

　イ　一元化する見解

　訴えの利益とは、本案判決をすることの必要性およびその実際上の効果（実効性）を、個々の請求内容について吟味するために設けられる要件であり、その必要性・実効性が認められる場合に、その請求には、本案判決を求める利益（訴えの利益）があるといわれる。**確認の訴えの利益**は、原告の権利または法律的地位に不安が現に存在し、かつ不安を除去する方法として原告・被告間でその訴訟物たる権利または法律関係の存否の判決をすることが有効適切である場合に認められる。確認の利益の判断は、次の各視点から行われる。

　第1は、原告・被告間の具体的紛争の解決にとって、確認判決を求める確認訴訟の提起という手段が有効・適切であるか（方法選択の適否の視点であり、

確認判決以外の解決手段との役割分担が問題となる)、第2は、確認対象として選んだ訴訟物が、原被告間の紛争解決にとって有効・適切か (対象選択の適否)、第3には、原被告間の紛争が確認判決によって即時に解決しなければならないほど切迫した成熟したものか (紛争の成熟性ないし即時解決の必要性)、第4に、訴訟物たる権利または法律関係について確認判決による紛争の解決を図るのに有効適切な被告を選んでいるか (被告選択の適否)、の各点である[25]。

　① **対象選択の適否**の視点から　最判平成12年について、確認の利益のうち対象選択の適否の視点から分析して確認の利益の存在を否定する見解がある。

　たとえば、確認の訴えの訴訟物は、特に救済の資格の有無を法律上の争訟との関係で吟味する必要があり、確認の対象となる訴訟物は、権利義務ないし法律関係に限られるのが原則であるが、具体的相続分は、遺産分割手続における分配の前提となるべき計算上の価額またはその価額の遺産総額に対する割合を意味するのであって、それ自体は実体的な権利または法律関係ということはできず、確認の対象とはならないとされる[26]。これは、対象選択の適否の視点から、上記のⒶ問題に焦点を当てて最判平成12年を分析したものである。

　しかし、近時の見解は、過去の法律関係についても確認の利益を認めるようになっており、最近では将来の法律関係や事実の確認ですら許されるとの見解さえ主張されるようになっているので、そうすると、確認の対象が実体的権利関係ではないとの理由のみによっては確認の利益を否定することはできず、別個の観点からの検討も必要になる。最判平成12年は、最判平成7年と同様に、この別個の観点からの検討もしていると指摘されている[27]。

　② 解決すべき**紛争の成熟性**の要求の視点から　最判平成12年について、解決すべき紛争の成熟性の要求の視点から分析して確認の利益の存在を否定する見解は、次のように主張する。

　解決すべき紛争の成熟性の要求とは、解決の必要があり、かつ、解決に価する紛争のみを取り上げる趣旨であるが、2つの観点から考察される。第1には、被告が原告の地位に与える不安の態様という観点、第2には、不安にさらされる原告の法的地位の現実性という観点である[28]。確認判決によって

不安が除去されるべき原告の利益ないし地位は現実的なものでなければならないという観点に照らして、具体的相続分の額および割合の確認を求める訴訟は許されない。具体的相続分とは、遺産分割手続における分配の前提となるべき計算上の価額またはその価額の遺産総額に対する割合を意味するものであって、それ自体を実体法上の権利関係ということはできず、遺産分割審判事件の遺産分割や、遺留分減殺請求に関する訴訟事件における遺留分確定等のための前提問題として審理判断されれば足り、これらの事件と離れ、これだけを別個独立に確認することが、紛争の直接かつ抜本的な解決のため適切かつ必要といえないからである[29]。同様に、最判平成12年は、具体的相続分の確認訴訟は即時確定の利益を欠くことからその確認訴訟は不適法であるとしたとの理解がある[30]。

　③　確認訴訟によることの適否（方法選択の適否）の視点から　最判平成12年について、**確認訴訟によることの適否（方法選択の適否）** の視点から分析をして、確認の利益の存在を否定する見解もある。

　すなわち、確認の利益が認められるためには、他の法的手段ではなく確認の訴えを選択したことが適切であることが必要であるとされ、家事審判を離れて別個独立に判決によって確認する必要がない場合（最判平成12年）は、確認訴訟を提起する利益は存在しないとする見解がある[31]。同様に、紛争解決方法としてより適切な手続がある場合には、その手続によるべきであって、確認の利益は認められないとし、具体的相続分の価額・その遺産総額に対する割合は、遺産分割審判や遺留分減殺請求訴訟の手続を離れて別個独立に判決により確定する必要はなく、確認の利益は認められないとされる[32]。これは、⑧問題に焦点を当てて最判平成12年を分析したものである。

(4)　最判平成12年の射程範囲

　最判平成12年は、具体的相続分の法的性質に関して遺産分割分説に立って具体的相続分の価額または割合の確認を求める訴訟を不適法としたので、実務上、特別受益をめぐる争いについても、遺産分割審判または遺留分減殺請求訴訟においてその前提問題としてのみ判断されることになる[33]。最判平成12年は、一般的に具体的相続分に関する独立の確認の訴えを否定すべきことを明言しているので、最判平成12年に従うならば、遺産分割審判手続の前後

かを問うことなく、具体的相続分の確認の訴えは不適法となると指摘されている[34]。

　ただし、最判平成12年は、遺産分割の前提を固めるために具体的相続分の確定のための訴えを否定したものであり、遺産分割の前提を固めるため以外の目的で具体的相続分の確定のための訴えを提起することについて同最判はふれていないとする見解もある[35]。

本判決（最判平成12年）の意義

　本判決は、具体的相続分の法的性質について、「分配の前提となるべき計算上の価額、割合を意味するもの」であり、それ自体「実体法上の権利関係」であるとはいえないとして遺産分割分説を採用し、最高裁として初めて具体的相続分の法的性質について判断した。そして、本判決は、具体的相続分に関する争いは遺産分割の前提として遺産分割とは別個独立に訴訟において価額または割合の確認を求める利益はないとし、具体的相続分が実体法上の権利関係であるとはいえない以上、具体的相続分の確認訴訟を不適法であるとした。

1）川嶋四郎「判批」法セ550号115頁（2000年）。
2）佐上善和「判批」平成12年度重要判解111頁、112頁。
3）生野考司「判批」最高裁判所判例解説民事篇平成12年度（上・法曹会）68頁、80頁。最判平成12年は、具体的相続分の法的性質につき、実体法上の権利関係ではないとの判断を示し、その論争に決着を付けたとされる。小林秀之編・判例講義民事訴訟法（弘文堂・2019年）120頁、121頁〔原強〕。
4）潮見佳男・詳解相続法（弘文堂・2018年）198頁、221頁。
5）潮見・前掲注4）240頁、242頁。
6）下村眞美「判批」民訴法判例百選（第5版）56頁（2015年）。
7）若林昌俊「判批」平成2年度主要民事判解174頁、176頁。
8）西原諄「判批」判タ771号60頁、61頁以下（1992年）。
9）伊藤昌司「判批」判タ743号63頁、64頁、66頁（1991年）。
10）光本正俊「判批」民商113巻4＝5号294頁、308頁（1996年）。また、最判平成7年に賛成するのは、中川善之助＝泉久雄・相続法（第4版・有斐閣・2000年）279頁注8。
11）下村・前掲注6）56頁。
12）光本・前掲注10）304頁。
13）辻朗「特別受益をめぐる諸問題」野田愛子＝梶村太市編・新家族法実務大系第3巻（新日本法規出版・2008年）243頁、246頁以下。

14）光本・前掲注10）310頁。
15）生野・前掲注3）81頁。
16）安達栄司「判批」NBL714号72頁（2001年）。また、同様に解するが、最判平成
　　12年は、具体的相続分が実体法上の権利関係ではないことよりも、紛争の抜本
　　的解決の成否という観点から確認の利益の有無に重点を置いて判断していると
　　指摘するのは、梅本吉彦「判批」家族法判例百選（第6版）116頁、117頁（2002
　　年）。
17）加藤新太郎＝松下淳一編・新基本法コンメンタール民事訴訟法第1巻376頁
　　（2018年）〔青木哲〕。また、上田徹一郎・民事訴訟法（第7版・法学書院・2011
　　年）211頁以下。
18）加藤＝松下編・前掲注17）380頁以下〔青木〕。
19）田中豊・民事訴訟判例読み方の基本（日本評論社・2017年）7頁。
20）上田・前掲注17）212頁以下。
21）高橋・重点上358頁以下、上田・前掲注17）211頁以下。
22）高橋・概論78頁以下〔権利保護の資格は権利保護の利益に吸収されたとみる〕。
23）新堂・270頁以下、高橋・重点上363頁以下。
24）加藤＝松下編・前掲注17）380頁以下〔青木〕。
25）新堂・270頁、高橋・重点上363頁以下。
26）小島武司・民事訴訟法（有斐閣・2013年）231頁。また、最判平成12年は確認対
　　象適格なしとして、その確認訴訟の適法性を否定したとするのは、下村・前掲
　　注6）56頁。このほか、兼子原著・第2版731頁〔竹下守夫〕。
27）野村秀敏「判批」民訴法判例百選（第3版）66頁、67頁（2003年）。
28）新堂・277頁。
29）新堂・278頁。ほぼ同旨、松本博之＝上野泰男・民事訴訟法（第8版・弘文堂・
　　2015年）163頁以下。
30）生野考司「判批」ジュリ1212号102頁、103頁（2001年）。同旨、下村・前掲注(6)
　　57頁。
31）中野貞一郎＝松浦馨＝鈴木正裕編・新民事訴訟法講義（第3版・有斐閣・2018
　　年）166頁以下〔福永有利〕。
32）加藤＝松下編・前掲注17）382頁以下〔青木〕。
33）松原正明「法定相続分、指定相続分および具体的相続分」判タ1100号322頁、
　　323頁（2002年）。
34）安達・前掲注16）74頁以下。
35）高見進「判批」リマークス22号118頁、121頁（2001年）。同旨、野村・前掲注
　　27）67頁。

8 債務不存在確認の訴えと当該債務の履行を求める反訴の提起

最判平成16年3月25日・民集58巻3号753頁

▶予備知識

　債務不存在確認の訴えとは、権利の存否について紛争がある場合に、義務者とされている者が原告となり、権利者と主張している者を被告として、被告の主張する原告の債務が存在しないことの確認を求める訴えである。

　債務不存在確認の訴えにおける請求の趣旨は、たとえば、「原被告間の令和〇年△月×日の消費貸借契約に基づく原告の被告に対する金1000万円の返還債務が存在しないことを確認する、との判決を求める」などとする。債務不存在確認の訴えでは、債務者が原告となり、債権者が被告となるのであり、通常の給付の訴えと原告・被告が逆転する。しかし、証明責任の所在は変化しないため、債権者とされる被告が権利の発生原因事実の証明責任を負い、権利障害事実と権利滅却事実の証明責任は債務者とされる原告が負う。したがって、債務の不存在が認定されたときと債務の存在・不存在が真偽不明であるときに、債務者とされる原告の債務不存在確認請求が認容されるのに対して、債務が存在すると認定されたときにのみ、原告からの請求が棄却される。

　また、**金額の明示がない債務不存在確認の訴え**を適法とし、債務の存在について心証を得た場合には、その金額について当事者に主張・立証させ、裁判所が認定できた金額を確認すべきであるとするのが通説である。

　債務不存在確認の本訴の係属中に被告から当該債務の履行を求める**反訴**が提起された場合に、本訴である債務不存在確認の訴えの**確認の利益**に関する判断をした最高裁判決は、これまで公刊されたものはなかった。しかし、下級審裁判例は、その確認の利益がないとして訴えを却下するものが多く、学説もその確認の利益がなくなるとする説が多数説である。

　債務不存在確認の本訴の係属中に被告から当該債務の履行を求める反訴が提起された場合に、本訴である債務不存在確認の訴えの確認の利益に関して、下級審裁判例は、その確認の利益がないとして訴えを却下するものがあった。

　他方において、債務者の提起した先行訴訟が債務不存在確認訴訟である場合に、同一の権利関係について債権者が新たに給付訴訟を別途提起することは民訴法142条において禁止されている**重複訴訟**に当たって不適法ではないかが問題となる。

判例のポイント 👆

　　債務者側が債権者に対して提起した債務不存在確認の訴えの係属中に、被告である債権者から当該債務の履行を求める反訴が提起された場合、本訴として提起された債務不存在確認の訴えは、反訴が提起されている以上、確認の利益がないとして訴えを却下すべきである。また、債務者側が提起した債務不存在確認の訴えの係属中に、被告である債権者が当該債務の履行を求める訴えを反訴として提起するのではなく、当該債務者を被告として別訴を提起することは、禁止される重複訴訟に当たる。

設　問

設例

　次の事実関係を前提として、下の問いに答えなさい。

　X1はAが防水建築請負を主たる目的として設立した会社であり、Aは、同社の設立時からX1の代表取締役であった。X1は、平成２年度以降、毎年度の売上高が４億円前後であったが、未処理の損失が次第に増加し、平成６年度末には借入金の総額が約２億7000万円となり、そのころのX1の経営状態は相当厳しい状況にあった。X2は、Aの妻であり、Aが死亡した後、X1の代表取締役となった。X1またはAは、生命保険会社Y1〜Y7との間で、次のとおり、生命保険契約を締結した（なお、原判決後Y側に合併による承継や組織変更があった）。

　平成６年６月に、X1はY1らと、Aを被保険者、X1を保険金受取人とする複数の生命保険契約を締結した（平成６年契約）。さらに平成７年５月、６月、７月にも、AはY5らと、自己を被保険者、X1、X2を保険金受取人とする複数の生命保険契約を締結した（以下、平成７年に締結されたこれら複数の

契約を「平成7年契約」と総称する）。

　以上の生命保険契約に適用される約款には、責任開始の日から1年内に被保険者が自殺した場合には保険者は死亡保険金を支払わない旨の特約が含まれていた。これらの生命保険契約の主契約部分および定期保険特約部分の死亡保険金の合計額は、13億8000万円となる。また、X1またはAは、Aを被保険者として別に養老保険や傷害保険契約に加入しており、これらも含めた災害死亡時の死亡保険金額の合計額は、25億7500万円となる。平成7年9月の時点で、これらの保険の保険料の合計額は、月額225万円を超えていた。

　Aは、平成7年10月31日午後2時30分ころ、集合住宅用建物の屋上防水工事現場から転落して死亡し、それは自殺と認定された。Xらは各保険会社（Y1〜Y7）に保険金の支払を求めて本訴に及んだ。本件訴訟は、X1からY1〜Y4に対する平成6年契約に基づく保険金請求（第1事件）、Y5らのXらに対する平成7年契約に基づく主契約死亡保険金支払債務の不存在確認請求（第2事件）、第2事件に対する反訴請求である、XらのY5らに対する平成7年契約に基づく保険金請求（第3事件）から構成されている。

<hr>

問　い

小問(1)　債務不存在確認の訴えについて説明しなさい。

小問(2)　設例においては、Y5らのXらに対する平成7年契約に基づく主契約死亡保険金支払債務の不存在確認請求（第2事件）に対し、この第2事件に対する反訴請求である、XらのY5らに対する平成7年契約に基づく保険金請求（第3事件）がなされている。この反訴請求との関係で、主契約死亡保険金支払債務の不存在確認請求（第2事件）における確認の利益の存否について説明しなさい。

小問(3)　重複訴訟の禁止の趣旨について説明しなさい。

小問(4)　設例の事実関係では、XらのY5らに対する平成7年契約に基づく保険金請求は、Y5らのXらに対する平成7年契約に基づく主契約死亡保険金支払債務の不存在確認請求（第2事件）に対する反訴請求として提起されているが、そのXらの保険金請求が反訴としてではなく、第2事件の係属中に別訴としてY5らに対して提起された場合、この

別訴の提起は適法かについて説明しなさい。

判例から考える

　本問は、2つの判決をもとにしている。その一つは、債務者側が債権者に対して提起した債務不存在確認の訴えの係属中に、被告である債権者から当該債務の履行を求める反訴が提起された場合、本訴として提起された債務不存在確認の訴えは、反訴が提起されている以上、確認の利益がないとして訴えを却下すべきであると判断した最判平成16年3月25日・民集58巻3号753頁である。他の一つは、先行訴訟が債務不存在確認訴訟である場合に、同一の権利関係について新たに給付訴訟を別訴として提起することは民訴法142条において禁止されている重複訴訟に当たると判断した東京地判平成13年8月31日・判時1772号60頁である。

　この最判平成16年3月25日は、設例のような事実関係において、次のように判示した。

　「第2事件の平成7年契約関係被上告人5社の上記保険金支払債務の不存在確認請求に係る訴えについては、第3事件の上告人の平成7年契約に基づく保険金等の支払を求める反訴が提起されている以上、もはや確認の利益を認めることはできないから、平成7年契約関係被上告人5社の上記訴えは、不適法として却下を免れないというべきである」。

　また、前掲東京地判平成13年8月31日は、先行訴訟が債務不存在確認訴訟であり、後に提起された訴訟が、同一の権利関係について給付を求める訴訟である場合であっても、後訴被告の応訴の煩、審判の重複による訴訟不経済、および矛盾・抵触する判決による法律関係の混乱のおそれがあることから禁止される重複訴訟（民訴法142条）が当てはまることは、何ら異なるところがないとする旨を述べて、先行訴訟が債務不存在確認訴訟である場合に、同一の権利関係について新たに給付訴訟を別訴として提起することも、民事訴訟法142条において禁止されている重複訴訟に該当するとした。

　以下では、債務不存在確認の訴えについて概説した上で、債務不存在確認の訴えの係属中における当該債務の履行を求める反訴提起、重複訴訟の禁止の趣旨、および被告である債権者による別訴提起と重複訴訟の禁止について

解説する。

解　説

1　債務不存在確認の訴え

　債務不存在確認の訴えとは、権利の存否について紛争がある場合に、義務者とされている者が原告となり、権利者と主張している者を被告として、被告の主張する原告の債務が存在しないことの確認を求める訴えである。

　債務不存在確認の訴えにおける請求の趣旨は、たとえば、「原被告間の令和○○年○月○日の消費貸借契約に基づく原告の被告に対する金1000万円の返還債務が存在しないことを確認する、との判決を求める」などとする。債務不存在確認の訴えでは、債務者が原告となり、債権者が被告となるのであり、通常の給付の訴えと原告・被告が逆転する。しかし、証明責任の所在は変化しないため、債権者である被告が権利の発生原因事実の証明責任を負い、権利障害事実と権利減却事実の証明責任は債務者である原告が負う。したがって、債務の不存在が認定されたときと債務の存在・不存在が真偽不明であるときに、債務者である原告の債務不存在確認請求が認容され、債務が存在すると認定されたときにのみ、請求が棄却される[1]。

　また金額の明示がない債務不存在確認の訴えを適法とし、債務の存在について心証を得た場合には、その金額について当事者に主張・立証させ、認定できた金額を確認すべきであるとするのが通説である[2]。

2　債務不存在確認の訴えの係属中における当該債務の履行を求める反訴提起

(1)　はじめに

　債務不存在確認の本訴の係属中に当該債務の履行を求める反訴が提起された場合に、本訴である債務不存在確認の訴えの確認の利益に関する判断をした最高裁判決は、これまで公刊されたものはなかったが、下級審裁判例は、その確認の利益がないとして訴えを却下するものが多く、学説もその確認の利益がなくなるとする説が多数説である。

(2)　従来の下級審裁判例

　債務不存在確認の本訴の係属中に当該債務の履行を求める反訴が提起された場合に、本訴である債務不存在確認の訴えの確認の利益に関して、下級審裁判例は、次のように、その確認の利益がないとして訴えを却下するものが多かった。

　たとえば、福岡高判平成10年7月21日・判タ1000号296頁は、被控訴人が控訴人に対して債務の不存在確認を求める本訴は、被控訴人に対して右債務の給付を求める控訴人の反訴と同一の訴訟物に関するものであるから、本訴請求は、裁判所が右反訴請求について本案判決をすることにより、確認の利益を失うことになるので、却下を免れないとした（同旨、大阪高判平成8年1月30日・判タ919号215頁、大阪地判平成6年6月10日・交通民集27巻3号788頁、大阪地判昭和62年12月24日・交通民集20巻6号1616頁）。

(3) 学説

　債務不存在確認の本訴の係属中に当該債務の履行を求める反訴が提起された場合に、債務不存在確認の訴えの確認の利益について、学説は、上記の最判平成16年3月25日および下級審裁判例と同様に確認の利益がないとして訴えを却下すべきであるとするものが多いが、いくつかの異論も示されている。

　ア　判例と同様の学説

　債務者側が債権者に対して提起した債務不存在確認の訴えの係属中に、当該債務の履行を求める反訴が提起された場合、本訴として提起された債務不存在確認訴訟は、反訴について判断がされる以上、確認の利益がないとして訴えを却下すべきであるとするのが多数説であり[3]、このような場合、理論的には訴え却下説でほぼ固まっていると指摘されている[4]。

　すなわち債務者側が債権者に対して提起した債務不存在確認の訴えの係属中に、当該債務の履行を求める反訴が提起された場合、それらの訴訟物の存否の判断は、給付義務の有無を判断する点で共通であるのみならず、給付訴訟の方が執行力を付与しうる点で紛争解決機能は高いのであるから（給付義務が肯定された場合、執行力がプラスされる点で、給付訴訟の方が紛争解決機能は高い）、反訴として給付訴訟が提起された以上、債務不存在確認訴訟の審判は不要となり、確認の利益がないとして訴えを却下すれば足りることになる[5]。

　そして、このような場合に本訴としての債務不存在確認の訴えを却下にす

れば、審理と訴訟記録の簡素化、判決書きの負担軽減、訴訟費用負担の単純化などの点で裁判実務に役立つことになる[6]。

特に損害賠償請求の反訴の提起により、債務不存在確認請求の本訴は不必要となり確認の利益を欠くので本訴は却下されるべきであるとする説が多数説[7]であるから、実務的には、そのような反訴が提起された後に、本訴を取り下げさせる例が多いと指摘されている[8]。東京地裁の民事交通部では、債務不存在確認訴訟が提起され、被告が応訴する場合には、裁判所から被告に対して早期の反訴提起を求め、かつ原告には本訴の取下げを求めるが、原告が本訴である債務不存在確認請求訴訟を取り下げないときは、訴えの利益を欠くものとして訴えを却下するのが妥当であるとされる[9]。

これに対して、本訴である債務不存在確認請求は、弁論終結時点では反訴の取下げの危惧があったのであるから、口頭弁論終結時点に訴えの利益がないと言い切れるかどうか疑問が残ると指摘する説もある[10]。

訴訟要件の存否に関する判断の基準時は、管轄を除けば、一般に事実審口頭弁論終結時であり、訴えの利益（または確認の利益）の存否に関する判断の基準時も、同様である。設例の事案では、事実審口頭弁論終結時においては反訴たる給付請求について本案判断はなされていないのであるから、その事実審口頭弁論終結時において債務不存在確認の訴えに確認の利益がないとすることには若干の疑問も残る。しかし、訴訟要件が具備されるべき時期は、事実審口頭弁論終結時とすることにこだわるべきでないとする有力説があり[11]、これに従えば、事実審口頭弁論終結時において反訴たる給付請求について本案判断することができる場合には、本訴たる債務不存在確認の訴えに訴えの利益がないとしてよいであろう。

この点について、前掲最判平成16年3月25日は、「反訴が提起されている以上、もはや確認の利益を認めることはできない」とするだけで、反訴の提起以外に特別の限定を付していないが、前掲大阪地判昭和62年12月24日は、「同内容の積極的な給付請求の反訴が維持されたまま弁論を終結した場合には」という限定をした上で、本訴たる債務不存在確認の訴えに確認の利益がないとしている点が注目される。

　イ　その他の学説

　債務不存在確認訴訟の後に給付訴訟が提起された場合には、それが反訴という形であるか否かを問わず、給付訴訟が提起されたときは、先行の債務不存在確認訴訟の方が訴えの利益を欠くことに帰して却下されるかまたは「給付の訴えが提起されたことにより、目的を達して訴訟は終了した」という訴訟終了宣言のようなものをするとする説がある[12]。また確認の利益がないとして訴えを却下することを原則としながらも、例外的に、消極的確認訴訟が本案判断に熟しているときは本案判断をすべきであるとする見解もある[13]。

3　重複訴訟の禁止の趣旨

　両当事者間において特定の訴訟物について訴訟係属が生じていることを前提として、同一訴訟物について当事者が重ねて本案の審理を求めることを禁止する原則を重複訴訟の禁止と呼び、この禁止に反する後行の訴えは、訴訟要件を欠くものとして裁判所は却下する（民訴法142条）という取扱いをするのが一般的な見解であるが、後述のように重複訴訟の禁止の要件やその要件に該当する場合の訴訟の取扱いについての少数説もある。

　重複訴訟禁止の原則は、同一事件について二重の応訴を強いられる被告の負担、および重複する審理や相矛盾する判決を避ける公の利益を考慮したものである。

4　被告である債権者による別訴提起と重複訴訟の禁止

　債務者の提起した先行訴訟が債務不存在確認訴訟である場合に、同一の権利関係について債権者が新たに給付訴訟を別途提起することは民訴法142条において禁止されている重複訴訟に当たって不適法ではないかが問題となる。

　重複訴訟禁止の要件は、2つの訴訟における当事者の同一性および事件の同一性である。事件の同一性が認められるのは、訴訟物が同一である場合である。訴訟物は、請求の趣旨および原因によって特定されるから、給付訴訟と給付請求権の不存在確認訴訟のように、必ずしも請求の趣旨が同一でない場合にも、事件の同一性が認められることがある[14]。

　これに対し、給付を求める別訴が提起された場合は、債務不存在確認の訴えの方にその別訴を移送・併合できれば便利であるとし、裁判所は、重複訴

訟の禁止に関して主要な争点を共通にする場合は別訴禁止・併合強制とする取扱いを主張する少数説もある[15]。

　設例の事実関係では、原告らの提起した主契約死亡保険金支払債務の不存在確認請求に対して、被告らが当該保険金の支払請求を反訴として提起したものであるが、この保険金支払請求を別訴として提起した場合には、重複訴訟の禁止（民訴法142条）に抵触するのではないかが問題となる。そのような事案おいて重複訴訟の禁止に抵触するかについて判断した最高裁判決はこれまでなかったが、重複訴訟の禁止に抵触する旨を判示した下級審裁判例はあった。

　前掲東京地判平成13年8月31日は、先行訴訟が債務不存在確認訴訟である場合に（控訴審に係属中の事案）、同一の権利関係について新たに給付訴訟を別訴提起することも、民訴法142条において禁止されている重複訴訟に該当するものとした[16]。たとえば貸金債務不存在確認訴訟が提起された後に、貸金返還請求訴訟の別訴提起はできないとするのが、通説である[17]。

　設例の事実関係では、原告らの提起した主契約死亡保険金支払債務の不存在確認請求に対して、被告らが当該保険金の支払請求を別訴として提起した場合、被告らが別訴として提起した保険金の支払請求訴訟は重複訴訟の禁止（民訴法142条）に抵触するものとして、裁判所は却下することになる。

　これに対して、重複訴訟の禁止に関し、訴訟物が同一の場合に二重起訴の禁止の要件を満たすだけでなく、主要な争点を共通にする場合は別訴禁止・併合強制をするという少数説によれば、裁判所は、被告らが別訴として提起した保険金の支払請求訴訟を二重起訴の禁止に抵触するものとして却下するのではなく、保険金の支払請求訴訟を債務不存在確認の訴えの方に併合（移送・併合）することになる[18]。

　また、原告が求めている権利保護形式が訴訟物の特定にとって重要であるとすれば、訴えの種類が異なれば訴訟物が異なるから重複起訴とならないとする見地から、債務不存在確認訴訟の係属中に同一債権に基づく給付の訴え（別訴）が提起されたときは、原則として、後訴は重複起訴にならず、むしろ前訴の方が訴えの利益を欠き却下されるべきとする見解もある[19]。

本判決（最判平成16年3月25日）の意義

　本判決は、債務者側が債権者に対して提起した債務不存在確認の訴えの係属中に、被告である債権者から当該債務の履行を求める反訴が提起された場合、本訴として提起された債務不存在確認の訴えは、反訴が提起されている以上、確認の利益がないとして訴えを却下すべきである、と最高裁として初めて判示したという意義を有する。

1）高橋・概論111頁以下。
2）小林・新ケース135頁。
3）出口雅久「判批」リマークス31号110頁、113頁（2005年）。
4）太田晃洋「判批」曹時58巻6号131頁、148頁（2006年）。
5）小林秀之「判批」民訴法判例百選第5版（2015年）64頁、65頁。原告たる債務者が敗訴した場合に、被告が給付訴訟を提起する必要性が生じることのある債務不存在確認訴訟の紛争解決機能の限定性を指摘するのは、小林秀之編・判例講義民事訴訟法（弘文堂・2019年）126頁、127頁〔萩澤達彦〕。
6）川嶋四郎「判批」法セ608号128頁（2005年）。
7）たとえば、山下満「債務不存在確認訴訟の実情と問題点」現代民事裁判の課題第8巻（新日本法規出版・1989年）522頁、526頁。
8）高野真人「債務不存在確認訴訟」飯村敏明編・現代裁判法大系第6巻（新日本法規出版・1998年）33頁、40頁。
9）長久保守夫＝森木田邦裕「東京地裁民事第27部（民事交通部）における民事交通事件の処理について(2)」司研論集87号135頁注6（1992年）。
10）田邊直樹「交通事件における債務不存在確認訴訟の問題点」自正40巻9号47頁、52頁（1989年）。
11）高橋・重点下19頁以下。
12）西理「債務不存在確認訴訟について（下）」判時1405号3頁、6頁（1992年）。
13）川嶋・前掲注6）128頁。
14）伊藤・234頁以下。
15）高橋・概論48頁以下。
16）新堂・223頁、高橋・重点上130頁、小島武司・民事訴訟法（有斐閣・2013年）289頁。また後からの給付請求は反訴として提起すべきであるとして別訴の提起は重複訴訟に当たるとして却下したのは東京地判昭和55年9月29日・判タ429号136頁、三ヶ月章・民事訴訟法（有斐閣・1959年）120頁。これに対して、東京高判昭和37年6月15日・東高民時報13巻6号87頁。
17）斎藤哲「判批」法セ569号102頁（2002年）。また、重複訴訟の禁止に該当するとする学説は、高橋・概論48頁。
18）高橋・概論48頁以下。
19）松本博之＝上野泰男・民事訴訟法（第8版・弘文堂・2015年）233頁。

第5章

弁論主義
（主張共通の原則および法的観点指摘義務）

相手方の援用しない自己に不利益な陳述と釈明義務（法的観点指摘義務）

最判平成 9 年 7 月17日・裁判集民事183号1031頁・判時1614号72頁

▶予備知識

　当事者が自己に不利益な主要事実を陳述した場合、相手方の援用を要せずに、裁判所はその主要事実を判決の基礎にすることができるか、また、その主要事実の存否につき当事者間に争いがある場合、裁判所は証拠等に基づいてその事実を確定する必要があるかなどについて議論がある。

　判決の基礎をなす事実の確定に必要な資料の提出（主要事実の主張と必要な証拠の申出）を当事者の権能と責任とする建前を、**弁論主義**という。弁論主義は、裁判所と当事者との間での権能・責任の分配の問題とされ、当事者のうちの原告、被告間の分配は重視されていない。法律効果（ないし権利）の発生・消滅に直接必要な事実を主要事実という。弁論主義の下では、主要事実は、当事者が口頭弁論で陳述しない限り、判決の基礎に採用することができない。当事者は自分に有利な主要事実はこれを主張しないと、その事実はないものと扱われ、不利な裁判を受けうることになる。この不利益を**主張責任**という。裁判所は、主張責任を負わない当事者から主張された事実であっても、それを判決の基礎とすることができる。このような事態は、**主張共通の原則**と呼ばれる。主要事実は当事者の弁論に現れれば足り、どの当事者が陳述したかは問わないから、ある当事者が自発的に**自己に不利益な事実**を陳述した場合、これに基づいてその者に不利な判決をすることができる。すなわち、当事者がした自分に不利益な陳述を相手方が争う場合でも訴訟資料にはなるから、裁判所はそれを請求の当否のために判断できる。

　当事者が自己に不利益な主要事実を陳述した場合、相手方の援用を要せずに、裁判所がその主要事実を判決の基礎にすることができるとしても、その主要事実の存否につき当事者間に争いがある場合、裁判所は証拠等に基づいてその事実を確定する必要があるかについては議論がある。学説においては、**不利益陳述**は、相手方の援用がない限り、判決の基礎とすることができないとする主張もなされたが、相手方の援用を要せずに、当事者間に争いがある

限り、証拠に基づいてその事実を確定すべきものとする見解が通説である。

　従来から、**釈明権・釈明義務**は、弁論主義を補完するものと位置づけられてきた。この釈明義務の重要な内容の一つとして、**法的観点指摘義務**がある（釈明義務の内容の一つに位置づけるかについては争いがある）。実際に主張された事実関係、事件の背景となっている事実関係さらに書証などからすると別の法的構成の方が事案の抜本的解決ないし適切な解決をもたらすと推認できるような場合には、そのことを当事者に示して、当事者と法的構成について議論することが裁判所に求められる。そのような裁判所の義務を**法的観点指摘義務**という。

判例のポイント

　当事者が自己に不利益な主要事実を陳述した場合、相手方の援用を要せずに、裁判所はその主要事実を判決の基礎にすることができる。しかし、裁判所が相手方の主張に基づいて当該事実を確定する以上は、当事者がこれを自己の利益に援用しなかった場合は、当事者に対し釈明権を行使するなどした上でこの事実を斟酌する必要がある。

設　問

設例

　次の設例を読んで、下の問いに答えなさい。

　Ｘは、係争対象となっている土地の賃借権およびその地上にある建物の所有権を有すると主張して、Y1～Y4に対して右賃借権および所有権の確認を、Y1に対して当該建物の所有権移転登記手続及び明渡しを、Y5～Y11に対して右賃借権の確認を求めて訴訟提起した（以下「本件」と呼ぶ）が、その事実関係の詳細は次のとおりである。

　Y1～Y4はＸの異母妹であり、Y1が本件建物の登記名義および占有を有している。また、Y5～Y11は、本件土地の共有者である。Ｘは、請求原因として、Ｘが昭和21年ころに、Ａ（Y5～Y11の先代）から本件土地を賃借し、その地上に本件建物を建築したと主張した。Yらは、これを否認し、本件土

地を賃借して本件建物を建築したのは、Xではなく、Xの亡父Bであると主張した。

　第1審はXの請求を認容したが、原審（控訴審）は、X主張の右事実を認めるに足りる証拠はなく、かえってYら主張の事実が認められるとして、第1審判決を取り消し、Xの請求をすべて棄却したので、Xが上告をした。

　この事件で、原審は、Bが昭和29年4月5日に死亡し、Bには、妻C並びにXおよびY1〜Y4を含む6人の子があった（XはBの先妻の子）との事実を認定していた。そして、原審の認定するとおり、本件土地を賃借し、本件建物を建築したのがBであるとすれば、本件土地の賃借権および本件建物の所有権はBの遺産であり、これを右7人が相続したことになる。そして、Xの法定相続分と異なる遺産分割がされたなどの事実がない限り、Xは、本件建物の所有権および本件土地の賃借権についてそれぞれ法定相続分の持分を取得したことが明らかであった（なお、Bの子であるXの法定相続分は、相続開始当時である昭和29年4月5日の民法によれば9分の1）。

問　い

小問(1)　弁論主義と主張共通の原則の関係について説明しなさい。

小問(2)　裁判所は、当事者がしたその当事者に不利益な主要事実の陳述を、相手方の援用を要せずに判決の基礎にすることができるとした場合、その主要事実の存否につき当事者間に争いがある場合、裁判所は証拠等に基づいてその主要事実の存否を確定する必要があるか。

小問(3)　釈明義務と法的観点指摘義務の関係について説明しなさい。

小問(4)　XはBの相続人として本件建物の所有権および本件土地の賃借権に関して法定相続分があるにもかかわらず、原審はXの請求を全部棄却しているが、この点について、弁論主義に関わる問題点を説明し、また原審はどのような措置をとるべきであったかについて説明しなさい。

判 例 か ら 考 え る

　弁論主義の下では、主要事実は、当事者が口頭弁論で陳述しない限り、判

決の基礎に採用することができないが、ある当事者が自発的に自己に不利な事実を陳述した場合、裁判所はこの主張された事実に基づいてその者に不利な判決をすることができるかが問題とされている。本問は、最判平成9年7月17日・裁判集民事183号1031頁（以下「最判平成9年7月17日」と呼ぶ）に基づいたものであり、主として「**相手方の援用しない自己に不利益な陳述**」と**主張共通の原則**、弁論主義や釈明権等を対象とするものである。

最判平成9年7月17日の事案では、Xが昭和21年ころに、Aから本件土地を賃借し、その地上に本件建物を建築したと主張し、また、Bは昭和29年4月5日に死亡していた。Bの子であるXの法定相続分は、相続開始当時（昭和29年4月5日）の民法によれば9分の1であった。その事案では、Xは、係争対象の土地の賃借権およびその地上にある建物の所有権を有すると主張したが、もし、Xが当該建物の所有権および土地の賃借権の各9分の1の持分をB死亡による相続に基づいて取得したことを前提として、予備的に右持分の確認等を請求するのであれば、Bが当該土地を賃借し、建物を建築したとの事実がその請求原因の一部となり、この事実についてはXが主張立証責任を負担する。しかし、同事案においては、Xがこの事実を主張せず、かえってYらがこの事実を主張し、Xがこれを争ったところに、その事案の特色がある。これについて、最判平成9年7月17日は、次のように判示した。

「Xが、本件建物の所有権及び本件土地の賃借権の各9分の1の持分を取得したことを前提として、予備的に右持分の確認等を請求するのであれば、Bが本件土地を賃借し、本件建物を建築したとの事実がその請求原因の一部となり、この事実についてはXが主張立証責任を負担する。本件においては、Xがこの事実を主張せず、かえってYらがこの事実を主張し、Xはこれを争ったのであるが、原審としては、Yらのこの主張に基づいて右事実を確定した以上は、Xがこれを自己の利益に援用しなかったとしても、適切に釈明権を行使するなどした上でこの事実をしんしゃくし、Xの請求の一部を認容すべきであるかどうかについて審理判断すべきものと解するのが相当である（最高裁昭和38年(オ)第1227号同41年9月8日第1小法廷判決・民集20巻7号1314頁参照）」。

そして、最判平成9年7月17日は、原審がこのような措置をとることなく

前記のように判断したことには、審理不尽の違法があり、この違法が原判決の結論に影響を及ぼすことは明らかであるとした。

解　説

1　はじめに

本問は、**相手方の援用しない自己に不利益な事実の陳述と主張共通の原則**、**弁論主義や釈明権**等に関わる問題を主な対象としている。

XがAから本件土地を賃借し、その地上に本件建物を建築したとのXの主張に対し、本件土地を賃借して本件建物を建築したのはBであるというYらの主張は、X主張の請求原因事実の積極否認である。しかし、Xは、Bの子であるから、Bの死亡によりXはBの財産を法定相続しうる地位にあり、仮にXが予備的に本件土地の賃借権および本件建物の所有権について法定相続分に相当する持分の確認等を予備的に請求するとすれば、Bが本件土地を賃借して本件建物を建築したとの事実は、Xからの予備的請求原因の一部となる。そして、その予備的請求原因が認められるとすれば、Yらからの抗弁が認められない限り、Xの本件建物の所有権および本件土地の賃借権に関する請求は一部認容されうることになる。設例においては、Xがこの予備的請求原因事実を主張せず、かえってYらがこれを（主位的）請求原因事実の積極否認として主張し、裁判所がその事実を認定したところに特色がある。

このBが本件土地を賃借して本件建物を建築したとの事実は、Xがこれを自己の利益に援用しなかったとしても、Yらが主張した事実であるとして、その事実を裁判所が判決の基礎とすることは、弁論主義に反しないか。また、Xがその事実を自己の利益に援用しないまま裁判所がその事実を判決の基礎とする際に、裁判所は、証拠等に基づいてその事実を確定する必要があるか。さらに裁判所がその事実を判決の基礎とする際に当事者に対して釈明義務ないし法的観点指摘義務を負っているかなどが問題となる。

2　弁論主義および主張共通の原則

最判平成9年7月17日は、**主張共通の原則**を前提とした上で**釈明権行使**のあり方を判示している[1]。判決の基礎をなす事実の確定に必要な資料の提出

（主要事実の主張と必要な証拠の申出）を当事者の権能と責任とする建前を、弁論主義という[2]。弁論主義で注意しておくべきことは、それが裁判所と当事者との間での権能・責任の分配の問題とされ、当事者のうちの原告、被告間の分配は重視されていないことである。法律効果（ないし権利）の発生・消滅に直接必要な事実を主要事実という。弁論主義の下では、主要事実は、当事者が口頭弁論で陳述しない限り、判決の基礎に採用することができない。当事者は自分に有利な主要事実はこれを主張しないと、その事実はないものと扱われ、不利な裁判を受けうることになる。この不利益を**主張責任**という。裁判所は、主張責任を負わない当事者から主張された事実であっても、それを判決の基礎とすることができる。このような事態は、**主張共通の原則**と呼ばれる[3]。主要事実は当事者の弁論に現れれば足り、いずれの当事者が陳述したかは問わないから、ある当事者が自発的に自己に不利益な事実を陳述した場合、これに基づいてその者に不利な判決をすることができる[4]。すなわち、当事者がした自分に不利益な陳述を相手方が争う場合でも訴訟資料にはなるから、裁判所はそれを請求の当否のために判断できる[5]。

　学説においては、不利益陳述は、相手方の援用がない限り、判決の基礎とすることができないとする主張もなされたが、相手方の援用を要せずに、当事者間に争いがある限り、証拠に基づいてその事実を確定すべきものとする見解が通説である[6]。

　最判平成9年7月17日のように、Yらから係争対象の権利が相続財産に属する旨の反論が弁論に出ている場合、Xが相続により持分を取得したとの予備的請求を提出していなくとも、裁判所は釈明権を行使した上でこれを斟酌して、Xの請求について一部認容の判決をなす方向で審判すべきことになる[7]。裁判所は、釈明を求めた上、予備的に請求の趣旨を変更させる措置をとるべきであった[8]。

　最判平成9年7月17日に対しては、原告が争って判決の基礎とすることを望まない事実につき証拠調べをし、場合によっては原告に勝訴を押し付けることに帰するとして、批判的な見解もある。そのようなことは、財産権をめぐる争いを対象とする民事訴訟に適さないとし、主張共通の原則は無制限に妥当するものではないと批判する[9]。

3　自己に不利益な事実の陳述と証拠調べの必要

　自己に不利益な陳述は、相手方の援用を要せずに、判決の基礎にすることができるとしても、その主要事実の存否につき当事者間に争いがある場合、裁判所は証拠等に基づいてその事実を確定する必要があるかについては議論がある。

　最判平成9年7月17日の判旨では、証拠調べの必要まで論じたとの結論は引き出せず、当該事件では、裁判所は証拠調べをすることなく原告の請求を認容できるとすることが適切であるとする見解もある[10]。

　しかし、前述したように、学説においては、自己に不利益な陳述は、相手方の援用を要せずに判決の基礎にでき、また、その事実の存否について当事者間に争いがある限り、証拠に基づいてその事実を確定すべきものとする見解が通説である[11]。

　最判平成9年7月17日が引用している最判昭和41年9月8日・民集20巻7号1314頁もこの通説と同様である。自己に不利益な事実が陳述され、その点について当事者間に争いがある限り、証拠に基づいてその事実を確定すべしとする見解が学説では圧倒的に優勢であるとされ、そして、最高裁は、この最判昭和41年9月8日でこの見解を採用したものであり、大方の支持を得ているとされる[12]。

4　釈明義務および法的観点指摘義務

(1) 学説

　弁論主義は、事案の解明を当事者の弁論に待つが、当事者の弁論を正確に受領するために、さらに進んで、当事者にできるだけ十分な弁論を尽くさせるために、裁判所が、訴訟指揮権の一作用として、当事者に対して働きかけることができる権能を**釈明権**という。それは、裁判所の権能であるが、その適切な行使によって、弁論主義の形式的な適用による不合理を修正し、適正にして迅速公平な裁判を可能にすることは、裁判所の責務でもある。その意味で、**釈明義務**ともいわれる。このような意味で、従来から、**釈明権・釈明義務**は、**弁論主義を補完**するものと位置づけられてきた[13]。

　そして釈明義務の重要な内容の一つとして、**法的観点指摘義務**がある。請

求を理由づける実体法上の請求権（法的構成）が複数想定されるときは、当事者としては、そのどれかを選択してそれに対応した事実を主張することになる。実際に主張された事実関係、事件の背景となっている事実関係さらに書証などからすると別の法的構成の方が事案の抜本的解決ないし適切な解決をもたらすと推認できるような場合には、そのことを当事者に示して、当事者と法的構成について議論することが裁判所に求められる。そのような裁判所の義務を**法的観点指摘義務**という[14]。法令の解釈適用については、弁論主義の適用がなく、裁判所が責任を負うが、法規の事実への当てはめ、すなわち法的観点は、事実そのものの主張と不可分の関係にある。当事者がある法的観点を前提として、それに当てはまる事実主張をなしているときに、裁判所が同一の事実に基づいて別の法的観点を採用することは、弁論主義違反の問題を生じるものではないが、それによって当該当事者および相手方の攻撃防御方法に影響が生じる。したがって、裁判所は、釈明権を行使して、法的観点の内容を当事者に対して指摘しなければならない[15]。

　従来の考え方は、事実については釈明権による補完があるとしても原則として弁論主義により当事者の責任かつ機能に属し、法については裁判所の専権に属するという図式であったが、裁判所が自己の法的見解を一方的に当事者に押しつけて、その結果、当事者の十分な納得を得られないきらいもあった[16]。

(2) 裁判例

　法的観点指摘義務を肯定した判例として挙げられるのは、最判平成22年1月20日・民集64巻1号1頁である[17]。また最判平成22年10月14日・判時2098号55頁は、当事者の主張しない他の法的観点について釈明権の行使を怠った違法があると判示して原判決の破棄差戻しをしており、法的観点指摘義務は釈明義務の一態様であるとの立場を示したものと捉えることができる。弁論主義の機能として**不意打ち防止**があり、事件で適用すべき法により当事者が主張・立証すべき事実も異なってくるから、裁判所と当事者が法適用についても十分討論し不意打ちをなくして攻撃防御の争点を合わせることは、弁論主義の実質的な実現につながるものである[18]。

5　最判平成9年7月17日と法的観点指摘義務

設例の事案の最判平成9年7月17日は、最判昭和41年9月8日を引用し、「原審としては、Yらのこの主張に基づいて右事実を確定した以上は、Xがこれを自己の利益に援用しなかったとしても、適切に釈明権を行使するなどした上でこの事実をしんしゃくし、Xの請求の一部を認容すべきであるかどうかについて審理判断すべきものと解するのが相当である」と判示し、原判決には審理不尽の違法があるとした。

原告の通常の意思としては、自己の請求が全部棄却される判決よりは一部認容の判決を望むことが一般的である。全部の請求を棄却した前訴の既判力によって、共有持分を原因とした別訴の提起が遮断されるとすると、前訴の裁判所は、共有持分の点について釈明義務を負うことになる。被告が主張したものの、原告が援用しない事実に基づいて裁判所が一部認容判決をすることは、当事者にとって不意打ちになるおそれがあるから、争点を顕在化させることが望ましい[19]。

設例の事案で、相続による共有持分権の限度で当然に斟酌することは、援用しない当事者にとって不意打ちになるおそれがある[20]。すなわち、Xの請求を棄却する判決が確定すると、相続によるXの持分取得の主張が既判力で遮断されるから、Xに対して相続による持分取得について法律問題の指摘をして審理を受ける機会を実質的に保障する必要がある[21]。

最判平成9年7月17日では、**釈明権の行使**によって結果を異にしたと判断されるから、**積極的釈明を要求す**べきであった[22]。すなわち**相続**という**法的観点指摘義務**を課すことが妥当な場面であった[23]。

設例の事案では、Xの請求を棄却する判決が確定すると、一般的にはXが後訴で相続によって本件建物等の持分を取得したとする主張は既判力で遮断されることになる[24]。

これに対して、請求の趣旨および原因の記載によって訴訟物を具体的に明示し、主文で判断すべき事項を明確にすることによって、攻防の目標、既判力による失権の範囲を予告し、不意打ちをなくすことが訴訟物概念による訴訟過程における効用であるとして、本件のような場合には、請求棄却判決が確定したとしても共有持分の主張は既判力によって遮断されないとする見解

がある[25]。これは、法的観点指摘義務により既判力の縮小を認める理論であり、審理過程を通じ訴訟物は可変的であるとする可変的訴訟物理論につながる[26]。

本判決（最判平成 9 年 7 月17日）の意義

　本判決は、一見すると、「主張共通の原則」から当然のことを判示しているように見える。しかし、Xの請求を棄却する判決が確定すると、後訴において相続によるXの共有持分取得の主張をすることが前訴の既判力で遮断される関係にある。そこで、裁判所があらかじめ前訴でXに予備的主張として相続による自己の共有持分の主張をさせておく必要性が生じる。

　その意味では、「相手方の援用しない自己に不利益な事実の陳述」の問題は、常に釈明義務の問題を発生させることになる。それは、相続という別個の法的観点を指摘するという法的観点指摘義務にも、さらにつながるものである。Xは、本件訴訟の既判力によって、自己の共有持分の確認等を求める後訴を提起できなくなってしまうという事情があったから、Xの権利を維持・実現させるという意味でも、裁判所（原審たる控訴審）には釈明義務があったものといえよう。それは、既判力による失権のおそれが、釈明義務の範囲に影響を及ぼすことがあることを示唆するものといえる。

1 ）伊藤・315頁注132。
2 ）新堂・467頁。
3 ）高橋・重点上406頁以下、兼子一「相手方の援用せざる当事者の自己に不利なる陳述」民事法研究第 1 巻（弘文堂書房・1940年）199頁、213頁。ただし、主張共通の原則をすべての場面で貫徹するのではなく、釈明により当事者間の攻撃防御の焦点をそこに合わせさせることが必要であると指摘するのは、小林・新ケース153頁。
4 ）兼子・199頁、畑瑞穂「判批」民訴法判例百選（第 3 版）120頁、121頁（2003年）、三ケ月章・民事訴訟法（有斐閣・1959年）159頁。
5 ）新堂・585頁。
6 ）小島武司・民事訴訟法（有斐閣・2013年）384頁。また、事実認定に基づく正当な裁判のために証拠調べを経る必要があるとするのは、中野貞一郎＝松浦馨＝鈴木正裕編・新民事訴訟法講義（第 3 版・有斐閣・2018年）320頁〔春日偉知郎〕。

7）新堂・502頁注参照。また、最判平成 9 年 7 月17日における不利益陳述は、陳述した当事者にとって積極否認の事実に過ぎず、主要事実としてしたのではなく、不利益陳述された事実を他方当事者の立場で観察すると、別の請求原因事実を構成する主要事実になるという関係、すなわち、一方当事者が間接事実として陳述した事実が他方当事者にとっては主要事実を構成するという関係に立つと指摘されている。田中豊・民事訴訟判例読み方の基本（日本評論社・2017年）183頁。

8）池田辰夫「判批」平成 9 年度重要判解123頁、126頁。

9）松本博之「判批」リマークス17号124頁、128頁（1998年）。

10）松村和徳「判批」民訴法判例百選（第 4 版）108頁、109頁（2010年）。また、証拠調べは不要とするのは、松本博之＝上野泰男・民事訴訟法（第 8 版・弘文堂・2015年）344頁以下。なお、相手方当事者が争わない事実については、それ以上証拠を挙げて立証していく必要はないとするのは、井上治典・民事手続論（有斐閣・1993年）50頁以下。

11）小島・前掲注 6 ）384頁、小林秀之編・判例講義民事訴訟法（弘文堂・2019年）154頁〔小林秀之〕。

12）河野正憲「判批」民訴法判例百選Ⅰ（新法対応補正版）218頁、219頁（1998年）、嶋田敬介「判批」ジュリ373号309頁、311頁（1967年）、上村明広「判批」法経学会雑誌17巻 2 号139頁、141頁（1967年）、小林秀之＝畑宏樹「判批」判評471号（判時1631号）45頁、47頁（1998年）。これに対して、鈴木正裕「判批」民商56巻 3 号115頁、120頁以下（1967年）、同最判が証拠調べの必要まで論じたとの結論は引き出せないとするのは、松村・前掲注10）109頁。

13）新堂・495頁以下。

14）新堂・496頁以下、高橋・前掲注 3 ）454頁以下参照。わが国の旧民訴法の立法関係者も、旧法127条の一内容として法的観点指摘義務に当たる当事者との法的討論をする必要性が含まれていることを肯定しているので、同条を引き継いだ現行法149条でもこれらが包含されているとの指摘は、小林・新ケース157頁。

15）伊藤・320頁、小林秀之・民事裁判の審理（有斐閣・1987年）105頁参照。また、山本和彦・民事訴訟審理構造論（信山社・1995年）169頁、松本＝上野・前掲注10）56頁以下。

16）小林・民訴法327頁。また、当事者が事実についても法についても裁判官と十分に討論し、その結果、不意打ちがなくなり攻撃防御の焦点も一致してくることは、弁論主義の実質的な実現にもつながるし、当事者と裁判官の対話により、判決や和解勧告に対して裁判所からの一方的な押しつけという当事者の不満も減少するとの指摘は、小林・新ケース157頁。

17）川嶋四郎「判批」法セ711号136頁（2014年）、三木浩一「判批」法研84巻 5 号144頁、157頁（2011年）。

18）小林・民訴法327頁。

19）河野・前掲注12）219頁。

20）池田・前掲注 8 ）126頁、二羽和彦「親族間の遺産をめぐる争いについて」高岡13巻 1 ＝ 2 号91頁、114頁以下（2002年）、岡伸浩「判批」判タ990号79頁、85頁（1999年）。

21）畑・前掲注 4 ）121頁、小林・新ケース159頁、小林＝畑・前掲注12）48頁。

22）小林＝畑・前掲注12）47頁、松本・前掲注 9 ）128頁。また、本判決は、既判力

による失権が釈明義務の範囲に影響を及ぼすこともあることを示唆していると
の指摘は、小林・新ケース159頁。
23) 岡・前掲注20）85頁。
24) 畑・前掲注4）121頁。
25) 新堂幸司「既判力と訴訟物再論──平成9年3月14日最高裁第2小法廷判決の
位置づけ」改革期の民事手続法（原井古稀祝賀・法律文化社・2000年）247頁、
260頁以下。
26) 小林・新ケース165頁。

 # 法的観点指摘義務

最判平成22年10月14日・判時 2098号55頁

▶予備知識

　釈明権と関連づけられて**法的観点指摘義務**に言及されることがある。釈明
権とは、訴訟関係を明瞭にするため、事実上・法律上の事項に関して、当事
者に対して問いを発し、立証を促す裁判官の権限（民訴法149条）をいう。わ
が国の民事訴訟において、裁判の基礎となる資料の収集を当事者の権能と責
任とする建前の**弁論主義**が採用されているが、当事者の主張が不明瞭であっ
たり、前後矛盾していたり、あるいは一部欠落して意味不明であったりする
にもかかわらず、そのままにして裁判を行う場合には適正な結果を得ること
はできず、ひいては国民の裁判制度に対する信頼を失うおそれもある。この
ような場合に、裁判所が釈明権を行使して、当事者の主張の不明瞭を正すだ
けでなく、当事者に新たな主張や証拠の提出を促し、審理を整序するなど、
適正な審理の実現を図ることができる。

　裁判所は、一定の場合には**釈明権**（民訴法149条）を行使する義務を負い、
釈明義務違反は上告または上告受理申立理由（民訴法312条3項・318条1項）
となる。法文上は釈明権の形でしか規定されていないが、釈明義務を認める
のが現在の通説・判例であり、しかも一定範囲の釈明義務違反が**上告理由**
（原判決破棄）になることは共通の理解となっている。

　この釈明権の重要な内容の一つとして、**法的観点指摘義務**がある（釈明権
の内容として構成しない見解もある）。一般的には、請求を理由づける実体法上

の請求権（法的構成）が複数想定されるときは、当事者としては、そのどれ
かを選択してそれに対応した事実を主張することになる。しかし、裁判所か
らみると、実際に主張された事実関係、事件の背景となっている事実関係、
さらに書証などからすると別の法的構成の方が事案の抜本的解決ないし適切
な解決をもたらすと推認できるような場合があり、そのことを裁判所から当
事者に示して、当事者と法的構成について議論することが裁判所に求められ
る。そのような裁判所の義務を法的観点指摘義務という。

　主要事実とは、権利の発生・消滅という法律効果の判断に直接必要な事実
をいう。**間接事実**とは、主要事実を推認するのに役立つ事実をいう。弁論主
義の下では、主要事実は、当事者が口頭弁論で陳述しない限り、判決の基礎
に採用することができない。これに対し、法令の解釈適用については、弁論
主義の適用がなく裁判所が責任を負うが、法規の事実への当てはめ、すなわ
ち法的観点は、事実そのものの主張と不可分の関係にある。当事者がある法
的観点を前提として、それに当てはまる事実主張をしているときに、裁判所
が同一の事実に基づいて別の法的観点を採用することは、弁論主義違反の問
題を生じるものではないが、それによって当該当事者および相手方の攻撃防
御方法に影響が生じる。したがって、裁判所は、釈明権を行使して、法的観
点の内容を当事者に対して指摘する必要性が生じる。

判例のポイント 👆

　弁論主義により、事実主張は当事者の責任であるのに対し、法適
用は裁判所の権限であるとされるが、その区別は実際の局面では容
易ではない。判例は、裁判所には信義則と釈明権により裁判所に法
的観点を指摘し、当事者に攻撃攻防を尽くさせるべき中間的領域が
あるとする。学説は、法的観点指摘義務という概念を提唱するが、
判例は、新概念や従来の弁論主義や訴訟物の対立にふれることなく、
釈明義務の一態様として処理している。

設 問

以下の1～4の事実関係を前提として、下の問いに答えなさい。

1　学校法人であるYから定年規程所定の65歳の定年により職を解く旨の辞令を受けた教育職員であるXは、Yとの間でXの定年を80歳とする旨の合意（以下「本件合意」という）があったと主張して、Yに対し、雇用契約上の地位確認および賃金等の支払を求める訴訟を提起したが、その詳細は、次のとおりである。

(1)　Yは、A大学を設置し、学校教育を行っている学校法人である。

(2)　Xは、昭和16年12月生まれであり、同62年4月、YにA大学の助教授として雇用され、後に教授となった。

(3)　Yには、教育職員の定年を満65歳とし、職員は定年に達した日の属する学年末に退職する旨を定めた定年規程があったが、現実には70歳を超えて勤務する教育職員も相当数存在していた。このような実態を踏まえ、Yの理事の1人は、昭和61年5月、Xに対し、定年規程はあるが、定年は実質はなきに等しく、80歳くらいまで勤務することは可能であるとの趣旨の話をした。そのため、Xは、80歳くらいまでA大学に勤務することが可能であると認識していた。

(4)　Xは、平成18年9月、A大学の学長から、定年規程により満65歳で定年退職となる旨伝えられ、同19年3月31日、Yから、定年により職を解く旨の辞令を受けた。

2　当該訴訟において、Xは、YとのX間でXの定年を80歳とする旨の合意（以下「本件合意」という）があったと主張して、Yに対し、雇用契約上の地位を有することの確認並びに未払賃金および将来の賃金等の支払を求める訴訟を提起した。

3　原審（控訴審）は、本件合意があったとは認められないとして地位確認請求を棄却したが、賃金請求については、要旨次のとおり判断して、その一部を認容した。

(1)　Yは、それまで事実上70歳定年制の運用をし、Xを含む教育職員は、長年、その運用を前提として人生設計を立て、生活してきたのであるから、Y

がその運用を改め、本来の定年規程に沿った運用をするのであれば、相当の期間を置いてその旨を教育職員に周知させる必要があった。特に、Yは、Xを雇用するに際して、Xに対し、定年は実質はなきに等しく、80歳くらいまで勤務することが可能であるとの認識を抱かせていたのであるから、Yには、少なくとも、定年退職の1年前までに、Xに対し、定年規程を厳格に適用し、かつ、再雇用をしない旨を告知すべき信義則上の義務があったというべきである。

(2) 以上の事情に鑑みると、Yは、Xに対し、定年規程による満65歳の退職時期の到来後も、具体的な告知の時から1年を経過するまでは、賃金支払義務との関係では、信義則上、定年退職の効果を主張することができないというべきである。そうすると、Xの賃金請求のうち、Xが満65歳の定年退職を告知された平成18年9月中（同月中のいつであるか不明であるので末日とするのが相当である）から1年後である同19年9月末日までの賃金請求を認容すべきである。

4　当該訴訟において、Xは、前記1(3)の事実を、本件合意の存在を推認させる間接事実としては主張していたが、当事者双方とも、Yが定年規程による定年退職の効果を主張することが信義則に反するか否かという点については主張していない。

　かえって、当該訴訟の経過は、次のようであった。すなわち、(a)当該事件は、第1審の第2回口頭弁論期日において弁論準備手続に付され、弁論準備手続期日において当該事件の争点は本件合意の存否である旨が確認され、第3回口頭弁論期日において、弁論準備手続の結果が陳述されるとともに、本人Xおよび2名の証人の尋問が行われ、第4回口頭弁論期日において口頭弁論が終結されたこと、(b)第1審判決は、本件合意があったとは認められないとしてXの請求を棄却するものであったところ、これに対し、Xから控訴が提起されたこと、(c)原審の第1回口頭弁論期日において、控訴状、Xの準備書面（控訴理由が記載されたもの）およびYの答弁書が陳述されて口頭弁論が終結されたところ、控訴理由もそれに対する答弁も、もっぱら本件合意の存否に関するものであった。

問　い

小問(1) 信義則違反などの一般条項または不特定概念と弁論主義の適用について説明しなさい。

小問(2) 釈明権について説明しなさい。

小問(3) 法的観点指摘義務について説明しなさい。

小問(4) 「当事者双方とも、Yが定年規程による定年退職の効果を主張することが信義則に反するか否かという点については主張していない」にもかかわらず、原審は、「Yは、Xに対し、定年規程による満65歳の退職時期の到来後も、具体的な告知の時から１年を経過するまでは、賃金支払義務との関係では、信義則上、定年退職の効果を主張することができない」として、Xからの賃金請求の一部を認容した。当該事件は、第１審の弁論準備手続期日において「当該事件の争点は本件合意の存否である旨が確認され」、また「控訴理由もそれに対する答弁も、専ら本件合意の存否に関するものであった」にもかかわらず、原審は、信義則違反を理由としてXからの賃金請求の一部を認容しているが、原審は賃金請求の当否を判断する上で、当事者に対してどのような義務を負っていたと考えられるかを説明しなさい。

判 例 か ら 考 え る

　本問は、最判平成22年10月14日・判時2098号55頁（以下「最判平成22年10月」という）をもとにした**釈明義務・法的観点指摘義務**の問題および信義則違反の判断に関する**弁論主義適用**の問題である。最判平成22年10月は、法的観点指摘義務について釈明権の行使を必要とした最高裁判例として注目され[1]、信義則違反の点についての判断に関して評価根拠事実が主要事実であるとする通説に基本的に従ったものと理解できる[2]。

　弁論主義と**釈明権**（釈明義務）は密接な関係にあり、釈明権の理解ができると弁論主義の理解が深まるという関係にある。最判平成22年10月は、原告が主張していない信義則違反という法律構成により原告の請求を原審（控訴審）が認めるのであれば、原審は、原告にその点を主張するか否かを促し、

また被告にはそれに対する十分な反論反証の機会を与えるべきであったとして、原審判決の破棄・差戻しをしたが、同最判の内容は、おおむね次のようなものであった。

　上記のような訴訟の経過の下において、前記のように信義則違反の点についての判断をするのであれば、原審としては、適切に釈明権を行使して、Xに信義則違反の点について主張するか否かを明らかにするよう促すとともに、Yに十分な反論及び反証の機会を与えた上で判断をすべきものである。とりわけ、原審の採った法律構成は、(a)Yには、Xに対し、定年退職の1年前までに、定年規程を厳格に適用し、かつ、再雇用をしない旨を告知すべき信義則上の義務があったとした上、さらに、(b)具体的な告知の時から1年を経過するまでは、賃金支払義務との関係では、信義則上、定年退職の効果を主張することができないとする法律効果を導き出すというもので、従前の訴訟の経過等からは予測が困難であり、このような法律構成を採るのであれば、なおさら、その法律構成の適否を含め、Yに十分な反論および反証の機会を与えた上で判断をすべきものといわなければならない。原審が、上記のような訴訟の経過の下において、上記のような措置をとることなく前記のような判断をしたことには、釈明権の行使を怠った違法があるといわざるをえず、原審の判断には、判決に影響を及ぼすことが明らかな法令の違反がある。

　以上のように最判平成22年10月は判示したが、以下では、一般条項（不特定概念または規範的要件）と弁論主義の適用、釈明権、法的観点指摘義務、および法的観点指摘義務に関する裁判例と最判平成22年10月を中心として解説をする。

解　説

1　一般条項（不特定概念または規範的要件）と弁論主義の適用

　最判平成22年10月は、原告が主張していない信義則違反という法律構成により原告の請求を控訴審（原審）が認めるのであれば、控訴審は、原告にその点を主張するか否かを促し、また被告にはそれに対する十分な反論反証の機会を与えるべきであったとして、原審判決の破棄・差戻しをしたが、その「信義則」は、（狭義の）一般条項と呼ばれるものの一つであり、これと弁論

主義の関係が問題とされる。

判決の基礎をなす事実の認定に必要な資料の提出を当事者の権能と責任とする建前を、**弁論主義**という。**主要事実**とは、権利の発生・消滅という法律効果の判断に直接必要な事実をいう。**間接事実**とは、主要事実を推認するに役立つ事実をいう。弁論主義の下では、主要事実は、当事者が口頭弁論で陳述しない限り、判決の基礎に採用することができない。したがって、当事者は自分に有利な主要事実はこれを主張しないとその事実はないものと扱われ、不利な裁判を受けることになる。この不利益を主張責任という。どの主要事実につきどちらの当事者がこの責任を負うかの定め（**主張責任の分配**）は、原則として証明責任の分配に従う。主張責任が認められるのは、主要事実についてだけである。したがって、間接事実は、当事者が弁論として陳述したものでなくとも、証言などによって弁論に顕出されたものであれば、判決の基礎に採用することができる。

ところで、法律効果の発生要件として、過失、正当な理由または正当事由といった**規範的評価**に関する一般的、抽象的概念を取り込んだと解される実体法がある。たとえば、民法112条ただし書および709条は過失を、民法110条は正当な理由などを要件としている。また民法１条２項の信義則、同条３項の「権利の濫用」、民法90条の公序良俗違反なども、それぞれの規範的評価の成立が所定の法律効果の発生要件となっている。そこで、これらは**規範的要件**と総称されるが、法文上、その発生要件を前記のような一般的・抽象的概念を用いて表現するほかないところから、一般条項とも呼ばれる。規範的評価を成立させるためには、その成立を根拠づける具体的事実が必要であり、このような事実は**評価根拠事実**と呼ばれている[3]。一般条項は解釈の余地の大きい漠然とした要件を持った規定であるが、民法の一般条項の例としては、民法１条２項の信義則に関する規定が代表的である。

一般条項や価値概念に該当する具体的事実が主要事実であり、したがって、このような事実が当事者の弁論に現れていないのに、これを判決の基礎に採用すれば、弁論主義違反となると解するのが、通説であり、このことは、信義則違反や権利濫用の場合にも変わりがない[4]。

評価根拠事実が主要事実であるとする見解に従えば、信義則違反を基礎づ

ける事実が弁論に出ている以上、裁判所が信義則違反を認定することは、法
的評価の問題として裁判所の職責に属することであるから、弁論主義に反す
るものではない[5]。

　本件は、弁論主義違反ではなく、裁判所と当事者で法的な当てはめ（法的
観点）についての見解が違っていたので、裁判所は当事者と新たな法的観点
について十分な議論をする機会を用意する必要がある。これが法的観点指摘
義務であり、釈明義務の一態様である。

2　釈明権

　最判平成22年10月は、原審に釈明権の行使を怠った違法があるとしている
が、釈明権と関連して法的観点指摘義務が論じられることが多い。

　釈明権とは、訴訟関係を明瞭にするため、事実上・法律上の事項に関して、
当事者に対して問いを発し、立証を促す裁判官の権限（民訴法149条）をいう。
裁判所は、一定の場合には釈明権（民訴法149条）を行使する義務を負い、**釈
明義務違反**は上告または上告受理申立理由（民訴法312条 3 項・318条 1 項）と
なる。法文上は釈明権の形でしか規定されていないが、釈明義務を認めるの
が現在の通説・判例であり、しかも一定範囲の釈明義務違反が上告理由（原
判決破棄）になることは共通の理解となっている。問題は、釈明権が行使で
きる範囲と釈明義務の範囲の違いである。行為規範として両者は一致すると
しても、上告理由となる釈明義務（評価規範）の範囲は明らかに釈明権の範
囲より狭い。釈明は、当事者の主張・立証の不明瞭さを正す消極的釈明と事
案の適切な解決に必要な主張・立証を当事者に促す積極的釈明に大きく分か
れるが、違反が上告理由となる釈明義務の範囲は現在では消極的釈明を超え、
積極的釈明も含むようになりつつある[6]。すなわち積極的釈明が行われなか
った場合にも上告理由となりうる。

3　法的観点指摘義務

　釈明義務の重要な内容の一つとして、**法的観点指摘義務**がある。請求を理
由づける実体法上の請求権（法的構成）が複数想定されるときは、当事者と
しては、そのどれかを選択してそれに対応した事実を主張することになる。

実際に主張された事実関係、事件の背景となっている事実関係さらに書証な
どからすると別の法的構成の方が事案の抜本的解決ないし適切な解決をもた
らすと推認できるような場合には、そのことを当事者に示して、当事者と法
的構成について議論することが裁判所に求められる。そのような裁判所の義
務が法的観点指摘義務であるが、釈明義務とは別個独立の義務とする説もあ
る[7]。法令の解釈適用については、弁論主義の適用がなく、裁判所が責任を
負うが、法規の事実への当てはめ、すなわち法的観点は、事実そのものの主
張と不可分の関係にある。当事者がある法的観点を前提として、それに当て
はまる事実主張をなしているときに、裁判所が同一の事実に基づいて別の法
的観点を採用することは、弁論主義違反の問題を生じるものではないが、そ
れによって当該当事者および相手方の攻撃防御方法に影響が生じる。したが
って、裁判所は、釈明権を行使して、法的観点の内容を当事者に対して指摘
しなければならない[8]。事実と法を区別し**弁論主義**は事実の面でのみ作用し、
法適用は裁判所の専権であるというのが従来の考え方であったが、現在は、
法的構成が異なれば主張・立証すべき事実も異なってくるのであるから、法
的構成についても裁判所と当事者との間に共通の理解があるように裁判所が
釈明し、当事者と議論する義務があるという法的観点指摘義務を肯定しよう
とする学説が有力である。釈明権（釈明義務）は、事実や証拠に関するもの
とされ、弁論主義も事実や証拠について及ぶだけで、法適用は裁判所の専権
であると従来は考えられてきた。「**汝**（**当事者**）**は、事実を語れ、されば我**
（**裁判官**）**は法を語らん**」という法格言に示されるように、事実と法で当事者
と裁判官の間に役割分担があるように思われてきた。しかし適用すべき法的
観点により当事者が主張・立証すべき事実も違ってくるし、何よりも当事者
に法適用に対して意見を述べる機会を付与しないと不意打ちになるおそれが
ある。具体的な事件において裁判所が重要とみる法的観点に適合する申立て
を行うよう促し（法的観点の釈明）、または訴訟資料をさらに提出する機会を
与えるよう配慮しなければ、当事者は下された判決によって不意打ちを受け
ることになる[9]。

4　法的観点指摘義務に関する従来の裁判例と最判平成22年10月

(1) 法的観点指摘義務に関する従来の裁判例

　従来の裁判例でも、すでに高裁レベルで法的観点指摘義務を肯定した判決がある（名古屋高判昭和52年3月28日・判時862号47頁）。同名古屋高判は、法的観点指摘義務を肯定した判決であり、裁判官が釈明にあたって自己の法的見解を明らかにすることは、不意打ち防止のために望ましいとした。

　また法的観点指摘義務を肯定した判例として挙げられるのは、最判平成22年1月20日・民集64巻1号1頁である。この事件は、市がその所有する土地を神社の施設の敷地として無償で使用させていることは、憲法の定める政教分離原則に違反する行為であって、敷地の使用貸借契約を解除し同施設の撤去および土地明渡しを請求しないことが違法に財産の管理を怠るものであるとして、市の住民であるXらが、市長であるYに対し、地方自治法242条の2に基づき上記怠る事実の違法確認を求めた事案である。1審判決および原判決はいずれも、当該利用提供行為は政教分離原則に違反するとして、Yが町内会に対し当該神社物件の撤去および土地明渡しを請求することを怠る事実が違法であることの確認を求める限度で当該請求を認容すべきものと判断した。これに対して、前掲最判平22年1月20日は、当該原審が違憲状態の解消のための方法について当事者に釈明権を行使すべき義務が存在するにもかかわらずそれを行使しなかった点に釈明義務違反があると判示したが、細かくいえば釈明義務の一態様である法的観点指摘義務違反とされるべき事案であった[10]。

(2) 最判平成22年10月と法的観点指摘義務

　最判平成22年10月は、当事者の主張しない他の法的観点について釈明権の行使を怠った違法があると判示して原判決を破棄差戻ししており、法的観点指摘義務は釈明義務の一態様であるとの立場を示したものと理解できる。弁論主義の機能として不意打ち防止があり、事件で適用すべき法により当事者が主張・立証すべき事実も異なってくるから、裁判所と当事者が法適用についても十分討論し不意打ちをなくして攻撃防御の争点を合わせることは、弁論主義の実質的な実現につながる[11]。

本判決（最判平成22年10月）の意義

　最判平成22年10月では信義則違反を根拠づける具体的事実は主張され
ているから、現在の通説に立つ限り、当事者の主張なしに信義則違反の
判断をした原審判決には弁論主義違反の問題は生じない。しかし、最判
平成22年10月は、法適用の不意打ちを防止し、当事者によるその点につ
いての十分な反論・反証の機会を実質的に保障するために、釈明義務の
一環として法的観点指摘義務を認めたものである。

1）新堂・498頁以下、高橋・重点上461頁注56、高田昌宏「判批」平成22年度重要
　　判解161頁、162頁。
2）川嶋四郎「判批」法セ687号160頁（2012年）。
3）司法研修所編・増補民事訴訟における要件事実第1巻（法曹会・1986年）30頁。
4）竹下守夫「弁論主義」小山昇ほか編・演習民事訴訟法（青林書院・1987年）369
　　頁、377頁。
5）杉山悦子「判批」民商144巻4・5号108頁、110頁以下（2011年）。
6）小林・民訴法325頁。
7）新堂・496頁以下、高橋・重点上454頁以下参照。
8）伊藤・320頁、小林秀之・民事裁判の審理（有斐閣・1987年）105頁、同・民訴
　　法326頁以下。また、山本和彦・民事訴訟審理構造論（信山社・1995年）169頁。
9）松本博之＝上野泰男・民事訴訟法（第8版・弘文堂・2015年）56頁以下。
10）三木浩一「判批」法研84巻5号144頁、157頁（2011年）。
11）小林・民訴法327頁。最判平成22年10月は、法的観点指摘義務なるものを前提と
　　して、釈明義務違反を認めたものと評価するのは、小林秀之編・判例講義民事
　　訴訟法（弘文堂・2019年）159頁、160頁〔原強〕。また、小林・新ケース161頁は、
　　法的観点指摘義務は釈明義務の一態様であるとの立場を示したものとする。

証拠の収集

社内通達文書の文書提出命令

最決平成18年2月17日・民集60巻2号496頁

▶予備知識

平成8年に制定された民訴法は、その民訴法220条1号から3号までについて旧民訴法312条で使用していた文言を踏襲した上で現代語化し、民訴法220条4号で例外的に文書提出義務が否定される種類のものを定めつつ**一般的な文書提出義務**の規定を置いた。近時において民事訴訟法に関する最高裁判例の展開が最も著しい領域は文書提出命令に関するものとなっており、民訴法220条4号イからホのうち、特に判例の展開が著しいのは4号ニの**自己使用文書**についてである。

民訴法220条4号は、文書の所持者について、①民訴法196条各号または民訴法197条1項2号もしくは3号に掲げる事項・事実が記載されている文書、すなわち証言拒絶該当事由記載文書（民訴法220条4号イ・ハ）、②公務秘密文書でその提出により公共の利益が害されるおそれなどがあるもの（民訴法220条4号ロ）、③専ら所持者の利用に供するための文書すなわち自己使用文書（民訴法220条4号ニ）、および④刑事訴訟記録等（民訴法220条4号ホ）を除いて、文書一般について提出義務を認める。この民訴法220条4号は、1号ないし3号と異なって、文書の所持者と挙証者との間の特別な関係や特定の作成目的が要求されていないところに、**一般義務**としての特徴がある。

民訴法220条4号ニの自己使用文書の解釈については最決平成11年11月12日・民集53巻8号1787頁が判例として機能している。この最決平成11年が判示した自己使用文書の該当性の基準ないし要件は、次のように要約できる。すなわち、ある文書が、その作成目的、記載内容、これを現在の所持者が所持するに至るまでの経緯、その他の事情から判断して、専ら内部の者の利用に供する目的で作成され、外部の者に開示することが予定されていない文書であって、開示されると個人のプライバシーが侵害されたり個人ないし団体の自由な意思形成が阻害されたりするなど、開示によって所持者の側に看過し難い不利益が生ずるおそれがあると認められる場合には、特段の事情がな

い限り、当該文書は民訴法220条4号ニ所定の「専ら文書の所持者の利用に供するための文書」に当たると解するのが相当であるとした。この最決平成11年により定立された上記の要件は、学説上もおおむね承認されている。

判例のポイント 👆

> 銀行の営業関連部、個人金融部等の本部の担当部署から各営業店長等に宛てて発出された社内通達文書につき、その内容は、変額一時払終身保険に対する融資案件を推進するとの一般的な業務遂行上の指針を示し、あるいは、客観的な業務結果報告を記載したものであり、取引先の顧客の信用情報や銀行の高度なノウハウに関する記載は含まれておらず、その作成目的は上記の業務遂行上の指針等を銀行の各営業店長等に周知伝達することにある。当該社内通達文書は、民訴法220条4号ニ所定の「専ら文書の所持者の利用に供するための文書」に当たらない。

設 問

設例

　銀行であるＸが、Ｙらに対し、消費貸借契約および連帯保証契約に基づき合計11億5644万円余の支払を求める訴訟を提起した（以下「本案訴訟」と呼ぶ）。

　Ｙらは、上記本案訴訟において、(1)ＸとＹらとの取引（以下「本件取引」と呼ぶ）は融資一体型変額保険に係る融資契約に基づく債務を旧債務とする準消費貸借契約であるところ、同融資契約は錯誤により無効である、(2)仮に本件取引が消費貸借契約であったとしても、融資一体型変額保険に係る融資契約は錯誤により無効であり、同契約に関してＹらがＸに支払った金員について、Ｙらは不当利得返還請求権を有するので、同請求権とＸの本訴請求債権とを対当額で相殺すると主張して争っている。

　Ｙらは、融資一体型変額保険の勧誘をＸが保険会社と一体となって行っていた事実を証明するためであるとして、Ｘが所持する別紙文書目録（以下「本件各文書」と呼ぶ）につき文書提出命令を申し立てた（以下「本件」と呼ぶ）。これについて、第1審決定では、Ｘに対して本件各文書の裁判所への提出が

命じられた。

　これに対して、Xは、Yらからの文書提出命令の申立ての却下を求めて原審（抗告審）に抗告をした。しかし、原審決定では、そのXからの抗告が棄却されたので、Xが抗告の許可を申し立てたところ、その抗告が許可されて本件が最高裁に係属した。

問　い

小問(1)　民訴法220条 1 号ないし 3 号の文書提出義務について説明しなさい。

小問(2)　一般提出義務を定めた民訴法220条 4 号とその除外文書について説明しなさい。

小問(3)　自己使用文書（民訴法220条 4 号ニ）が、文書の一般提出義務から除外される理由について説明しなさい。

小問(4)　設例における本件各文書が民訴法220条 4 号ニ所定の「専ら文書の所持者の利用に供するための文書」に当たるか否かについて、説明しなさい。ただし、以下のことを前提とする。

　　本件各文書は、いずれも銀行であるXの営業関連部、個人金融部等の本部の担当部署から、各営業店長等に宛てて発出されたいわゆる社内通達文書であって、その内容は、変額一時払終身保険に対する融資案件を推進するとの一般的な業務遂行上の指針を示し、あるいは、客観的な業務結果報告を記載したものであり、取引先の顧客の信用情報やXの高度なノウハウに関する記載は含まれておらず、その作成目的は、上記の業務遂行上の指針等をXの各営業店長等に周知伝達することにあることが明らかである。

判 例 か ら 考 え る

　設例のもとにしたのは、最決平成18年 2 月17日・民集60巻 2 号496頁（以下「最決平成18年」と呼ぶ）である。同最決は、本件各文書は民訴法220条 4 号ニ所定の「専ら文書の所持者の利用に供するための文書」には当たらないというべきである（許可抗告棄却）としたが、その理由を次のように判示した。

　「ある文書が、その作成目的、記載内容、これを現在の所持者が所持する

に至るまでの経緯、その他の事情から判断して、専ら内部の者の利用に供する目的で作成され、外部の者に開示することが予定されていない文書であって、開示されると個人のプライバシーが侵害されたり個人ないし団体の自由な意思形成が阻害されたりするなど、開示によって所持者の側に看過し難い不利益が生ずるおそれがあると認められる場合には、特段の事情がない限り、当該文書は民訴法220条４号ニ所定の『専ら文書の所持者の利用に供するための文書』に当たると解するのが相当である（最高裁平成11年（許）第２号同年11月12日第２小法廷決定・民集53巻８号1787頁参照）。

　これを本件各文書についてみると、記録によれば、本件各文書は、いずれも銀行であるＸの営業関連部、個人金融部等の本部の担当部署から、各営業店長等に宛てて発出されたいわゆる社内通達文書であって、その内容は、変額一時払終身保険に対する融資案件を推進するとの一般的な業務遂行上の指針を示し、あるいは、客観的な業務結果報告を記載したものであり、取引先の顧客の信用情報やＸの高度なノウハウに関する記載は含まれておらず、その作成目的は、上記の業務遂行上の指針等をＸの各営業店長等に周知伝達することにあることが明らかである。

　このような文書の作成目的や記載内容等からすると、本件各文書は、基本的にはＸの内部の者の利用に供する目的で作成されたものということができる。しかしながら、本件各文書は、Ｘの業務の執行に関する意思決定の内容等をその各営業店長等に周知伝達するために作成され、法人内部で組織的に用いられる社内通達文書であって、Ｘの内部の意思が形成される過程で作成される文書ではなく、その開示により直ちにＸの自由な意思形成が阻害される性質のものではない。さらに、本件各文書は、個人のプライバシーに関する情報やＸの営業秘密に関する事項が記載されているものでもない。そうすると、本件各文書が開示されることにより個人のプライバシーが侵害されたりＸの自由な意思形成が阻害されたりするなど、開示によってＸに看過し難い不利益が生ずるおそれがあるということはできない」。

　以下では、文書提出義務の概要、一般提出義務を定めた民訴法220条４号とその除外文書、自己使用文書（民訴法220条４号ニ）と文書の一般提出義務、および本件各文書の自己使用文書（民訴法220条４号ニ）の該当性について解

説する。

解　説

1　はじめに

　設例のもとにした最決平成18年は、**社内通達文書**が民訴法220条 4 号ニ所定の**自己使用文書**に当たらないとして文書提出義務を認めた最初の最高裁決定である。社内通達文書の裁判所への提出義務については、最決平成18年の原審および原々審を除き、これまでに公表された先例はなく、これを正面から論じた学説も見当たない[1]。

　自己使用文書をめぐり最決平成11年11月12日・民集53巻 8 号1787頁（以下「最決平成11年」と呼ぶ）の稟議書の肯定例など判例には広く解する傾向にあるようにいわれていたが、最決平成18年は、社内通達文書についてではあるが、自己使用文書の範囲を画する判断を示したものとして注目される[2]。

2　文書提出義務の概要

　文書の所持者は、訴訟当事者でも訴外第三者でも、民訴法220条に定める要件のもとに、所持する文書の裁判所への提出を義務づけられている。相手方当事者または第三者が所持する文書について挙証者は、文書提出命令の申立てをすることができる。文書提出命令を申し立てる当事者は、文書の表示、文書の趣旨、文書の所持者、証明すべき事実、および文書提出義務の原因を明らかにして書面による申立てを行わなければならない（民訴法221条 1 項、民訴規140条 1 項）。民訴法220条 4 号の文書に関しては、書証の申出を文書提出命令の申立てによってなす必要があるとの要件が付加されている（民訴法221条 2 項）。

　所持する文書の裁判所への提出義務について、民訴法220条 1 号から 3 号までは**限定的な義務**として構成され、 4 号は**一般義務化**された構成となっている。民訴法220条 1 号（**引用文書**）は訴訟で引用したという訴訟上の事由を提出義務の根拠とし、 2 号（**引渡しまたは閲覧請求文書**）と 3 号（**利益文書・法律関係文書**）は、実体的な関係を提出義務の根拠としている[3]。

　平成 8 年に制定された民訴法は、その民訴法220条 1 号から 3 号までにつ

いて旧民訴法312条で使用していた文言を踏襲した上で現代語化し、民訴法
220条4号で例外的に文書提出義務が否定される種類のものを定めつつ**一般
的な文書提出義務**の規定を置いた。そのため、近時において民訴法に関する
最高裁判例の展開が最も著しい領域は文書提出命令に関するものとなってお
り、民訴法220条4号イからホのうち、特に判例の展開が著しいのは4号ニ
の自己使用文書についてである[4]。

3 一般提出義務を定めた民訴法220条4号とその除外文書

設例で問題とされた民訴法220条4号は、文書の所持者について、①民訴
法196条各号または民訴法197条1項2号もしくは3号に掲げる事項・事実が
記載されている文書、すなわち証言拒絶該当事由記載文書（民訴法220条4号
イ・ハ）、②公務秘密文書でその提出により公共の利益が害されるおそれな
どがあるもの（民訴法220条4号ロ）、③専ら所持者の利用に供するための文書
すなわち自己使用文書（民訴法220条4号ニ）、および④刑事訴訟記録等（民訴
法220条4号ホ）を除いて、文書一般について提出義務を認める。民訴法220
条4号は、1号ないし3号と異なって、文書の所持者と挙証者との間の特別
な関係や特定の作成目的が要求されていないところに、**一般義務**としての特
徴がある[5]。

上記のように、**自己使用文書**は文書の一般提出義務から除外されるが（民
訴法220条4号ニ）、その主張責任・証明責任について、立法過程を参考とす
れば、一般義務としての文書提出義務を定めた民訴法220条4号については、
当事者が除外文書であることを知りながらあえてその文書について文書提出
命令の申立てをするなどの弊害が生じないようにするため、申立人は、申立
ての対象となった文書が除外文書に該当しないことを立証しなければならな
いことになる。もっとも、除外文書に該当するか否かが争われた場合には、
除外文書のいずれかに該当することを基礎づける事実について、文書の所持
者から積極的に主張・立証が行われ、文書の所持者が事実上の立証の負担を
負うことになるので、申立人に過剰な負担を負わせることにはならないとさ
れている[6]。これに対して、民訴法220条4号に列挙された事由については、
文書提出を拒否する側が、除外事由の存在について主張立証すべきものとす

る見解もある[7]。

4　自己使用文書（民訴法220条4号ニ）と文書の一般提出義務

　立案担当者は、民訴法220条4号ニの**自己使用文書**について、次のような説明をしている（なお、下線は筆者が付けた）。

　「文書には、個人的な日記、備忘録のようなものや、専ら団体の内部における事務処理上の便宜のために作成されるいわゆる稟議書のようなもののように、およそ外部のものに開示することを予定していないものも含まれる。このような文書についてまで民事訴訟に対する国民の協力義務として一般的に提出義務を負うものとすると、裁判所から提出を命じられるという事態を想定して文書を作成しなければならなくなってしまい、文書の作成者の自由な活動を妨げるおそれがある[8]。

　また、ある事実について証人として証言する場合とそれが記載されている文書そのものを提出する場合とを比べると、証人として証言する場合においては、口頭で、しかも尋問を受けた事項についてだけ証言をすればよいのに対し、文書そのものを提出する場合には、その内容はもちろんのこと、記載に用いた筆記用具、用紙、記載の方法、態様等がそのまま訴訟関係人や訴訟記録の閲覧者の知るところとなる。したがって、およそ外部のものに開示することを予定していないような文書についてまで提出義務を負わせ、所持者の意思に反して提出を強制することができるものとすると、たとえそれが証言を拒むことができる事項が記載されている文書ではなくても、文書の所持者は著しい不利益を受けるおそれがあると考えられる。そこで、民訴法220条4号ニ〔民訴法の平成13年改正前のハ──筆者注〕は、『専ら文書の所持者の利用に供するための文書』を第4号による提出義務の対象文書から除外した[9]。

　民訴法220条4号ニの『専ら文書の所持者の利用に供するための文書』が第4号による提出義務の対象文書から除外された事由に照らすと、これに該当するかどうかは、文書の記載内容や、それが作成され、現在の所持者が所持するに至った経緯・理由等の事情を総合考慮して、それがもっぱら内部の者の利用に供する目的で作成され、外部の関係のない者に見せることが予定

されていない文書かどうかによって決まることになる」[10]。

　民訴法220条４号ニの自己使用文書の解釈については最決平成11年が判例として機能しているが、その自己使用文書に関する判旨は上記の立案担当者による説明と重なる部分が多い（たとえば、上記の下線を付けた部分）。したがって、最決平成11年は、自己使用文書の解釈について基本的には立案担当者の説明に依拠していると考えられる。

　最決平成18年は、本件各文書の自己使用文書該当性について、最決平成11年の判断基準に従ったものである[11]。最決平成18年も引用する最決平成11年では、銀行における貸出稟議書の自己使用文書の該当性が問題となった。最決平成11年が判示した自己使用文書の該当性の基準ないし要件は、次のように要約できる。すなわち自己使用文書の該当性については、①文書の作成目的、記載内容、これを現在の所持者が所持するに至るまでの経緯、その他の事情から判断して、専ら内部の者の利用に供する目的で作成され、外部の者に開示することが予定されていない文書であること（内部文書性ないし外部非開示性。以下「①要件」とも呼ぶ）、②開示されると個人のプライバシーが侵害されたり個人ないし団体の自由な意思形成が阻害されたりするなど、開示によって所持者の側に看過し難い不利益が生ずるおそれがあると認められること（看過し難い不利益性。以下「②要件」とも呼ぶ）、③自己使用文書であることを否定すべき特段の事情がないこと（否定すべき特段の事情の不存在。以下「③要件」とも呼ぶ）を基準・要件とする。

　最決平成11年により定立された上記の要件は、学説上もおおむね承認されていると指摘されている[12]。もっとも、自己使用文書については、判例の定式に従ってよいが、当該事件における証拠としての重要性、代替証拠の有無等の考慮要素によって微調整されると考えるべきとする見解もある[13]。

5　本件各文書は自己使用文書（民訴法220条４号ニ）に該当するか

(1) はじめに

　最決平成18年は、本件各文書が最決平成11年の掲げた**内部文書性ないし外部非開示性の要件**（①要件）には該当するものの、看過し難い不利益性の要件（②要件）には該当しないとして自己使用文書性を否定し、その提出義務

を肯定したとされている[14]。同様に、最決平成18年は、①要件は満たすとしながら、団体の意思形成過程文書ではないことから、②要件の充足を認めず、否定すべき特段の事情の不存在の要件（③要件）の判断には立ち入らずに自己使用文書性を否定して、提出義務を認めたとされている[15]。

　最決平成18年は、本件各文書が最決平成11年の掲げた②要件を充足していないと判断したものであるが、最決平成11年の掲げた要件の具体的適用として提出義務の有無を判断するスタイルは、自己使用文書の該当性が問題となった近時の裁判例に共通するスタイルであり、定着している[16]。

　最決平成11年により定立された①要件と②要件は、文書の種類に応じた類型的判断であると理解する見解が多い[17]。しかし、最決平成18年は、①要件と②要件の該当性について類型的判断ではなく記載内容を踏まえたより具体的な判断をしているので、それらと③要件である特段の事情との役割分担が不明確になると指摘されている[18]。

　最決平成18年は、本件各文書について、内部文書性ないし外部非開示性の要件（①要件）の充足を認めるものと理解する見解が多いが、これに否定的な見解もある。前述した見解のほかに、最決平成18年は、文書の客観的性質から、一応は①要件の充足を類型的に認めたものとされる[19]。

　これに対して、最決平成18年は、「本件各文書は、基本的にはＸの内部の者の利用に供する目的で作成されたものということができる」とするが、①要件を満たすという趣旨なのか、そうでないのか判然とせず、同最決は、①要件についてはあえて判断を示さなかったものとする分析もある[20]。また、最決平成18年は、本件各文書が①要件を充足している旨を判示したものではないとする見解もある[21]。

　最決平成18年は、最決平成11年の示した要件のうち、本件各文書が②要件を満たしておらず、民訴法220条4号ニ所定の文書に当たらないとして、文書提出義務を肯定したものである[22]。すなわち外部の者に開示されることが本来予定されていない社内文書であっても、その記載内容によっては、文書提出命令の対象になりうるものがあることを最高裁が初めて具体的に認めたという点で、最決平成18年は、実務に及ぼす影響が大きいと指摘されている[23]。最決平成11年が定立した②要件は漠然としていたが、最決平成18年は、

②要件の該当性が否定される方から自己使用文書について明確にしたものである[24]。

②要件の判断は、本件各文書が、**周知伝達文書**（社内通達）であるため、その開示によりXの自由な意思形成が阻害されないこと、および、本件各文書には個人のプライバシーやXの営業秘密に関する記載がないこと、の２点を理由として所持者の不利益のおそれを否定したものである[25]。裁判例における看過し難い不利益性の存否に関する考慮要素の中核は、多くの場合においてこの２つであると指摘されている[26]。そして、最決平成18年によれば、原則的には②要件の不利益性を帰結する利益としては、法人内部の自由な意思形成の利益、個人のプライバシーの利益・営業秘密に関する利益に収斂されつつあると分析されている[27]。

(2)　意思形成過程で作成された文書と看過し難い不利益（②要件）

　ア　意思形成過程で作成された文書と形成された意思を伝達するだけの文書

銀行の貸出稟議書と社内通達文書は、いずれも法律上の作成義務がなく、銀行内部で業務上利用するために作成される文書であるという点で共通性を有するが、稟議書が銀行という法人の意思を形成する過程で作成される文書であるのに対し、本件の社内通達文書は「一般的な業務遂行上の指針」や「客観的な業務結果報告」が記載されたものであって、意思形成過程で作成されたものではないという点に違いがある[28]。

最決平成18年は、内部の意思形成過程で作成された文書であれば看過し難い不利益要件を充足するが、そうでない文書については、開示により文書所持者の自由な意思形成がただちに阻害されないとして、看過し難い不利益要件を充足しないケースを新たに示し、自己使用文書の成立範囲を絞っている点について、同決定の重要性が指摘されている[29]。

貸出稟議書に関する最決平成11年によれば、文書提出義務の例外である自己使用文書の概念が広く社内文書を包含するもののごとくみえていたのに対して、最決平成18年は一定の歯止めをかけたものとして高く評価できる[30]。最決平成18年は、内部文書でも意思形成の過程で意味を持つ文書とそうではなく形成された意思を伝達するだけの文書を分けたのであり、企業の社内文

書はすべて、最決平成11年の枠組みにより提出義務がないと漠然と想定されていたことを覆し、**法人の意思形成過程**に関わる文書であるかどうかを重視した点に特色がある[31]。

イ　実務が受ける否定的な影響や意思形成過程における総合的な観察等からの批判

意思形成過程で作成される文書であるか否かに焦点を当てた最決平成18年の理由づけに対しては、批判も加えられている。たとえば、問題とすべきは当該文書に記載されている内容・情報それ自体であるから、その開示によって企業における文書作成の実務が受ける否定的な影響の大きさという点では、**意思形成過程**で作成される文書の開示と内部の意思が形成される過程で作成される文書でない文書の開示も大きく異なるものでないとして、最決平成18年の理由づけに否定的な見解もある[32]。

また作成時においては狭い意味で内部意思形成のためにその過程で作成されたとは評価し難い文書であるとしても、有機的に結合し連続する一連の意思形成過程を総合的に観察すれば、広い意味で内部意思形成のためにその過程で作成されたと評価できる場合があり、社内通達文書については、その作成目的や記載内容等によっては、広い意味での内部意思形成過程で作成されるものと評価すべき場合もあるとの批判もある[33]。

さらに、最決平成18年は本件各文書について②要件を満たさないものとしたが、②要件の該当性については、文書ごとにより実質的な検討をすべきであり、裁量権を持った現場の営業店長等による意思決定の基準やノウハウが書かれた社内通達文書が開示されるならば、金融機関の業務の根底をなす意思形成部分に影響を与え、萎縮効果を生じさせ、自由な意思形成を阻害するおそれがあるとして、最決平成18年に対して批判的な見解も表明されている[34]。

このほか、看過し難い不利益性の要件を満たすのは原則としてプライバシーの侵害に当たる場合のみとすべきであり、団体の自由な意思形成の阻害はそもそも看過し難い不利益性の例としてふさわしくないとも批判されている[35]。

(3) 営業秘密に関する事項等と看過し難い不利益性

ア 最決平成18年と営業秘密に関する事項等

最決平成18年によれば、看過し難い不利益性（②要件）の判断に関し、その不利益性を導く要素として、**法人内部の自由な意思形成の利益**のほかに、**個人のプライバシーの利益**または営業秘密に関する利益などを考慮することになる[36]。最決平成18年は、個人のプライバシーに限らず、法人の営業秘密が侵害される場合でも、看過し難い不利益要件を充足するとの立場をとっている[37]。

最決平成18年で問題となった**社内通達文書**については、その開示による看過し難い不利益は生じないと判断されたが、最決平成11年では営業秘密に関する言及はなかったので、最決平成18年が言及した営業秘密と開示による看過し難い不利益性に関する判断は新たな例示をしたものである[38]。

なお、看過し難い不利益性の内容については、**個人のプライバシー**に限定すべきであるとする見解が多数を占めるとされている[39]。

イ ②要件に関する類型的な判断と具体的な記載内容

最決平成11年による看過し難い不利益性の要件（②要件）に関する判断は類型的になされるものと理解されることが多い[40]。しかし、最決平成18年では、②要件を検討するに当たっては、意思決定の内容等をその各営業店長等に周知伝達するために作成され、法人内部で組織的に用いられる社内通達文書であるという文書の類型的な性質のほか、個人のプライバシーに関する情報や営業秘密に関する事項の記載がないという個別の事情が考慮されている[41]。最決平成18年は、本件各文書の②要件の該当性について、個人のプライバシーや営業秘密に関する事項に言及していることから個別具体的な記載内容を問題としていると指摘されている[42]。同様に、営業秘密に関する事項の開示が所持人に与える不利益の存否を判断している最決平成18年は、類型的に判断したものと解することは困難であると指摘されている[43]。そして、最決平成18年が、②要件の判断に関して営業秘密に関する事項を考慮することは、②要件の該当性を文書の性質に応じて類型的に判断するという判例の判断枠組みを維持することができるのかという問題点が指摘されている[44]。

すなわち最決平成18年は、社内通達文書というだけで文書の性質決定をするのではなく、本件各文書の具体的な記載内容を考慮するアプローチをとっ

ているので、看過し難い不利益性の要件の判断に最決平成18年のような具体的かつ個別的なアプローチをする場合には、社内通達文書といえども不利益性が肯定されるものが出てくる余地がある[45]。また、最決平成18年は、本件各文書には個人のプライバシーに関する情報や営業秘密に関する事項が記載されているものではない旨を判示して、②要件を満たさないものとしたが、「業務遂行上の指針」や「業務結果報告」は、他の金融機関などには知られたくない企業経営・営業戦略上の機密といえる場合もあることが指摘されている[46]。

　ウ　営業秘密と民訴法220条4号ハ

　最決平成11年が、看過し難い不利益性の要件を満たす例として挙げたのは個人のプライバシーと団体の自由な意思形成の阻害だけであったが、最決平成18年は、それらに加えて営業秘密の保護も挙げている。しかし、**営業秘密**については民訴法220条4号ハに規定が置かれているので、自己使用文書の判断要素に営業秘密を掲げる理由はなく、営業秘密の保護を例に挙げることは、これが二重に保護されているかのごとき誤解を招くことになるとの疑問が表明されている[47]。

　同様に、最決平成18年が看過し難い不利益性の要件の判断をする際に、Xの**営業秘密**に関する記載がないことに言及しているが、本件各文書の中にそうした記載があるのであれば、民訴法220条4号ハの除外事由を認めて提出義務を否定すれば済むはずであるから、最決平成18年においてXの営業秘密に関する記載がないことについて言及することは不要であると批判されている[48]。

(4)　最決平成18年に対する賛否およびその射程範囲

　社内通達文書について自己使用文書の該当性を否定した最決平成18年の判断は妥当であるとして評価する見解が多い[49]。これに対して、社内通達文書の記載内容によっては、組織の運営や組織内部での指示伝達、内部統制、ノウハウの伝授などの上で、開示が萎縮効果を生み、組織にとって耐え難い不利益を及ぼす事例もありうるとの指摘もなされている[50]。

　社内通達文書の記載内容は通達の内容によって多種多様であるから、本件各文書以外の社内通達文書については、記載内容によっては自己使用文書に

該当するとの判断がなされる可能性がある[51]。他方、最決平成18年が銀行業の特殊性に全く言及していないことを考えると、当該決定の先例としての射程は**法人その他の団体一般**に及ぶと指摘されている[52]。

本決定（最決平成18年）の意義

　本決定は、社内通達文書が民訴法220条4号ニ所定の自己使用文書に当たらないとして文書提出義務を認めた最初の最高裁決定である。社内通達文書といっても多種多様なものがあり、社内通達文書を一括りにして論ずることはできないが、本決定は、社内通達文書について提出義務を肯定する判断を示したものとして参考になる。

1）名津井吉裕「判批」平成18年度重要判解132頁。
2）土屋裕子「判批」ジュリ1341号153頁、154頁（2007年）。また、最決平成18年により、法人の社内文書にも**稟議書タイプ**と**社内通達タイプ**があり、後者には原則として提出義務のあることが明らかにされたものであり、最決平成18年は、最決平成11年11月12日に勝るとも劣らない実務的な影響力があるとの指摘は、小林・新ケース241頁。
3）高橋・重点下152頁。
4）山本克己「判批」金法1812号71頁（2007年）。
5）伊藤・449頁以下。
6）たとえば、深山卓也ほか「民事訴訟法の一部を改正する法律の概要（上）」ジュリ1209号102頁、103頁以下（2001年）。
7）新堂・398頁。
8）一問一答・251頁。
9）一問一答・251頁。
10）一問一答・252頁。
11）並木茂「判批」金法1790号44頁、49頁（2006年）、川嶋四郎「判批」法セ622号120頁（2006年）。
12）林昭一「判批」リマークス34号114頁、116頁（2007年）。
13）高橋・概論209頁。
14）小林・新ケース236頁、小島浩「判批」平成18年度主要民事判解187頁、188頁、香月裕爾「判批」銀法660号14頁、15頁以下（2006年）、林・前掲注12）116頁、宮川聡「判批」判評576号（判時1950号）18頁、22頁（2007年）、山本和彦ほか編・文書提出命令の理論と実務（第2版・民事法研究会・2016年）179頁〔伊東尚〕。
15）名津井・前掲注1）132頁。
16）小林秀之編「判批」判例講義民事訴訟法（弘文堂・2019年）184頁〔町村泰貴〕。
17）たとえば、並木・前掲注11）48頁、小野憲一「判批」最高裁判所判例解説民事篇平成11年度（下・法曹会）772頁、783頁。

18）加藤新太郎＝松下淳一編・新基本法コンメンタール民事訴訟法 2 （日本評論社・2017年）95頁〔大渕真喜子〕。

19）日下部真治「判批」金商1249号14頁、16頁（2006年）。

20）階猛「判批」NBL830号23頁、26頁（2006年）。

21）並木・前掲注11）49頁以下。

22）土屋・前掲注 2 ）154頁。

23）宮川・前掲注14）22頁。

24）並木・前掲注11）50頁。

25）名津井・前掲注 1 ）133頁。

26）高田裕成ほか編・注釈民事訴訟法第 4 巻（有斐閣・2017年）538頁以下〔三木浩一〕。

27）菊井維大＝村松俊夫原著・コンメンタール民事訴訟法第 4 巻（日本評論社・2010年）415頁。

28）階・前掲注20）25頁以下。また銀行の貸出稟議書と社内通達文書の相違点について同旨、長谷川俊明「判批」銀法660号 4 頁、 6 頁（2006年）、兼子原著・第 2 版 1214頁〔加藤新太郎〕。

29）階・前掲注20）26頁。また、社内通達が自由な意思形成を阻害しないという判断の部分は、その種の文書が意思形成過程でなく意思形成結果を記載した文書であるから当然の判断であるとされる。川嶋・前掲注11）120頁。

30）小林秀之「判批」銀法660号 8 頁、 9 頁（2006年）。

31）高橋・前掲注 3 ）173頁以下、山本・前掲注 4 ）74頁。

32）宮川・前掲注14）22頁。

33）日下部・前掲注19）17頁。

34）長谷川・前掲注28） 6 頁以下。この批判に対して、林・前掲注12）117頁。

35）三木浩一「判批」法研79巻10号73頁、82頁（2006年）。

36）兼子原著・第 2 版1213頁〔加藤〕。

37）階・前掲注20）26頁。

38）香月・前掲注14）15頁以下。

39）上野泰男「判批」民訴法判例百選（第 5 版）146頁、148頁（2015年）。

40）たとえば、山本ほか編・前掲注14）180頁〔伊東〕。また、文書の種類に応じた類型的な判断が基本となるとするのは、兼子原著・前掲注28）1214頁〔加藤〕。さらに、高田ほか編・前掲注26）538頁〔三木〕。

41）土屋・前掲注 2 ）154頁、土谷裕子「判批」曹時60巻12号3957頁、3973頁以下（2008年）。

42）山際悟郎「判批」金商1246号 8 頁、10頁（2006年）。

43）林・前掲注12）117頁。

44）加藤＝松下編・前掲注18）95頁〔大渕〕。これに対して、②要件が満たされていないとする最決平成18年による判断は、客観的、定型的な判断に基づくものであったとの分析もある。杉山悦子「文書提出命令に関する判例理論の展開と展望」ジュリ1317号93頁、95頁（2006年）。

45）三木・前掲注35）81頁。

46）久保淳一「判批」銀法660号11頁、12頁以下（2006年）。

47）三木・前掲注35）82頁。同旨、加藤＝松下編・前掲注44）95頁〔大渕〕。

48）名津井・前掲注 1 ）133頁。

49）階・前掲注20）27頁。また最決平成18年の結論に賛成するとするのは、三木・前掲注35）75頁、宮川・前掲注14）22頁。
50）山本ほか編・前掲注14）179頁〔伊東〕。しかし、企業は、内部統制システムの構築が義務づけられており、その整備を証するために社内通達文書の開示が要求されてもその不利益はそれほど大きくないとの指摘は、小林・新ケース242頁。
51）山際・前掲注42）10頁。
52）山本・前掲注４）74頁。

 # 自己査定文書の文書提出命令

最決平成19年11月30日・民集61巻８号3186頁

▶予備知識

裁判所が文書に対する証拠調べを行うには、文書がその閲読をする裁判所の面前に提出される必要がある。文書の所持者は、訴訟当事者でも訴外第三者でも、民訴法220条に定める要件のもとに、所持する文書の裁判所への提出を義務づけられている。所持する文書の裁判所への提出義務について、民訴法220条１号から３号までは限定的な義務として構成され、４号は**一般義務化**された構成となっている。

民訴法の立案担当者は、民訴法220条４号ニの**自己使用文書**について、次のような説明をしている。すなわち、文書には、個人的な日記、備忘録のようなものや、専ら団体の内部における事務処理上の便宜のために作成されるいわゆる稟議書のようなもののように、およそ外部のものに開示することを予定していないものも含まれる。このような文書についてまで民事訴訟に対する国民の協力義務として一般的に提出義務を負うものとすると、裁判所から提出を命じられるという事態を想定して文書を作成しなければならなくなってしまい、文書の作成者の自由な活動を妨げるおそれがある。また、証人の証言の場合と異なって、およそ外部のものに開示することを予定していないような文書についてまで提出義務を負わせ、所持者の意思に反して提出を強制することができるものとすると、たとえそれが証言を拒むことができる事項が記載されている文書ではなくても、文書の所持者は著しい不利益を受けるおそれがあると考えられる。そこで、民訴法220条４号ニは、「**専ら文書**

の所持者の利用に供するための文書」（自己使用文書）を4号による提出義務
の対象文書から除外した。

　この民訴法220条4号ニの自己使用文書の解釈については最決平成11年11
月12日・民集53巻8号1787頁が判例として機能している。銀行における貸出
稟議書の自己使用文書の該当性が問題となった最決平成11年11月12日が判示
した自己使用文書の該当性の基準ないし要件は、次のように要約できる。す
なわち、ある文書が、その作成目的、記載内容、これを現在の所持者が所持
するに至るまでの経緯、その他の事情から判断して、専ら内部の者の利用に
供する目的で作成され、外部の者に開示することが予定されていない文書で
あって、開示されると個人のプライバシーが侵害されたり個人ないし団体の
自由な意思形成が阻害されたりするなど、開示によって所持者の側に看過し
難い不利益が生ずるおそれがあると認められる場合には、特段の事情がない
限り、当該文書は民訴法220条4号ニ所定の「専ら文書の所持者の利用に供
するための文書」に当たると解するのが相当であるとした。

判例のポイント 👉

　銀行が、法令により義務づけられた資産査定の前提として、監督
官庁の通達において立入検査の手引書とされている「金融検査マニ
ュアル」に沿って債務者区分を行うために作成し、保存している資
料は、民訴法220条4号ニ所定の「専ら文書の所持者の利用に供す
るための文書」に当たらない。

設　問

設例

　Xらは、その取引先であるAに融資をしていたYに対し、不法行為に基づ
く損害賠償を求めた。Xらは、AのいわゆるメインバンクであったYが、平
成16年3月以降、Aの経営破綻の可能性が大きいことを認識し、同社を全面
的に支援する意思は有していなかったにもかかわらず、全面的に支援すると
説明してXらを欺罔したため、あるいは、Aの経営状態についてできる限り
正確な情報を提供すべき注意義務を負っていたのにこれを怠ったため、Xら

は同社との取引を継続し、その結果、同社に対する売掛金が回収不能となり、損害を被ったなどと主張した。

そして、Xらは、Yの上記欺罔行為および注意義務違反行為の立証のために必要があるとして、Yが所持する「Yが、平成16年3月、同年7月及び同年11月の各時点において、Aの経営状況の把握、同社に対する貸出金の管理及び同社の債務者区分の決定等を行う目的で作成し、保管していた自己査定資料一式」（以下「本件文書」という）について、文書提出命令を申し立てた（以下「本件」という）。これに対して、Yは、本件文書は民訴法220条4号ハまたはニ所定の文書に当たる旨主張した。

第1審はXからの本件申立てを認め、Yに対して文書の提出を命ずる決定を出したので、Yが原審（高等裁判所）に即時抗告をした。原審（抗告審）は、本件文書は、専らY内部の者の利用に供する目的で作成され、外部の者に開示することが予定されていない文書であって、開示されるとY内部における自由な意見の表明に支障を来し、Yの自由な意思形成が阻害されるおそれがあることなどを理由に、民訴法220条4号ニ所定の「専ら文書の所持者の利用に供するための文書」に該当するとして、原々審の文書提出命令を取り消して、Xからの本件申立てを却下する決定をした。これに対して、Xが許可抗告の申立てをしたところ、原審が抗告を許可したため、本件が最高裁に係属することになった。

問　い

小問(1) 銀行の自己査定資料と貸出稟議書との相違点について説明しなさい。

小問(2) 設例において、本件文書が、民訴法220条4号ニ所定の「専ら文書の所持者の利用に供するための文書」に該当するかについて説明しなさい。

判例から考える

本問のもとにしたのは、最決平成19年11月30日・民集61巻8号3186頁である（以下「最決平成19年」と呼ぶ）。この最決平成19年は、原審の上記判断は是認することができないとして、次のように、その理由を述べた。

　「(1)ある文書が、その作成目的、記載内容、これを現在の所持者が所持するに至るまでの経緯、その他の事情から判断して、専ら内部の者の利用に供する目的で作成され、外部の者に開示することが予定されていない文書であって、開示されると個人のプライバシーが侵害されたり個人ないし団体の自由な意思形成が阻害されたりするなど、開示によって所持者の側に看過し難い不利益が生ずるおそれがあると認められる場合には、特段の事情がない限り、当該文書は民訴法220条4号ニ所定の『専ら文書の所持者の利用に供するための文書』に当たると解するのが相当である（最高裁平成11年（許）第2号同年11月12日第2小法廷決定・民集53巻8号1787頁参照）。

　(2)これを本件についてみると、前記のとおり、Yは、法令により資産査定が義務付けられているところ、本件文書は、Yが、融資先であるAについて、前記検査マニュアルに沿って、同社に対して有する債権の資産査定を行う前提となる債務者区分を行うために作成し、事後的検証に備える目的もあって保存した資料であり、このことからすると、本件文書は、前記資産査定のために必要な資料であり、監督官庁による資産査定に関する前記検査において、資産査定の正確性を裏付ける資料として必要とされているものであるから、Y自身による利用にとどまらず、Y以外の者による利用が予定されているものということができる。そうすると、本件文書は、専ら内部の者の利用に供する目的で作成され、外部の者に開示することが予定されていない文書であるということはできず、民訴法220条4号ニ所定の『専ら文書の所持者の利用に供するための文書』に当たらないというべきである」。

　最決平成19年は、上記のように述べ、本件文書について民訴法220条4号ニ所定の文書に当たるとしてYの提出義務を否定した原審の判断には裁判に影響を及ぼすことが明らかな法令の違反があるとして、原決定を破棄し、本件を原審に差し戻した。

　以下では、銀行の自己査定資料と貸出稟議書、および本件文書が民訴法220条4号ニ所定の「専ら文書の所持者の利用に供するための文書」に該当するかについて解説する。

解 説

1 はじめに

　設例のもとにした最決平成19年は、平成8年の民事訴訟法全面改正に際して新設された一般義務文書（民訴法220条4号）における除外事由の一つである自己使用文書（同号ニ。自己専用文書、自己利用文書または自己専利用文書などと呼ばれる）の該当性について、一つの事例判断を付け加えたものであるとされる[1]。最決平成19年は、金融機関が保有する文書のうち自己査定資料について、最高裁が、法令により資産査定が義務づけられており、その資産査定のために必要な資料であり、監督官庁による外部の第三者の利用を予定していることを理由に、その内部文書性を初めて否定した点で、実務上重要な意義を有する[2]。

　学説は、自己使用文書該当性の基準について、近時は独自の見解を提示するというよりも、銀行の貸出稟議書に関する最決平成11年11月12日・民集53巻8号1787頁（以下「最決平成11年」と呼ぶ）が示した基準・要件の是非を議論することに注力しているものといえよう。

　なお、文書提出義務および民訴法220条4号ニの自己使用文書についての立案担当者による説明に関しては、前講❶を参照。

2 銀行の自己査定資料と貸出稟議書

(1) 自己査定資料とは

　金融検査マニュアルでは、「**資産査定**とは、金融機関の保有する資産を個別に検討して、回収の危険性又は価値の毀損の危険性の度合いに従って区分することであり、預金者の預金などがどの程度安全確実な資産に見合っているか、言い換えれば、資産の不良化によりどの程度の危険にさらされているかを判定するものであり、金融機関自らが行う資産査定を自己査定という。自己査定は、金融機関が信用リスクを管理するための手段であるとともに、適正な償却・引当を行うための準備作業である。また、償却・引当とは、自己査定結果に基づき、貸倒等の実態を踏まえ債権等の将来の予想損失額等を適時かつ適正に見積もることである」と規定している。つまり、各金融機関

は、資産の自己査定基準を定めて、その有する資産を検討・分析して、回収
の危険性または価値毀損の危険性の度合いに応じて分類区分をすることが求
められている[3]。

　金融検査マニュアルには、自己査定資料の様式やそこに記載すべき内容が
定められているわけではなく、自己査定資料としてどのような資料を作成す
るかは、各金融機関の定める自主的なマニュアルによることになる。一般的
には、貸出金調査票（ラインシート）、債務者概況票、実態貸借対照表、実態
損益計算書、償還能力査定シート、担保明細表等が作成されており、それら
には、融資先の財務状況、担保・保証等の状況のほか、それについての金融
機関による分析・評価、当該融資先の今後の業績見込み等が記載され、それ
らに基づき金融機関が定める当該融資先の債務者区分（正常先、要注意先、破
綻懸念先、実質破綻先、破綻先）が記載される[4]。

(2) 銀行の自己査定資料と貸出稟議書に関する相違点

　共通性の指摘される銀行の自己査定資料と貸出稟議書であるが、それらの
自己使用文書該当性について、最高裁の判断は異なっている。そのように最
高裁の判断が異なることに関して、自己査定資料と貸出稟議書の相違点がい
くつか指摘されている。

　銀行の**貸出稟議書**と**自己査定資料**は、記載内容の点では共通性を有してい
るが、第三者の閲覧対象という点では、貸出稟議書は閲覧対象となりうる抽
象的な可能性を有しているのに過ぎないのに対して、自己査定資料は、資産
査定義務の前提資料となり監督官庁の利用が予定されている点（監督官庁の
検査に備える目的で作成される）に相違があるとされる[5]。同様に最決平成19
年は、稟議書等に対しては、理論上、監督官庁による調査がありうるが、そ
れはありうるという程度の可能性にとどまるのに対し、この金融庁による**資
産査定調査**は法令によって命ぜられたものであるから必ず見られるというも
のであって、見られることを意識して作成され保管されたのであって、程度
が異なることが指摘されている[6]。

　また、**自己査定資料**は、個別の融資の適正性を担保する資料ではなく、ま
た、金融機関が取引先に貸付等を行う意思決定過程に直接関わりかつ意思形
成過程を記載した文書ではない点で、貸出稟議書とは客観的な性質が異なる

との指摘がある[7]。

さらに、**貸出稟議書**は、融資の是非の審査にあたって忌憚のない評価や意見も記載されることが予定されているのに対して、自己査定資料はそれが作成、保存されていれば検査の際に閲覧される可能性があるに過ぎず、法令上義務づけられた資産査定の正確性を裏付ける資料となることが予定されている点において、その両者は異なるとする指摘もある[8]。

3 専ら文書の所持者の利用に供するための文書

(1) 最決平成19年の判断枠組み

最決平成19年も引用する最決平成11年の判断枠組みは、自己使用文書の該当性について、次のように要約できる。すなわち自己使用文書の該当性については、①文書の作成目的、記載内容、これを現在の所持者が所持するに至るまでの経緯、その他の事情から判断して、専ら内部の者の利用に供する目的で作成され、外部の者に開示することが予定されていない文書であること（内部文書性ないし外部非開示性）、②開示されると個人のプライバシーが侵害されたり個人ないし団体の自由な意思形成が阻害されたりするなど、開示によって所持者の側に看過し難い不利益が生ずるおそれがあると認められること（看過し難い不利益性）、③自己使用文書であることを否定すべき特段の事情がないこと（否定すべき特段の事情の不存在）を基準・要件とする。

最決平成19年は、外部非開示性の要件と看過し難い不利益が生ずるおそれの2つの要件を意識的に使い分け、まず、外部非開示性の要件の判断を行って、外部非開示性の要件の充足を否定し、そこから直ちに本件文書は民訴法220条4号ニ所定の自己使用文書に該当しないものとした[9]。すなわち最決平成19年は、自己使用文書該当性の一般的要件のうち外部非開示性を否定するものである[10]。

最決平成19年は、所持者たる金融機関に対して法令により資産査定が義務づけられており、本件文書は資産査定を行う前提のために必要な資料であること、および所持者による利用だけでなく、監督官庁（第三者）による事後的検証が予定されていることから、内部文書性を否定している[11]。すなわち最決平成19年は、第三者への公表の予定がないことについては、監督官庁に

よる検査に必要であるから、文書を作成した金融機関以外の者による利用が予定されているとしてその内部文書性を否定した[12]。

　最決平成19年を一例に挙げて、近時の裁判例は、「**外部非開示性**」を否定する根拠として法令上の作成義務を有力な手がかりとし、さらにこれを法令上の作成義務に準ずる場合に拡大する傾向にあるとし、これにより、自己使用文書該当性の判断については、抑制的な態度がとられることになるとする分析もある[13]。

(2)　守秘義務と最決平成19年

　ア　自己査定資料と守秘義務

　文書の開示を受ける者が**守秘義務**を負っていても、その文書が一般・外部に開示・公表されることになるのかが議論されている。本件で問題となった文書は、銀行が融資先の債務者区分を行うために作成し保存している資料である。銀行が自己査定を行い、その結果を公表することは法令により義務づけられているが、自己査定のために必要な資料については、作成や公表が法令により義務づけられているわけではない。検査官は自己査定結果の正確性を検証するために銀行が作成した資料を検査することができるが（銀行法25条）、検査官は検査によって知りえた情報について守秘義務を負っており（国公法100条）、**自己査定資料**の記載内容が一般に開示されることは予定されていない[14]。

　イ　守秘義務と内部文書性＝外部非開示性に関する最決平成19年

　設例のもとにした最決平成19年は、自己使用文書の判断の根本にある内部文書性＝外部非開示性を否定した点に特色があるが、監督官庁に見せるということは、公務員の守秘義務に担保されていることから、一般私人に見せる場合と異なり、内部文書性＝外部非開示性の判断とは直結しない（監督官庁の公務員に見せても、内部文書性＝外部非開示性は否定されない）とする見解があった[15]。

　しかし、最決平成19年は、それを否定したものと指摘されている[16]。そして、そのような最決平成19年による否定について、判例は、開示を受ける者が守秘義務を負っていても、純粋の内部利用ではなく外部に開示される点に変わりはないと考えているものであり、文書提出義務の一般義務化の趣旨に

適合し、法の文言からも相当といえるとして評価する見解もある[17]。

　最決平成19年は、自己査定資料の開示を受ける第三者（監督官庁ないし検査官）が法令上の守秘義務を負うかどうかに何らの言及をしないことによって、検査官が守秘義務を負うことと自己使用文書該当性との間には関連性がないということを間接的に示したものと指摘されている[18]。換言すれば、最決平成19年は、自己査定資料が監督官庁による資産査定での使用が予定されている文書であることを理由に「外部非開示性」を否定し、公務員の守秘義務により監督官庁からさらに外部に開示されるおそれがほとんどないことは、考慮しなかったことになる[19]。

　ウ　守秘義務に関する最決平成19年に対する疑問

　守秘義務に関する最決平成19年に対しては、疑問も呈されている。当該文書が監督官庁による検査の対象になるとしても公務員の守秘義務によりその情報の不開示が保障されているので、一般に公開することと同一には論じられないのみならず、監督官庁による検査の対象になることで自己使用文書性が否定されるならば、銀行の所持文書全般について同様のことがいえそうであり、民訴法220条4号ニの要件の存在自体が無意義になりかねない問題をはらんでいるとの疑問が指摘されている[20]。

　また、自己査定資料は、金融庁検査において利用されることが予定されているといっても、金融庁の職員は法令上守秘義務を負担している国家公務員であるから、自己査定資料は銀行および金融庁のみで共有されるのであり、最決平成19年が判示するように銀行以外の者による利用が予定されていると直ちに評価できるのかとの疑問も表明されている[21]。

(3) 文書に関する法令上の義務と最決平成19年

　最決平成19年は、銀行に対する監督官庁の資産査定の前提となる資料（自己査定資料）について文書提出命令が申し立てられた事案である。同決定は、監督官庁による資産査定は法令により義務づけられており、自己査定資料はこの法令上の義務を果たす前提として作成されたものであることを重要な要素として、「外部非開示性」を否定したと分析されている[22]が、自己査定資料について法令上の作成義務があるわけではない[23]。

　この最決平成19年などを挙げて、判例は法令上の義務行為の前提として作

成された文書など、**法令上の作成義務**に準ずる理由で作成された文書は、内部のみで利用が完結することは想定されていないとして、外部非開示性の要件を満たさないとしたものとすると指摘されている[24]。同様に、最決平成19年は、資産査定義務の前提資料となり監督官庁の閲覧が必要的であるということから、法令上の作成義務はないが、事実上、作成義務がある場合と同等な場合であるとの評価を下し、その結果、本件文書は相手方以外の者による利用が予定されていると判断したとする見解もある[25]。そして、最決平成19年などを挙げて、法令上の義務の履行との関連で作成された文書については、判例は自己使用文書性を否定する方向に進んでいると評されている[26]。

　これに対して、最決平成19年の論理構成は、ある文書の外部非開示性の判断に際して、文書と法令上の義務との関係を問題とせず、端的に第三者（守秘義務を負っているか否かは問わない）への開示可能性のみをメルクマールとしているとの指摘もある[27]。また、法令上の作成義務の有無と、文書自体の客観的性格である外部に対する開示を予定しているかどうかということは、互いに別次元の問題であり、したがって、法令上の作成義務があれば外部に開示されることが当然に予定されているとはいえないと指摘されている[28]。

本決定（最決平成19年）の意義

　本決定は、一般提出義務文書（民訴法220条4号）における除外事由の一つである自己使用文書（同号ニ。自己専用文書、新自己使用文書または自己専利用文書などと呼ばれる）の該当性について、一つの限界判断（貸出稟議書との区別）を付け加えたものである。本決定は、金融機関が保有する文書のうち自己査定資料について、最高裁が、法令により資産査定が義務づけられており、その資産査定のために必要な資料であり、監督官庁による外部の第三者の利用を予定していることを理由に、その内部文書性を初めて否定した点で、実務上重要な意義を有する。

1）畑瑞穂「判批」平成19年度重要判解145頁。これに対して、最決平成19年は単なる事例判断ではないとの指摘もある。越山和広「判批」速報判例解説2号161頁、163頁（2008年）。
2）我妻学「判批」金商1301号18頁、21頁（2008年）。同旨、三木浩一「判批」法研

82巻 6 号195頁、198頁以下（2009年）。

3 ）中原利明「判批」銀法685号14頁、16頁（2008年）。

4 ）中村さとみ「判批」曹時62巻 4 号127頁、137頁以下（2010年）。

5 ）山本和彦「判批」銀法685号 4 頁、 5 頁（2008年）、我妻・前掲注 2 ）23頁、小林・新ケース252頁。

6 ）高橋・重点下197頁注202の 4 。またおおむね同旨、畑・前掲注 1 ）146頁参照、武田瑞佳「判批」平成20年度主要民事判解180頁、181頁。

7 ）越山・前掲注 1 ）163頁。

8 ）中村・前掲注 4 ）140頁。

9 ）三木・前掲注 2 ）202頁以下。

10）酒井博行「判批」北園44巻 1 号107頁、115頁（2008年）。

11）我妻・前掲注 2 ）22頁。同旨、兼子原著・第 2 版1212頁〔加藤新太郎〕。

12）和田吉弘「判批」法セ639号115頁（2008年）。同旨、小林・新ケース236頁、中村・前掲注 4 ）139頁。

13）高田裕成ほか編・注釈民事訴訟法第 4 巻（有斐閣・2017年）536頁以下〔三木浩一〕。

14）長谷部由起子「判批」金法1844号75頁（2008年）。

15）新堂幸司・民事訴訟法学の展開（有斐閣・2000年）229頁。また、小野憲一「判批」最高裁判所判例解説民事篇平成11年度（下・法曹会）772頁、794頁。

16）高橋・重点下176頁以下。同旨、加藤新太郎＝松下淳一編・新基本法コンメンタール民事訴訟法第 2 巻（2017年）94頁〔大渕真喜子〕。

17）兼子原著・条解第 2 版1211頁〔加藤新太郎〕。

18）田中豊・民事訴訟判例読み方の基本（日本評論社・2017年）325頁。また、中村・前掲注 4 ）140頁。同旨、伊藤眞「文書提出義務をめぐる判例法理の形成と展開」判タ1277号13頁、37頁注66（2008年）。

19）高田ほか編・前掲注13）538頁〔三木〕。

20）新堂・401頁注。

21）中原利明・「判批」銀法685号14頁、16頁（2008年）。

22）高田ほか編・前掲注13）536頁〔三木〕。

23）我妻学「判批」金商1311号48頁、51頁（2009年）。

24）三木ほか・330頁〔三木〕。

25）松村和徳「判批」判評603号（判時2033号）17頁、21頁（2009年）。

26）松本博之＝上野泰男・民事訴訟法（第 8 版・弘文堂・2015年）524頁以下。

27）酒井博行「判批」北園44巻 1 号107頁、116頁以下（2008年）。

28）越山・前掲注 1 ）163頁。

政務調査費文書と文書提出命令

最決平成26年10月29日・判例自治392号40頁・判時2247号 3 頁

▶予備知識

　文書の所持者は、訴訟当事者でも訴外第三者でも、民訴法220条に定める要件のもとに、所持する文書の裁判所への提出を義務づけられている。所持する文書の裁判所への提出義務について、民訴法220条 1 号から 3 号までは限定的な義務として構成され、 4 号は一般義務化された構成となっている。しかし、民訴法220条 4 号ニ〔民訴法の平成13年改正前の「ハ」——筆者注。以下同じ〕は、「**専ら文書の所持者の利用に供するための文書**」（自己使用文書）を 4 号による提出義務の対象文書から除外している。

　自己使用文書該当性の解釈について、判例として機能している最決平成11年11月12日・民集53巻 8 号1787頁は、銀行の貸出稟議書の自己使用文書該当性が争われた事件であり、結論としてその自己使用文書該当性を認めた。この最決平成11年は、その該当性の基準・要件としておおむね次のように判示した。すなわち、ある文書が、その作成目的、記載内容、これを現在の所持者が所持するに至るまでの経緯、その他の事情から判断して、専ら内部の者の利用に供する目的で作成され、外部の者に開示することが予定されていない文書であって、開示されると個人のプライバシーが侵害されたり個人ないし団体の自由な意思形成が阻害されたりするなど、開示によって所持者の側に看過し難い不利益が生ずるおそれがあると認められる場合には、特段の事情がない限り、当該文書は民訴法220条 4 号ニ所定の「専ら文書の所持者の利用に供するための文書」に当たると解するのが相当であるとした。

　議会の会派・議員が所持する**政務調査費**の支出に関する文書の自己使用文書該当性が争われて最高裁決定が出された事件は、最決平成26年10月29日まで 2 つあった。それは、仙台市政務調査費の交付に関する条例等についての最決平成17年11月10日・民集59巻 9 号2503頁および名古屋市会政務調査費の交付に関する条例等についての最決平成22年 4 月12日・判時2078号 3 頁である。

判例のポイント

　岡山県議会の政務調査費の交付に関する条例における領収書の写し等の提出に係る定めは、1万円以下の支出に係る領収書その他の証拠書類等につきおよそ公にすることを要しないものとして調査研究活動の自由の保護を優先させたものではなく、これらの書類に限って議長等が直接確認することを排除する趣旨に出たものでもないと解されるのであって、領収書の写し等の作成や管理等に係る議員や議長等の事務の負担に配慮する趣旨に出たものと解するのが相当である。また、当該条例の委任に基づく岡山県議会の政務調査費の交付に関する規程においては、政務調査費の支出につき、その金額の多寡にかかわらず、議員に対して領収書その他の証拠書類等の整理保管および保存が義務づけられている趣旨に鑑みると、同改正後の当該条例の下では、上記領収書その他の証拠書類等は、議長において当該条例に基づく調査を行う際に必要に応じて支出の金額の多寡にかかわらず直接確認することが予定されている。そうすると、上記の領収書その他の証拠書類等および会計帳簿は、外部の者に開示することが予定されていない文書であるとは認められない。

設　問

設例

1　岡山県（以下「県」という）に主たる事務所を有する特定非営利活動法人であるXは、地方自治法242条の2第1項4号に基づき、県知事に対し、県議会の議員であるYらが平成22年度に受領した政務調査費のうち使途基準に違反して支出した金額に相当する額について、Yらに不当利得の返還請求をすることを求める訴えを本案事件として提起している。

　Xは、Yらの所持する平成22年度分の政務調査費の支出に係る1万円以下の支出に係る領収書その他の証拠書類等および平成22年度分の政務調査費の支出に係る会計帳簿（以下「本件各文書」という）について、文書提出命令の申立てをした（以下「本件」という）。これに対し、Yらは、本件各文書は民訴法220条4号ニ所定の「専ら文書の所持者の利用に供するための文書」に

当たると主張している。

2　県では、地方自治法（平成24年法律第72号による改正前のもの。以下同じ）100条14項および15項の規定を受けて、岡山県議会の政務調査費の交付に関する条例（平成13年岡山県条例第43号。以下、後記の各改正の前後を通じて「本件条例」という）および本件条例の委任に基づく岡山県議会の政務調査費の交付に関する規程（平成13年岡山県議会告示第1号。以下、後記の各改正の前後を通じて「本件規程」という）が定められ、県議会の議員に対して政務調査費を交付することとされている。

　平成21年岡山県条例第34号による改正（以下「平成21年条例改正」という）前の本件条例は、政務調査費の交付を受けた議員は、政務調査費に係る収入および支出の報告書（以下「収支報告書」という）を各年度ごとに所定の様式により議長に提出しなければならない旨（8条1項）、議長は、政務調査費の適正な運用を期すため、収支報告書が提出されたときは必要に応じ調査を行うものとする旨（9条）、議長は提出された収支報告書をその提出すべき期間の末日の翌日から起算して5年を経過する日まで保存しなければならず、何人も議長に対し収支報告書の閲覧を請求することができる旨（11条1項、2項）を規定し、平成21年岡山県議会告示第1号による改正（以下「平成21年規程改正」という）前の本件規程は、議長は提出された収支報告書を知事に送付するものとする旨（5条）を規定していた。しかるところ、平成21年4月1日以後に交付される政務調査費について適用される平成21年条例改正後の本件条例（ただし、平成24年岡山県条例第86号による改正前のもの。以下同じ）においては、収支報告書には、当該収支報告書に記載された政務調査費の支出（1件当たりの金額が1万円を超えるものに限る）に係る領収書の写しその他の議長が定める書類（以下「領収書の写し等」ともいい、収支報告書と併せて「収支報告書等」という）を添付しなければならない旨定められ（8条3項）、上記の書類は、収支報告書とともに議長による保管および議長に対する閲覧の請求の対象とされることとされ（11条1項、2項）、平成21年規程改正後の本件規程（ただし、平成24年岡山県議会告示第2号による改正前のもの。以下同じ）においては、本件条例第8条3項の議長が定める書類は、領収書の写しその他の支出を証すべき書面であって当該支出の相手方から徴したものの写し（社会慣習

その他の事情によりこれを徴し難いときは、金融機関が作成した当該支出に係る振込みの明細書の写し又は支払証明書）とする旨定められ（5条1項）、議長は上記の書類（領収書の写し等）を含む収支報告書等の写しを知事に送付するものとされた（6条）。なお、平成21年規程改正の前後を通じて、本件規程は、議員は、政務調査費の支出について会計帳簿を調製するとともに証拠書類等を整理保管し、これらの書類を当該政務調査費に係る収支報告書等を提出すべき期間の末日の翌日から起算して5年を経過する日まで保存しなければならない旨を規定している（上記改正前の6条、同改正後の7条）。また、本件条例に基づき定められた収支報告書の様式を見ると、使途基準に従って支出した項目ごとにその支出額の合計と主たる支出の内訳につき概括的な記載が予定されており、個々の支出の金額や支出先、当該支出に係る調査研究活動の目的や内容等を具体的に記載すべきものとはされておらず、議長が収支報告書等について具体的に採ることのできる調査の方法も、本件条例および本件規程において定められていない。

問　い

小問(1)　議会の会派または議員が所持する政務調査費の支出に関する文書の自己使用文書該当性に関する従来の判例について説明しなさい。

小問(2)　本件各文書が、民訴法220条4号ニ所定の「専ら文書の所持者の利用に供するための文書」に当たるか否かについて説明しなさい。ただし、次のことを前提とする。

　　「平成21年条例改正後の本件条例の定めは、1万円を超える支出に係る領収書の写し等につき議長への提出を義務付けており、1万円以下の支出に係る領収書の写し等についてまでこれを義務付けてはいないが、議員が行う調査研究活動にとっては、一般に、1万円以下の比較的少額の支出に係る物品や役務等の方が1万円を超えるより高額の支出に係る物品や役務等よりもその重要性は低いといえるから、前者の支出に係る金額や支出先等を公にされる方が、後者の支出に係る金額や支出先等を公にされるよりも上記の調査研究活動の自由を妨げるおそれは小さいものといえる。そうすると、平成21

年条例改正後の本件条例における領収書の写し等の提出に係る上記の定めは、1万円以下の支出に係る領収書その他の証拠書類等につきおよそ公にすることを要しないものとして調査研究活動の自由の保護を優先させたものではなく、これらの書類に限って議長等が直接確認することを排除する趣旨に出たものでもないと解されるのであって、領収書の写し等の作成や管理等に係る議員や議長等の事務の負担に配慮する趣旨に出たものと解するのが相当である」。

判 例 か ら 考 え る

　設例は、最決平成26年10月29日・判例自治392号40頁（以下「最決平成26年」という）をもとにしたものである。そこで**自己使用文書**（民訴法220条4号ニ）の該当性が問題となった本件各文書とは、本件条例の委任を受けた本件規程により岡山県議会の議員に作成・保管が義務づけられていた1件1万円以下の**政務調査費**の支出に係る領収書その他の証拠書類および政務調査費の支出に関する会計帳簿である。最決平成26年は、その自己使用文書の該当性に関して、次のように判示した。

　「(1) ある文書が、その作成目的、記載内容、これを現在の所持者が所持するに至るまでの経緯、その他の事情から判断して、専ら内部の者の利用に供する目的で作成され、外部の者に開示することが予定されていない文書であって、開示されると個人のプライバシーが侵害されたり個人ないし団体の自由な意思形成が阻害されたりするなど、開示によって所持者の側に看過し難い不利益が生ずるおそれがあると認められる場合には、特段の事情がない限り、当該文書は民訴法220条4号ニ所定の『専ら文書の所持者の利用に供するための文書』に当たると解するのが相当である」（最高裁平成11年（許）第2号同年11月12日第2小法廷決定・民集53巻8号1787頁、最高裁平成17年（行フ）第2号同年11月10日第1小法廷決定・民集59巻9号2503頁、最高裁平成21年（行フ）第3号同22年4月12日第2小法廷決定・裁判集民事234号1頁等参照）。

(2) これを本件各文書についてみると、次のとおりである。

　ア　地方自治法100条14項〔平成24年法律第72号による改正前のもの〕は、『普通地方公共団体は、条例の定めるところにより、その議会の議員の調査研究

に資するため必要な経費の一部として、その議会における会派又は議員に対し、政務調査費を交付することができる』と規定し、同条15項〔平成24年法律第72号による改正前のもの〕は、『政務調査費の交付を受けた会派又は議員は、条例の定めるところにより、当該政務調査費に係る収入及び支出の報告書を議長に提出するものとする』と規定している。

これらの規定による政務調査費の制度は、議会の審議能力を強化し、議員の調査研究活動の基盤の充実を図るため、議会における会派又は議員に対する調査研究の費用等の助成を制度化し、併せて政務調査費の使途の透明性を確保しようとしたものである。もっとも、これらの規定は、政務調査費の使途の透明性を確保するための手段として、条例の定めるところにより政務調査費に係る収入及び支出の報告書を議長に提出することのみを定めており、地方自治法は、その具体的な報告の程度、内容等については、各地方公共団体がその実情に応じて制定する条例の定めに委ねることとしている。

イ 本件条例においては、平成21年条例改正により、政務調査費の交付を受けた議員は収支報告書に１万円を超える支出に係る領収書の写し等を添付して議長に提出しなければならず、何人も議長に対して当該領収書の写し等の閲覧を請求することができることとされたものである。

議員による個々の政務調査費の支出について、その具体的な金額や支出先等を逐一公にしなければならないとなると、当該支出に係る調査研究活動の目的、内容等を推知され、当該議員の活動に対して執行機関や他の議員等からの干渉を受けるおそれが生ずるなど、調査研究活動の自由が妨げられ、議員の調査研究活動の基盤の充実という制度の趣旨、目的を損なうことにもなりかねず、そのような観点から収支報告書の様式も概括的な記載が予定されているものと解されるが、上記のような改正後の本件条例の定めに鑑みると、平成21年条例改正は、従前の取扱いを改め、政務調査費によって費用を支弁して行う調査研究活動の自由をある程度犠牲にしても、政務調査費の使途の透明性の確保を優先させるという政策判断がされた結果と見るべきものである。

そして、平成21年条例改正後の本件条例の定めは、１万円を超える支出に係る領収書の写し等につき議長への提出を義務付けており、１万円以下の支

出に係る領収書の写し等についてまでこれを義務付けてはいないが、議員が行う調査研究活動にとっては、一般に、1万円以下の比較的少額の支出に係る物品や役務等の方が1万円を超えるより高額の支出に係る物品や役務等よりもその重要性は低いといえるから、前者の支出に係る金額や支出先等を公にされる方が、後者の支出に係る金額や支出先等を公にされるよりも上記の調査研究活動の自由を妨げるおそれは小さいものといえる。そうすると、平成21年条例改正後の本件条例における領収書の写し等の提出に係る上記の定めは、1万円以下の支出に係る領収書その他の証拠書類等につきおよそ公にすることを要しないものとして調査研究活動の自由の保護を優先させたものではなく、これらの書類に限って議長等が直接確認することを排除する趣旨に出たものでもないと解されるのであって、領収書の写し等の作成や管理等に係る議員や議長等の事務の負担に配慮する趣旨に出たものと解するのが相当である。

　また、本件条例の委任を受けた本件規程においては、政務調査費の支出につき、その金額の多寡にかかわらず、議員に対して領収書その他の証拠書類等の整理保管及び保存が義務付けられているところ、以上のような平成21年条例改正の趣旨に鑑みると、同改正後の本件条例の下では、上記領収書その他の証拠書類等は、議長において本件条例に基づく調査を行う際に必要に応じて支出の金額の多寡にかかわらず直接確認することが予定されているものと解すべきである。

　そして、本件規程においては、議員に対して会計帳簿の調製及び保存も義務付けられているところ、会計帳簿は、領収書その他の証拠書類等を原始的な資料とし、これらの資料から明らかとなる情報が一覧し得る状態で整理されたものであるといえるから、上記領収書その他の証拠書類等と同様に、平成21年条例改正後の本件条例の下では、議長において本件条例に基づく調査を行う際に必要に応じて直接確認することが予定されているものと解すべきである。

　そうすると、上記の領収書その他の証拠書類等及び会計帳簿である本件各文書は、外部の者に開示することが予定されていない文書であるとは認められないというべきである。

(3) 以上によれば、本件各文書は、民訴法220条4号ニ所定の『専ら文書の所持者の利用に供するための文書』に当たらないというべきである」。

　以下では、政務調査費の支出に関する文書と後掲する最決平成17年11月10日および最決平成22年4月12日、ならびに最決平成26年の理解の仕方について解説し、最後に、地方自治法等の改正にふれる。

解　説

1　はじめに

　最決平成26年で問題となった本件各文書とは、平成21年条例改正後の岡山県議会の**政務調査費の交付に関する条例**（平成13年岡山県条例第43号。ただし、平成24年岡山県条例第86号による改正前のもの）、および平成21年規程改正後の岡山県議会の**政務調査費の交付に関する規程**（平成13年岡山県議会告示第1号。ただし、平成24年岡山県議会告示第2号による改正前のもの）により岡山県議会の議員に作成・保管が義務づけられている1件1万円以下の政務調査費の支出に係る領収書その他の証拠書類および政務調査費の支出に関する会計帳簿である[1]。

　最決平成26年は、条例等に明示的な開示義務を定めた規定がないにもかかわらず、1件1万円以下の政務調査費の支出に係る領収書その他の証拠書類および政務調査費の支出に関する会計帳簿の裁判所への提出義務を認めた初めての最高裁判例である[2]。

　後述するように、地方自治法100条14項ないし16項に関する平成24年の改正（平成25年3月1日から施行）は、平成13年から続いた政務調査費を政務活動費に名称変更し、かつ、その交付目的に議員の調査研究だけでなく議員の「その他の活動」も追加し、その使途を拡大した。

　民訴法220条4号ニの自己使用文書の解釈については最決平成11年11月12日・民集53巻8号1787頁（以下「最決平成11年」と呼ぶ）が判例として機能している。最決平成11年は、自己使用文書の解釈について、基本的には立案担当者の説明や民訴法220条4号ニの文言に依拠していると考えられる。

　民訴法220条4号ニに定められた自己使用文書は、一般義務化した文書提出義務の例外として提出義務を免れることになるが、この自己使用文書の解

釈については、最決平成11年が判例となっており、後の裁判例に強い影響を
与えている。自己使用文書の該当性については、最決平成11年が一般的な準
則を定立し、それ以後のすべての裁判例がその準則に従っていると評されて
いる[3]。最決平成26年も、この最決平成11年を引用した上で、本件各文書を
検討した結果、その内部利用目的・外部非開示性を否定し、本件各文書は自
己使用文書ではないとしたものである。

　判例として機能している最決平成11年は、銀行の貸出稟議書の自己使用文
書該当性が争われた事件であり、結論として、その自己使用文書該当性を認
めた。最決平成11年は、おおむね次のように判示した。すなわち、ある文書
が、その作成目的、記載内容、これを現在の所持者が所持するに至るまでの
経緯、その他の事情から判断して、専ら内部の者の利用に供する目的で作成
され、外部の者に開示することが予定されていない文書（以下「**①内部利用目
的・外部非開示要件**」という）であって、開示されると個人のプライバシーが
侵害されたり個人ないし団体の自由な意思形成が阻害されたりするなど、開
示によって所持者の側に看過し難い不利益が生ずるおそれがあると認められ
る場合（以下「**②開示による看過し難い不利益要件**」という）には、特段の事情
がない限り（以下「**③否定すべき特段の事情の不存在要件**」という）、当該文書は
民訴法220条4号ニ〔民訴法の平成13年改正前のハ──筆者注〕所定の「専ら文
書の所持者の利用に供するための文書」に当たると解するのが相当であると
した。

　最決平成11年が示した判断枠組みは、**自己使用文書**の無制限な拡大に歯止
めをかけ、②開示による看過し難い不利益要件の判断の中で一応妥当な結論
を導くことができるものであるとして肯定的に評価する見解がある[4]。また、
最決平成11年が示した基準を基本的に妥当であるとする見解がある[5]。

　これに対して、③否定すべき特段の事情の不存在要件については、②開示
による看過し難い不利益要件の問題として処理することができる等の理由に
より、独立の要件としての意義は希薄であるとし、最決平成11年に対して批
判的な見解もある[6]。

　学説としては、第1に、専ら所持者の利用に供するための文書であるかを
総合的に考慮する見解がある。判例に対して、自己使用文書とは、専ら所持

者の利用に供するための文書を指し、挙証者に限らず、第三者の利用を予定するものはこれに含まれないとする見解がある。そして、ここで、第三者の利用が予定されるものであるかどうかは、第1に法令上作成を義務づけられ、必要な場合には第三者に交付することが予定されているか、第2に、会議メモなど、文書が作成者の意思形成過程を記録したものであるか、または事故調査など、客観的事実を記録したものであるか、第3に、専ら所持者の利用に供すると認めることが挙証者との公平に反しないかなどの視点から、総合的に決せられるべきものと主張する[7]。

　第2に、開示による看過し難い不利益要件を決定的な要件とする見解がある。判例に対して、③否定すべき特段の事情の不存在要件は独立した要件とはいえず、①内部利用目的・外部非開示要件は、形式的かつ類型的な要件であって、②開示による看過し難い不利益要件の前捌き的な意味を持つに過ぎないから、実質的かつ個別的な要件である②開示による看過し難い不利益要件が自己使用文書該当性を左右する決定的な要件とする見解がある[8]。

　第3に、**個人のプライバシーの保護**を核心とする見解がある。自己使用文書概念の核心は、プライバシーの保護、しかも個人のプライバシーであるとする見解がある。そして、一般的には、個人の所持する文書の場合には、現在の所持者または第三者のプライバシーが記載されている文書は原則として自己使用文書に該当し、また、法人を含む団体の所持する文書の場合には、現在の団体構成員または第三者のプライバシーが記載されている文書が、原則としてそれに当たるが、具体的に考えた場合、通例プライバシーが記載されていると考えられる場合でも、事案により提出が認められることもありうると主張する[9]。

　自己使用文書該当性については、前述したように、最決平成11年は民訴法220条4号ニに関する立案担当者の考え方や同条同号の文言を反映させたものであって、また、最決平成11年が判例として後の裁判や学説に対して強い影響力を有している。最決平成11年を前提とした上で自己使用文書該当性を判断することが、思考経済的にも適切であろう。

2　政務調査費の支出に関する文書と最決平成17年および最決平成22年

(1)　はじめに

　議会の会派または議員が所持する政務調査費の支出に関する文書の自己使用文書該当性が争われて最高裁決定が出された事件は、それまで 2 つあった。仙台市政務調査費の交付に関する条例等についての最決平成17年11月10日・民集59巻 9 号2503頁（以下「最決平成17年」と呼ぶ）と名古屋市会政務調査費の交付に関する条例等についての最決平成22年 4 月12日・判時2078号 3 頁（以下「最決平成22年」と呼ぶ）である。最決平成26年を分析する際、会派・議員の所持する政務調査費の支出に関する文書の自己使用文書該当性が争点となったという共通性を有し、最決平成26年がこの最決平成17年および最決平成22年を参照判例として引用することから、この 2 つの最高裁決定が比較分析されることが多い。ただし、これら 3 つの事件では、その問題とされた各条例（またはそれぞれの要綱、規則もしくは規程）がそもそも相違しているので、有効な比較分析ができる部分は限定的である。

(2)　議長等の調査権限に関する最決平成22年と最決平成26年

　最決平成22年は、当該条例および規則の内容に照らせば、**政務調査費報告書**と**領収書**は、議長等への説明責任を果たすための基礎資料に過ぎないとして、①内部利用目的・外部非開示要件の該当性を肯定している[10]。すなわち、最決平成22年は、当該条例および規則が当該報告書の作成、会計帳簿の調製、領収書などの証拠書類の保管を会派の責任者に義務づけているのは、これらを議長等の調査の対象とするためではないと理解し、議長の調査権が当該報告書および会計帳簿に及ばないことを根拠として、①内部利用目的・外部非開示要件の該当性を肯定した[11]。

　最決平成26年で問題となった本件各文書は、収支報告書への添付が本件規程上は義務づけられていない 1 万円以下の領収書等であり、文書としては最決平成22年における領収書と類似していると指摘されている[12]。そして、最決平成26年の原審決定（広島高裁岡山支部決定平成26年 5 月29日）は、 1 件当たりの支出額が 1 万円以下の領収書等や会計帳簿については、議長等による事情聴取に対し確実な証拠に基づいてその説明責任を果たすことができるようにその基礎資料を整えておくことを求めたものと解することができ、議長等

の第三者による調査等の際にこれらを提出させることまで予定したものではない、として、最決平成22年と類似した判断を示していた。

しかし、最決平成26年は、結果として、逆に本件各文書に対して議長の調査権が及ぶと解したので、最決平成26年と最決平成22年はその結論が相違することになった[13]。

(3) 最決平成17年または最決平成22年と最決平成26年

最決平成17年および最決平成22年は、自己使用文書該当性について最決平成11年の判断枠組みに従って判断しており、最決平成26年もこの同じ判断枠組みを用いて本件各文書の自己使用文書該当性を判断している[14]。

しかし、最決平成26年は、最決平成17年や最決平成22年とは異なって、本件で問題とされた本件各文書が自己使用文書に該当しないと判断した[15]。すなわち、最決平成26年は、地方議会における政務調査費の使途に関する記録の自己使用文書（民訴法220条4号ニ）該当性に関し、最決平成17年および最決平成22年と共通の判断枠組みを採用しつつ、初めて自己使用文書性を否定した[16]。

最決平成17年、最決平成22年および最決平成26年は、それぞれの関係法令に則して判断をしている[17]。すなわち、最決平成17年および最決平成22年は、最決平成26年で問題とされた条例および規程とは異なる条例および要綱もしくは規則を前提とした事案であり、また、最決平成26年では、一定金額以上の支出に係る領収書等の写しのみを議長に提出するという点で立法政策が大きく変化しているため、自己使用文書該当性について異なる結論となったものと分析されている[18]。

なお、最決平成17年および最決平成22年は、②開示による看過し難い不利益要件の該当性に関しても判断をしているが、最決平成26年は、その要件の該当性の判断に関して不必要と考えたことから最高裁はそれに言及しなかったと指摘されている[19]。

3 最決平成26年の理解の仕方

(1) 1万円以下の支出に係る領収書等の写しの議長に対する提出義務

最決平成26年で問題となった本件各文書とは、本件規程により議員に作

成・保管が義務づけられている 1 件 1 万円以下の政務調査費の支出に係る領収書その他の証拠書類および政務調査費の支出に関する会計帳簿である[20]。この 1 万円を超える支出であるか否かにより領収書等の写しの議長に対する提出義務が左右されることに、最決平成26年の事案の特徴がある[21]。

　最決平成26年の事案では、政務調査費の支出に関する会計帳簿のほか、1 万円以下の支出に係る領収書等の写しは議長に対して提出の必要はないことになる[22]。しかし、最決平成26年では、1 万円以下の支出に係る領収書等については議長への提出が条例で義務づけられていなかったにもかかわらず、裁判所は、この議長への提出義務が定められていない額に係る領収書等についての裁判所への文書提出義務を肯定した[23]。

　最決平成26年では、1 万円超の領収書については「何人も議長に対して」閲覧請求することができるとされていることを踏まえて、第 1 に、1 万円超の領収書についてさえ条例で提出が認められているなら、1 万円以下の領収書について提出させることについて文書の所持者に不利益が生ずるおそれは小さいこと、第 2 に、議員は領収書等の整理・保管義務があることから、議長は金額の多寡に関係なく証拠書類を直接確認することができると解されること、第 3 に、議員は会計帳簿の調製・保存義務を負うことから、同様に議長は証拠書類を直接確認することができると解されるとして、本件各文書の①内部利用目的・外部非開示要件の該当性が否定された[24]。

　しかし、最決平成26年では、会計帳簿と 1 万円以下の支出に係る領収書等に関する限り法令の状況は最決平成22年の名古屋市のそれと同一であるから、従来の判例によれば、①内部利用目的・外部非開示要件の該当性が肯定されうるとの指摘もある[25]。

(2) 使途の透明性確保および調査研究活動の自由と自己使用文書

　最決平成26年は、特に地方自治法に規定された政務調査費の**使途の透明性確保**の要請を重視しており、調査研究活動の自由をある程度犠牲にしても、その使途の透明性確保を優先させるという政策判断を行う条例の趣旨を汲んだ判断を行っていると指摘されている[26]。また、最決平成26年は、平成21年条例改正が**調査研究活動の自由**をある程度犠牲にしても政務調査費の**使途の透明性確保**を優先させる政策判断をしたことを、自己使用文書該当性を否定

する一つの根拠にした[27]。

　これに対して、政務調査費の支出に関わる議長の調査権のあり方に関して、最決平成22年は、会派や議員の調査研究活動の自由を重視するあまり、議長の調査権を謙抑的に理解していたと指摘されている[28]。

(3) 内部利用目的・外部非開示要件の該当性のみを問題としたこと

　最決平成26年は、当該事件で①内部利用目的・外部非開示要件の該当性のみを問題とし、その非該当性を認めることにより自己使用文書該当性を否定し、文書提出義務の存在を肯定したものであり[29]、②開示による看過し難い不利益要件の該当性については判断していない。

(4) 最決平成26年に対する批判

　最決平成26年に対しては、領収書の写し等の作成や管理等に係る議員や議長等の事務の負担に配慮する趣旨に過ぎないから、本件規程上作成・保管等を義務づけられている本件各文書に議長が本件条例に基づく調査の際に直接アクセスすることは予定されるところであるとするその推論に、厳密な意味での論理的必然性はないとする旨の批判が加えられている[30]。

　また、最決平成26年の事案の対象である**会計帳簿**について、本件条例等では議長への提出が義務づけられておらず、その調査の対象となることも明記されていないから、従来の判例の考え方からすると、原決定が判示したように内部文書性を肯定するのが自然であったとの指摘がなされている[31]。

　さらに、最決平成26年に対しては、同最決は、1万円以下の支出に関する領収書の①内部利用目的・外部非開示要件の該当性を判断する際に、1万円の金額を超える領収書であるか否かにより、それを所持している議員に対して文書提出命令を発することがその調査研究活動の妨げになるか否かを分析しているが、その分析は、②開示による看過し難い不利益要件の要素を①内部利用目的・外部非開示要件の該当性の判断に混在させてしまっているとする旨の批判がなされている[32]。

4　地方自治法等の改正

　地方自治法100条14項ないし16項に関する平成24年の改正（平成25年3月1日から施行）は、それまでの政務調査費を政務活動費に名称変更し、かつ、

その交付目的に議員の調査研究だけでなく議員の「その他の活動」も追加し、その使途を拡大した[33]。

　全国市民オンブズマン連絡会議によると、**政務活動費**（政務調査費）の支出関係情報の公開について、都道府県、政令市を対象に、各自治体の政務調査費情報の透明性を調査したところ、平成25年の調査では、岡山県以外の46都道府県が領収書の全面添付を実現し、平成27年の調査では、ついに47都道府県がすべての領収書を添付する運用をしていることが明らかとなったとされている[34]。

本決定（最決平成26年）の意義

　本決定は、条例等に明示的な開示義務を定めた規定がないにもかかわらず、平成21年条例改正後の岡山県議会の政務調査費の交付に関する条例（平成13年岡山県条例第43号。ただし、平成24年岡山県条例第86号による改正前のもの）、および平成21年規程改正後の岡山県議会の政務調査費の交付に関する規程（平成13年岡山県議会告示第1号。ただし、平成24年岡山県議会告示第2号による改正前のもの）により岡山県議会の議員に作成・保管が義務づけられている1件1万円以下の政務調査費の支出に係る領収書その他の証拠書類および政務調査費の支出に関する会計帳簿の裁判所への提出義務を認めた初めての最高裁決定であるという意義を有する。

1）内海博俊「判批」民商151巻1号99頁、102頁参照（2014年）。
2）川嶋四郎「判批」法セ721号114頁（2015年）。
3）三木ほか・329頁〔三木浩一〕。
4）兼子原著・第2版1210頁〔加藤新太郎〕。
5）小島武司・民事訴訟法（有斐閣・2013年）527頁。
6）三木ほか・331頁〔三木〕。
7）伊藤・442頁以下。
8）三木浩一「文書提出命令における『自己利用文書』概念の現在と将来」伊藤眞ほか編・民事司法の法理と政策（小島古稀祝賀・上巻・商事法務・2008年）833頁、863頁。同旨、芳賀雅顯「判批」法研88巻11号51頁、62頁（2015年）。
9）川嶋四郎・民事訴訟過程の創造的展開（弘文堂・2005年）193頁以下。これに対して、伊藤眞「自己使用文書再考——組織運営をめぐる文書提出義務の基礎理論」企業紛争と民事手続法理論（福永古稀記念・商事法務・2005年）239頁、265頁以下。

10) 堀野出「判批」法教366号（別冊付録）判例セレクト2010［Ⅱ］29頁。
11) 河村好彦「判批」法研84巻10号100頁、112頁（2011年）。
12) 濱﨑録「判批」平成26年度重要判解133頁、134頁。
13) なお、名古屋市では、その後、平成20年に条例が改正されて１件１万円以上の領収書などが議長への提出義務と一般公開の対象となり、さらに平成22年にも条例が改正されて１件１万円以上という制限も撤廃されたことについて、河村・前掲注11）108頁。
14) 濱﨑・前掲注12）134頁。
15) 濱﨑・前掲注12）134頁。
16) 内海・前掲注１）101頁。
17) 野村秀敏「判批」リマークス52号122頁、125頁（2016年）。
18) 奥宮京子＝高橋哲也「判批」判例自治399号３頁、７頁（2015年）。また、内海・前掲注１）103頁注４。
19) 松澤幸太郎「判批」会計と監査66巻８号42頁、48頁（2015年）。また、内海・前掲注１）103頁注７。
20) 内海・前掲注１）102頁。
21) 薮口康夫「判批」新・判例解説 Watch17号177頁、180頁（2015年）。
22) 野村・前掲注17）125頁。
23) 芳賀・前掲注８）60頁。
24) 芳賀・前掲注８）61頁。同旨、寺田友子「判批」判例自治400号113頁、115頁（2015年）、内海・前掲注１）102頁。
25) 野村・前掲注17）125頁。
26) 川嶋・前掲注２）114頁。
27) 寺田・前掲注24）115頁。なお、公金である政務調査費の支出が適正かどうかについて調査されることは当然のことであり、そのような調査がなされても議員や会派の調査研究活動の自由は阻害されるものではないと指摘するのは、駒林良則「判批」判評681号（判時2268号）２頁、６頁（2015年）。
28) 駒林・前掲注27）６頁。
29) 川嶋・前掲注２）114頁。同旨、駒林・前掲注27）３頁。
30) 内海・前掲注１）103頁。
31) 濱﨑・前掲注12）134頁。
32) 芳賀・前掲注８）62頁以下。
33) 市村充章「政務活動費における透明性と妥当性の確保について」白鷗23巻２号29頁、35頁以下（2017年）。また、芳賀・前掲注８）63頁以下。
34) 全国市民オンブズマン連絡会議「2018年度政務活動費情報公開度ランキング」（2018年８月31日・https://www.ombudsman.jp/seimu/seimu2018.pdf〔2021年８月５日確認〕)。

国立大学法人と文書提出命令──**公務文書**
茨城大学事件

最決平成25年12月19日・民集67巻 9 号1938頁

▶予備知識

　民訴法220条 4 号は、文書の提出義務を一般的な義務としているが、同条 4 号ニは、**自己使用文書**を文書提出義務から除外している。しかし、同条 4 号ニかっこ書は、その自己使用文書から、「国又は地方公共団体が所持する文書にあっては、公務員が組織的に用いるものを除く」と定め、この同条 4 号ニかっこ書に該当する文書の提出義務を肯定する構造をとっている。国立大学法人は、民訴法220条 4 号ニかっこ書の「国又は地方公共団体」に準ずるものと捉えることができるか。すなわち、国立大学法人が保有する文書につき民訴法220条 4 号ニかっこ書を類推適用できるかが議論されている。

　文書の所持者は、訴訟当事者でも訴外第三者でも、民訴法220条に定める要件のもとに、その所持する文書の裁判所への提出を義務づけられている（**文書提出義務**）。文書提出義務を規定する民訴法220条は、その 1 号から 3 号までは限定的な義務として構成され、 4 号は一般義務化された構成となっている。民訴法220条 1 号（**引用文書**）は訴訟で引用したという訴訟上の事由を提出義務の根拠とし、 2 号（**引渡しまたは閲覧請求の対象となる文書**）と 3 号（**利益文書・法律関係文書**）は、実体的な関係を提出義務の根拠としている。

　文書の所持者は、民訴法220条 4 号により文書の**一般的提出義務**を負担しているが、その提出義務を除外された文書がいくつか規定されている。そのうち、民訴法220条 4 号ニでは、文書が「専ら文書の所持者の利用に供するための文書（国又は地方公共団体が所持する文書にあっては、公務員が組織的に用いるものを除く）」である場合には、提出義務が除外される。「専ら文書の所持者の利用に供するための文書」は、自己使用文書などと呼ばれている。

　民訴法220条 4 号ニには、かっこ書があり、「国又は地方公共団体が所持する文書にあっては、公務員が組織的に用いるものを除く」とする。これは、公務員が組織的に利用するものとして保管している文書は、行政情報公開法による開示の対象となる文書なので（行政情報公開法 2 条 2 項）、たとえ外部

への開示が予定されていなくても、自己使用文書としての除外は認められないとする趣旨である。それでは、国立大学法人は、民訴法220条4号ニかっこ書の「国又は地方公共団体」に準ずるものと捉えることができるか。すなわち国立大学法人が保有する文書につき民訴法220条4号ニかっこ書を類推適用できるかが議論されている。

判例のポイント ☞

　国立大学法人は、民訴法220条4号ニの「国又は地方公共団体」に準ずるものと解され、国立大学法人が所持し、その役員または職員が組織的に用いる文書についての文書提出命令の申立てには、民訴法220条4号ニかっこ書部分が類推適用される。国立大学法人の役員および職員の地位等に関する国立大学法人法の規定に照らすと、民訴法220条4号ロにいう「公務員」には上記役員および職員も含まれる。

設 問

設 例

1　Y（国立大学法人A大学）の設置するA大学の人文学部教授であるXらが、それぞれ同学部長等からハラスメントを受けたとしてYに苦情を申し立てたところ、同大学に置かれたハラスメントの防止、対策または調査に係る委員会の運営および調査の方法が不当であったために不利益を被ったなどと主張して、Yに対し、再調査の実施、損害賠償の支払等を求めた。

　この訴訟において、Xらが、上記委員会の運営および調査の方法が不当であったことを立証するために必要であるとして、Yの所持する第1審決定別紙文書目録記載の各文書（以下「本件各文書」という）について文書提出命令の申立てをした（以下「本件」という）。Yは、本件各文書は民訴法220条4号ニ所定の「専ら文書の所持者の利用に供するための文書」または同号ロ所定の「公務員の職務上の秘密に関する文書でその提出により公共の利益を害し、又は公務の遂行に著しい支障を生ずるおそれがあるもの」に該当し、これを提出すべき義務を負わないと主張した。第1審決定は、本件各文書について、

自己使用文書に当たるものと判断してXらの申立てを却下した（ただし、一部の文書については証拠として取り調べる必要性がないとの理由によって却下した）。Xらは、この決定を不服として抗告した。

2　原審（抗告審）は、本件各文書について民訴法220条4号ニかっこ書部分が適用されるか、または類推適用されるとした上で、本件各文書のうちの一部の文書については同号ロ所定の文書に該当しないとしてその提出を命じた。これに対して、Yが抗告の許可を申し立てたところ、原審が許可したので事件が最高裁判所に係属した。

問　い

小問(1)　文書についての一般的な提出義務（民訴法220条4号）について説明しなさい。

小問(2)　公務文書の提出義務に関する除外事由について説明しなさい。

小問(3)　設例において、国立大学法人は、民訴法220条4号ニの「国又は地方公共団体」に準ずるものと解されるか、またそのように解した場合、国立大学法人が所持し、その役員または職員が組織的に用いる文書についての文書提出命令の申立てには、民訴法220条4号ニかっこ書部分が類推適用されるかについて説明しなさい。

小問(4)　設例において、国立大学法人の役員および職員の地位等に関する国立大学法人法の規定に照らした場合、民訴法220条4号ロにいう「公務員」には上記役員および職員も含まれるかについて説明しなさい。

　なお、国立大学法人は、国立大学を設置することを目的として設立される法人であるところ（国立大学法人法2条1項）、その業務運営、役員の任命等および財政面において国が一定の関与をし（同条5項、同法7条、12条1項、8項等）、その役員および職員は罰則の適用につき法令により公務に従事する職員とみなされる（同法19条）。

判 例 か ら 考 え る

　本問は、国立大学法人が所持し、その役員または職員が組織的に用いる文書についての文書提出命令の申立てには、民訴法220条4号ニかっこ書部分

が類推適用されると解し、また、民訴法220条4号ロにいう「公務員」には上記役員および職員も含まれると解した最決平成25年12月19日・民集67巻9号1938頁（以下「最決平成25年」と呼ぶ）をもとにしたものである。この最決平成25年は、Yからの抗告を棄却し、その理由をおおむね次のように判示した。

「1 国立大学法人は、国立大学を設置することを目的として設立される法人であるところ（国立大学法人法2条1項）、その業務運営、役員の任命等及び財政面において国が一定の関与をし（同条5項、同法7条、12条1項、8項等）、その役員及び職員は罰則の適用につき法令により公務に従事する職員とみなされる（同法19条）ほか、その保有する情報については、独立行政法人等の保有する情報の公開に関する法律が適用され（同法2条1項、別表第1）、行政機関の保有する情報の公開に関する法律の適用を受ける国の行政機関の場合とほぼ同様に開示すべきものとされている。これらを考慮すれば、国立大学法人は、民訴法220条4号ニの『国又は地方公共団体』に準ずるものと解される。

そうすると、国立大学法人が所持し、その役員又は職員が組織的に用いる文書についての文書提出命令の申立てには、民訴法220条4号ニかっこ書部分が類推適用されると解するのが相当である。

これと同旨の原審の判断は正当として是認することができる。

2 国立大学法人の役員及び職員の地位等に関する国立大学法人法の規定に照らすと、民訴法220条4号ロにいう『公務員』には上記役員及び職員も含まれると解するのが相当であるところ、所論の点に関する原審の判断は正当として是認することができる」。

以下では、文書についての一般的な提出義務（民訴法220条4号）について概説した上で、公務文書の提出義務に関する除外事由、民訴法220条4号ニかっこ書部分と国立大学法人、並びに民訴法220条4号ロの「公務員」と国立大学法人の役員および職員について解説する。

解　説

1　はじめに

設例のもとにした最決平成25年は、国立大学法人が所持し、その役員また
は職員が組織的に用いる文書についての文書提出命令の申立てには、民訴法
220条4号ニかっこ書部分が類推適用されると解し、また、国立大学法人の
役員および職員の地位等に関する国立大学法人法の規定に照らすと、民訴法
220条4号ロにいう「公務員」には上記役員および職員も含まれると解した。
この最決平成25年は、国立大学法人において作成された文書に係る文書提出
義務の範囲について初めて最高裁が判断を示した決定である。

2　文書についての一般的な提出義務（民訴法220条4号）

文書の所持者は、訴訟当事者でも訴外第三者でも、民訴法220条に定める
要件のもとに、その所持する文書の裁判所への提出を義務づけられている
（**文書提出義務**）。民訴法220条1号から3号までは限定的な義務として構成さ
れ、4号は**一般義務化**された構成となっている。民訴法220条1号（引用文
書）は訴訟で引用したという**訴訟上の事由**を提出義務の根拠とし、2号（**引
渡しまたは閲覧請求文書**）と3号（利益文書・法律関係文書）は、実体的な関係
を提出義務の根拠としている[1]。

設例で問題とされた民訴法220条4号は、文書の所持者について民訴法196
条各号または民訴法197条1項2号もしくは3号に掲げる事項・事実が記載
されている文書、すなわち**証言拒絶該当事由記載文書**（民訴法220条4号イ・
ハ）、**公務秘密文書**でその提出により公共の利益が害されるおそれなどがあ
るもの（民訴法220条4号ロ）、専ら所持者の利用に供するための文書すなわち
自己使用文書（民訴法220条4号ニ）、および**刑事訴訟記録等**（民訴法220条4号
ホ）を除いて、文書一般について提出義務を認める。民訴法220条4号は、
1号ないし3号と異なって、文書の所持者と挙証者との間の特別な関係や特
定の作成目的が要求されていないところに、一般義務としての特徴がある[2]。

一般義務としての文書提出義務を定めた民訴法220条4号については、当
事者が除外文書であることを知りながらあえてその文書について文書提出命

令の申立てをするなどの弊害が生じないようにするため、申立人は、申立て
の対象となった文書が除外文書に該当しないことを立証しなければならない
ものとされている。もっとも、除外文書に該当するか否かが争われた場合に
は、除外文書のいずれかに該当することを基礎づける事実について、文書の
所持者から積極的に主張・立証が行われ、文書の所持者が事実上の立証の負
担を負うことになるので、申立人に過剰な負担を負わせることにはならない
とされている[3]。

3 公務文書の提出義務に関する除外事由

公務文書についても私人の所持する文書と同様、一般義務文書としての文
書提出義務が認められる。そして、提出義務についての除外事由としては、
公務文書に特有のもの（民訴法220条4号ロ・ニかっこ書・ホ）だけではなく、
文書一般に共通のもの（同号イ・ハ・ニかっこ書以外の部分）も妥当する。一般
的除外事由のほかに、公務文書についての除外事由として、公務員の職務上
の秘密が記載されている文書（民訴法220条4号ロ）や、専ら文書の所持者の
利用に供するための文書であって、国等が所持し、かつ、公務員が組織的に
用いるものでないもの（民訴法220条4号ニかっこ書。以下、国等の非組織利用自
己使用文書と呼ぶ）等については、一般義務文書としての提出義務（民訴法220
条4号）およびその判断手続（民訴法223条3項・6項）に関して、特別な取扱
いがなされる。公務文書とは、公務員または公務員であった者がその職務に
関して保管し、または所持する文書を指すが、ここでは、公務文書のうち、
文書の記載内容、所持目的、あるいは客観的性質に着目して、3つの種類の
文書について特別の定めがなされたものである[4]。

4 民訴法220条4号ニかっこ書部分と国立大学法人

(1) はじめに

設例のもとにした最決平成25年は、国立大学法人が所持し、その役員また
は職員が組織的に用いる文書についての文書提出命令の申立てには、民訴法
220条4号ニかっこ書部分が類推適用されると解した。

最決平成25年では、民訴法220条4号ニかっこ書部分に当たるか否かが争

点となった。同4号ニ本文は、自己使用文書を一般義務の及ぶ範囲から除外しているが、そのかっこ書部分は公務文書であって国等の組織供用文書に当たる文書については除外事由から再び除外することにより、一般義務を回復させている[5]。

(2) 自己使用文書（民訴法220条4号ニ）の意義

　文書の所持者は、民訴法220条1号〜3号に該当する場合のほか、文書が「専ら文書の所持者の利用に供するための文書」等に該当しないとき、その提出を拒むことができない（民訴法220条4号ニ）。

　民訴法220条4号ニに定められた「専ら文書の所持者の利用に供するための文書」（いわゆる自己使用文書）とは、個人が作成したメモ・備忘録等のように、およそ外部の者に開示することを予定していない文書であって、開示によって所持者の側に看過し難い不利益が生ずるおそれがあると認められるものを意味する[6]。

　自己使用文書が除外文書とされているのは、およそ外部に開示することを予定していない文書について文書提出命令の発令の余地を認めると、このような文書も提出命令を想定して作成しなければならなくなり、個人の自由な意思活動を不当に妨げることになるからである。公務文書の中にも、公務員が個人的に使用する目的で作成した手控え・備忘録等のように、およそ外部に開示することを予定していない文書が存在することから、公務員の自由な意思活動が不当に妨げられる事態を防止するために公務文書についても自己使用文書は除外文書とされている[7]。

(3) 民訴法220条4号ニかっこ書の趣旨

　最決平成25年は、民訴法220条4号ニかっこ書の「国又は地方公共団体」に準ずるものと国立大学法人を捉え、その保有する文書につき民訴法220条4号ニかっこ書を類推適用した[8]。

　行政情報公開法2条2項では、「行政文書」とは、行政機関の職員が職務上作成し、または取得した文書、図画および電磁的記録であって、当該行政機関の職員が組織的に用いるものとして、当該行政機関が保有しているものをいうとする旨が規定されている。そして、同法3条は、何人も、この法律の定めるところにより、行政機関の長に対し、当該行政機関の保有する行政

文書の開示を請求することができる旨を規定している。行政情報公開法は、
これにより、国が所持する内部決済用文書等であっても行政機関の職員が組
織的に用いるものとして保有している限り、行政情報公開の対象となるとと
もに、公務員個人の手控え等のように個人的に用いるものは、公開の対象と
ならないことを明らかにしている。民訴法220条4号ニでは、このような行
政情報公開制度の対象文書との均衡を図るとともに、国または地方公共団体
が所持し公務員が組織的に用いる文書は、文書の所持者である国等の自己使
用文書に該当するものではないことを規定上明確にする趣旨で、「（国又は地
方公共団体が所持する文書にあっては、公務員が組織的に用いるものを除く）」との
文言をかっこ書により付け加えている⁹⁾。すなわち、民訴法220条4号ニか
っこ書は、公務員が組織的に利用するものとして保管している文書は、行政
情報公開法による開示の対象となる文書なので（行政情報公開法2条2項）、
たとえ外部への開示が予定されていなくても、自己使用文書としての除外は
認められないとする趣旨である¹⁰⁾。所持人についてみれば自己使用文書に当
たるとしても、公務遂行のために組織的に用いられる文書を類型的に文書提
出義務の範囲外とすることは不適当だからである。したがって、一般義務文
書としては、自己使用文書とされる可能性があるものであっても、公務員が
組織的に用いるためのものであれば、自己使用文書として扱われない¹¹⁾。

(4) 民訴法220条4号ニかっこ書の「公務員」と国立大学法人の役員および職
員

　最決平成25年は、民訴法220条4号ニかっこ書の「国又は地方公共団体」
に準ずるものと国立大学法人を捉え、その保有する文書につき同4号ニかっ
こ書を類推適用した¹²⁾。

　最決平成25年は、民訴法220条4号ニかっこ書の「国又は地方公共団体」
に準ずるものと国立大学法人を捉え、その保有する文書につき同かっこ書を
類推適用する理由として、次のように述べる。「国立大学法人は、国立大学
を設置することを目的として設立される法人であるところ（国立大学法人法2
条1項）、その業務運営、役員の任命等及び財政面において国が一定の関与
をし（同条5項、同法7条、12条1項、8項等）、その役員及び職員は罰則の適
用につき法令により公務に従事する職員とみなされる（同法19条）ほか、そ

の保有する情報については、独立行政法人等の保有する情報の公開に関する法律が適用され（同法2条1項、別表第1）、行政機関の保有する情報の公開に関する法律の適用を受ける国の行政機関の場合とほぼ同様に開示すべきものとされている。これらを考慮すれば、国立大学法人は、民訴法220条4号ニの『国又は地方公共団体』に準ずるものと解される」。

　学説も、この最決平成25年と同様の理由を挙げて、それを支持するものが多い[13]。国立大学法人の保有情報について適用される独立行政法人等情報公開法は、その理念において行政情報公開法と共通し、開示義務の内容も、行政情報公開法に基づく行政文書の開示義務の内容と共通するから（独立行政法人等情報公開法5条、行政情報公開法5条）、国立大学法人の役職員は、民訴法220条4号ニかっこ書の適用を受けるとされる[14]。

　また、国立大学法人を民訴法220条4号ニかっこ書の「国又は地方公共団体」に準ずるものとした最決平成25年は、行政主体論に関する行政法学説に沿うものと評されている[15]。

　なお、国立大学法人に民訴法220条4号ニかっこ書の類推適用を認めた最決平成25年によれば、国立大学法人以外でも同様の規律を受ける法人等については同じく民訴法220条4号ニかっこ書の類推適用が認められると指摘されている[16]。

5　民訴法220条4号ロの「公務員」と国立大学法人の役員および職員

(1)　公務秘密文書の意義

　国立大学法人の保有文書について民訴法220条4号ニかっこ書が類推適用され、その自己利用文書としての性格が否定されるとしても、当該文書を提出する義務があるかどうかの結論は民訴法220条4号ロの規律に委ねられる[17]。設例のもとにした最決平成25年は、国立大学法人の役員および職員の地位等に関する国立大学法人法の規定に照らすと、民訴法220条4号ロにいう「公務員」には上記役員および職員も含まれると解した。

　文書の所持者は、民訴法220条1号〜3号に該当する場合のほか、文書が公務員の職務上の秘密に関する文書でその提出により公共の利益を害し、または公務の遂行に著しい支障を生ずるおそれがあるもの等に該当しないとき、

その提出を拒むことができない（民訴法220条4号ロ）。

　公務員は秘密を守る義務（国公法100条、地公法34条）を有する[18]。この公務員の秘密保守義務（秘密保持義務）は、守秘義務と呼ばれることが多い。公務員は、「職務上知り得た秘密」を漏らしてはならず、民訴法に基づいて「職務上の秘密」について証言し、または「職務上の秘密」が記載された文書を書証として提出する場合であっても、所轄庁の長または任命権者の許可が必要とされている（国公法100条1項・2項、地公法34条1項・2項）。そして、所轄庁の長等は、公務員が証言等を行うことにより事実を明らかにする必要性が高いことに鑑み、法令等の定める条件等に係る場合を除き、許可しなければならないものとされている（国公法100条3項、地公法34条3項）。

　現行民事訴訟法の立案過程においては、上記の公務員の守秘義務制度と民事訴訟における証拠調べ制度との関係をどのように考えるかについて検討された。その結果、公務員の証人尋問については、旧民訴法272条における一般的な解釈を明文化することとなり、民訴法191条2項において、公務員が証言をして当該事項を発表すると「公共の利益を害し、又は公務の遂行に著しい支障を生ずるおそれがある場合」に限って、監督官庁は、証言することについて承認を拒むことができる旨の規定が設けられた[19]。証人義務は一般義務である（民訴法190条）から、公務員が守秘義務を解除されておらず、しかも証言拒絶権が認められていないとすると、証人として証言を求められた公務員がその守秘義務と証言義務の要請の板挟みになるという問題が生じてしまうために、民訴法197条1項1号により公務員に証言拒絶権が認められた[20]。

　また、公務員が文書提出命令に応じて文書を提出する場合に、文書に記載された「職務上の秘密」を保護する必要があることは、公務員が「職務上の秘密」について証言する場合と変わらない。そこで、民事訴訟法の一部を改正する法律（平成13年法律第96号）は、公務員の守秘義務制度との整合性を図るため、公務員に対する証人尋問の場合と同じ規律を設け、公務秘密文書を除外文書としている。したがって、民訴法の平成13年改正法によりその保護が図られている公務秘密は、公務員に対して守秘義務が課されている「職務上の秘密」、いわゆる**実質秘**に相当するものである[21]。

⑵「公務員の職務上の秘密に関する文書」の意義

　「公務員の職務上の秘密に関する文書」とは、公務員の職務上の秘密が記載されている可能性がある文書をいう。ここにいう「職務上の秘密」とは、いわゆる**実質秘**を意味し、非公知の事項であって、実質的にもそれを秘密として保護するに価すると認められるものをいう（最決昭和52年12月19日・刑集31巻 7 号1053頁、最決昭和53年 5 月31日・刑集32巻 3 号457頁）とされる[22]。

　公務員の職務上の秘密とは、公務員が職務上知りえた秘密であって、それを公表することが公共の利益を害するものを意味し、これが記載された文書を**公務秘密文書**と呼ぶ。一般義務文書として公務秘密文書について文書提出命令の申立て（民訴法221条）がなされた場合には、裁判所は、文書の提出によって公共の利益を害し、または公務の遂行に著しい支障を生じるおそれがあるものに当たらないと判断した場合にのみ、文書の提出を命じることができる（民訴法220条 4 号柱書・ロ）。この要件は、公務員に対する証人尋問における監督官庁の承認要件（民訴法191条 2 項）と対応するものである[23]。

　「職務上知ることのできた秘密」（国公法100条 1 項、地公法34条 1 項）とは、職務との関係で知りえた秘密のすべてを指す。これに対して、「職務上の秘密」とは、担当職務に直接関係する秘密を意味する。これらの違いは、職務との関係の直接性に求められている。そして、「職務上知ることのできた秘密」は、「職務上の秘密」を包摂する関係にあると一般的に説明されている[24]。ただし、最決平成17年10月14日・民集59巻 8 号2265頁は、公務秘密文書における「職務上の秘密」には、公務員の所掌事務に属する秘密だけでなく、公務員が職務を遂行する上で知ることができた私人の秘密であって、本案事件で公にされると私人との信頼関係が損なわれ、公務の公正かつ円滑な運営に支障を来すものも含まれるとするから、公務秘密文書における「職務上の秘密」は、公務員法上の「職務上の秘密」よりも広い概念であると指摘されている[25]。

⑶ 公共の利益を害し、又は公務の遂行に著しい支障を生ずるおそれがあるもの

　公務員は、国民全体の奉仕者として、公共の利益のために職務を遂行すべき立場にある（憲法15条 2 項、国公法96条 1 項、地公法30条参照）から、その職

務は、究極的には「公共の利益」の実現に向けられており、公務の遂行が支障なく遂行されることも、これらの利益の実現に資するのが原則である。したがって、「公務の遂行に著しい支障を生ずるおそれがある場合」と「公共の利益が害されるおそれがある場合」とはほとんど一致することになると考えられる。しかし、「公共の利益」という概念は、抽象的であることから、除外文書となる文書の範囲をできる限り明確にするために、「公共の利益」を害するおそれのある典型的な場合として、「公務の遂行に著しい支障を生ずるおそれ」がある場合を独立の類型として掲げている[26]。

(4) 公務秘密文書提出義務の判断手続

　公務秘密文書について一般義務文書（民訴法220条4号）に当たることを提出義務の原因とする文書提出命令の申立てがなされた場合に、裁判所は、証拠としての必要性に欠けるなど、その申立てに理由がないことが明らかなときを除き、民訴法220条4号ロに該当する文書かどうかについて、当該監督官庁の意見を聴かなければならない（民訴法223条3項前段）。

　公務秘密文書に該当するか否かの判断権者は、最終的には裁判所である。国民または住民に対して行政に関する情報を開示し、その内容を明らかにしなければならないものとする国民主権または住民自治の理念に基づき、国または地方公共団体の行政文書の開示に関する行政情報公開法制が整備されたことにより、国民等には、国等が保有する文書情報についてその開示を求めることができる具体的権利が認められ、その開示を求めて司法的救済を受けることができるものとされるに至った。このような行政情報公開制度との整合性を図り、民事訴訟における行政官庁による不当な情報隠しを防止するためには、公務秘密文書に該当するか否かの最終的な判断権を裁判所に認めるのが相当であると考えられた。そこで、民訴法の平成13年改正により、公務秘密文書に該当するか否かの最終的な判断は裁判所が行うものとされた。もっとも、公務員の守秘義務を解除する権限を有する監督官庁は、文書提出命令が申し立てられた文書が公務秘密文書に該当するか否かを最もよく知る立場にあることから、裁判所が公務秘密文書に該当するか否かを判断するに当たっては、監督官庁の意見を聴取しなければならないものとされた[27]。

(5) 民訴法220条4号ロの「公務員」と国立大学法人の役員および職員

　設例のもとにした最決平成25年は、国立大学法人の役員および職員の地位等に関する国立大学法人法の規定に照らすと、民訴法220条4号ロにいう「公務員」には上記役員および職員も含まれると解した。

　どの範囲の者が民訴法220条4号ロの「公務員」の概念に含まれるかについて、立案担当者は、「みなし公務員であっても、その従事する職務の公共性が高く、刑罰によって担保された厳格な守秘義務が課されている場合には、民事訴訟手続においてその職務上の秘密の保護を図るべきである。したがって、220条4号ロにいう『公務員』には、公務員のみならず、公務員と同様の厳格な守秘義務が課されているみなし公務員も含まれるものと解される」としていた。そして、立案担当者は、独立行政法人等が所持する文書については、独立行政法人等の保有する情報の公開に関する法律が行政情報公開制度に準じたものになることを想定していた[28]。

　本件の原審も、民訴法220条4号ロにいう「公務員」に関して、この立案担当者と同様の検討をしている。原審は、本件各文書が民訴法220条4号ロの文書に当たるか否かを検討し、同号ロは、「公務員の職務上の秘密に関する文書」と規定しており、国立大学法人の職員がここにいう「公務員」に当たるか否かが一応問題となるとする。そして、原審によれば、国立大学法人は、独立行政法人等の保有する情報の公開に関する法律の適用を受け（同法2条1項、別表第1）、行政機関が行政機関の保有する情報の公開に関する法律の適用を受けるのとほぼ同様の文書開示義務を負うものであること、その役員および職員には国家公務員と同様の秘密保持義務があり（国立大学法人法18条）、その違反について罰則が置かれていること（同法38条）という国立大学法人の地位に照らすと、少なくとも民訴法220条4号ロが類推適用される旨を判示した。そして、最決平成25年は、国立大学法人の役員および職員の地位等に関する国立大学法人法の規定に照らすと、民訴法220条4号ロにいう「公務員」には上記役員および職員も含まれると解するのが相当であるところ、この原審の判断は正当として是認することができる旨を判示している。

　学説も、上記の原審とほぼ同様の検討をして、最決平成25年に賛成するものが多い[29]。すなわち国立大学法人の役員および職員については、民訴法

220条4号ロの「公務員」に含まれ、その所持する文書について民訴法220条4号ロの除外事由が適用される。この最決平成25年の解釈は、多くの学説から支持されている。

本決定（最決平成25年）の意義

　本決定は、最高裁として初めて、国立大学法人が民訴法220条4号ニの「国又は地方公共団体」に準ずるものであると判示し、また、国立大学法人が所持し、その役員または職員が組織的に用いる文書についての文書提出命令の申立てには、民訴法220条4号ニかっこ書部分が類推適用されると判示した。そして、本決定は、最高裁として初めて、国立大学法人の役員および職員の地位等に関する国立大学法人法の規定に照らすと、民訴法220条4号ロにいう「公務員」には上記役員および職員も含まれると解するのが相当であるとした。

1）高橋・重点下152頁。
2）伊藤・449頁以下。
3）深山卓也ほか「民事訴訟法の一部を改正する法律の概要（上）」ジュリ1209号102頁、103頁以下（2001年）。
4）伊藤・460頁。
5）徳本広孝「判批」平成26年度重要判解50頁。
6）深山卓也ほか「民事訴訟法の一部を改正する法律の概要（下）」ジュリ1210号173頁（2001年）。
7）深山ほか・前掲注6）173頁。
8）徳本広孝「判批」行政法判例百選I（第7版）8頁（2017年）。
9）深山ほか・前掲注6）173頁参照。
10）高田裕成ほか編・注釈民事訴訟法4巻（有斐閣・2017年）532頁以下〔三木浩一〕。
11）伊藤・465頁。
12）徳本・前掲注8）8頁。また、判旨妥当とするのは、川嶋四郎「判批」法セ723号136頁（2015年）。同様に判旨は正当とするのは、山本和彦「判批」判評695号（判時2311号）14頁、16頁（2017年）。
13）三木浩一「判批」法研87巻10号42頁、50頁以下（2014年）。同旨、加本牧子「判批」曹時68巻8号160頁、171頁（2016年）。
14）渡部美由紀「判批」民商151巻6号37頁、45頁（2015年）。同旨、手賀寛「判批」法教414号・判例セレクト2014［II］28頁。同様に、行政情報公開法と同様の要件で開示対象となっているような文書については、民訴法220条4号ニを適用するのは相当でないとするのは、山本・前掲注12）15頁。
15）徳本・前掲注8）9頁。

16）高田ほか編・前掲注10）533頁〔三木〕。

17）徳本・前掲注 8 ） 9 頁。

18）塩野宏・行政法Ⅲ（第 4 版・有斐閣・2012年）326頁。

19）深山ほか・前掲注 3 ）105頁。

20）濱崎恭生発言・第136回国会衆議院法務委員会議録10号〔その 1 〕〔1996年 5 月
　　24日〕20頁以下参照。

21）深山ほか・前掲注 3 ）105頁以下。

22）深山ほか・前掲注 3 ）104頁。

23）伊藤・461頁。

24）下井康史・公務員制度の法理論（弘文堂・2017年）198頁以下。

25）徳本・前掲注 8 ） 9 頁。

26）深山ほか・前掲注 3 ）105頁。

27）深山ほか・前掲注 3 ）106頁。

28）深山ほか・前掲注 3 ）110頁注14。なお、平成13年民訴法改正当時、すでに独立
　　行政法人等情報公開法の制定（同年12月 5 日）が予定されていたことについて、
　　加本牧子「判批」ジュリ1497号76頁、78頁（2016年）。

29）三木・前掲注13）51頁。同旨、渡部・前掲注14）45頁以下〔最決平成25年は妥
　　当〕。また、川嶋・前掲注12）136頁、徳本・前掲注 8 ） 9 頁、山本・前掲注
　　12）16頁以下。このほか、加本・前掲注13）174頁。

判決効
（訴訟物と既判力）

15　既判力の遮断効と既判力の縮小

最判平成 9 年 3 月14日・判時1600号89頁

▶予備知識

　通常の不服申立方法、すなわち上訴による取消可能性が消滅した状態を**判決の確定**と呼ぶ。終局判決が確定すると、その判決における請求についての判断は、以後、当事者間の法律関係を律する規準となり、同一事項が再び問題になったときには、当事者はこれに矛盾する主張をしてその判断を争うことが許されず、裁判所もその判断に矛盾抵触する判断をすることが許されなくなる。この確定判決の判断に与えられる**通用性ないし拘束力を既判力**という。

　当事者は事実審の口頭弁論終結時まで事実に関する資料を提出することができ、裁判所の終局判決もそれまでに提出された資料を基礎としてなされる関係から、この時点において権利関係が認められるか否かの判断に既判力が生じる。それゆえ、**事実審の口頭弁論終結時**以前に権利が存在したかどうか、その口頭弁論終結時以後に消滅したかまでが既判力で確定されるわけではない。このような既判力の範囲の限定を**時的限界**という。その基準となる時点を、**既判力の標準時**ないしその訴訟の**基準時**ともいう。

　裁判所は、時的限界の効果により、標準時における判断として、既判力ある判断に反する判断をすることが禁止されることになる。既判力が及ぶ当事者は、後訴において、前訴確定判決の既判力ある判断を争うために、前訴の基準時までに存した事実に基づく攻撃防御方法を提出することは許されない。当事者がこの禁止に反してその事由を提出したとしても、裁判所は、その審理に入ることなく排斥しなければならない。このような既判力の作用を**遮断効**という。また、既判力の遮断効は、前訴において当事者がその事由を提出しなかったことに過失があったかどうかを問わずに作用するとされるのが一般である。

　ところで、一般に、土地の所有権確認訴訟においては、**所有権の取得原因**ごとに訴訟物が異なるものではなく、既判力も**所有権の存否**の判断に生じる

とされている。確認訴訟の場合は、確認訴訟の目的から、実体法上の権利関係を訴訟物とし、その存否の判断に既判力が生じる。したがって、たとえば特定の土地の所有権確認の訴えにおいて売買による所有権取得の事実のみを主張し、裁判所がこれを認められないとして請求を棄却した後、再び所有権確認の訴えを提起して、前訴の基準時以前に所有権の取得時効が完成していたと主張することは許されない。

　ただし、前訴の既判力の標準時までに存在した**所有権取得原因**が、その基準時までに提出することを当事者に期待することができなかった場合であっても、その所有権取得原因の主張は、前訴判決の既判力の遮断効に抵触するのかが問題となる。他方、当事者間の利益を比較衡量して既判力の縮小を観念されうる場合があることを認める見解がある。

判例のポイント 👆

　後訴において、前訴確定判決の既判力ある判断を争うために、前訴の基準時までに存した事実に基づく攻撃防御方法を提出することは許されない。当事者がこの禁止に反してその事由を提出したとしても、裁判所は、その審理に入ることなく排斥しなければならない（遮断効）。前訴においてその事由を提出しなかったことに過失があったかどうかを問わない。土地の所有権確認訴訟においては、売買契約、時効取得または相続など所有権の取得原因ごとに訴訟物が異なるものではなく、既判力は所有権の存否の判断に生じる（本件では既判力が及ばないとする少数意見あり）。

設　問

設例

　次の事実関係を前提として、下の問いに答えなさい。

1　亡Ａの相続人は、Ｘ（Ａの妻）、Ｙ（Ａの長女）およびＺ（Ａの次女）の3名であり、Ａには他に子はなく、Ａは遺言を残さなかった。

2　係争の対象となっている土地（以下「本件土地」という）は、その所有者であるＢからＡが賃借していた土地であるが、Ａの生前に右土地につき売買を

原因としてBからYへの所有権移転登記がされている。

3　Xは、Aが死亡した後に、Yに対して、本件土地につきXが所有権を有することの確認およびXへの所有権移転登記手続を求める訴えを提起し、その所有権取得原因として、Xが本件土地をBから買い受けた、そうでないとしても時効取得したと主張した。これに対し、Yは、本件土地をBから買い受けたのはAであり、Aは右土地をYに贈与したと主張した。

　Yは、本件土地上の建物の所有者Cに対し、所有権に基づいて地上建物収去・本件土地明渡しを求める訴えを提起し、その訴えは、XがYに対して提起した上記訴えと併合審理された（以下、併合後の訴訟を「前訴」という）。

4　前訴の控訴審判決（以下「前訴判決」という）は、本件土地の所有権の帰属につき、(1)本件土地をBから買い受けたのは、Xではなく、Aであると認められる、(2)YがAから本件土地の贈与を受けた事実は認められない、と説示して、Xの所有権確認等の請求を棄却し、またYの地上建物所有者Cに対する請求も棄却すべきであるとした。前訴判決に対してXのみが上告したが、上告棄却の判決により前訴判決が確定した。

5　前訴判決の確定後、Aの遺産分割調停事件において、Yが本件土地の所有権を有すると主張し、右土地がAの遺産であることを争ったため、XおよびZは、Yに対して本訴（後訴）を提起し、本件土地は、AがBから買い受けたものであり、Aの遺産であって、XおよびZは相続によりそれぞれ右土地の法定相続に基づく共有持分を取得したと主張し、本件土地がAの遺産であることの確認および右各共有持分に基づく所有権一部移転登記手続を求めた。

問　い

小問(1)　既判力の標準時および既判力の遮断効について説明しなさい。

小問(2)　土地の所有権確認訴訟においては、所有権の取得原因ごとに既判力が生ずるのか、それとも所有権の存否について既判力が生ずるのかについて説明しなさい。

小問(3)　ある物の所有権確認訴訟の敗訴判決を受けた当事者が、その判決の確定後に、同一物の共有持分権を主張し、その共有持分権の確認を

求めて別訴を提起することは、前訴確定判決の既判力に触れるかについて説明しなさい。

小問(4) 設例の場合、本訴（後訴）においてＸが相続による右土地の共有持分の取得の事実を主張することは、前訴判決の既判力に抵触して許されないと考えるべきかについて、説明しなさい。また、Ｘが相続による右土地の共有持分の取得の事実を主張することは、前訴判決の既判力に抵触しない、と主張する場合の理由づけについて説明しなさい。

判例から考える

本問は、最判平成9年3月14日・判時1600号89頁（以下「最判平成9年」という）をもとにし、**既判力の遮断効**、**釈明権不行使**（法的観点指摘義務の違反）、**期待可能性**の理論および**既判力縮小**の理論を主として問うたものである。Ｘは、前訴では土地の所有権の取得原因として売買および取得時効を主張したのに対して、後訴では、前訴の事実審口頭弁論終結以前に生じた同一土地の相続による共有持分（所有権の一部）の取得を主張したものであり、土地所有権に関して前訴の確定判決の既判力が後訴に及ぶかが争われた。

最判平成9年の多数意見は、「所有権確認請求訴訟において請求棄却の判決が確定したときは、原告が同訴訟の事実審口頭弁論終結の時点において目的物の所有権を有していない旨の判断につき既判力が生じるから、原告が右時点以前に生じた所有権の一部たる共有持分の取得原因事実を後の訴訟において主張することは、右確定判決の既判力に抵触するもの」と解して、次のように理由を挙げる。

「前記事実関係によれば、Ｘは、前訴において、本件土地につき売買及び取得時効による所有権の取得のみを主張し、事実審口頭弁論終結時以前に生じていたＡの死亡による相続の事実を主張しないまま、Ｘの所有権確認請求を棄却する旨の前訴判決が確定したというのであるから、Ｘが本訴において相続による共有持分の取得を主張することは、前訴判決の既判力に抵触するものであり、前訴においてＡの共同相続人であるＸ、Ｙの双方が本件土地の所有権の取得を主張して争っていたこと、前訴判決が、双方の所有権取得の

主張をいずれも排斥し、本件土地がAの所有である旨判断したこと、前訴判決の確定後にYが本件土地の所有権を主張したため本訴の提起に至ったことなどの事情があるとしても、Xの右主張は許されないものといわざるを得ない」。

　これに対して、福田博裁判官は、大略、次のように反対意見を述べて、前の訴訟における紛争の態様、当事者の主張および判決の内容、判決後の当事者の対応および後の訴訟が提起されるに至った経緯等の具体的事情によっては、既判力に抵触する主張であっても例外的にこれを許容すべき場合がありうると主張している。「確定判決において示された既判力ある判断（訴訟物に関する判断）について、当事者が後の訴訟においてこれと矛盾抵触する主張をすることを許さないのは、一回の訴訟・判決によって紛争を解決し、当事者に同一の紛争の蒸し返しを許さないためにほかならない。しかし、訴訟・判決による紛争の解決は、既判力ある判断部分のみによってもたらされるのではなく、既判力を生じない判断部分も含め、判決によって示された判断が全体として紛争解決の機能を果たしていることは、共同相続人間の紛争について先に検討したところからも明らかであり、紛争の当事者も判決の右のような機能を前提とし、これに期待して訴訟制度を利用しているものと考えられる。そうであるとすれば、後の訴訟における当事者の主張が前の訴訟の判決との関係で許されるか否かを判断するに当たっては、既判力との抵触の有無だけでなく、当事者が一般的に期待する判決の紛争解決機能に照らし、当該主張が前の訴訟の判決によって解決されたはずの紛争を蒸し返すものか否かという観点からの検討も必要であり、前の訴訟における紛争の態様、当事者の主張及び判決の内容、判決後の当事者の対応及び後の訴訟が提起されるに至った経緯等の具体的事情によっては、既判力に抵触しない主張であっても信義則等に照らしてこれを制限すべき場合があり、また、その反面、既判力に抵触する主張であっても例外的にこれを許容すべき場合があり得ると考えられる」。

　以下では、既判力の標準時および既判力の遮断効、土地の所有権確認訴訟と所有権の存否に関する既判力、所有権確認訴訟と共有持分権確認訴訟の関係、および遺産共有と民法249条以下に規定する共有について解説する。

解　説

1　はじめに

　設例の事実関係では、Xは前訴において土地の**所有権取得原因**として売買および取得時効を主張したのに対して、後訴では同一土地の相続による**共有持分（所有権の一部）の取得原因**を主張したものであり、土地所有権に関して前訴の確定判決の既判力が後訴に及ぶかが争われた。ただし、前訴で当事者がその所有権の取得原因として主張できたはずの別の法的観点を裁判所が当事者に指摘していなかった場合であっても、**所有権の存否の判断**に既判力が生じてしまうのか。また、前訴の**既判力の標準時**までに存在した所有権取得原因が、その基準時までに提出をおよそ当事者に期待することができなかった場合であっても、その主張は前訴判決の既判力の遮断効に抵触するのか、あるいは法的観点指摘義務や既判力の縮小が問題となる。

2　既判力の標準時および既判力の遮断効

　当事者は事実審の口頭弁論終結時まで事実に関する資料を提出することができ、終局判決もそれまでに提出された資料を基礎としてなされる関係から、この時点において権利関係が認められるか否かの判断に既判力が生じるとされる。それゆえ、それ以前に権利が存在したかどうか、それ以後に消滅したかまでが既判力で確定されるわけではない。このような**既判力の範囲**の限定を**時的限界**という。その基準となる時点を、**既判力の標準時**ないしその訴訟の基準時ともいう。裁判所は、時的限界の効果により、標準時における判断として、既判力ある判断に反する判断をすることが禁止される。既判力を受ける当事者は、後訴において、前訴確定判決の既判力ある判断を争うために、前訴の基準時までに存した事実に基づく攻撃防御方法を提出することは許されない。当事者がこの禁止に反してその事由を提出したとしても、裁判所は、その審理に入ることなく排斥しなければならない。このような既判力の作用を**遮断効**という[1]。

3　土地の所有権確認訴訟と所有権の存否に関する既判力

　一般に、土地の所有権確認訴訟においては、**所有権の取得原因ごとに訴訟物が異なるものではなく、既判力も所有権の存否の判断**に生じるとされている[2]。確認訴訟の場合は、確認訴訟の目的から、実体法上の権利関係を訴訟物とし、その存否の判断に既判力が生じる。したがって、たとえば特定の土地の所有権確認の訴えにおいて売買による所有権取得の事実のみを主張し、裁判所がこれを認められないとして請求を棄却した後、再び所有権確認の訴えを提起して、前訴の基準時以前に所有権の取得時効が完成していたと主張することは許されない[3]。

　もっとも、既判力の作用である**遮断効の範囲**については、**訴訟物の範囲**と一致するというのが通説の見解であるが、訴訟物を基準としながらも、前訴での当事者の訴訟活動等を考慮して遮断効の範囲を調整しようとする見解（結論的には訴訟物を権利発生要件事実ごとに細かく捉え、売買による所有権確認は相続ないし取得時効による所有権取得の主張を遮断しないとする説）も従来から主張されていた[4]。

4　所有権確認訴訟と共有持分権確認訴訟の関係

　所有権と**共有持分権**の関係については、共有者の有する権利は、単独所有者の権利と性質・内容を同じくし、ただ、その分量・範囲に広狭の差があるだけである（大判大正8年11月3日・民録25輯1944頁）。共有持分権は所有権の分量的一部と考えられるので、**所有権確認訴訟の敗訴判決を受けた後の訴え**で共有持分権を主張することは既判力に触れることになる[5]。すなわち共有持分は所有権の一部であり、所有権確認請求の中には、共有持分の確認を求める趣旨も含まれているのが通常であるから、所有権確認請求訴訟において、所有権の取得は認められないが、共有持分の取得が認められる場合には、共有持分確認の一部認容判決をすべきであるとするのが一般的な見解である[6]。

5　遺産共有と民法249条以下に規定する共有

(1) はじめに

　設例の事実関係では、共同相続人が相続財産について有する共有持分の主

張と所有権確認請求棄却判決の既判力との関係が問題となる。相続人が数人あるときは、相続財産は、その共有に属する（民法898条）。**遺産共有**は、民法249条以下に規定する共有（**狭義の共有**）とは性質を異にするという説（**遺産共有は合有**）もある。しかし、最判昭和30年5月31日・民集9巻6号793頁は、分割前の相続財産の共有（遺産共有）は、民法249条以下に規定する共有（物権法上の共有）とその性質を異にするものではないとしているので、判例の立場によれば、上記の所有権と共有の関係が、遺産共有の場合にも当てはまることになる。

　なお、所有権取得事由は、判決理由中の判断であるから、所有権の存否が訴訟物になっていてもその取得事由についてまでは既判力は生じない。前訴で主張されなかった取得事由で主張できなかったことがやむをえない場合には既判力によって遮断されないと考えられないかとの指摘もある[7]。

(2) 設例の事実関係の特殊性

　設例の事実関係には、以下のような特殊性がある。①前訴において、XとYは、本件土地についていずれも自己の単独所有のみを主張しており、Aの相続人として共有持分を有する旨の主張はしていなかったこと、②前訴判決は、Xの所有権確認請求を棄却したが、XとYの単独所有の主張をいずれも排斥する判断を示しており、右判断によれば、本件土地は（Aの死亡による相続開始前においては）Aの所有という結論になること、③本件土地のYの単独所有を否定した前訴判決確定後に、Yが本件土地の単独所有を再び主張したためにXは本訴の提起に至ったことである。

　すなわち後訴におけるXの主張は、前訴判決の判断に従った主張であり、前訴で採用されなかった単独所有の主張の蒸し返しとはいえず、Yの方が前訴で採用されなかった自己の単独所有の主張を蒸し返している。このような事実関係の下では、後訴におけるXの相続による共有持分の主張が前訴判決の既判力に抵触するとして遮断されなければならないかについて、以下のように、学説からはいくつかの異論・疑問が示されている。

(3) 批判的な学説

　ア　期待可能性の不存在と既判力の遮断効

　最判平成9年は、Xは前訴において本件土地につき売買および取得時効に

よる所有権の取得のみを主張し、事実審口頭弁論終結時以前に生じていたA
の死亡による相続の事実を主張しないまま、Xの所有権確認請求を棄却する
旨の前訴判決が確定したというのであるから、Xが後訴において相続による
共有持分の取得を主張することは、前訴判決の既判力に抵触するものとした
が、この事案では、上記①〜③などの特殊性があることを根拠とし、前訴判
決の既判力による遮断効が後訴に及ばないとする理由として、**期待可能性**の
理論の適用が主張される余地がある。

　既判力の遮断効は、前訴において当事者がその事由を提出しなかったこと
に過失があったかどうかを問わずに作用するとされるのが一般であるが、期
待可能性の理論とは、前訴の基準時までに存在した事由が、その基準時まで
に提出をおよそ期待できなかった場合にまでこれを排斥するのは手続保障を
欠くことになるので、その提出を認めるべきであるとする学説である[8]。ま
た通常人が細心の注意を払っても、前訴において提出しておくことを期待し
えず、その意味で、前訴で提出しておくべきであったとの規範的要求を認め
ることができない場合には、遮断的作用の例外を承認すべきであると主張さ
れている[9]。

　この期待可能性の理論による既判力の調整に対して、前訴での主張の期待
可能性の欠如に遮断効の例外を認めようとすることは短絡的であるとの批判
もある[10]。

　設例において、Xが前訴判決の基準時までに本件土地の所有権取得原因事
実として相続による持分権取得の提出をおよそ期待できなかったとすれば、
上記のような期待可能性の理論を理由として、Xは、後訴において本件土地
の相続による共有持分権取得の事実を提出しうるとする余地がある。

　もっとも、仮にこの期待可能性の理論が正しいという立場に立ったとして
も、設例の事実関係では、相続という法的観点は主張することを期待できた
ものであるとして、相続を取得原因とする共有持分取得の事実の主張は後訴
で遮断される可能性はあるとも指摘されている[11]。

　イ　釈明権と法的観点指摘義務

　①　釈明権・釈明義務　設例の事実関係においては、本件土地に関するX
の相続による共有持分権の取得について、前訴の裁判所が当事者に釈明ない

し法的観点の指摘をするべきではなかったかが問題となる。

釈明権とは、訴訟関係を明瞭にするため、事実上・法律上の事項に関して、当事者に対して問いを発し、立証を促す裁判官の権限（民訴法149条）をいう。裁判所は、一定の場合には釈明権（民訴法149条）を行使する義務を負い、**釈明義務違反**は上告または上告受理申立理由（民訴法312条3項・318条1項）となる[12]。法文上は釈明権の形でしか規定されていないが、釈明義務を認めるのが現在の通説・判例であり、しかも一定範囲の釈明義務違反が上告理由（原判決破棄）になることは共通の理解となっている。問題は、釈明権が行使できる範囲と釈明義務の範囲の違いである。行為規範として両者は一致するとしても、上告理由となる釈明義務（評価規範）の範囲は明らかに釈明権の範囲より狭い[13]。

釈明は、当事者の主張・立証の不明瞭さを正す**消極的釈明**と事案の適切な解決に必要な主張・立証を当事者に促す**積極的釈明**に大きく分かれるが、違反が上告理由となる釈明義務の範囲は現在では消極的釈明を超え、積極的釈明も含むようになりつつある[14]。すなわち積極的釈明が行われなかった場合には、上告理由となりうる。

②法的観点指摘義務　釈明権の重要な内容の一つとして、**法的観点指摘義務**がある。請求を理由づける実体法上の請求権（法的構成）が複数想定されるときは、当事者としては、そのどれかを選択してそれに対応した事実を主張することになる。実際に主張された事実関係、事件の背景となっている事実関係、さらに書証などからすると別の法的構成の方が事案の抜本的解決ないし適切な解決をもたらすと推認できるような場合には、そのことを当事者に示して、当事者と法的構成について議論することが裁判所に求められる。そのような裁判所の義務を法的観点指摘義務という[15]。当事者がある法的観点を前提として、それに当てはまる事実主張をなしているときに、裁判所が同一の事実に基づいて別の法的観点を採用することは、弁論主義違反の問題を生じるものではないが、それによって当該当事者および相手方の攻撃防御方法に影響が生じる。したがって、裁判所は、釈明権を行使して、法的観点の内容を当事者に対して指摘しなければならない[16]。

弁論の全趣旨からみて、釈明権が適切に行使されていれば、裁判の結果が

重大な変更を受けたであろうという蓋然性が高い場合には、勝つべき者が勝たず、負けるべき者が負けなかったと評価され、釈明権の不行使によって不公正な裁判がなされたとの評価を受けることになる。これには法的観点指摘義務が適切に尽くされなかった場合が多いであろう[17]。適用すべき法的観点により当事者が主張・立証すべき事実も違ってくるし、何よりも当事者に法適用に対して意見を述べる機会を付与しないと不意打ちになるおそれがある[18]。現在では、法的構成が異なれば主張・立証すべき事実も異なってくるのであるから、法的構成についても裁判所と当事者との間に共通の理解があるように裁判所が釈明し、当事者と議論する義務があるという**法的観点指摘義務**を肯定しようとする学説が有力である[19]。

　設例の事実関係では、土地を所有するAの死亡の結果、その妻であるXが当該土地の共有持分を相続により取得したことに関し、前訴の裁判所に**法的観点指摘義務違反**があったと指摘されている[20]。

　ウ　既判力の縮小

　当事者間の利益を比較衡量して**既判力の縮小**を観念されうる場合があることを認める見解があり[21]、設例の事実関係にこの既判力の縮小の理論が適用されれば、Xは前訴判決の既判力に抵触することなく、後訴において相続による共有持分権の取得を主張しうる余地がある。

　設例の事実関係では前訴判決に法的観点指摘義務違反があり、その結果として前訴判決の既判力を縮小し、後訴において遺産共有に関する主張を認めるべき事案であったとする批判が加えられている[22]。しかし、設例の事実関係では、訴訟法理論を大局的に見る限り、既判力は後訴に及ぶとみるのが素直であるとして、最判平成9年の多数意見の結論を支持する見解もある[23]。

本判決（最判平成9年）の意義

　多数意見によれば、所有権確認請求訴訟において請求棄却の判決が確定したときは、原告が同訴訟の事実審口頭弁論終結の時点において目的物の所有権を有していない旨の判断につき既判力が生じるから、原告が同時点以前に生じた所有権の一部たる共有持分の取得原因事実を後の訴訟において主張することは、同確定判決の既判力に抵触することになる。

これに対して、少数意見は、本件の具体的事情の下では原告が前訴で主張することは期待できない（要求することは酷である）から、既判力は及ばないとした。

1）新堂・694頁。
2）高見進「判批」リマークス16号135頁、136頁（1998年）。これに対して、大津卓也「『所有権は目に見えない』——最判平成9年3月14日は紛争を解決したか」法律行為論の諸相と展開（高森古稀記念・法律文化社・2013年）383頁、387頁〔フランス法では、前訴で主張された所有権取得原因事実だけしか既判力を生じない。そもそも請求原因が同一でないとされる〕。
3）新堂・701頁。
4）木川統一郎・民事訴訟政策序説（有斐閣・1968年）332頁以下。
5）高見・前掲注2）137頁。
6）藤田耕三＝小川英明編・不動産訴訟の実務（7訂版・新日本法規出版・2010年）406頁〔満田忠彦〕。
7）小林・新ケース305頁。
8）新堂・694頁。
9）兼子原著・第2版552頁〔竹下守夫〕。
10）中野貞一郎「既判力の標準時」判タ809号22頁、24頁（1993年）。
11）高橋宏志「既判力について(6)」法教146号69頁、84頁以下（1998年）。これに対して、予備的に相続による共有持分の主張もしておかなければならないというのは、実際の訴訟の流れからいって酷ではないかとの指摘は、小林・新ケース164頁。結局、いずれの説によっても最判平成9年の結論を肯定せざるをえないとするのは、小林秀之編・判例講義民事訴訟法（弘文堂・2019年）267頁、268頁〔髙地茂世〕。
12）伊藤・324頁。
13）小林・民訴法325頁。
14）小林・民訴法325頁。
15）新堂・496頁以下、高橋・重点上454頁以下参照。
16）伊藤・320頁。また、山本和彦・民事訴訟審理構造論（信山社・1995年）169頁。
17）新堂・501頁。
18）小林・民訴法326頁、松本博之＝上野泰男・民事訴訟法（第8版・弘文堂・2015年）56頁以下。
19）小林・民訴法326頁。
20）山本和彦「判批」判タ968号78頁、91頁（1998年）。
21）山本・前掲注20）81頁。
22）山本・前掲注20）91頁。
23）高橋・前掲注11）84頁以下。多数意見のように、別個の法的観点が後訴では前訴判決の既判力により遮断されるならば、前訴で裁判所はそれについての法的観点指摘義務ないし釈明義務があったのではないかと指摘するのは、小林・新ケース305頁。

賃料増減額確認請求訴訟の訴訟物と既判力の及ぶ範囲

最判平成26年 9 月25日・民集68巻 7 号661頁

▶予備知識

建物の借賃が、土地若しくは建物に対する租税その他の負担の増減により、土地若しくは建物の価格の上昇若しくは低下その他の経済事情の変動により、又は近傍同種の建物の借賃に比較して不相当となったときは、契約の条件にかかわらず、当事者は、将来に向かって建物の借賃の額の増減を請求することができる（借地借家法32条 1 項）とされ、この請求権を**賃料増減額請求権**と呼ぶ。

借地借家法32条 1 項所定の賃料増減額請求権は**形成権**であり、その要件を満たす権利の行使がされると当然に効果が生ずるが、その効果は、将来に向かって、増減額請求の範囲内かつ客観的に相当な額について生ずるものである（最判昭和32年 9 月 3 日・民集11巻 9 号1467頁等）。「額の増減を請求することができる」（借地借家法32条 1 項）とは、裁判所に訴えて初めて増減額されるということではなく、増減額請求により直ちに額が変更される。この請求権は形成権であり、額の確定は裁判によるが、その額での増減額は請求の時から効力が生じていたものとして扱われる。このような効果が認められているのは、紛争の引き延ばしを阻止するため、具体的には値上げ時期を遅らせるための紛争引き延ばしを認めないとする趣旨であるとされる。また、この効果は、賃料増減額請求があって初めて生ずるものであるから、賃料増減額請求により増減された賃料額の確認を求める訴訟の係属中に賃料増減を相当とする事由が生じたとしても、新たな賃料増減額請求がされない限り、上記事由に基づく賃料の増減が生ずることはない（最判昭和44年 4 月15日・裁判集民事95号97頁等）。

この**賃料増減額確認請求訴訟の訴訟物**ないし**既判力**をどのように考えるべきかについて、考え方の対立がある。賃料増額を例にとると、原告たるべき者は増額された日から継続する口頭弁論終結時における賃料額の確認を求めているものと解すべきであり、一般に**賃料額確認訴訟**においては、事実審の

口頭弁論終結時までの賃料額が訴訟物になっているものと解する見解がある。これに対して、賃料増額確認請求の審判対象である訴訟物は、原告による増額請求の増額効果が発生した時点における賃料相当額であるとする見解がある。

　ところで、賃料増減額確認請求訴訟の請求の趣旨においては、通常、特定の時点からの賃料額の確認を求めるものとされることが多い。そのような請求の趣旨は、その前提である賃料増減額請求の効果が生じたとする時点を特定する趣旨にとどまるのか、それとも口頭弁論終結時までの賃料額の確認も求められているのかは、明確でない。

判例のポイント 👆

　賃料増減額請求権は形成権であり、その行使の効果は、賃料増減額請求があって初めて生ずるものであるから、賃料増減額確認請求訴訟の係属中に賃料増減を相当とする事由が生じたとしても、新たな賃料増減額請求がされない限り、上記事由に基づく賃料の増減が生ずることはない。賃貸借契約は継続的な法律関係であり、賃料増減額請求により増減された時点の賃料が法的に確定されれば、特段の事情がない限り、上記の確定により、当事者間における賃料に係る紛争の直接かつ抜本的解決が図られるものといえる。

設　問

設例

　建物の賃貸人であるX1（なお、訴訟係属中にその地位をX2が承継し、引受人として当事者となった）は、賃借人であるYに対し、借地借家法32条1項に基づく賃料増額請求をした上、増額された賃料額の確認等を求める訴訟を提起したが、その事実関係の詳細は、以下のとおりである。

　X1とYとの間には、本件訴訟に先立つ訴訟（以下「前件訴訟」という）があり、前件訴訟においては、Yが、当時月額300万円であった上記建物の賃料（以下「本件賃料」という）につき、平成16年4月1日以降月額240万円に減額する旨の意思表示をした上（以下、同日の時点を「基準時1」という）、本訴と

して、同日以降の本件賃料が同額であることの確認等を求めた。これに対して、X1が、平成17年8月1日以降の本件賃料を月額320万2200円に増額する旨の意思表示をした上（以下、同日の時点を「基準時2」という）、反訴として、同日以降の本件賃料が同額であることの確認等を求めていた。そして、前件訴訟の第1審は、本訴につき、本件賃料が平成16年4月1日以降月額254万5400円である旨を確認する一方、反訴については請求を棄却する旨の判決をし、この判決に対するX1の控訴が棄却され、上記判決は確定した（以下この確定判決を「前訴判決」という）。

　ところで、X1は、前件訴訟が第1審に係属中の平成19年6月30日、Yに対し、本件賃料を同年7月1日から月額360万円に増額する旨の意思表示をしていた（以下、この意思表示を「本件賃料増額請求」といい、同日の時点を「基準時3」という）。

　なお、前件本訴および前件反訴とも、請求の趣旨において賃料額の確認を求める期間の特定はなく、前訴判決の前件本訴の請求認容部分においても同様であり、前件訴訟の訴訟経過をも考慮すれば、前件訴訟につきYおよびX1が特定の期間の賃料額について確認を求めていたとみるべき特段の事情はないものとする。

問　い

小問(1)　賃料増減額確認請求訴訟の請求の趣旨は、通常、特定の時点からの賃料額の確認を求めるものとされているが、そのような請求の趣旨は、その前提である賃料増減額請求の効果が生じたとする時点を特定する趣旨にとどまるのか、それとも口頭弁論終結時までの賃料額の確認も求められているのかに関する学説について説明しなさい。

小問(2)　賃料増減額請求権の行使とその効果について説明しなさい。

小問(3)　賃料額を確認することを求める請求は法律関係の確認を求める請求であるが、そのような請求に確認の利益が認められるかについて説明しなさい。

小問(4)　X1が、前件訴訟の第1審係属中に、平成19年7月1日以降の本件賃料を月額360万円に増額する旨の意思表示（本件賃料増額請求）をして

いたことから、前訴判決確定後、改めて提訴し、同日以降の賃料が月額360万円であることの確認等を求めることは、前訴判決の既判力に抵触し許されないかについて説明しなさい。また、その際、賃料増減額請求により増減された賃料額の確認を求める訴訟（以下「賃料増減額確認請求訴訟」という）の訴訟物は、当事者が特に期間を限定しない限り、賃料が増減された日から事実審の口頭弁論終結時までの期間の賃料額であると考えるべきかについても説明しなさい。

判 例 か ら 考 え る

　建物の借賃が、土地若しくは建物に対する租税その他の負担の増減により、土地若しくは建物の価格の上昇若しくは低下その他の経済事情の変動により、又は近傍同種の建物の借賃に比較して不相当となったときは、契約の条件にかかわらず、当事者は、将来に向かって建物の借賃の額の増減を請求することができる（借地借家法32条1項）とされ、この請求権を**賃料増減額請求権**と呼ぶ。たとえば建物の賃貸人が賃料増額請求権を行使し、それに基づき増額された賃料額の確認訴訟が提起され、その訴訟の事実審口頭弁論終結前に、賃貸人が賃料増額請求権に基づき新たに賃料増額の意思表示をしたものの、その係属中の訴訟では新たな賃料増額の意思表示に係わる主張または請求を追加することなく事実審口頭弁論が終結し判決が言い渡されて確定したとする。その後、賃貸人が前記の新たな賃料増額の意思表示に基づいて増額された賃料額の確認訴訟を提起した場合、その新たな賃料増額請求が前件口頭弁論終結時以前にされていることから、後の訴訟においてその新たな賃料増額請求による新たな賃料の増額を主張することが、前件判決の既判力に抵触し許されないか否かが争われており、その際、その訴訟物も問題となる。

　「額の増減を請求することができる」（借地借家法32条1項）とは、裁判所に訴えて初めて増減額されるということではなく、増減額請求により直ちに額が変更される。つまりこの請求権は形成権である。額の確定は裁判によるが、その額での増減額は請求の時から効力が生じていたものとして扱われる。このような効果が認められているのは、紛争の引き延ばしを阻止するためであるとされる。すなわち値上げ時期を遅らせるための紛争引き延ばしを認めな

いとする趣旨であるとされる[1]。

　賃料増減額確認請求訴訟では、賃料が増減額請求時「以降」1カ月いくらであるなどの形でその請求の趣旨が記載されるが、このように原告が終期を明示的に設定していないことをどのように解釈するのが合理的なのかという点が重要となる[2]。最高裁は、賃料増減額確認請求訴訟の訴訟物につき時点説を採用した上、その確定判決の既判力の範囲を明確に示した（最判平成26年9月25日・民集68巻7号661頁、以下「最判平成26年9月25日」という）。同最判は、結論として、賃料増減額確認請求訴訟の確定判決の既判力は、原則的に、前提である賃料増減額請求の効果が生じた「時点」の賃料額に係る判断について生ずるとする旨の判断を示して、その理由を次のように述べている。

　「借地借家法32条1項所定の賃料増減額請求権は形成権であり、その要件を満たす権利の行使がされると当然に効果が生ずるが、その効果は、将来に向かって、増減額請求の範囲内かつ客観的に相当な額について生ずるものである（最高裁昭和30年(オ)第460号同32年9月3日第3小法廷判決・民集11巻9号1467頁等参照）。また、この効果は、賃料増減額請求があって初めて生ずるものであるから、賃料増減額請求により増減された賃料額の確認を求める訴訟（以下「賃料増減額確認請求訴訟」という）の係属中に賃料増減を相当とする事由が生じたとしても、新たな賃料増減額請求がされない限り、上記事由に基づく賃料の増減が生ずることはない（最高裁昭和43年(オ)第1270号同44年4月15日第3小法廷判決・裁判集民事95号97頁等参照）。さらに、賃料増減額確認請求訴訟においては、その前提である賃料増減額請求の当否および相当賃料額について審理判断がされることとなり、これらを審理判断するに当たっては、賃貸借契約の当事者が現実に合意した賃料のうち直近のもの（直近の賃料の変動が賃料増減額請求による場合にはそれによる賃料）を基にして、その合意等がされた日から当該賃料増減額確認請求訴訟に係る賃料増減額請求の日までの間の経済事情の変動等を総合的に考慮すべきものである（最高裁平成18年（受）第192号同20年2月29日第2小法廷判決・裁判集民事227号383頁参照）。したがって、賃料増減額確認請求訴訟においては、その前提である賃料増減額請求の効果が生ずる時点より後の事情は、新たな賃料増減額請求がされるといった特段の事情のない限り、直接的には結論に影響する余地はないものといえる。

　また、賃貸借契約は継続的な法律関係であり、賃料増減額請求により増減された時点の賃料が法的に確定されれば、その後新たな賃料増減額請求がされるなどの特段の事情がない限り、当該賃料の支払につき任意の履行が期待されるのが通常であるといえるから、上記の確定により、当事者間における賃料に係る紛争の直接かつ抜本的解決が図られるものといえる。そうすると、賃料増減額確認請求訴訟の請求の趣旨において、通常、特定の時点からの賃料額の確認を求めるものとされているのは、その前提である賃料増減額請求の効果が生じたとする時点を特定する趣旨に止まると解され、終期が示されていないにもかかわらず、特定の期間の賃料額の確認を求める趣旨と解すべき必然性は認め難い。

　以上の事情に照らせば、賃料増減額確認請求訴訟の確定判決の既判力は、原告が特定の期間の賃料額について確認を求めていると認められる特段の事情のない限り、前提である賃料増減額請求の効果が生じた時点の賃料額に係る判断について生ずると解するのが相当である」。

　以下では、賃料増減額確認請求訴訟の訴訟物ないし既判力に関する従来の下級審裁判例および学説、賃料増減額請求権の行使と効果、および賃料増減額確認請求訴訟と確認の利益を解説した上で前掲最判平成26年9月25日を検討する。

解　説

1　はじめに

　賃料増減額確認請求訴訟の請求の趣旨において、通常、特定の時点からの賃料額の確認を求めるものとされているが、そのような請求の趣旨は、その前提である賃料増減額請求の効果が生じたとする時点を特定する趣旨にとどまるのか、それとも口頭弁論終結時までの賃料額の確認も求められているのか。また問題となっている賃料増額請求が、確定した前訴判決の口頭弁論終結時以前にされていた場合、その賃料増額請求による賃料の増額を主張することは、前訴判決の既判力に抵触し許されないことになるのか。

　賃料増減額確認請求訴訟の訴訟物ないし既判力について判示した最高裁判例は、これまでなかった。下級審裁判例としては、大阪高判昭和49年12月16

日・高民集27巻7号980頁・判時778号69頁が期間説を採用し、原告たるべき者は増額された日から継続する口頭弁論終結時における賃料額の確認を求めているものと解すべきであり、一般に賃料額確認訴訟においては、事実審の口頭弁論終結時までの賃料額が訴訟物になっているものと解するのが相当とした。

　これに対して、東京地判平成11年3月26日・判タ1020号216頁は、賃料増額確認請求の審判対象である訴訟物は、原告による増額請求の増額効果が発生した時点における賃料相当額であるとした（以下、この考え方を「時点説」という）。

　期間説と時点説の対立は、賃料増減額確認請求訴訟の訴訟物が何かについての判断に現れる[3]。

2　学説

(1)　期間説

　賃料額確認訴訟の場合には、通常、賃貸人たる原告は口頭弁論終結時点における賃料額だけの確認を求めているのではなく、自分が賃料増額請求権を行使した時点から、特段の事情のない限り口頭弁論終結時点まで、そのまま継続している当該増額賃料の確定を全体として求めている、と解するのが当事者の意思解釈として最も適切であるとする見解が**期間説**である。換言すれば、期間説は、原告は過去の一定時点から口頭弁論終結時までの一定の時間的間隔をもった期間の賃料額の確認を求めているとする[4]。また訴訟物の捉え方が前掲最判平成26年9月25日の主要な論点であり[5]、賃料算定の基準を未来志向の形に変更し、賃料増減額請求の意思表示の継続性を肯定した上で、口頭弁論終結時（まで）の相当賃料額を確定するものと考えた方が、より合理的であると主張されている[6]。

(2)　**時点説**

　時点説を採った最判平成26年9月25日を支持する学説がある（後述）。

3　賃料増減額請求権の行使とその効果

　賃料増減額請求権の行使は、相手方に対する意思表示によって行う。賃料

増減額請求権は、形成権の性質を有し、たとえば増額請求の場合は賃貸人が増額の意思表示をすれば、賃借人がそれを承諾するか否かにかかわらず、その意思表示がなされた時（厳密にいうとその意思表示が賃借人に到達した時）から将来に向かって客観的に「相当」な額に増額されたことになる[7]。賃料増減額確認請求訴訟に係る判例を整理すると、賃料増減額請求権は形成権であり、賃料増減額請求の意思表示が相手方に到達した時点で直ちに実体的な効力が生じ、裁判所が後に相当賃料額を定めるのは、上記意思表示により客観的に定まった賃料増減額の範囲を確認するものであるとされる（最判昭和32年9月3日・民集11巻9号1467頁等）。

賃料増減額確認請求訴訟の係属中に賃料増減を相当とする事由が新たに生じたとしても、新たな賃料増減額請求がされない限り、同事由による賃料の増減が生ずることはない[8]。判例も、新たな増減額請求が必要であるとしている（たとえば、最判昭和52年2月22日・金商520号26頁等）。そして、賃料増減額確認請求訴訟における賃料額の相当性ないし相当賃料額の審理判断に当たっては、直近合意賃料をもとに、合意時から賃料増減額請求時までの経済事情の変動等を考慮すべきものとされる（最判平成20年2月29日・判時2003号51頁）。

これらの判例の考え方によれば、賃料増減額確認請求訴訟においては、賃料増減額請求後に生じた事情については直接的な審理判断の対象とはならないから、賃料増減額確認請求訴訟における訴訟物を事実審口頭弁論終結時までの賃料額とする期間説は、上記のような賃料増減額確認請求訴訟の審理の実態に合わないことになる。

4 賃料増減額確認請求訴訟と確認の利益
(1) 過去の法律関係の確認

賃料増減額確認請求訴訟は**確認訴訟**であるから、**確認の利益**が問題となる。賃料額は法律効果であるから、賃料額を確認することを求める請求は法律関係の確認を求める請求である[9]。時点説によれば、過去の一時点での相当賃料額の確認が訴訟物ということになるが、賃料額の相当性という過去の法律関係が確認対象となっている[10]。

かつては過去の法律関係の確認は、確認訴訟における確認の対象とはなら

ないとされていたが、最判昭和45年 7 月15日・民集24巻 7 号861頁が確認の利益を認める範囲を拡大したことを契機に、現在では、過去の法律関係の確認であっても、**紛争の抜本的解決**を図りうるのであれば、確認の対象となるとされている（最判昭和47年11月 9 日・民集26巻 9 号1513頁等）。

　そして、一般に、賃料増減額確認請求訴訟の当事者間においては、訴訟終了後も賃貸借関係が継続することになることから、ある時点での賃料額が法的に確定されれば、通常は、それを前提にその後の賃貸借関係が規律され、上記当事者間において賃料に係る紛争は解決しうることが期待される。したがって賃料増減額確認請求訴訟が過去の法律関係の確認を求める訴えであるとしても、確認訴訟における確認の対象となりうる（確認の利益がある）。

(2) 最判平成26年 9 月25日は**時点説**

　最判平成26年 9 月25日は、賃料増減額確認請求訴訟の請求の趣旨において、通常、特定の時点からの賃料額の確認を求めるものとされているのは、その前提である賃料増減額請求の効果が生じたとする時点を特定する趣旨にとどまると解され、終期が示されていないにもかかわらず、特定の期間の賃料額の確認を求める趣旨と解すべき必然性は認め難いとし、賃料増減額確認請求訴訟の確定判決の既判力は、原告が特定の期間の賃料額について確認を求めていると認められる特段の事情のない限り、前提である賃料増減額請求の効果が生じた時点の賃料額に係る判断について生ずると解するのが相当であるとして時点説を採用した[11]。

　この最判平成26年 9 月25日は、賃料増減額確認請求訴訟における訴訟物についての原則的な取扱いを明らかにし[12]、原告が終期を設定した申立てをしていなければ、時点説での申立てと解釈する旨の判断を示した[13]。すなわち最判平成26年 9 月25日は、賃料増減額確認請求訴訟における請求特定の合理的意思解釈基準を示したにとどまり、期間説的な請求の特定を排除しない[14]。

　時点説に対しては批判もある。賃料増減額確認訴訟の機能を十分に発揮させるためには、過去の一時点での賃料額をばらばらに確定するのではく、実際上は最も新しい段階（口頭弁論終結時）を基準時点とした確認判決を行い、それを当事者間での紛争解決基準としなければならないはずであるとして、時点説に対して批判がなされている[15]。もっとも、時点説でも、原告は訴え

の変更、被告は反訴の提起等により、二次増減額請求も含めた紛争の一回的
解決を図ることは可能であるとして、時点説からの反論もなされている[16]。

本判決（最判平成26年 9 月25日）の意義

本判決は、賃料増減額確認請求訴訟の請求の趣旨において、通常、特定の時点からの賃料額の確認を求めるものとされているのは、その前提である賃料増減額請求の効果が生じたとする時点を特定する趣旨にとどまると解され、終期が示されていないにもかかわらず、特定の期間の賃料額の確認を求める趣旨と解すべき必然性は認め難いとし、賃料増減額確認請求訴訟の確定判決の既判力は、原告が特定の期間の賃料額について確認を求めていると認められる特段の事情のない限り、前提である賃料増減額請求の効果が生じた時点の賃料額に係る判断について生ずると解するのが相当であるとして、最高裁として初めて時点説を採用したという意義を有する。

1）内田貴・民法Ⅱ（第 3 版・東京大学出版会・2011年）209頁以下。
2）越山和広「判批」新・判例解説 Watch16号153頁、155頁（2015年）。
3）中村肇「判批」判評677号（判時2256号）123頁、125頁（2015年）。なお、期間説や時点説のほかに、事実審口頭弁論終結時説を主張するのは、澤野順彦・論点借地借家法（青林書院・2013年）330頁。
4）畑郁夫「判批」民商74巻 1 号166頁、169頁（1976年）。これに対して、伊藤正晴「判批」最高裁時の判例 8 号190頁、192頁（2018年）。
5）越山和広「判批」龍谷48巻 2 号1009頁、1012頁（2015年）。
6）越山・前掲注 5 ）1029頁。このほか、藤田耕三＝小川英明編・不動産訴訟の実務（ 7 訂版・新日本法規出版・2010年）725頁〔稲田龍樹〕と廣谷章雄編著・借地借家訴訟の実務（新日本法規出版・2011年）254頁以下〔森鍵一〕は、期間説を採った前掲大阪高判昭和49年12月16日を引用する。
7）稲本洋之助＝澤野順彦編・コンメンタール借地借家法（第 3 版・日本評論社・2010年）251頁以下〔副田隆重〕。
8）この点は、星野英一・借地・借家法（有斐閣・1969年）243頁〔明文ができ、請求の時に増減額の効力が発生することが前提とされた〕。
9）山本克己「判批」金法2025号67頁、69頁（2015年）。
10）勅使川原和彦「判批」平成26年度重要判解137頁、138頁。そして、時点説に立っても、確認の利益または即時確定の利益の存在が認められるとする。勅使川原和彦「賃料増減額確認請求訴訟に関する若干の訴訟法的検討」民事手続法制の展開と手続原則（松本古稀祝賀・弘文堂・2016年）231頁、243頁以下。
11）この最判平成26年 9 月25日を支持するのは、中村・前掲注 3 ）125頁。また、坂

田宏「賃料増減額確認訴訟に関する一考察」現代民事手続の法理（上野古稀祝賀・弘文堂・2017年）101頁、113頁。時点説に立つのは、伊藤・192頁。

12）堀清史「判批」リマークス51号124頁（2015年）。
13）川嶋四郎「判批」法セ729号128頁（2015年）、加藤新太郎「判批」法教422号32頁、34頁（2015年）。
14）上田竹志「判批」法教426号（別冊付録）判例セレクト2015年 2 号31頁。
15）越山・前掲注 2 ）156頁。
16）林紘司「判批」金商1469号 8 頁、12頁（2015年）。

多数当事者訴訟

17 住民訴訟と類似必要的共同訴訟 愛媛玉串事件

最判平成 9 年 4 月 2 日・民集51巻 4 号1673頁

▶予備知識

　複数の住民の提起した**住民訴訟は類似必要的共同訴訟**であると解されている。住民訴訟については、その判決後に自ら上訴をしなかった共同訴訟人も**上訴人**として扱われるかに関して、争いがある。

　一人ひとりによる個別訴訟は禁じられずに適法であるが、共同訴訟となった場合には**裁判資料の統一**と**手続進行の統一**が図られる共同訴訟形態（民訴法40条）を**類似必要的共同訴訟**と呼ぶ。**固有必要的共同訴訟**とは異なり、類似必要的共同訴訟では訴訟共同の必要がない。類似必要的共同訴訟では、もともと訴訟共同の必要がなく、個別に訴えまたは訴えられる場合であるから、1 人のまたは 1 人に対する訴えの取下げが可能である。類似必要的共同訴訟においては、共同訴訟人の一部のする訴えの取下げを、他の共同訴訟人は阻止できないとするのが判例であり（大判大正10年 2 月15日・民録27輯289頁）、通説である。

　固有必要的共同訴訟か類似必要的共同訴訟かの区別をせず、必要的共同訴訟の共同訴訟人の 1 人が、終局判決に対して上訴したときには、民訴法40条 1 項の規定によって全員について上訴の効果が生じるとし、したがって、全員について確定遮断および移審の効果が生じ、さらに全員が上訴人としての地位を取得すると解するのが通説である。これに対して、上訴人たる地位は現実に上訴し上訴審手続に関与している者にだけ認めれば足り、上訴を提起しない者は上訴審の当事者たる地位を取得しないとする批判もあった。

　かつて、最高裁は、複数の住民が提起する〔平成14年改正前〕地方自治法242条の 2 第 1 項 4 号所定の訴訟は、類似必要的共同訴訟であると解した上、共同原告となった住民らの一部の者のみが上訴をした場合には、〔旧〕民訴法62条 1 項の規定により、上訴をしなかったその余の共同原告にも上訴の効力が及び、全員が上訴人になるという判断を示していた（最判昭和58年 4 月 1 日・民集37巻 3 号201頁）。この最判昭和58年 4 月 1 日の判断は、通説に依拠し

たものであった。しかし、上訴をしなかったその余の共同原告にも上訴の効力が及び、共同原告の全員が上訴人になるとすると、訴訟遂行を欲しない当事者に、合一確定のために訴訟という苦役ないし負担を強いるのではないかが問題となる。

判例のポイント 👉

複数の住民の提起した住民訴訟は類似必要的共同訴訟であり、住民訴訟については、その一部の者が上訴すれば、当該訴訟は全体として上訴審に移審し、上訴審の判決の効力は上訴しなかった者にも及ぶが、自ら上訴をしなかった共同訴訟人をその意に反して上訴人の地位に就かせる効力までが行政事件訴訟法７条、〔旧〕民訴法62条１項〔現行民訴法40条１項〕によって生ずると解するのは相当でなく、自ら上訴をしなかった共同訴訟人は、上訴人にはならない。

設 問

設 例

愛媛県は、昭和56年から昭和61年にかけて、宗教法人靖國神社の挙行した恒例の宗教上の祭祀である例大祭に際し玉串料として９回にわたり各5000円（合計４万5000円）を、同みたま祭に際し献灯料として４回にわたり各7000円または8000円（合計３万1000円）を、宗教法人護國神社の挙行した恒例の宗教上の祭祀である慰霊大祭に際し供物料として９回にわたり各１万円（合計９万円）を、それぞれ愛媛県の公金から支出して奉納した。これらの支出につき、愛媛県の住民であるＸらが、憲法20条３項、89条等に違反する違法な財務会計上の行為に当たると主張して、靖國神社に対してした公金支出については当時右愛媛県知事の職にあったＹ1および東京事務所長の職にあり愛媛県知事の委任に基づき右支出を行ったＹ2に対し、護國神社に対してした支出についてはＹ1および右期間に老人福祉課長の職を順次勤め専決権限に基づき右支出を行ったＹ3ら（ただし、１名は死亡により相続人らが承継）に対し、〔平成14年改正前〕地方自治法242条の２第１項４号に基づき、愛媛県に代位し、それぞれ当該支出相当額の損害賠償を求めた。

　第1審判決は、XらのY1に対する請求を認容し、Y2らに対する請求を棄却した。

　原審判決（控訴審判決）は、第1審判決のうちY1に対する請求を認容した部分を取り消し、Xらの請求を全部棄却する趣旨の判決をした。

　そこで、Xらが上告したが、本件上告を申し立てた者のうちA1は、平成6年7月7日、上告を取り下げる旨の書面を最高裁判所（上告審）に提出した。

問　い

小問(1)　類似必要的共同訴訟とは何かについて、固有必要的共同訴訟との違いが明らかとなるように説明しなさい。

小問(2)　複数の住民が提起する住民訴訟が類似必要的共同訴訟であるとされる根拠を説明しなさい。

小問(3)　地方自治法242条の2第1項の平成14年改正について説明しなさい。

小問(4)　必要的共同訴訟の共同訴訟人の1人が終局判決に対して上訴したときに、民訴法40条1項の規定によって共同訴訟人の全員について上訴の効果が生じるかについて説明しなさい。

小問(5)　設例の住民訴訟は類似必要的共同訴訟であることを前提として、A1の上告取下げの有効性、および上告審は上告の取下げによりA1は上告人ではなくなったものとして裁判をしてよいかについて説明しなさい。

判 例 か ら 考 え る

　本問のもとにした最判平成9年4月2日・民集51巻4号1673頁は、〔平成14年改正前〕地方自治法242条の2に規定する住民訴訟であり、その訴訟形態は**類似必要的共同訴訟**であると解した（以下「**愛媛玉串事件**」と呼ぶ）。そして、その上告を申し立てた者のうちA1がその後に上告を取り下げる旨の書面を最高裁に提出したところ、同最判は、その**上告取下げ**の効力を問題とし、その効力について次のように判示した。

　「住民訴訟の判決の効力は、当事者となった住民のみならず、当該地方公共団体の全住民に及ぶものというべきであり、複数の住民の提起した住民訴

訟は、〔旧〕民訴法62条１項〔現行民訴法40条１項〕にいう『訴訟ノ目的カ共同訴訟人ノ全員ニ付合一ニノミ確定スヘキ場合』に該当し、いわゆる類似必要的共同訴訟と解するのが相当である。

ところで、類似必要的共同訴訟については、共同訴訟人の一部の者がした訴訟行為は、全員の利益においてのみ効力を生ずるとされている（〔旧〕民訴法62条１項）。上訴は、上訴審に対して原判決の敗訴部分の是正を求める行為であるから、類似必要的共同訴訟において共同訴訟人の一部の者が上訴すれば、それによって原判決の確定が妨げられ、当該訴訟は全体として上訴審に移審し、上訴審の判決の効力は上訴をしなかった共同訴訟人にも及ぶものと解される。しかしながら、合一確定のためには右の限度で上訴が効力を生ずれば足りるものである上、住民訴訟の前記のような性質にかんがみると、公益の代表者となる意思を失った者に対し、その意思に反してまで上訴人の地位に就き続けることを求めることは、相当でないだけでなく、住民訴訟においては、複数の住民によって提訴された場合であっても、公益の代表者としての共同訴訟人らにより同一の違法な財務会計上の行為又は怠る事実の予防又は是正を求める公益上の請求がされているのであり、元来提訴者各人が自己の個別的な利益を有しているものではないから、提訴後に共同訴訟人の数が減少しても、その審判の範囲、審理の態様、判決の効力等には何ら影響がない。そうであれば、住民訴訟については、自ら上訴をしなかった共同訴訟人をその意に反して上訴人の地位に就かせる効力までが行政事件訴訟法７条、〔旧〕民訴法62条１項によって生ずると解するのは相当でなく、自ら上訴をしなかった共同訴訟人は、上訴人にはならないものと解すべきである。この理は、いったん上訴をしたがこれを取り下げた共同訴訟人についても当てはまるから、上訴をした共同訴訟人のうちの一部の者が上訴を取り下げても、その者に対する関係において原判決が確定することにはならないが、その者は上訴人ではなくなるものと解される。最高裁昭和57年（行ツ）第11号同58年４月１日第２小法廷判決・民集37巻３号201頁は、右と抵触する限度において、変更すべきものである。

したがって、A1は、上告の取下げにより上告人ではなくなったものとして、本判決をすることとする」。

　以下では、**類似必要的共同訴訟と上訴提起**に関する判例の流れ、類似必要的共同訴訟では訴訟共同の必要がないこと、住民訴訟が類似必要的共同訴訟であること、地方自治法242条の2第1項の平成14年改正、および必要的共同訴訟と上訴提起に関する学説を概観した上で、類似必要的共同訴訟と上訴提起に関する判例および学説を解説する。

解　説

1　はじめに

　最判昭和58年4月1日・民集37巻3号201頁は、複数の住民が提起する〔平成14年改正前〕地方自治法242条の2第1項4号所定の訴訟は類似必要的共同訴訟であると解した上、共同原告となった住民らの一部の者のみが上訴をした場合には、〔旧〕民訴法62条1項の規定により、上訴をしなかったその余の共同原告にも上訴の効力が及び、全員が上訴人になるという判断を示していた（以下「最判昭和58年4月1日」と呼ぶ）。しかし、この最判昭和58年4月1日を愛媛玉串事件が判例変更した。その後、最判平成12年7月7日・民集54巻6号1767頁は、類似必要的共同訴訟である**株主代表訴訟**（商法〔旧〕267条、現行会社法847条）について、**愛媛玉串事件**に従った。

2　類似必要的共同訴訟と訴訟共同の必要

　一人ひとりによる個別訴訟は禁じられずに適法であるが、共同訴訟となった場合には裁判資料の統一と手続進行の統一が図られる共同訴訟形態（民訴法40条）を類似必要的共同訴訟と呼ぶ。一定範囲の者の共同訴訟となることが要求されることを訴訟共同の必要と呼ぶが、固有必要的共同訴訟と異なり、類似必要的共同訴訟では訴訟共同の必要がない[1]。

　類似必要的共同訴訟では、もともと訴訟共同の必要がなく、個別に訴えまたは訴えられる場合であるから、1人のまたは1人に対する訴えの取下げが可能である[2]。類似必要的共同訴訟においては、共同訴訟人の一部のする訴えの取下げを、他の共同訴訟人は阻止できないとするのが判例であり（大判大正10年2月15日・民録27輯289頁）、通説である[3]。

3 複数の住民が提起する住民訴訟は類似必要的共同訴訟

　複数の住民が提起する住民訴訟が類似必要的共同訴訟であるとする根拠について、学説には異論もあったが、愛媛玉串事件は、住民訴訟の判決が当該地方公共団体の住民一般に対して対世的効力を有することを、その根拠とした[4]。複数の住民による住民訴訟が類似必要的共同訴訟であることは、平成14年改正後における地方自治法242条の2第1項の下でも変わらない[5]。

4 地方自治法242条の2第1項の平成14年改正について

　平成14年改正前の地方自治法242条の2第1項4号は、地方公共団体に代位して、①当該職員に対する損害賠償の請求若しくは不当利得返還の請求、②当該行為若しくは怠る事実に係る相手方に対する法律関係不存在確認の請求、損害賠償の請求、不当利得返還の請求、原状回復の請求若しくは妨害排除の請求、に関して規定していた。前記各請求は、地方公共団体が、当該職員または違法な行為もしくは怠る事実に係る相手方に対し、実体法上、地方自治法所定の請求権を有するにもかかわらず、これを積極的に行使しようとしない場合に、住民が地方公共団体に代位して前記請求権に基づいて提起するものであった[6]。

　すなわち地方自治法242条の2第1項4号に根拠を置くいわゆる「4号訴訟」は、平成14年改正前は、損害賠償請求ないし不当利得返還請求という法律構成により、当該行為に関わった首長を含む職員ないし関係者を地方公共団体の「代位請求」という形式で直接の被告とすることができた。しかし、個人としての職員等に対する請求を代位するという訴訟構造から、事案によっては、判決により巨額の損害賠償請求が命じられて酷すぎる場合があることが指摘され、平成14年に住民訴訟は変更された。この法改正により、住民は、個人としての首長等を直接被告として訴訟提起することができなくなり、まず、地方公共団体の「執行機関」に対して当該地方公共団体が有する損害賠償請求権等を行使することを「義務付ける訴訟」を行う必要がある（平成14年改正後の地方自治法242条の2第1項4号）。そこで勝訴判決が出されてその判決が確定すると、当該地方公共団体の長が個人としての職員等を被告とする訴訟を別途提起する（地方自治法242条の3第1項）という2段階の仕組みへ

と組み替えられた。こうして、4号訴訟は、首長等の個人を直接の被告とする「代位訴訟」から、執行機関に対する「義務付け訴訟」に再構成された[7]。

　平成14年改正前の4号訴訟として提起されていた事項については、基本的には改正後の4号訴訟で対応できる[8]。なお、現在の4号請求は訴訟担当でないとされる[9]。

5　必要的共同訴訟と上訴提起の効果

　固有必要的共同訴訟か類似必要的共同訴訟かの区別をせず、必要的共同訴訟の共同訴訟人の1人が、終局判決に対して上訴したときには、民訴法40条1項の規定によって全員について上訴の効果が生じるとし、したがって、全員について確定遮断および移審の効果が生じ、さらに全員が上訴人としての地位を取得すると解するのが通説である[10]。

　これに対して、この問題については固有必要的共同訴訟か類似必要的共同訴訟であるかによって差違は生じないとし、必要的共同訴訟人の一部の上訴によって全訴訟ないし全請求が確定を遮断されて移審し、全員の訴訟ないし請求が上訴審の審判対象になり、上訴審の審判対象は全請求に及ぶが、上訴人たる地位は現実に上訴し上訴審手続に関与している者にだけ認めれば足り、上訴を提起しない者は上訴審当事者たる地位を取得しないとする批判もあった[11]。

6　類似必要的共同訴訟と上訴提起の効果に関する判例

(1)　最判昭和58年4月1日

　ア　上訴をしなかった者も上訴人となるとした最高裁の多数意見

　愛媛玉串事件が判例変更をした最判昭和58年4月1日は、〔平成14年改正前〕地方自治法242条の2第1項4号所定の住民訴訟において、共同原告となった住民らの一部の者のみが上訴をした場合には、〔旧〕民訴法62条1項の規定により、上訴をしなかったその余の共同原告に対しても上訴の効力を生じる旨を判示した。この最判昭和58年4月1日の判断は、通説に依拠したものであった[12]。これに対しては、訴訟遂行を欲しない当事者に、合一確定のために訴訟という苦役を強いるものであるとする批判が加えられていた[13]。

イ 自ら上訴しなかった共同訴訟人はいわば脱退するとする木下忠良裁判官の反対意見

最判昭和58年4月1日の多数意見に対して、木下忠良裁判官の反対意見は、上訴審における訴訟追行は専ら上訴した共同訴訟人によってのみ行われるべく、自ら上訴しなかった共同訴訟人はいわば脱退して、ただ上訴審判決の効力を受ける地位にあるにとどまるものとする。その理由として、それによって判決の合一的確定という要請は満たすことができるし、当事者の意思に最も適合するからであるとしている。

これに対しては、類似必要的共同訴訟において脱退を認める必要はなく、また脱退を認める明文の規定もないとし、当事者は訴えの取下げをすれば足りるとする批判もあった[14]。

(2) 愛媛玉串事件

ア 新しい判断

愛媛玉串事件は、複数の住民の提起した住民訴訟のような類似必要的共同訴訟においては、共同訴訟人の一部の者がした上訴の効力は上訴をしなかった者にも及び、原判決は確定を遮断されるが、住民訴訟の性質に鑑みて、上訴をしなかった者は上訴人にはならない、そして、この理は、いったん上訴をしたがこれを取り下げた共同訴訟人についても当てはまるという新判断を示した。

しかし、通説によれば、上訴の取下げは不利な訴訟行為であり、全員でしなければ効果を生ぜず、1人による取下げを無視する取扱いをすることになったはずであるとの批判もなされている[15]。

学説には、愛媛玉串事件の立場を支持する見解がある[16]。そして、愛媛玉串事件は住民訴訟に関するものであるが、その他の類似必要的共同訴訟に当てはまると指摘されている[17]。

イ 愛媛玉串事件に対する批判

通説・旧判例を支持し、判例において問題となったような類似必要的共同訴訟においても、1人の共同訴訟人が上訴を提起すれば、その効力は全共同訴訟人のために生じ、他の共同訴訟人は自動的に上訴人の地位に就くとする見解がある[18]。

　これに対して、住民訴訟や株主総会の決議の効力を争う訴訟のように、審判の対象が共同訴訟人自身の法律関係ではない場合には、上訴しない者を判決の名宛人とする必要はないと指摘されている[19]。また、類似必要的共同訴訟に関しては、当事者適格のために上訴の取下げを制限する必要はないと指摘されている。なぜなら、判決効は上訴を取り下げた共同訴訟人にも及ぶから、訴訟追行を継続する意思がなくなったにもかかわらず、上訴の取下げを認めず、上訴人にとどめておく必要性は、類似必要的共同訴訟にはないからである[20]。

　ウ　上訴人にはならないとする理論構成

　上訴をしなかった者は上訴人にはならないという考え方を採った場合の法律関係をめぐる理論構成として、いくつかの見解が示されている。

　①移審否定・訴えの取下げ説　住民訴訟や株主代表訴訟のような類似必要的共同訴訟では、現実に上訴した者の請求部分が上訴審に移審すれば足りるとする説もある。上訴審での訴訟追行を現実に上訴した者に委ねることとして、上訴しなかった者は上訴人にならないとともに、その請求部分も上訴審に移審することなく消滅し[21]、訴えの取下げをしたのと同様に扱うとする[22]。

　②訴訟脱退説　上訴しなかった者を訴訟脱退者として取り扱うならば、合一確定の要求を貫くことができると同時に、上訴するかどうかの判断を各共同訴訟人に委ねることができ、その方が上訴するかどうかの判断につき当事者の意思をより尊重した取扱いとして評価する見解がある[23]。なお、訴訟脱退とは、権利主張参加がなされた場合に、原告または被告が訴訟追行の利益を放棄することを認め、その放棄がなされたときには残存当事者間の判決効を脱退者に及ぼす制度である（民訴法48条）。

　③任意的訴訟担当説　前記した必要的共同訴訟で上訴を提起しない者は上訴審当事者たる地位を取得しないとする説は、上訴人となった者とならなかった者との間に選定当事者的な任意的訴訟担当の関係が成立するとする[24]。

　上記のような各説には、理論的なメリット、デメリットがある[25]。そこで、非上訴人の地位には、上訴審の当事者として扱うのが適当な部分とそれのない部分の二重性がある結果として、一律に上訴人でないとしてしまう判例よりも、一応は上訴人としておき、その後の処理を弾力化する方が適切である

とする見解もある[26]。

本判決（愛媛玉串事件）の意義

　本判決は、複数の住民の提起した住民訴訟のような類似必要的共同訴
訟においては、共同訴訟人の一部の者がした上訴の効力は上訴をしなか
った者にも及び、原判決は確定を遮断されるが、住民訴訟の性質に鑑み
て、上訴をしなかった者は上訴人にはならない、そして、この理は、い
ったん上訴をしたがこれを取り下げた共同訴訟人についても当てはまる
という新判断を示し、従来の判例を変更したという意義を有する。その
後の判例では、株主代表訴訟にもその理は当てはまるとされた。

1 ）高橋・重点下315頁以下。
2 ）新堂・790頁。
3 ）兼子・93頁。
4 ）徳田和幸「判批」リマークス17号137頁、139頁（1998年）。
5 ）越山和広「判批」民商144巻 3 号41頁、45頁注 1 （2011年）。
6 ）小早川光郎＝青柳馨編著・論点体系判例行政法第 3 巻（第一法規・2016年）107
　　頁以下〔石津廣司〕。
7 ）櫻井敬子・行政法講座 2 （第一法規・2016年）225頁以下。
8 ）松本英昭・新版逐条地方自治法（第 8 次改訂版・学陽書房・2015年）1030頁以下。
9 ）内野寛信「類似必要的共同訴訟における当事者手続関与権の濃淡」慶応法学30
　　号405頁、418頁（2014年）。
10）兼子・394頁。
11）井上治典・多数当事者訴訟の法理（弘文堂・1981年）206頁以下。また、新堂・
　　前掲注 2 ）792頁注〔上訴を提起しなかった者を訴訟脱退者として扱う〕。
12）高橋・重点下321頁。
13）佐藤鉄男「判批」法協102巻 6 号158頁、164頁（1985年）。
14）小山昇「判批」民商89巻 5 号675頁、686頁以下（1984年）。最判昭和58年 4 月 1
　　日の後においては、敗訴して上訴しなかった者について、訴えを取り下げ、訴
　　訟活動から離脱するよう促すのが一般的な取扱いとなっていたとの指摘は、小
　　林秀之編・判例講義民事訴訟法（弘文堂・2019年）238頁〔中西正〕。
15）高橋宏志「判批」リマークス23号116頁、118頁（2001年）。
16）伊藤眞「判批」平成 9 年度重要判解129頁、130頁。
17）小林・新ケース353頁。
18）松本博之＝上野泰男・民事訴訟法（第 8 版・弘文堂・2015年）775頁。
19）井上治典「判批」法教39号70頁、71頁（1983年）。
20）小林・新ケース353頁、356頁。
21）徳田和幸「多数当事者訴訟と上訴」伊藤眞ほか編・民事手続法学の新たな地平
　　（有斐閣・2009年）251頁、259頁以下。

22）徳田・前掲注4）140頁。
23）新堂・792頁注。
24）井上・前掲注11）207頁。これに類する見解は、菱田雄郷「類似必要的共同訴訟と上訴」山本克己＝笠井正俊＝山田文編・民事手続法の現代的課題と理論的解明（徳田古稀祝賀・弘文堂・2017年）465頁、482頁以下。
25）高橋・前掲注15）119頁。
26）高橋・重点下322頁以下。

18 入会権確認訴訟と固有必要的共同訴訟の当事者適格 馬毛島事件

最判平成20年7月17日・民集62巻7号1994頁

▶予備知識

　当事者能力とは、民事訴訟の当事者となることができる一般的な資格をいい、原則として民法等の実体法に基づいて権利能力を有する者に、民訴法上の当事者能力が認められる（民訴法28条）。その例外は、民訴法29条である。**法人でない社団又は財団**で代表者又は管理人の定めがあるものは、その名において訴え、又は訴えられることができる（民訴法29条）。すなわち、**法人でない社団**（権利能力のない社団・法人格のない社団）であっても、民訴法29条の要件を満たしていれば、当事者能力が認められる。この民訴法29条の趣旨は、社会においては法人でない社団等が多く存在し活動しており、法人でない団体にも団体の名で訴訟することを認めるのが実際的であり、かつ、そうすることが望ましいということにある。

　一方で、法人でない社団・財団は、権利能力なき社団・財団とも称されるように、実体法上は権利能力がなく**権利主体**になることはできない、とするのが実務上の取扱いである（登記実務など）。このため、法人でない社団・財団は、訴訟法的には当事者能力が認められることがあって当事者になることはできるが、実体法的には権利主体になることはできないことになる。そこで、請求の趣旨を構成する際に、訴訟法上の当事者と実体法の権利主体に関して混乱を生じてくる。

　当事者適格とは、訴訟物たる特定の権利または法律関係について当事者として訴訟追行し本案判決を求めることのできる資格をいう。固有必要的共同

訴訟では、当事者適格に基づく訴訟追行権が共同でのみ行使される以上、共同訴訟人がなす訴訟行為の間に相互に矛盾を生じることは許されず、その結果として判決内容の合一性が確保される。固有必要的共同訴訟では、**判決内容の合一性を確保するために共同訴訟人独立の原則が排除される**だけでなく、共同訴訟人たるべき者の一部を欠く訴えは不適法とされる。

民訴法は、必要的共同訴訟の成立要件として「訴訟の目的が共同訴訟人の全員について合一にのみ確定すべき場合」と規定する（民訴法40条1項）。そこで規定されている**合一確定の必要**とは、訴訟物たる権利関係に関する判決の内容を矛盾なく統一すべき必要と言い換えることができるが、その内容のうちの一つは、当事者適格の基礎となる管理処分権や法律上の利益が、多数人に共同で帰属し、その帰属の態様から判決内容の合一性が要請される場合である。これに該当する場合の一つとして、**入会権**がある。入会権者が第三者を被告として、ある土地上に入会権が成立することの確認を求めるときには、原告適格の基礎となる入会権についての管理処分権は、入会権者全員に共同で帰属するから、**固有必要的共同訴訟の成立が認められる**とするのが、判例（最判昭和41年11月25日・民集20巻9号1921頁）であり、通説である。

判例のポイント ☞

　入会権確認の訴えは、固有必要的共同訴訟であるが、入会集団の構成員のうちに入会権確認の訴えを提起することに同調しない者がいる場合には、入会権の存在を主張する構成員が原告となり、同訴えを提起することに同調しない者を被告に加えて、同訴えを提起することも許される。

設　問

設例

1　X1ら（訴訟提起時26名）は、Y1ら（後掲のY3ないしY6も含めて訴訟提起時36名）およびY2会社（馬毛島開発株式会社）に対し、X1らおよびY1らが、係争対象となっている鹿児島県西之表市馬毛島にある4筆の土地につき共有の性質を有する入会権を有することの確認を求める訴えを提起した（以下この訴

えを「本件」という）。本件は、X1らが、係争対象となっている4筆の各土地（以下、これら4つの土地を、それぞれ「本件土地1」ないし「本件土地4」などといい、併せて「本件各土地」という）は鹿児島県西之表市遷泊浦集落の住民を構成員とする入会集団（以下「本件入会集団」という）の入会地であり、X1らおよびY2会社を除くY1ら（以下「入会権者Y1ら」という）は本件入会集団の構成員であると主張して、入会権者Y1らおよび本件各土地の登記名義人から本件各土地を買い受けたY2会社に対し、X1らおよび入会権者Y1らが本件各土地につき共有の性質を有する入会権を有することの確認を求めた。

　X1らによるその訴訟提起の経緯は、次のとおりである。すなわちX1らは、本件各土地について所有権を取得したと主張するY2会社に対し、本件各土地が本件入会集団の入会地であることの確認を求めたいと考えたが、本件入会集団の内部においても本件各土地の帰属について争いがあり、入会権者Y1らが上記確認を求める訴えを提起することについて同調しなかった。そこで、X1らは、対内的にも対外的にも本件各土地が本件入会集団の入会地であること、すなわちX1らを含む本件入会集団の構成員全員が本件各土地について共有の性質を有する入会権を有することを合一的に確定するため、Y2会社だけでなく、入会権者Y1らも被告として本件訴訟を提起した。

2　本件の第1審は、入会権確認訴訟は固有必要的共同訴訟であり、入会権者の一部の者によって提起された本件訴えは原告適格を欠くものであって不適法である旨を判示して、本件訴えを却下した。

3　そこで、X1らが控訴したが、原審（控訴審）は、Y2会社は本件土地1についてはその登記名義人であるY3および同Y4から、本件土地2～4についてはその登記名義人であるY5およびY6から、それぞれ買い受け、その所有権を取得したとして、平成13年5月29日、共有持分移転登記を了した、と事実を確定した。

　そして、原審は、次のとおり判示して、本件訴えを却下すべきものとして控訴を棄却したため、X1らが上告受理の申立てをした（被上告人は、Y1外40名およびY2会社）。

(1) 入会権は権利者である入会集団の構成員に総有的に帰属するものであるから、入会権の確認を求める訴えは、権利者全員が共同してのみ提起しうる

固有必要的共同訴訟であるというべきである。

(2) 本件各土地につき共有の性質を有する入会権自体の確認を求めている本件訴えは、本件入会集団の構成員全員によって提起されたものではなく、その一部の者によって提起されたものであるため、原告適格を欠く不適法なものであるといわざるをえない。本件のような場合において、訴訟提起に同調しない者は本来原告となるべき者であって、民訴法にはかかる者を被告にすることを前提とした規定が存しないため、同調しない者を被告として訴えの提起を認めることは訴訟手続的に困難というべきである上、入会権は入会集団の構成員全員に総有的に帰属するものであり、その管理処分については構成員全員でなければすることができないのであって、構成員の一部の者による訴訟提起を認めることは実体法と抵触することにもなるから、X1らに当事者適格を認めることはできない。

問　い

小問(1)　入会権の法的性質について説明しなさい。

小問(2)　入会権確認の訴えと固有必要的共同訴訟について説明しなさい。

小問(3)　共有者側が原告として境界確定の訴えを提起する場合は、固有必要的共同訴訟となることを前提とし、その共有者中に訴えの提起に同調しない者がいるときに、原告は、その訴えの提起に同調しない者に関してどのようにすれば、境界確定の訴えが当事者適格の要件を満たすかについて説明しなさい。

小問(4)　設例において、原審は X1らに当事者適格を認めることはできないとしたが、入会集団の構成員のうちに入会権確認の訴えを提起することに同調しない者がいる場合には、入会権の存在を主張する構成員が原告となり、同訴えを提起することに同調しない者を被告に加えて、同訴えを提起することも許されるものと解すべきかについて説明しなさい。

判 例 か ら 考 え る

　入会権確認の訴えは、入会権が総有であることから固有必要的共同訴訟と

されてきたが、問題があった。

　入会集団の構成員のうちに入会権確認の訴えを提起することに同調しない者がいる場合には、入会権確認の訴えは当事者適格を満たさないものとして不適法却下するものとすると、入会権者に対し事実上裁判による救済を拒絶することになってしまい、係争対象となった入会地の権利関係を取り巻く紛争が残ったままになってしまうからである。

　本問は、入会集団の一部の構成員が、第三者を相手方として、入会地であると考える土地について固有必要的共同訴訟たる入会権確認の訴えを提起する場合において、訴えを提起することに同調しない同じ入会集団の構成員を被告に含めて訴訟提起することが適法であるかが争われた最判平成20年7月17日・民集62巻7号1994頁をもとにしたものである（以下「馬毛島事件」という）。馬毛島事件は、設例の原審の3(2)の判断は是認することができないとして、その理由を次のように述べた。

　「特定の土地が入会地であることの確認を求める訴えは、原審の上記3(1)の説示のとおり、入会集団の構成員全員が当事者として関与し、その間で合一にのみ確定することを要する固有必要的共同訴訟である。そして、入会集団の構成員のうちに入会権の確認を求める訴えを提起することに同調しない者がいる場合であっても、入会権の存否について争いのあるときは、民事訴訟を通じてこれを確定する必要があることは否定することができず、入会権の存在を主張する構成員の訴権は保護されなければならない。そこで、入会集団の構成員のうちに入会権確認の訴えを提起することに同調しない者がいる場合には、入会権の存在を主張する構成員が原告となり、同訴えを提起することに同調しない者を被告に加えて、同訴えを提起することも許されるものと解するのが相当である。このような訴えの提起を認めて、判決の効力を入会集団の構成員全員に及ぼしても、構成員全員が訴訟の当事者として関与するのであるから、構成員の利益が害されることはないというべきである。
……

　特定の土地が入会地であるのか第三者の所有地であるのかについて争いがあり、入会集団の一部の構成員が、当該第三者を被告として、訴訟によって当該土地が入会地であることの確認を求めたいと考えた場合において、訴え

の提起に同調しない構成員がいるために構成員全員で訴えを提起することができないときは、上記一部の構成員は、訴えの提起に同調しない構成員も被告に加え、構成員全員が訴訟当事者となる形式で当該土地が入会地であること、すなわち、入会集団の構成員全員が当該土地について入会権を有することの確認を求める訴えを提起することが許され、構成員全員による訴えの提起ではないことを理由に当事者適格を否定されることはないというべきである」。

　以下では、入会権、入会権確認の訴えと固有必要的共同訴訟、共有者中に訴えの提起に同調しない者がいるときの境界確定訴訟、および馬毛島事件の評価について解説する。

解　説

1　入会権

　入会権は、一般に一定の地域の住民が一定の山林原野などにおいて共同して収益をする慣習上の権利、または重点を共同体による土地支配に置いて、村落共同体もしくはこれに準ずる共同体が、土地、主として山林原野に対して**総有的**に支配するところの**慣習上の物権**である[1]。

　民法は、入会権には共有の性質を有するもの（民法263条）と共有の性質を有しないもの（民法294条）との2種があるとし、前者に共有の規定を適用し、後者に地役権の規定を準用する。共有の性質を有する入会権とは、入会権者の権利が入会権者の共有の地盤（入会住民の所有に属する地盤）を目的とする場合をいい、共有の性質を有しない入会権とは、入会権者の権利が他人の所有に属する地盤を目的とする場合をいうものとするのが判例（大判大正9年6月26日・民録26輯933頁）・通説である[2]。

　入会権は権利者である一定の部落民に総有的に帰属するものであり（最判昭和41年11月25日・民集20巻9号1921頁［山中浅間神社事件]）、ただ、収益という面で各部落民は個人的な権利を有する[3]。

2　入会権確認の訴えと固有必要的共同訴訟

　必要的共同訴訟のうち共同訴訟としての訴えの提起が強制されるものを**固**

有必要的共同訴訟という。民訴法は、必要的共同訴訟の成立要件として「訴訟の目的が共同訴訟人の全員について合一にのみ確定すべき場合」と規定する（民訴法40条1項）。そこで規定されている**合一確定**の必要とは、訴訟物たる権利関係に関する判決の内容を矛盾なく統一すべき必要と言い換えることができるが、その内容のうちの一つは、当事者適格の基礎となる管理処分権や法律上の利益が、多数人に共同で帰属し、その帰属の態様から判決内容の合一性が要請される場合である。当事者適格とは、訴訟物たる特定の権利または法律関係について当事者として訴訟追行し本案判決を求めることのできる資格をいう。当事者適格に基づく訴訟追行権が共同でのみ行使される以上、共同訴訟人がなす訴訟行為の間に相互に矛盾を生じることは許されず、その結果として判決内容の合一性が確保される。この類型が固有必要的共同訴訟と呼ばれるものであり、判決内容の合一性を確保するために共同訴訟人独立の原則が排除されるだけでなく、共同訴訟人たるべき者の一部を欠く訴えは不適法とされる[4]。

　入会権者が第三者を被告として、ある土地上に入会権が成立することの確認を求めるときには、原告適格の基礎となる入会権についての管理処分権は、入会権者全員に共同で帰属するから、固有必要的共同訴訟の成立が認められるとするのが、判例（山中浅間神社事件）であり、通説である[5]。

　これに対して、入会権を有し入会団体の構成員であると主張する者が、その構成員である入会権者を被告として入会権を有することの確認を求める訴えは、入会権を有すると主張する者全員と入会権者との間において合一に確定する必要はないから固有必要的共同訴訟と解すべきものではなく、入会権を有すると主張する者が、各自単独で、入会権者に対して提起することが許される（最判昭和58年2月8日・判時1092号62頁）。

3　共有者中に訴えの提起に同調しない者がいるときの境界確定訴訟
(1) 入会権確認の訴えは入会権者全員による提起が必要
　かつて最高裁は、「入会権は権利者である一定の部落民に総有的に帰属するものであるから、入会権の確認を求める訴えは、権利者全員が共同してのみ提起しうる固有必要的共同訴訟というべきである」と判示した。そして、

この理は、入会権が共有の性質を有するものであると共有の性質を有しないものであるとで異なるところがないから、上告人らが原審において訴の変更により訴求した「本件土地につき共有の性質を有する入会権を有することを確認する」等の請求は、入会権者全員によってのみ訴求できる固有必要的共同訴訟であるというべきところ、本件請求が入会権者と主張されている部落民全員によって提起されたものでなく、その一部の者によって提起されていることは弁論の全趣旨によって明らかであるから、本件請求は当事者適格を欠く不適法なものであるとしていた（山中浅間神社事件）。

　しかし、それでは、部落民のうちに１人でも訴えの共同提起を拒む者がいる場合には、原告らの訴えは常に却下されることになる。このことは、入会権者に対し事実上裁判による救済を拒絶することになってしまう問題点がある[6]。

(2) 境界確定訴訟と共同提訴に同調しない者に関する判例

　境界確定の訴えは、所有権の目的となるべき公簿上特定の地番により表示される相隣接する土地の境界に争いがある場合に、裁判によってその境界を定めることを求める訴えである（最判平成11年11月９日・民集53巻８号1421頁。以下「最判平成11年11月９日」という）。裁判所は、境界確定の訴えにおいては境界に関する当事者の主張に拘束されないものの、相隣接地の各所有者は、境界の確定に最も密接な利害を有する者として境界確定の訴えの当事者適格を有する者とされる[7]。そして、境界確定訴訟を形式的形成訴訟と考える通説・判例は、境界確定訴訟の当事者適格については、相隣接する土地の各所有者にのみ当事者適格が帰属し、また隣接する土地の一方または双方が数人の共有に属する場合には、共有者全員による固有必要的共同訴訟であると解している（最判昭和46年12月９日・民集25巻９号1457頁）。

　最判平成11年11月９日は、共有者側が原告として境界確定の訴えを提起する場合につき、固有必要的共同訴訟となることを前提としつつ、共有者中に訴えの提起に同調しない者がいるときには、それ以外の者は、隣接する土地の所有者と非同調者を被告として訴えを提起することができることを最高裁として初めて明示した[8]。また多くの学説も、強制的に非同調者を当事者にしようとする説に賛成すると指摘されている[9]。

4　馬毛島事件の評価

(1) 馬毛島事件の要旨

最判平成11年11月 9 日では境界確定の訴えの実質的な非訟性ないし**形式的形成訴訟**という特質から、共同提訴に同調しない者を被告側に回すという取り扱いが認められたものであって、このような取扱いは境界確定訴訟に限定される可能性も指摘されていた[10]。しかし、馬毛島事件は、境界確定の訴えの特殊性（非訟事件性）に依拠するのではなく、一般的な形で、共同提訴に同調しない者を被告に回す処理を肯定したものである[11]。

馬毛島事件は、当事者と各請求を切り離し[12]、管理処分権を基礎とする当事者適格の分属を認めるものといえる[13]。

もっとも、馬毛島事件は、構成員全員が訴訟の当事者として関与するのであるから、構成員の利益が害されることはないとするが、被告とされた入会権者と本来の被告は、利害が一致するわけではなく、これらが共同被告とされても両者間で利害対立が存在しうるという問題点がある[14]。

(2) 学説

学説では、従来から、固有必要的共同訴訟とされる共同所有関係に関する訴訟について、共有者のうちに非同調者がいるために、他の共有者の権利行使が妨げられる事態を避けるための方策として、原告側の固有必要的共同訴訟の場合に、一部の者が提訴を拒むときには、提訴を拒む者を被告側に加えれば実質的な目的が達成されると主張されていた[15]。

ただ、その理論構成が明らかでないことは、馬毛島事件と同様である。馬毛島事件は、その実体法的基礎や、成立する共同訴訟の法的性質など、なお検討すべき問題が残されている[16]。そこで、学説からは、いくつかの理論構成が試みられている。

ア　請求非定立・信義則説

原告による入会権確認請求訴訟は、確認の利益が肯定される限り、非同調者の被告適格も肯定されるとする。その確認の利益を検討する際には裁判を受ける権利の保障を優先し、訴訟の場合における対論を行うことの価値を考えればとりあえず提訴を適法とする。入会権確認請求事件の核心が原告と本来的被告との間の請求にある場合には、本来的被告による請求の認諾や自白

を認めてよいが、本来的被告と二次的被告とが強い利害関係を有していて共同戦線を張ることができる立場にある場合には、それら被告間に合一確定の規律の要請が働くとする。そして、本来的被告と二次的被告の間には訴訟上の請求は定立されてはいないが、関係者間の紛争の一挙的解決の実現のために、信義則による蒸し返し禁止効というような判決効によって、本来的被告と二次的被告との間で生じうる後訴を遮断できるとする[17]。

　イ　二次的被告からの請求不存在・既判力不発生説

　原告と本来的被告との間および原告と二次的被告との間では入会権の確認についての判断が覆されることのないように確保する必要があるが、提訴非同調者（二次的被告）と本来的被告との間では入会権の存否に関する既判力による確定がなくても、固有必要的共同訴訟としての取扱いを容認できるとする[18]。

　ウ　当然の補助参加・禁反言説

　本来的被告が入会権確認訴訟で敗訴すれば、それらに持分を譲渡した二次的被告は、本来的被告から追奪担保責任を追及される関係にあるから、二次的被告は本来的被告に補助参加する利益を持つとする。そこで、当然の補助参加の理論を採れば、当該訴訟で敗訴した後、参加的効力により二次的被告は担保責任を追及される訴訟において係争対象の土地が入会地であるとの判断を争うことができないし、本来的被告は二次的被告の入会集落構成員としての使用収益権を争うことはできないとする。逆に、本来的被告および二次的被告が原告に勝訴した場合には、二次的被告が本来的被告に対して入会集落構成員として使用収益権を主張することは禁反言に触れるとする[19]。

　エ　三者間確認請求重畳的定立説

　共同所有者間に当該共同所有関係の存否について争いがある場合、判例上、一部の共同所有者は残余の共同所有者のすべてを被告とすることによって、その原告適格を基礎づけることができ、また、この原告によって被告とされた残余の共同所有者には、被告適格が問題なく認められていることを前提とする。そして、共同所有者間に当該共同所有関係の存否について争いがあるかどうかを指標とし、原告または被告として入会権者全員が当事者となっているのであれば、非同調者も本来の意味での被告適格（二次的被告でない）が

認められるとする。設例の事案では、原告の本来的被告に対する対外的確認請求および二次的被告（非同調者）の本来的被告に対する対外的確認請求、並びに原告の二次的被告（非同調者）に対する対内的確認請求が重畳的に定立されていると構成する[20]。

　オ　独立当事者参加準拠・請求定立説

　訴訟当事者は、原告、本来的被告、二次的被告の３種類からなり、その意味で**三面的な訴訟**となるとする。そこで、三面的な訴訟である独立当事者参加に準じて、手続進行の統一、裁判資料の統一が準用されるとする（主に給付請求訴訟であることを想定する）。そして、実体法からすると、原告と二次的被告が権利者であり、本来的被告が義務者というのが通常の配置であり、二次的被告と本来的被告との間にも請求が定立されていると解する必要があるとする。この二次的被告と本来的被告との間の請求は、原告が定立することになるから、この限りでは、原告が二次的被告の**法定訴訟担当者**として訴訟追行していると構成する[21]。

本判決（馬毛島事件）の意義

　本判決は、入会権確認の訴えが固有必要的共同訴訟であることを前提として、入会集団の構成員のうちに入会権確認の訴えを提起することに同調しない者がいる場合には、入会権の存在を主張する構成員が原告となり、同訴えを提起することに同調しない者を被告に加えて、同訴えを提起することも許される、と最高裁として初めて判示したという意義を有する。

1）我妻栄著＝有泉亨補訂・新訂物権法（岩波書店・1983年）427頁。
2）舟橋諄一・物権法（有斐閣・1960年）448頁。
3）我妻＝有泉・前掲注1）438頁。
4）伊藤・669頁以下。
5）伊藤・673頁。
6）星野英一＝五十部豊久「判批」法協84巻11号126頁、130頁以下（1967年）、高橋宏志「必要的共同訴訟について」民訴雑誌23号36頁、46頁（1977年）。同旨、福永有利「判批」民商56巻6号99頁、104頁以下（1967年）、小島武司「共同所有をめぐる紛争とその集団的処理」ジュリ500号328頁、330頁以下（1972年）。
7）畑瑞穂「判批」法教240号114頁以下（2000年）。

8）八田卓也「判批」平成11年度重要判解126頁、127頁。この馬毛島事件は、共同所有者全員が原告にならなければならないとすると、共同所有者の一部の者が訴え提起に反対する限り、他の者の訴権が実質的に否定されることになるから、原告になることを拒んだ者を被告にして訴えることができるとする手法を用いたものである。新堂・786頁。

9）佐久間邦夫「判批」最高裁判所判例解説民事篇平成11年度（法曹会）696頁、703頁以下。

10）川嶋四郎「判批」民訴法判例百選（第3版）208頁、209頁（2003年）、徳田和幸「判批」民商123巻3号121頁、128頁（2000年）、佐久間・前掲注9）710頁。

11）高橋・重点下337頁。また、馬毛島事件は、最判平成11年11月9日のルールを、総有に係る権利の処分に該当する訴訟についても妥当せしめたとするのは、小林秀之編・判例講義民事訴訟法（弘文堂・2019年）231頁、232頁〔中西正〕。判例を支持するのは、松本博之＝上野泰男・民事訴訟法（第8版・弘文堂・2015年）765頁以下。さらに、提訴を拒む者を被告に回す手法を訴訟一般へ適用を広げた馬毛島事件の方がエポックメイキングとするのは、小林・新ケース326頁。

12）新堂・784頁以下。

13）伊藤・674頁注32。また、入会権は各構成員に分属するものではないという総有的性格が、固有必要的共同訴訟として提訴を拒んでも当事者（被告）にならなければならない負担を正当化すると指摘するのは、小林・新ケース328頁。

14）小林・民訴法383頁。そして、被告とされた入会権者と本来の被告は、利害が一致するわけではなく、共同被告とされても利害対立が両者間で存在しているから、従来の二当事者対立構造とは異なる三面訴訟的な理解が必要になってくると指摘するのは、小林・新ケース326頁。

15）小島武司・訴訟制度改革の理論（弘文堂・1977年）124頁。

16）松本＝上野・前掲注11）765頁注96。

17）川嶋四郎「近時の最高裁判例にみる『救済志向』の一事例」民研628号2頁、14頁以下（2009年）。

18）河野正憲「判批」判タ1333号42頁、46頁以下（2010年）。

19）山本弘「判批」民訴法判例百選（第5版）204頁、205頁（2015年）。

20）名津井吉裕「判批」速報判例解説4号127頁、130頁（2009年）。

21）高橋・概論304頁以下。

共同所有者と妨害排除請求

最判平成15年7月11日・民集57巻7号787頁

▶予備知識

　実体関係を反映しない共有不動産に関わる登記の問題については、全く無権利の第三者が単独所有名義の登記をしている事案に関するタイプ（**無権利者名義型**）と、共有者のうちの1人が単独所有名義の登記をしている事案に

関するタイプ（**共有者名義型**）の2つの類型に分けて議論されている。不動産の共有者の1人は、その持分権に基づき、共有不動産に対して加えられた妨害を排除することができるところ、共有不動産について全く実体上の権利を有しないのに持分移転登記を経由している者に対し、単独でその持分移転登記の抹消登記手続を請求することができるか。それとも、その持分移転登記の抹消登記手続を請求する訴訟は、不動産のすべての共有者が当事者となるべき**固有必要的共同訴訟**と考えるべきか。

　判例は、合有という類型を認めず、分割前の遺産も民法上の組合の財産も（狭義の）**共有**とする。そして、判例は、共有を共有関係（または共有権）と共有持分権（または持分権）との2つに分け、その上で、**共有関係の訴訟で**は全員が原告とならなければならないのを原則とするが、**共有持分権の訴訟**では各自が別々に訴訟をしてよいとするものと理解されている。すなわち、判例は、共有者が共同して有する1個の所有権（すなわち**共有権**）と、各共有者が物の全部につき他の共有者の権利によって減縮させられる範囲において有する権利（すなわち**持分権**）とがあるという見解に立ち、**持分権の確認訴訟**は各共有者が単独でなしうるが、**共有権の確認訴訟**は全共有者が共同してなすべき固有必要的共同訴訟であるとしている。そして、判例は、共有関係そのものに関わる場合は固有必要的共同訴訟とし、持分権、保存行為、不可分債権・不可分債務というように実体法上個別性が許容されるものに関わる場合は固有必要的共同訴訟となることを否定すると理解されている。

　従来の最高裁は、ある不動産の共有権者の1人が、その持分に基づき、当該不動産につき登記簿上所有名義者たるものに対して、その登記の抹消を求めることは、妨害排除請求にほかならず、いわゆる「**保存行為**」に属するものというべきであるから、その持分権者の1人は単独で当該不動産に対する所有権移転登記の全部の抹消を求めることができるとした。

　これに対して、持分権一元説は、通常の共有の場合は、各共有者の持分権としての同一物を目的とする所有権が競合し併存する状態に過ぎないので、各共有者は第三者に対してその共有関係そのものを主張する利益も必要もないとする。そして、各自が第三者に積極的に主張するところは、各自の持分権であって、全員が共同原告となる必要はないし、また共同原告となった場

合でも必要的共同訴訟として取り扱うべきものではないとする。

判例のポイント 👆

　不動産の共有者の1人は、共有不動産について実体上の権利を有しないのに持分移転登記を了している者に対し、その持分移転登記の抹消登記手続を単独で請求することができる。不実の登記によって共有不動産に対する妨害状態が生じているということができるからである。

設　問

設 例

(1) 甲は、各土地（以下「本件土地」という）を所有していた。

(2) 甲は、平成5年1月18日に死亡し、甲の子であるX1、X2、乙および丙の4名が共同相続した。

(3) 平成5年1月25日、本件土地につき、同月18日相続を原因として、X1、X2、乙および丙の各持分を4分の1とする所有権移転登記がされ、同日代物弁済を原因として、Yに対する乙持分全部移転登記（以下「本件持分移転登記」という）がされた。

　X1およびX2（以下、X1およびX2を併せて「Xら」という）は、Yに対し、乙からYへの本件土地の持分の譲渡は無効であるとして、本件持分移転登記の抹消登記手続を請求した。この請求について、第1審は、乙からYに対する本件持分の代物弁済は、通謀虚偽表示であるかまたは公序良俗違反（暴利行為）であり、無効であるとし、Xらは本件土地の共有持分権に基づく保存行為として、Yの経由した本件持分移転登記の抹消登記手続を請求することができる旨の判決をした（Yへの本件持分移転登記の抹消を命じた）。この第1審判決に対して、Yが控訴した。

　控訴審（原審）は、次のとおり判断して、Xらの上記請求を棄却した（第1審におけるYへの本件持分移転登記の抹消を命じた部分を取り消した）。仮に、乙からYに対する持分の譲渡が無効であり、本件持分移転登記が真実に合致しない登記であるとしても、Xらの持分権は何ら侵害されていないから、Xら

は、その持分権に基づく保存行為として本件持分移転登記の抹消登記手続を
請求することができない。

　そこで、Xらが最高裁に上告をした結果、本件が最高裁に係属することに
なった。

問　い

小問(1)　不動産に関してある共有者の単独所有名義となっている登記を、別
　　　　の共有者が全部抹消登記手続を請求することはできず、自己の持分
　　　　についてのみ一部抹消（更正）登記手続を請求しなければならないと
　　　　する見解の是非について説明しなさい。

小問(2)　設例の場合、不動産の共有者であるXらは、共有不動産について全
　　　　く実体上の権利を有しないのに持分移転登記を経由しているYに対
　　　　し、乙や丙を訴訟当事者とすることなくXらのみで、その持分移転
　　　　登記の抹消登記手続を請求することができるどうかについて説明し
　　　　なさい。

判 例 か ら 考 え る

　設例のもとにしたのは、最判平成15年7月11日・民集57巻7号787頁（以
下「最判平成15年」と呼ぶ）である。この事件では、不動産の共有者の1人（一
部の者）は、共有不動産について全く実体上の権利を有しないのに持分移転
登記を経由している者に対し、単独でその持分移転登記の抹消登記手続を請
求することができるかどうかが問題となった。この最判平成15年は、乙から
Yに対する本件土地の持分の譲渡が無効であれば、Xらの請求は認容される
べきであるとして原判決を破棄し、事件を原審に差し戻したが、その理由を
次のように判示した。

　「不動産の共有者の1人は、その持分権に基づき、共有不動産に対して加
えられた妨害を排除することができるところ、不実の持分移転登記がされて
いる場合には、その登記によって共有不動産に対する妨害状態が生じている
ということができるから、共有不動産について全く実体上の権利を有しない
のに持分移転登記を経由している者に対し、単独でその持分移転登記の抹消

登記手続を請求することができる（最高裁昭和29年(オ)第 4 号同31年 5 月10日第 1
小法廷判決・民集10巻 5 号487頁、最高裁昭和31年(オ)第103号同33年 7 月22日第 3 小法
廷判決・民集12巻12号1805頁。なお、最高裁昭和56年(オ)第817号同59年 4 月24日第 3
小法廷判決・裁判集民事141号603頁は、本件とは事案を異にする）」。

　以下では、実体関係を反映しない共有不動産に関わる登記についての**無権
利者名義型**、実体関係を反映しない共有不動産に関わる登記についての**共有
者名義型**および最判平成15年の判断枠組みについて解説する。

解　説

1　はじめに

　共同所有財産をめぐる紛争は内部関係と外部関係に分けて整理することが
でき、さらに外部関係は、共同所有者が原告側に立つ場合と、被告側に立つ
場合に分類することができる。そして、共有者の 1 人（または一部の者）によ
る単独請求の可否の問題は、登記請求に限らず、返還請求ないし引渡請求そ
の他についても争われる[1]。本書では、共同所有財産をめぐる紛争のうち、
共有者の 1 人（一部の者）が原告となって登記請求ないし妨害排除請求する
事案・争点を主として検討する。

　最判平成15年は、共有不動産に関して不実の持分移転登記があればそれだ
けで共有物の全体に対する妨害が生じているとし、共有持分権者が単独でこ
の不実の持分移転登記の抹消登記手続を請求することができるとした点と、
その抹消登記手続請求権の基礎を保存行為ではなく**各共有持分権それ自体**に
あるとしている点に特徴がある[2]。

　最判平成15年は、共有者の 1 人の共有持分について第三者が不実の登記を
行っている場合に、共有持分権に基づいて他の共有者がその第三者に対して
その抹消登記手続を請求することができることを、最高裁が初めて判断した
ものである[3]。

　最判平成15年では、共有持分権者が単独で上記のような不実の持分移転登
記の抹消登記を請求することができるかが問題とされているが、後述のよう
に無権利者名義型であることに注意する必要がある。

2　実体関係を反映しない共有不動産に関わる登記についての無権利者名義型

(1) はじめに

　最判平成15年では、実体関係を反映しない共有不動産に関わる登記が問題となっている。このような問題については、全く無権利の第三者が単独所有名義の登記をしている事案に関するタイプ（無権利者名義型）と、共有者の1人が単独所有名義の登記をしている事案に関するタイプ（共有者名義型）の2つの類型に分けて議論されている[4]。

　最判平成15年は、前掲最判昭和31年5月10日（以下「最判昭和31年」と呼ぶ）と前掲最判昭和33年7月22日（以下「最判昭和33年」と呼ぶ）を先例として引用し、逆に、前掲最判昭和59年4月24日（以下「最判昭和59年」と呼ぶ）は、本件とは事案を異にするとした。最判昭和31年および最判昭和33年は、ともに無権利者名義型と呼ばれるのに対して、最判昭和59年は共有者名義型と呼ばれるタイプである。最判平成15年は、基本的には無権利者名義型に属する。

(2) 無権利者名義型

　無権利者名義型の事案について、大審院および最高裁は、共有者が単独で第三者の単独所有名義の登記の全部抹消登記手続を請求できるとしている[5]。ただし、その請求を認める根拠については変遷がある。

　ア　大審院

　大審院は、自己の共有権を主張して第三者の行った不実登記の抹消を請求できるとしていた。すなわち、共有者の1人が共有者以外の者に対して自己の共有権を主張してその者のためになした不法登記の抹消を請求する場合には、共有者単独でその訴えを提起することができ、必ずしも他の共有者と共同してなす必要はないとした[6]。

　その後、大審院は、鉱業権の事案で「保存行為」を根拠として抹消手続を認めた。すなわち共同鉱業権の移転登録が無効な場合には、その各共有者は民法252条ただし書の保存行為として登録の抹消を請求することができ、その保存行為は共有者全員の利益に帰するものであるから、共有者の1人でもその行為をすることができるとする。したがって、その移転登録の抹消手続請求訴訟は、必要的共同訴訟ではなく単独で提起することができるとした[7]。

同様に、大審院は、抵当権の事案で「保存行為」を根拠として登記の抹消登記手続請求を認めた。すなわち第1抵当権が被担保債権の消滅により消滅した場合において、第2抵当権の共有者がその第1抵当権の登記抹消を求める訴えを提起するようなことは民法252条ただし書の保存行為に属するものとして、必要的共同訴訟の問題を生ずることなく共有者各自でこれをなしうるとした[8]。

　イ　最高裁

最高裁も、各共有者が「保存行為」として第三者の単独所有名義の抹消登記手続を請求できるとしていた。すなわち、最判昭和31年は、ある不動産の共有権者の1人がその持分に基づき当該不動産につき登記簿上所有名義者たる者に対してその登記の抹消を求めることは、妨害排除の請求に外ならずいわゆる保存行為に属するものというべく、したがって、共同相続人の1人が単独で当該不動産に対する所有権移転登記の全部の抹消を求めうるとした[9]。

最判昭和33年も、最判昭和31年と同様に、ある不動産の共有権者の1人が、その持分に基づき、当該不動産につき登記簿上所有名義者たるものに対して、その登記の抹消を求めることは、妨害排除請求にほかならず、いわゆる保存行為に属するものというべきであるから、その持分権者の1人は単独でその不動産に対する所有権移転登記の全部の抹消を求めることができるとした。

最判平成15年が先例として引用した最判昭和31年および最判昭和33年では、抹消登記手続請求の根拠として、持分権に基づく妨害排除と保存行為の2つを挙げている[10]。最判昭和31年および最判昭和33年では、無効の登記は共有不動産に対する妨害であると解されている[11]。すなわち、最判昭和31年および最判昭和33年の理解として、各共有者の持分に基づき共有物全体の妨害排除を請求できるとする点で、大審院時代の判例と異なると指摘されている[12]。

　ウ　学説からの評価

学説は、このような無権利者名義型に関して共有者の1人が単独で不実登記の全部の抹消登記手続請求ができるとする最高裁判例の結論に賛成することでほぼ一致している[13]。

しかし、最判昭和31年および最判昭和33年に対しては、「持分権」に基づく請求との表現を用いながら、共有権に基づく請求において妥当する「**保存**

行為」概念を援用したことに対して、学説から批判がなされた[14]。

　また、保存行為説に対しては、民法252条ただし書の立法趣旨からの批判がある。各共有者は単独で「保存行為」をすることができるとされている（民法252条ただし書）。共有者が協議をすると時間がかかって急の間にあわないため目的物の毀損滅失を来すおそれがある場合には、単独ですることが必要なので、民法252条ただし書はこのように定めた。しかし、今日では、他の共有者に不利益にならないような行為を、共有の対外的主張に関する判例のように広く保存行為と認める傾向にあると分析されている。これらの判例になると、先の立法趣旨から離れて、まず共有者の各自が単独でできると解するのが妥当か否かを判断し、妥当と解される行為を「保存行為」に当たるとして、「保存行為」云々は単に条文上の理由づけになっている感が強いと否定的な見解が示されている[15]。

　さらに、保存行為を根拠とした最判昭和31年および最判昭和33年に対しては、**不可分債権**（民法428条）を根拠とする見解（**不可分債権説**）からも批判されている。すなわち、保存行為というものは、共有者全員が共通の利害関係を有する共有物につき、その使用価値（したがってまた、交換価値）を保存することが、共有者全体としての共有関係からみて望ましいこととされ、その結果、特に、各自単独ですることを許されたのであるから、保存行為となるかどうかは、直接、持分権の有無とは関係がないとする。妨害排除請求権も、保存行為になると否とを問わず、各共有者の持分権に基づき当然に発生しているものであって、保存行為に該当することによって初めて発生するというようなものではないとする。そして、共有者の1人が持分権に基づいて第三者の不正登記の抹消を請求する場合には、各共有者がそれぞれ抹消登記請求権を持ち、また抹消登記をすることは性質上不可分とみられるから、不可分債権の規定（民法428条）の類推により、単独で訴えを提起できると主張されている[16]。

　保存行為説や不可分債権説に対して、学説では、**持分権自体説**（持分権説）が多数説であるとされている[17]。持分権自体説からは、保存行為を根拠とせず、物全部に対する妨害を除去しなければならないことが、各共有者による共有物全体に対する妨害排除請求を承認する根拠とされている[18]。

3 実体関係を反映しない共有不動産に関わる登記についての共有者名義型

　最判平成15年が本件とは事案を異にするとした最判昭和59年は、共有者名義型である。共有者名義型の事案について、大審院は、当初の立場から判例変更をし、その変更後の解釈を最高裁は踏襲している。

(1) 大審院

　大審院時代の判例は、共有者名義型の事案について、当初、ある共有者の単独所有名義となっている登記を、別の共有者がいったん全部抹消して、その後さらに共有名義の登記手続をすることもできるし、また、ある共有者の単独所有名義となっている登記を、別の共有者が共有名義への登記更正の手続を請求することもできると判示していた[19]。すなわち、大審院は、数人の共有に属する不動産が共有者中の1人の単独所有名義に登記されている場合において、その登記を共有名義に改めるには、まずその登記の抹消手続をした後さらに共有名義の登記手続をするようなことは適法な一方法であるが、必ずしもこの方法によることを必要とするものではなく、登記の更正の手続をすることも一方法である旨を判示していた[20]。

　その後、大審院は、その判例を変更し、ある共有者の単独所有名義となっている登記を、別の共有者が全部抹消登記手続を請求することはできず、自己の持分についてのみ一部抹消（更正）登記手続を請求しなければならないとした[21]。

(2) 最高裁

　最高裁は、共有者の請求について裁判所は単独所有権保存登記の全部を命ずべきではなく、共有者が請求できるのは、その持分についてのみの一部抹消（更正）登記手続でなければならないとした。そして、その理由として、単独所有権保存登記も相手方となっている共有者の持分に関する限り実体関係に符合しており、共有者は自己の持分についてのみ妨害排除の請求権を有するに過ぎないからであるとした[22]。

　同様に最判昭和59年は、数名の者の共有に属する不動産につき共有者のうちの一部の者が勝手に自己名義で所有権移転登記または所有権移転請求権仮登記を経由した場合に、共有者の1人がその共有持分に対する妨害排除として登記を実体的権利に合致させるためその名義人に対し請求することができ

るのは、自己の持分についてのみの一部抹消（更正）登記手続である旨を判示した[23]。

　なお、共有者名義型に関わる訴訟共同の必要性に関して、最高裁は、相続財産に属する不動産につき共同相続人間において真実の相続分に合致しない登記が経由された場合において、自己の持分を登記上侵害されている共同相続人の1人がこれを侵害している他の共同相続人に対して妨害排除としての実質を有する一部抹消（更正）登記手続を請求する訴訟は、その他の共同相続人全員を被告とすべき固有必要的共同訴訟ではないとした。その理由として、共同相続人間における相続財産の持分に関する紛争は、侵害された者と侵害している者との間の個別的な紛争解決が可能であるからであるとした[24]。

(3) 学説からの評価

　学説は、このような共有者名義型に関する最高裁判例をおおむね支持しているものとされる[25]。

4　最判平成15年の判断枠組み

(1) 最判平成15年は無権利者名義型

　最判平成15年の事案は、共有者名義型でなく、**無権利者名義型**である[26]。ただし、最判平成15年が先例として引用した最判昭和31年および最判昭和33年は、共有物全体について無権利者の登記が経由された事案であったのに対して、最判平成15年の原告（Xら）には自己の持分は正しく登記されているという相違点がある[27]。すなわち、最判平成15年は、無権利者名義型の事案に属するが、従来の判例の事案においては登記手続請求をした原告の持分部分に関しても不実登記がなされていたのに対して、最判平成15年の事案では登記手続請求をした原告の持分に関しては実体関係に沿った登記がなされており、他の共有者の持分に関する登記手続を第三者（無権利者）に請求している点で従来の判例にはない事案であり、全く新たな事案類型である[28]。

(2) 最判平成15年と保存行為

　最判平成15年が、従来の判例が採っていた**保存行為説**を放棄したか、あるいは依然として保存行為説を維持するものであるかについては、学説上、理解の仕方に相違がある。

　最判平成15年は、保存行為説を放棄したとする見解がある。最判平成15年
は、従来の無権利者名義型における判例と異なって、保存行為を根拠にして
いない。そして、共有物に不実の持分登記がされている場合には、共有物に
対する侵害状態があるとの前提に立ち、その侵害を各共有者が共有持分権に
基づく妨害排除請求権により排除することができるとしたと主張されてい
る[29]。最判平成15年が保存行為に言及しなかった理由について、保存行為を
根拠としていた従来の判例に対する学説からの批判を意識したものであると
指摘し、「保存行為」構成を放棄したとされている[30]。同様に、最判平成15
年が保存行為概念を用いていないことについては、同最判が共有権・持分権
二分説の立場からの批判を容れ、意図的にこれを放棄したと分析する見解が
ある[31]。

　これに対して、保存行為を根拠としなかった最判平成15年に対して批判的
な見解もある。すなわち、最判平成15年は、従来の判例が保存行為の規定を
必要とした実質的な理由を十分に理解しないまま、従来の学説による「保存
行為」論批判をかわすためだけに、各共有者による共有者全員の権利である
共有権に基づく妨害排除請求権の主張の根拠としての「保存行為」の文言を
削除したと批判されている[32]。

　また、保存行為を根拠とした従来の判例の方が妥当であるとして、最判平
成15年に対して否定的な見解がある。すなわち、最判平成15年は、根拠とし
て保存行為を挙げなかったが、共有物の全一体としての所有権（共有権）に
基づく請求という法律構成は、実体法上も手続上も、なお有用であるとし、
共有の対外的主張といわれる関係処理には、保存行為説が最も矛盾が少なく、
共有権という観念がなお有用であるとされる[33]。共有の場合に共有物を保全
するために、共有物自体についての妨害排除請求・返還請求、不法登記の抹
消請求は、本来は共有者全員が一致して行うべきものであり、それはまさに
共有権自体の主張であり、共有権に基づく物権的請求権の行使であると主張
されている[34]。

　上記に反して、学説の中には、最判平成15年が保存行為説に立ったとする
見解もある。最判平成15年は当該財産につき実体上の権利を有しない現所有
登記名義人に対する抹消登記請求を、共有者が単独で保存行為として共有者

全員のために行うことができると判断し、従来の最高裁の見解を踏襲したと理解する見解も少数ある[35]。

(3) 最判平成15年は持分権を根拠

最判平成15年の特徴は、従来の判例と異なって「保存行為」を問題とせず、端的に**持分権に基づく妨害排除**として登記抹消請求を容認したところにある[36]。最判平成15年は、不実登記の抹消登記手続請求権を単独で行使できる実体法上の根拠として、保存行為説と持分権自体説のうち、**持分権自体説**を支持したとされる[37]。すなわち最判平成15年は、従前の判例がとっていた保存行為説を捨て、持分権に基づく妨害排除請求に関する学説の立場を採用したとする見解が多い[38]。

(4) 抹消登記手続請求権の根拠と持分権の侵害

最判平成15年は、共有持分に対する妨害があるかどうかは問題にせず、共有不動産に対する妨害を問題としているとする見解がある[39]。しかし、最判平成15年が持分権を侵害していると判断したかどうかについて、その理解の仕方に関して議論がなされている。

ア　持分権（持分）を侵害しているとの理解

最判平成15年は、設例のような無効な持分移転登記もXらの持分権を妨害すると解しているとする見解がある[40]。また、最判平成15年は、共有物に加えられた侵害行為は各共有者の共有持分権の侵害になり排除可能であるとする見解に立っているとし、実体関係と異なる者が権利者として登記されていること自体が、当該不動産の管理や処分に支障を及ぼしかねないことから、これを当該不動産の円満な状態に対する妨害であるとみたとする見解がある[41]。その不動産の円満な状態に対する妨害（侵害）とは、具体的には、問題の不実登記のために遺産分割手続の実施や相続税の物納申請に支障が出ていることであると指摘されている[42]。

これに対して、Yによる不実登記により、遺産分割手続が進まないとか、相続税の物納申請ができない等の事情が本件不動産の管理や処分に支障を及ぼすとされているが、それは、乙の登記抹消（更正）手続をせずに放置しているという間接的なものに過ぎないとの指摘もある[43]。

イ　持分権を侵害していないとの理解

最判平成15年では、無権利者である第三者は抹消登記手続請求をした共有者の持分権を侵害していないとする見解がある[44]。同様に、最判平成15年は、共有者の1人は自己の共有持分権に対する妨害がなくとも、単独で共有不動産に対する妨害を排除しうることを明らかにしたと理解する見解がある[45]。

(5) 管理処分権説と訴訟政策説

最判平成15年は、不動産の共有者の1人は共有不動産について全く実体上の権利を有しないのに持分移転登記を経由している者に対し単独でその持分移転登記の抹消登記手続を請求することができる旨を判示し、当該事件を固有必要的共同訴訟に当たる事件であるとは捉えていない。もしも共有者の単独での訴訟が許されないとすると、共有者の全員が提訴に同意しない限り、不実登記の抹消は困難となって現実的でない事態が起こりうる[46]。

民訴法40条が適用されて**裁判資料の統一**と**手続進行の統一**が図られる共同訴訟を**必要的共同訴訟**という。一人ひとりによる個別訴訟は当事者適格を欠いて訴え却下となる共同訴訟形態を固有必要的共同訴訟と呼ぶ。一定範囲の者の共同訴訟となることが要求されることを「**訴訟共同の必要**」と呼び、民訴法40条によって裁判資料の統一と手続進行の統一が要求されることを「**合一確定の必要**」と呼ぶ。固有必要的共同訴訟では、合一確定の必要があり、訴訟共同が必要である[47]。

固有必要的共同訴訟の選定基準をめぐっては、理論上、**管理処分権説**と**訴訟政策説**の対立がみられる。管理処分権説とは、当事者適格の基礎となる管理処分権または法律上の利益の帰属形態によって固有必要的共同訴訟か否かを判断しようとする見解であり、実体法的観点により判定を行うことから実体法説との名称もある。これが伝統的見解であり、現在においても通説の地位を占める。管理処分権説によると、①実体法上数人が管理処分を共同してしなければならない財産に関する訴訟と、②他人間の権利関係の変動を生じさせる形成の訴え（またはこれと同視すべき確認の訴え）が固有必要的共同訴訟になる。ただし、共同所有関係に関する訴訟のように、持分権、保存行為（民法252条ただし書）、不可分債権・債務（民法428条等）など、個別的に行使できる実体法上の権能が抽出できる場合には、個別訴訟が許されるという[48]。

管理処分権説に対し、どのような紛争について固有必要的共同訴訟として

扱うべきかについて、訴訟物たる権利の性質、紛争解決の実効性、原告被告間の利害の調節、当事者と当事者にならない利害関係人の間の利害の調節、当該手続の進行状況など、実体法的観点と訴訟法的観点との両方から考量して判定していく必要があるとする有力説（訴訟政策説）もある[49]。

(6)　共有の対外的主張と固有必要的共同訴訟

　共同所有者が、第三者との対外的な紛争において原告側に立つ場合について、判例の傾向は、共同所有者が持分権を第三者に主張する場合は、個別訴訟が可能であるのに対し、共同所有者が共同所有関係を第三者に主張する場合のうち、保存行為による請求については、個別訴訟が許されるが、共同所有関係自体に基づく請求については、全員を原告とすることを要する固有必要的共同訴訟となるとされている[50]。

　なお、大正期から昭和初期にかけての判例は、共有物に関する確認請求訴訟を、共有権に関する訴訟と、持分に関する訴訟に分け、共有権に関する訴訟については必要的共同訴訟・固有必要的共同訴訟になるが、持分に関する訴訟は各共有者による単独請求が認められるという定式を確立したとされる。ところが、判例の中には、「持分」とすべきところを「持分権」と表現するものが存在していたため、学説は、持分に関する訴訟の判例を複数説（共有権・持分権二元説）に立つものと評価し、判例の態度は一貫しないと批判されたと分析されている[51]。

(7)　無権利者名義型と固有必要的共同訴訟

　無権利の第三者の不実登記の抹消登記手続を各共有者が単独で請求することができ、よって提訴に際しても共有者全員による訴訟共同の必要がないことでは一致がみられる[52]。

　しかし、必要的共同訴訟にならない根拠として、従来の判例と異なり最判平成15年は保存行為に依拠していない以上、理論的に説明することが必要になってくるだろう。無権利者名義型の抹消登記手続請求では、各共有持分権者は誰と共有であるかについて重大な利害を有するから、共有持分権に基づいて単独で抹消登記請求ができることになるといえよう。

本判決（最判平成15年）の意義

　本判決は、共有不動産に関して不実の持分移転登記があればそれだけで共有不動産の全体に対する妨害が生じているとする（無権利者名義型）。そして、共有持分権者が単独でこの不実の持分移転登記の抹消登記を請求することができるとし、その抹消登記手続請求権の基礎を保存行為ではなく各共有持分権それ自体においている点に意義がある。本判決は、共有不動産に関し、共有者の１人の共有持分について第三者が不実の登記を行っている場合に、他の共有者がその第三者に対して単独でその抹消登記手続を請求することができることを、最高裁が初めて判断したという点に意義を有している。

1）七戸克彦「共有者の１人による不実登記の抹消登記請求（一）」民商131巻２号43頁、58頁以下（2004年）。
2）安達栄司「判批」NBL789号87頁、88頁（2004年）。
3）鶴田滋「判批」法政研究72巻４号323頁、325頁（2006年）。
4）鎌田薫「判批」リマークス29号14頁以下参照（2004年）。
5）鶴田・前掲注３）327頁。
6）大判大正８年４月２日・民録25輯613頁。
7）大判大正12年４月16日・民集２巻243頁〔無権利の第三者に対するもの〕。
8）大判昭和15年５月14日・民集19巻840頁。
9）最判昭和31年について、松尾弘＝古積健三郎・物権法（弘文堂・2005年）173頁〔共有者の１人が不実の登記の名義人に対して登記の抹消を求めることは、妨害排除に外ならないから、保存行為に属する〕、山野目章夫・物権法（第５版・日本評論社・2012年）172頁。なお、鶴田滋「共有者を原告・被告とする訴訟における固有必要的共同訴訟の成否」法時85巻９号10頁、11頁（2013年）。
10）櫻井弘晃「判批」埼玉短期大学研究紀要14号81頁、86頁（2005年）。
11）山田誠一「判批」法教283号98頁、99頁（2004年）。
12）鶴田・前掲注３）328頁。なお、鶴田・前掲注９）12頁〔日本民法の沿革によれば、保存行為の規定は各共有者による共有物全体についての物権的請求権を訴訟上主張するための根拠として用いられることは想定されていない〕。
13）鎌田・前掲注４）15頁。また、学説は判例の結論におおむね賛成しているとされる。藤巻梓「判批」登情670号53頁、55頁（2017年）。
14）藤巻・前掲注13）56頁以下〔保存行為の援用は「共有権」に基づく請求において共有者の１人に管理処分権を肯定するためにされるのであり、共有権・持分権二元説に立つ場合、持分権に基づく請求においては保存行為の援用は妥当しない〕。
15）星野英一・民法概論Ⅱ（良書普及会・1987年）135頁。
16）舟橋諄一・物権法（有斐閣・1960年）380頁以下〔最判昭和31年や最判昭和33年に対して、持分に基づく場合に保存行為を理由とすることについては疑いがあ

るとする〕。この不可分債権説に対する批判は、尾島明「判批」曹時57巻 9 号297頁、312頁注 5 （2005年）。

17) 鎌田・前掲注 4 ）15頁、小西飛鳥「判批」市民と法30号74頁、76頁（2004年）。

18) 我妻栄著＝有泉亨補訂・新物権法（岩波書店・1983年）328頁。また持分権自体説は、広中俊雄・物権法（第 2 版増補・青林書院・1987年）437頁以下。さらに持分権に基づいて妨害排除請求（登記抹消請求）ができるとするのは、鈴木禄弥・物権法講義（ 5 訂版・創文社・2007年）40頁。

19) 鶴田・前掲注 3 ）326頁。そこで引用されているのは、たとえば、大判大正 8 年12月25日・民録25輯2392頁。

20) 大判大正 9 年12月17日・民録26輯2043頁。

21) 鶴田・前掲注 3 ）326頁。たとえば、大判大正10年10月27日・民録27輯2040頁。

22) 最判昭和39年 4 月17日・裁判集民事73号169頁〔更正登記は実質において一部抹消登記であるから、被上告人らの前記所有権保存登記の抹消登記手続を求める申立には、更正登記手続を求める申立を含むものと解するのを相当とする〕。同旨、最判昭和44年 5 月29日・判時560号44頁、最判昭和44年 9 月 2 日・判時574号30頁。

23) この最判昭和59年の論旨は判例理論として確立したものであるとするのは、小池信行「不動産登記に関する最近の裁判例の紹介（その 1 ）」登研462号27頁、42頁（1986年）。なお、山田誠一「判批」民商91巻 4 号129頁、133頁（1985年）。

24) 最判昭和60年11月29日・裁判集民事146号197頁。

25) 鎌田・前掲注 4 ）15頁。また、学説は、共有者名義型については最高裁判例を肯定することに争いはないとされている。小西・前掲注17）76頁、藤巻・前掲注13）54頁。

26) 山田・前掲注23）99頁、櫻井・前掲注10）84頁、藤巻・前掲注13）57頁。

27) 七戸克彦「判批」民法判例百選 I 総則・物権（第 8 版・2018年）152頁、153頁。

28) 七戸克彦「共有者の 1 人による不実登記の抹消登記請求（二）」民商131巻 3 号66頁、73頁（2004年）。

29) 尾島明「判批」ジュリ1261号165頁、167頁（2004年）。

30) 赤松秀岳「判批」岡法54巻 3 号19頁、27頁（2005年）、七戸・前掲注27）153頁、塩崎勤「判批」登記インターネット 6 巻 1 号84頁、86頁（2004年）。このほかに、櫻井・前掲注10）88頁。

31) 藤巻・前掲注13）57頁。これに対して、最判平成15年が従来の最高裁判例を変更して伝統的な民法学説に従うに至ったと評価することに疑問を呈する見解がある。鶴田・前掲注 3 ）332頁。

32) 鶴田・前掲注 3 ）334頁。

33) 新田敏「共有の対外的主張としての登記請求」法務省法務総合研究所編・不動産登記をめぐる今日的課題（日本加除出版・1987年）175頁、198頁以下。

34) 新田敏「共有の対外的関係についての一考察」法研59巻12号143頁、164頁以下（1986年）〔これらのような行為を各共有者が単独で行うことを立法者は考えていなかった〕。

35) 星野景子「判批」法学69巻 2 号243頁、245頁、247頁、248頁（2005年）〔不実の現登記名義人に対する抹消登記請求を、共有者のうちの 1 人が単独で保存行為として、共有者全員のために行うことができると判断したもの〕。同旨、滝沢聿代「判批」法教282号15頁（2004年）。また、最判平成15年は、保存行為説に立

ちながら、持分権説的構成に近いとする分析もある。田中淳子「判批」産業経済研究所紀要15号85頁、93頁、95頁（2005年）。

36) 古積健三郎「判批」法セ588号119頁（2003年）。同旨、松岡久和・物権法（成文堂・2017年）53頁。

37) 安達・前掲注2）88頁。

38) 七戸・前掲注28）75頁。同旨、鎌田・前掲注4）17頁。また、最判平成15年は、他の同種事例の判決と異なり、当該請求を「保存行為」により根拠づけていないが、不実の持分移転登記は共有物全体に妨害を生じさせている以上、そのような場合には、共有持分権に基づき、各共有者に妨害排除請求権、つまり抹消登記手続請求権が成立していると解するのは、小林秀之編・判例講義民事訴訟法（弘文堂・2019年）229頁〔中西正〕。

39) 山田・前掲注11）98頁。

40) 関武志「判批」判評545号（判時1855号）19頁、20頁以下（2004年）。また、最判平成15年は、共有持分の侵害について、物権的請求権を根拠にその侵害登記の訂正を認めた点に意義があるとするのは、橋本恭宏「判批」金商1188号61頁、62頁（2004年）。

41) 尾島明「判批」ジュリ1261号165頁、167頁（2004年）。同旨、佐久間毅「判批」民事研修589号3頁、10頁以下（2006年）。

42) 安達・前掲注2）90頁、川崎聡子「判批」判タ1154号38頁、39頁（2004年）。

43) 鶴田・前掲注3）330頁。

44) 櫻井・前掲注10）84頁。

45) 川崎・前掲注42）39頁。

46) 関・前掲注40）20頁。

47) 高橋宏志・重点下315頁以下。

48) 小島武司・民事訴訟法（有斐閣・2013年）759頁。

49) 新堂・780頁、高橋・重点下333頁以下。

50) 小島・前掲注48）757頁。

51) これにつき、七戸・前掲注27）153頁参照。

52) 安達・前掲注2）88頁。また、学説は、共有者の1人が単独で不実登記の全部の抹消を請求できるという最判平成15年の結論に賛成することでほぼ一致するとされている。鎌田・前掲注4）15頁、七戸・前掲注28）86頁、田中・前掲注35）93頁。

上訴
（控訴・上告）
再審

和解による訴訟終了判決と不利益変更禁止の原則

最判平成27年11月30日・民集69巻7号2154頁

▶予備知識

　訴訟上の和解の成立を理由とする**訴訟終了判決**である第1審判決に対し、被告のみが控訴し原告が控訴も附帯控訴もしなかった場合において、控訴審が第1審判決を取り消した上で原告の請求を一部認容する本案判決をすることは、**不利益変更禁止の原則**に違反するかが問題とされている。

　訴訟上の和解とは、訴訟の係属中、当事者双方が訴訟物についての主張を譲り合って訴訟を終わらせる旨の、期日における合意をいう。形式的には、裁判所がその合意を確認し、合意の内容を調書に記載することによって完成する。

　訴訟上の和解の成立した範囲で訴訟は当然に終了する。しかし、その後に、その訴訟上の和解の有効性が争われることがある。その結果なされた和解による訴訟終了判決に対して控訴がされ、控訴裁判所が訴訟終了原因はないと判断した場合、控訴裁判所による判決の原則的な形態は、**差戻し判決**（民訴法307条本文）であると解される。ただし、第1審において攻撃防御が尽くされ、控訴裁判所において判断をするに熟しており、さらに弁論をする必要がないと認めたときは、差し戻すことなく控訴裁判所は自ら判断することも可能であると考えられる（民訴法307条ただし書）。

　従来、最高裁は、訴訟上の和解の成立を理由とする訴訟終了判決は訴訟が終了したことだけを既判力をもって確定する**訴訟判決**であるから、訴訟上の和解が有効であるとの点について既判力を有するものと解することはできないとしていた（最判昭和47年1月21日・裁判集民事105号13頁）。

　控訴人に不利益に第1審判決を変更することは、相手方の控訴または附帯控訴のない限りできないとする原則を**不利益変更禁止の原則**という。第1審において成立した訴訟上の和解の効力が期日指定の申立ての方法により争われた結果、和解が有効に成立したものと認定されて下された和解による訴訟終了判決は、訴訟が終了したことだけを既判力をもって確定する訴訟判決で

あると解した場合、この和解による訴訟終了判決と比較すると、原告の請求を一部認容する本案判決は、当該和解の内容にかかわらず、形式的には被告にとってより不利益である。そこで、和解による訴訟終了判決である第1審判決に対し、被告のみが控訴し原告が控訴も附帯控訴もしなかった場合において、控訴審が第1審判決を取り消した上で原告の請求の一部を認容する本案判決をすることは、不利益変更禁止の原則に違反するかが問題となる。

判例のポイント

　第1審において成立した訴訟上の和解の効力が期日指定の申立ての方法により争われた結果、和解が有効に成立したものと認定されて下された和解による訴訟終了判決は、訴訟が終了したことだけを既判力をもって確定する訴訟判決である。この和解による終了判決と比較すると、原告の請求の一部を認容する本案判決は、当該和解の内容にかかわらず、形式的には被告にとってより不利益である。したがって、和解による訴訟終了判決である第1審判決に対し、被告のみが控訴し原告が控訴も附帯控訴もしなかった場合において、控訴審が第1審判決を取り消した上原告の請求の一部を認容する本案判決をすることは、不利益変更禁止の原則に違反して許されない。

設　問

設　例

　建物の所有者であるXが、係争対象となっている貸室を占有するYに対し、所有権に基づき、当該貸室の明渡しおよび賃料相当損害金の支払を求めた訴訟事件（これを以下「本件」と呼ぶ）の事実関係の詳細は、次のとおりである。
1　建物の所有者であるXが、本件貸室を占有するYに対し、所有権に基づき、本件貸室の明渡しおよび賃料相当損害金の支払を求めた。
2(1)　Yは、本件建物の当時の所有者から、本件貸室を賃借していたところ、明渡しを拒んだので、Xは本件訴訟を提起した。
(2)　XとYとの間には、第1審の和解期日で、本件賃貸借契約を合意解除すること、Yは本件貸室を明け渡すこと、XがYに対して立退料として220万

円を支払うことなどを内容とする訴訟上の和解（以下これを「本件和解」と呼ぶ）が成立した。

(3) その後、Yが期日指定の申立てをしたため、第1審裁判所は口頭弁論期日を経た上で、本件訴訟は本件和解が成立したことにより終了した旨を宣言する訴訟終了判決を言い渡した。第1審判決に対しては、Yのみが控訴し、Xは控訴も附帯控訴もしなかった。

(4) 控訴審判決は、本件和解の条項がYの真意に出たものであることを認めるに足りる証拠はないから、本件和解は無効であるといわざるをえない等として、第1審判決を取り消し、Yに対して、Xから40万円の支払を受けるのと引換えにXに本件貸室を明け渡すこと、賃料相当損害金を支払うことを命じ、Xのその余の請求をいずれも棄却した。

問　い

小問(1) 訴訟上の和解がなされた場合に、当事者がその効力を争うための方法を説明しなさい。

小問(2) 一般的な期日指定の申立てと比較して、和解の無効を理由とする期日指定の申立ての特殊性について説明しなさい。

小問(3) 第1審の訴え却下判決に対して原告のみが控訴したところ、控訴審は、訴訟要件が充足されていると判断し、また原告からの請求に理由がないと判断した場合、控訴審は請求棄却判決をすることができるか、または控訴棄却判決をすべきであるかについて説明しなさい。

小問(4) 設例において第1審は、和解による訴訟終了判決により終了したところ、被告であるYからの控訴の結果、控訴審判決は、本件和解は無効であるといわざるをえない等として、その第1審判決を取り消し、Xの請求を一部認容する判決をしているが、本件和解が無効であることを前提として、この控訴審による一部認容判決という取り扱いが不利益変更禁止の原則との関係で適法であるかについて説明しなさい。

　　　　ただし、訴訟上の和解等による訴訟終了判決に対して控訴がなされた場合、和解等における瑕疵の存否をめぐる紛争が控訴審に移審

するだけでなく、本案訴訟（訴訟物たる実体権をめぐる紛争）も控訴審に移審することを前提とする。

┌─────────────────────────────────┐
　　　　　　判 例 か ら 考 え る
└─────────────────────────────────┘

　和解による訴訟終了判決である第1審判決に対し、被告のみが控訴し原告が控訴も附帯控訴もしなかった場合において、控訴審が第1審判決を取り消した上原告の請求の一部を認容する本案判決をすることが、**不利益変更禁止の原則**に違反するかが問題となる。

　本問は、このような問題について判示した最判平成27年11月30日・民集69巻7号2154頁（以下「最判平成27年」という）をもとにした。最判平成27年は、上記のような場合に控訴審が原告の請求の一部を認容する判決をすることは不利益変更禁止の原則に違反して許されないものと解し、おおむね次のように述べて、被告からの控訴を全部棄却する旨の判断をした。

　「訴訟上の和解が成立したことによって訴訟が終了したことを宣言する終局判決（以下「和解による訴訟終了判決」という）は、訴訟が終了したことだけを既判力をもって確定する訴訟判決であるから、これと比較すると、原告の請求の一部を認容する本案判決は、当該和解の内容にかかわらず、形式的には被告にとってより不利益であると解される。したがって、和解による訴訟終了判決である第1審判決に対し、被告のみが控訴し原告が控訴も附帯控訴もしなかった場合において、控訴審が第1審判決を取り消した上原告の請求の一部を認容する本案判決をすることは、不利益変更禁止の原則に違反して許されないものというべきである。

　そして、和解による訴訟終了判決に対する控訴の一部のみを棄却することは、和解が対象とした請求の全部について本来生ずべき訴訟終了の効果をその一部についてだけ生じさせることになり、相当でないから、上記の場合において、控訴審が訴訟上の和解が無効であり、かつ、第1審に差し戻すことなく請求の一部に理由があるとして自判をしようとするときには、控訴の全部を棄却するほかないというべきである」。

　以下では、訴訟上の和解の効力を争う方法、和解無効を理由とする期日指定の申立てに関する取扱いの特殊性、第1審の訴え却下判決に対して原告の

みが上訴した場合と不利益変更禁止の原則、および和解による訴訟終了判決と不利益変更禁止原則について解説する。

解　説

1　訴訟上の和解の効力を争う方法

　和解調書は、確定判決と同一の効力を有するとされる（民訴法267条）。和解の成立した範囲で訴訟は当然に終了するが、和解で認められた関係について、既判力を否定する見解、既判力を肯定する見解、および和解に瑕疵がなく有効な限りで既判力があるとする制限的既判力説が対立している[1]。

　当事者が訴訟上の和解の効力を争う方法として、和解無効確認の訴えまたは請求異議の訴えの提起のほか、受訴裁判所に従前の訴訟手続の続行を求めて**期日指定の申立て**をする方法が、判例上、認められている。設例のもととした最判平成27年の第1審判決の主文は、訴訟費用に関する部分を除いて、「本件訴訟は、平成25年5月8日訴訟上の和解が成立したことにより終了した」となっている。当事者が期日指定の申立てをした場合において、裁判所が訴訟上の和解が有効であると認めたときには、訴訟が終了した旨を宣言する訴訟終了判決がなされることになる。

　このような和解による訴訟終了判決に対して控訴がされ、控訴裁判所が訴訟終了原因はないと判断した場合、控訴裁判所による判決の原則的な形態は、差戻し判決（民訴法307条本文）であると解されるが、第1審において攻撃防御が尽くされ、控訴裁判所において判断をするに熟しており、さらに弁論をする必要がないと認めたきは、控訴裁判所は自ら判断することも可能であると考えられる（民訴法307条ただし書）。最高裁は、訴訟終了判決を訴訟判決と位置づけ、まず民訴法307条ただし書の適用のあるものとし、その上で通常の訴訟判決のときにも適用のある不利益変更禁止の原則を持ち出したものといえる[2]。和解による訴訟終了判決に対して被告のみが控訴した場合において、上記のように控訴裁判所が差戻しをせずに自ら本案判断をするとしたときに、不利益変更禁止の原則（民訴法304条）との関係が問題点になる。

2 和解無効を理由とする期日指定の申立てに関する取扱いの特殊性

　期日の指定は、申立てによりまたは職権でする（民訴法93条1項）。裁判所の手続の期日は、裁判長が指定する（民訴法93条1項）。当事者の**期日指定の申立て**を却下することは、手続の進行を拒否することを意味するから裁判所の決定ですべきである[3]。

　一般に期日の指定は裁判機関の職権によりなされるのが原則であるが、和解無効を理由とする期日指定の申立てに対しては、判例によれば、必ず**新期日**を指定しなければならないものとされ、和解無効の主張に理由がないことが明らかな場合であっても、期日指定の申立てに対する却下決定はなされない（大決昭和6年4月22日・民集10巻380頁）。そして、再開された審理の結果、和解は有効であるとの判断に至った場合でも、期日指定の申立てを却下する決定ではなく訴訟が終了した旨の裁判が、判決の形式によって示される（最判昭和38年2月12日・民集17巻1号171頁の第1審判決参照）。

　このように和解の無効を理由とする期日指定の申立ては、訴訟手続内の付随的な申立てとしての裁判ではなく、それ自体独立した訴えに近い取扱いを受けている点で[4]、特殊性を有している。

3 訴え却下判決に対して原告のみが上訴した場合と不利益変更禁止の原則

(1) はじめに

　和解による訴訟終了判決に対する被告のみからの控訴という設例の事件と同様の事件はこれまで公表されたものはなかった。そこで、これに類似したものとして検討されるのは、訴訟判決であるという点で共通性を有する、訴え却下判決に対して原告のみが上訴した場合に、不利益変更禁止の原則がどのように作用するかについてである。

　訴え却下判決に対して原告のみが上訴したところ、控訴審が訴訟要件は満たされていると判断し、また原告からの請求に理由がないと判断した場合、仮に控訴審が請求棄却判決をすると、請求棄却判決は訴え却下判決よりも原告である控訴人にとって不利益であるとの理由から、控訴審が請求棄却判決をすることは**不利益変更禁止の原則**に抵触すると解するのが従来の通説である[5]。しかし、近年では、控訴審による請求棄却判決の自判を認める見解が

多数であるとの指摘もある[6]。

(2) 上訴棄却の判決をすべきとする説

　最高裁は、訴え却下判決に対して原告のみが上訴し、上訴審での審理の結果、訴訟要件の存在を認め、また請求を棄却すべきものと認められる場合について、訴え却下判決では訴訟要件の不存在のみが既判力で確定され、請求権の不存在については既判力が生じないため、訴え却下判決は請求棄却判決よりも原告にとって有利であるから、上訴審としては、請求棄却判決ではなく上訴棄却の判決をすべきである旨を判示している（最判昭和60年12月17日・民集39巻8号1821頁等）。従来の通説もこの判例と同じ立場であった。

(3) 請求棄却判決を可能とする説

　判例・従来の通説に反対し、訴え却下判決に対して原告のみが上訴した場合に上訴審は請求棄却判決の自判ができるとする説もあり、前述したように近年では多数説になったとの指摘もある。その請求棄却の自判ができる理由として、次のような点が挙げられている。

　第1に、不利益変更禁止の原則は、原判決が与えたものを当事者から奪うことを禁止する趣旨であって、訴え却下判決を受けた原告はまだ保護されるべき実体的地位を得ていないので、上訴した原告が上訴審で請求棄却判決を受けても不利益な状態になったとはいえないことである[7]。換言すれば、原告は訴訟判決に対して不服を申し立て、本案判決を要求している以上、上訴審において本案判決が言い渡されることに異議を述べることは許されないということである[8]。

　第2に、訴え却下判決に対して原告のみが控訴し、第1審がその判決理由中で本案に関する判断をしているなどの場合、仮に控訴を棄却して、訴え却下の原判決を確定させるとすると、原告が訴訟要件を満たした上で再訴する可能性がある。その再訴の結果として請求棄却判決を下すとすれば二重の手続を要するから訴訟経済に反すると主張されている[9]。

　第3に、原告のみからの控訴を受けた控訴審が、事件を原審に差し戻して請求棄却の本案判決をさせることは不経済であって、控訴審が自判しても審級の利益を失わせることはないとされる[10]。

4　和解による訴訟終了判決と不利益変更禁止原則

　最高裁は、和解による訴訟終了判決は訴訟が終了したことだけを既判力を
もって確定する訴訟判決であるから、訴訟上の和解が有効であるとの点につ
いて既判力を有するものと解することはできないとしていた（最判昭和47年
1月21日・裁判集民事105号13頁）。最判平成27年は、これに従った上で当該事
件に不利益変更禁止原則の適用を検討している。

(1) 不利益変更禁止の原則

　控訴人にとって不利益に第1審判決を変更することは、相手方の控訴また
は附帯控訴のない限りできない。これを**不利益変更禁止の原則**という[11]。こ
の原則の適用を考える場合に、控訴審の裁判が原裁判よりも不利益か否かは、
原則として、既判力の客観的範囲（民訴法114条）を基準に判断する。すなわ
ち原則として、原裁判中の既判力が生じる判断部分と控訴審の裁判中で既判
力が生じる判断部分とを比較して決定される[12]。もっとも、不利益変更禁止
の原則の内容たる利益・不利益は、申立てについての「判決効」を基準とし
て決定されるとする見解もある[13]。

(2) 不利益に関して比較する対象

ア　既判力比較説

　最判平成27年は、原則として、原裁判中の既判力が生じる判断部分と控訴
審の裁判中で既判力が生じる判断部分とを比較して決定されるとする**既判力
比較説**に立ち、第1審判決である「和解による訴訟終了判決」の既判力と控
訴審における原告の請求の一部を認容する本案判決の既判力を比較して不利
益性の有無を判断しているとして、この最判平成27年が不利益変更禁止の原
則の比較対象を伝統的な考え方に従って既判力に求めたことは妥当であると
して評価する見解がある[14]。その根拠として、上訴人にとっての基準の明確
性が挙げられている。また、最判平成27年を支持する理由として、控訴人に
とっては訴訟終了判決よりも請求を一部認容する判決が不利益になることを
挙げる説も[15]、既判力の比較を前提にしているものと考えられる。

　最判平成27年が訴訟終了判決の効力のみを基準とする立場をとった理由と
して、学説からは、上訴の対象は判決そのものであってその背後にある和解
ではなく、したがって変更の対象もまた、和解ではなく判決であるという点

が指摘されている[16]。

イ　和解有効性比較説

和解による訴訟終了判決の判断対象は和解の有効性であり、その訴訟終了判決の既判力も和解が有効に成立したことに生じるとする**和解有効性比較説**がある。この説は、不利変更禁止原則の適用に際しては、第1審判決における和解の有効性に関する判断と控訴審判決を比較して不利益か否かを判断すべきとする[17]。そして、和解が無効ではないとした第1審判決に対して、被告が和解の無効を主張して控訴を申し立てており、控訴審が和解は無効であると判断することについては、控訴を認容したものであって何ら不利益変更禁止の原則に触れるものではないとする[18]。この説は、前提として、不利益変更禁止の原則の制度趣旨（申立拘束原則および上訴人の保護の2つが不利益変更禁止原則の根拠であるとする多元説）から考える。そして、控訴審が当該和解を無効とする以上、形式的な申立てと判断の関係よりも事件の妥当な解決を図るべきであるとの考慮から、控訴人にとって第1審での和解内容よりも控訴審判決が後退することは許容されるとする[19]。

この説に対しては、控訴のような不服を申し立てた当事者は、第1審判決の取消しにより第1審の手続再開を求めているのであって、判決による和解内容の改訂を求めているわけではないとする旨の批判が加えられている[20]。

ウ　本案判断可能説（比較対象不存在説）

訴訟終了判決に対する上訴に関するものではないが、訴え却下判決に対して原告のみが控訴した場合における**本案判断可能説**（控訴審における請求棄却の自判を肯定する説）の根拠に照らして、訴訟終了判決に対する上訴についても本案判断を可能とする説が想定されうるとする見解もある[21]。

本判決（最判平成27年）の意義

　和解による訴訟終了判決である第1審判決に対し、被告のみが控訴し原告が控訴も附帯控訴もしなかった場合において、控訴審が第1審判決を取り消した上で原告の請求の一部を認容する本案判決をすることが、不利益変更禁止の原則に違反するかが問題となる。このような問題について、本判決は、控訴審が原告の請求の一部を認容する判決をすること

は不利益変更禁止の原則に違反して許されない、と最高裁が初めて判示
したという意義を有している。

1）新堂・372頁以下。
2）坂田宏「訴訟終了判決に関する一考察」山本克己＝笠井正俊＝山田文編・民事
　手続法の現代的課題と理論的解明（徳田古稀祝賀・弘文堂・2017年）295頁、
　304頁。なお、訴訟終了判決は訴訟係属の不存在を前提とする点や訴訟終了効を
　有しないとして、この点で他の訴訟判決と異なるとするのは、三木浩一「判批」
　法研89巻11号75頁、79頁（2016年）。また、訴訟終了宣言判決には訴訟終了効が
　ないとの主張につき、三木ほか・401頁以下〔垣内秀介〕。
3）新堂・422頁。
4）町村泰貴「和解による訴訟終了を宣言する判決の効力」商討41巻1号99頁、109
　頁（1990年）。
5）通説との指摘は、伊藤・752頁注69〔同書は、請求棄却判決をすることを認める〕。
6）垣内秀介「判批」リマークス53号114頁、115頁以下（2016年）、堀清史「判批」
　平成28年度重要判解144頁、145頁。
7）飯塚重男「不利益変更禁止の原則」講座民事訴訟第7巻（弘文堂・1985年）191
　頁、209頁以下。
8）松本博之・訴訟における相殺（商事法務・2008年）244頁。同旨、兼子原著・第
　2版1591頁以下〔松浦馨＝加藤新太郎〕、松本博之＝上野泰男・民事訴訟法（第
　8版・弘文堂・2015年）846頁、高田裕成ほか編・注釈民事訴訟法第5巻（有斐
　閣・2015年）199頁〔宮川聡〕。
9）高橋・重点下633頁以下。
10）斎藤秀夫ほか編著・注解民事訴訟法(9)（第2版・第一法規・1996年）293頁以下
　〔小室直人＝東孝行〕、高田ほか編・前掲注8）198頁〔宮川〕。
11）兼子原著・第2版1583頁〔松浦馨＝加藤新太郎〕。
12）川嶋四郎・民事訴訟法（日本評論社・2013年）904頁、越山和広「判批」新・判
　例解説Watch18号141頁、143頁（2016年）〔既判力の範囲を比較〕。
13）伊藤・751頁、高橋・重点下630頁。
14）川嶋四郎「判批」判評699号（判時2323号）2頁、6頁（2017年）。
15）伊藤・752頁注69。なお、最判平成27年は、理論上、実務上の観点から、和解に
　よる訴訟終了判決に対する控訴の一部を棄却することはできず、自判する限り
　においては、控訴の全部を棄却するほかないとするものであるとするのは、小
　田真治「判批」最高裁判所判例解説民事篇平成27年度下（法曹会）554頁、568頁。
16）垣内・前掲注6）116頁。
17）清水宏「判批」東洋法学60巻1号179頁、198頁（2016年）。
18）清水・前掲注17）199頁。
19）清水・前掲注17）199頁。
20）川嶋・前掲注14）7頁。
21）川嶋・前掲注14）7頁。また、三木・前掲注2）84頁以下参照。

独立当事者参加による再審の訴え

最決平成26年7月10日・判時2237号42頁

▶予備知識

　一般的には、株式会社の解散の訴えに係る請求を認容する確定判決の効力を受ける第三者は、その確定判決に係る訴訟について**独立当事者参加**の申出をすることによって、当該確定判決に対する**再審の訴えの原告適格**を有することになるが、その参加申出人が当事者の一方の請求に対して訴え却下または請求棄却の判決を求めるのみの申出をした場合であっても、その参加の申出は適法かが争われている。

　既存の訴訟に第三者が当事者として参加する形態の一つであって、第三者が、訴訟の原告および被告の双方または一方に対して、それぞれ自己の請求を持ち出し、原告の請求についてと同時にかつ矛盾のない判決を求める場合を**独立当事者参加**という（民訴法47条）。民訴法は原則として二当事者対立主義を採用しているが、3人以上の者が対立・牽制し合う形の紛争が生じることがある。3人以上の者が対立・牽制し合う形の複雑な紛争を、仮に伝統的な二当事者対立の訴訟に分解して別々に相対的解決を図るとすれば、審理が重複して不経済であるばかりでなく、各判決間に矛盾が生じて、その紛争の全面的かつ終局的解決が得られないおそれがある。その三者間の**三面的紛争**を矛盾なく一挙に解決するために、共同訴訟における合一確定の併合審判の技術をこれに応用したのが、原告および被告双方を相手方とする独立当事者参加の訴訟形態である（なお、当事者の一方のみを相手方とする参加も可能となった）。

　独立当事者参加のうち、**詐害防止参加**とは、第三者が「訴訟の結果によって権利が害されることを主張する」場合である。**詐害意思説**によれば、その「権利が害される」とは当事者がその訴訟を通じ参加人を害する意思を持つと客観的に判定される場合であるとし、参加すべき第三者が判決の効力を受けない場合であってもその第三者が法律上または事実上不利な影響を受けるおそれがある場合にもこれを認める。独立当事者参加による再審申立ても可

能である。

　再審原告は、確定判決の効力を受け、かつその取消しを求める利益（不服の利益）を持つ者であり、原則として、確定判決の当事者であって、全部または一部敗訴している者である。その当事者でないが、判決の効力が第三者に及ぶ場合には、判決の取消しについて固有の利益を有する第三者にも再審適格が認められる。判決の効力が第三者に及ぶ場合には、判決の取消しについて第三者も固有の利益を持つことになるので、独立当事者参加（民訴法47条）による再審申立てができるとするのが通説である。したがって、一般的には、株式会社の解散の訴えに係る請求を認容する確定判決の効力を受ける第三者は、その確定判決に係る訴訟について独立当事者参加の申出をすることによって、当該確定判決に対する再審の訴えの原告適格を有することになる。

判例のポイント ☞

　株式会社の解散の訴えに係る請求を認容する確定判決の効力を受ける第三者は、独立当事者参加の申出をすることによって、上記確定判決に対する再審の訴えの原告適格を認められるが、参加申出人は固有の請求を定立しなければならず、単に当事者の一方の請求を棄却しまたは訴えを却下する旨の判決を求めるのみの参加の申出は許されない。

設　問

設　例

　相手方 Y1、同 Y2 および同 Y3（以下「Y1ら」と総称する）を原告とし、相手方 Y4会社を被告として提起された株式会社の解散の訴えに係る請求を認容する確定判決につき、Y4会社の株主である X が、上記訴えに係る訴訟の係属を知らされずその審理に関与する機会を奪われたから、上記確定判決につき民訴法338条1項3号の再審事由があるなどと主張して、上記訴訟について独立当事者参加の申出をするとともに、再審の訴えを提起した（以下この事件を「本件」と呼ぶ）。

　第1審は、株式会社の解散は当該株式会社の株主に重大な影響を及ぼす事項であるから、株式会社の解散の訴えが提起される前から当該株式会社の株主であるXは、上記訴えに係る請求を認容する確定判決を取り消す固有の利益を有する第三者に当たり、上記確定判決につき再審の訴えの原告適格を有するというべきであると判断した上で、本件再審請求には理由がないとしてこれを棄却した。これに対して、Xが抗告を申し立てたが、原審（抗告審）は、この第1審決定を維持して、Xの抗告を棄却した。これに対し、Xが特別抗告および許可抗告を申し立てたところ、原審は抗告を許可したので、最高裁が本件の審理をすることになった。

問　い

小問(1)　独立当事者参加の意義について説明しなさい。

小問(2)　Xは、独立当事者参加の申出をすることによって、Y1らおよびY4会社を当事者とした株式会社の解散の訴えに係る請求を認容する確定判決に対する再審の訴えの原告適格を認めることができるかについて説明しなさい。

小問(3)　Xが独立当事者参加の申出をすることによって本件再審の訴えの原告適格を有するかについて、XがY1らのY4会社に対する請求を棄却すべきものとする判決を求めただけであって、Y1らおよびY4会社に対して何らの請求も提出していない場合には、Xは本件再審の訴えの原告適格を欠くものと解するべきであるかについて説明しなさい。

小問(4)　Xが上記の再審事由を主張して再審の訴えを提起したいと考えた場合、再審の訴えを提起するとともにY4会社を被参加人とする共同訴訟的補助参加の申出をすることの有効性について説明しなさい。

判 例 か ら 考 え る

　本問は、最決平成26年7月10日・判時2237号42頁（以下「最決平成26年7月10日」と呼ぶ）に基づいたものである。最決平成26年7月10日は、Xが本件再審の訴えの原告適格を有するかについて職権により検討し、XがY1らの

請求に対して請求棄却の判決を求めただけであって、Y1らおよびY4会社に対して何らの請求も提出していないことなどに照らし、本件再審の訴えが原告適格を欠く不適法なものであるとして、原決定を破棄し、原々決定を取り消して、本件再審の訴えを却下したが、その理由を大略次のように述べた（多数意見）。

「新株発行の無効の訴えに係る請求を認容する確定判決の効力を受ける第三者は、上記確定判決に係る訴訟について独立当事者参加の申出をすることによって、上記確定判決に対する再審の訴えの原告適格を有することになる（最高裁平成24年（許）第43号同25年11月21日第1小法廷決定・民集67巻8号1686頁参照）。この理は、新株発行の無効の訴えと同様にその請求を認容する確定判決が第三者に対してもその効力を有する株式会社の解散の訴えの場合においても異ならないというべきである。

そして、独立当事者参加の申出は、参加人が参加を申し出た訴訟において裁判を受けるべき請求を提出しなければならず、単に当事者の一方の請求に対して訴え却下または請求棄却の判決を求めるのみの参加の申出は許されないと解すべきである（最高裁昭和42年（オ）第867号同45年1月22日第1小法廷判決・民集24巻1号1頁参照）。

これを本件についてみると、Xは、相手方Y1らと相手方Y4会社との間の訴訟について独立当事者参加の申出をするとともに本件再審の訴えを提起したが、相手方Y1らの相手方Y4会社に対する請求に対して請求棄却の判決を求めただけであって、相手方Y1らまたは相手方Y4会社に対し何らの請求も提出していないことは記録上明らかである。そうすると、Xの上記独立当事者参加の申出は不適法である。……

したがって、Xが本件再審の訴えの原告適格を有しているということはできず、本件再審の訴えは不適法であるというべきである」。

以下では、独立当事者参加の意義、第三者が再審の訴えを提起するとともに独立当事者参加の申出をした場合の再審原告の原告適格、独立当事者参加の申出と請求の定立の必要性、再審提起と共同訴訟的補助参加の有効性、および最決平成26年7月10日に対する評価ついて解説する。

解　説

1　はじめに

　設例のもとにした最決平成26年 7 月10日は、株式会社の解散の訴えに係る請求を認容する確定判決の効力を受ける第三者は、その確定判決に係る訴訟について独立当事者参加の申出をすることによって、当該確定判決に対する再審の訴えの原告適格を有することになるとともに、その独立当事者参加の申出は、参加人が参加を申し出た訴訟において裁判を受けるべき請求を定立しなければならず、当事者の一方の請求に対して訴え却下または請求棄却の判決を求めるのみの参加の申出は許されない旨を判示した。当該判旨のうち独立当事者参加の申出と再審の訴えの原告適格に関する先例としては最決平成25年11月21日・民集67巻 8 号1686頁（以下「最決平成25年」と呼ぶ）がある。また独立当事者参加の申出における請求の定立の必要性に関する先例としては最判昭和45年 1 月22日・民集24巻 1 号 1 頁（以下「最判昭和45年」と呼ぶ）がある。

　最決平成26年 7 月10日は、第三者による再審訴訟提起の方式を明確化させた最決平成25年と独立当事者参加の申出には参加人自身の請求の提出が必要であるとした最判昭和45年による判例理論を再確認し、それらを適用することによって結論を導き出したものである。したがって、最決平成26年 7 月10日の帰結は、従来の判例の立場からすれば、当然の結果であったといえる[1]。また、片面的独立当事者参加を明文では認めていなかった旧民訴法71条の下における最判昭和45年が、片面的独立当事者参加を明文で認めるに至った現行の民訴法47条の下でも妥当することを確認したことにも、最決平成26年 7 月10日には先例としての意味がある[2]。

2　独立当事者参加の意義

　最決平成26年 7 月10日によれば、株式会社の解散の訴えに係る請求を認容する確定判決の効力を受ける第三者は、その確定判決に係る訴訟について独立当事者参加の申出をすることによって、当該確定判決に対する**再審の訴えの原告適格**を有することになる。

　既存の訴訟に第三者が当事者として参加する形態の一つであって、第三者が、訴訟の原告および被告の双方または一方に対して、それぞれ自己の請求を持ち出し、原告の請求についてと同時にかつ矛盾のない判決を求める場合を**独立当事者参加**という（民訴法47条）。民訴法は原則として二当事者対立主義を採用しているが、３人以上の者が対立・牽制し合う形の紛争が生じることも現実にはある。しかもそのような複雑な紛争を、仮に伝統的な二当事者対立の訴訟に分解して別々に相対的解決を図るとすれば、審理が重複して不経済であるばかりでなく、各判決間に矛盾が生じて、その紛争の全面的かつ終局的解決が得られないおそれがある。そこで、こうした第三者がそれぞれ対立・牽制し合う紛争の実体をそのまま紛争解決方式に反映させるために三当事者がそれぞれ独立して対立関与する訴訟構造を認め、その三者間の**三面的紛争**を矛盾なく一挙に解決するために、共同訴訟における合一確定の併合審判の技術をこれに応用したのが、原告および被告双方を相手方とする独立当事者参加の訴訟形態である[3]。

　独立当事者参加のうち**詐害防止参加**とは、第三者が「訴訟の結果によって権利が害されることを主張する」場合である。多数説である詐害意思説によれば、権利が害されるとは当事者がその訴訟を通じ参加人を害する意思を持つと客観的に判定される場合であるとし、参加すべき第三者が判決の効力を受けない場合であってもその第三者が法律上または事実上不利な影響を受けるおそれがある場合にもこれを認める[4]。

3　第三者が再審の訴えを提起するとともに独立当事者参加の申出をした場合の再審原告の原告適格

(1)　はじめに

　ア　再審および再審原告の原告適格

　最決平成26年７月10日によれば、株式会社の解散の訴えに係る請求を認容する確定判決の効力を受ける第三者は、その確定判決に係る訴訟について独立当事者参加の申出をすることによって、当該確定判決に対する再審の訴えの原告適格を有することになるとされる。再審は、確定した終局判決に対して、その訴訟手続に重大な瑕疵があったことやその判決の基礎たる資料に異

常な欠点があったことを理由として、当事者がその判決の取消しと事件の再審判を求める非常の不服申立方法である。**再審**は、訴えの形式による当事者の不服申立方法であり、法定の再審事由の存在を理由として、確定判決の取消しと確定判決によってすでに終結した訴訟事件（本案事件）の再審判とを要求する訴えである[5]。

再審は、不服の理由として、民訴法338条1項に列挙された事由を主張する場合に限って許される。再審事由を主張することは、再審の訴えの適法要件をなし、その主張を欠くときは、訴えは却下される。主張された再審事由が認められれば、訴えは理由があることになり、事件の再審判が始まる[6]。設例の事案で主張された民訴法338条1項3号は、絶対的上告理由にも明記されたもので（民訴法312条2項4号）、判決内容への影響の有無を問わないことも、民訴法312条2項4号と同様である。

再審原告は、確定判決の効力を受け、かつその取消しを求める利益（不服の利益）を持つ者であり、原則として、確定判決の当事者であって、全部または一部敗訴している者である。その当事者でないが、判決の効力が第三者に及ぶ場合には、判決の取消しについて固有の利益を有する第三者にも再審適格が認められる[7]。判決の効力が第三者に及ぶ場合には、判決の取消しについて第三者も固有の利益を持つことになるので、**独立当事者参加**（民訴法47条）による**再審申立て**ができるとするのが通説である[8]。

　イ　株式会社の解散の訴え

　設例では、Y1らを原告とし、Y4会社を被告として提起された株式会社の解散の訴えに係る請求を認容する確定判決と再審訴訟の原告適格が問題とされている。

　株主の正当な利益を保護するためには会社を解散することしかないような場合に、少数株主が解散の訴えを提起することを認めたのが、**株式会社の解散の訴え**の制度である。会社法838条は、会社の組織に関する訴えに係る請求を認容する確定判決は第三者に対してもその効力を有すると規定しており、会社の組織に関する訴えの一つである株式会社の解散の訴えに係る請求を認容する確定判決は、第三者に対してもその効力が及ぶ。会社や法人などの団体法律関係においては、それに関与する主体が多数に上り、団体の代表者の

地位に関する争いに典型的に示されるように、団体の運営を円滑に行われるようにするためには、争いの対象となる法律関係や法律上の地位の存否・内容をそれらの多数人との間で画一的に確定する必要があり、また、それによって派生的権利関係についての紛争を抜本的に解決することが可能となる。このような要請を満たすために、法は、団体関係訴訟の多くのものについて、**対世効**を規定（会社法838条）する[9]。

(2) 再審原告の原告適格に関する学説

　設例では、Y1らを原告とし、Y4会社を被告として提起された株式会社の解散の訴えに係る請求を認容する確定判決について、当該確定判決により不利益を受ける第三者（X）が、当該訴訟に関与する機会が与えられなかったなど自身について民訴法338条1項3号の再審事由があると主張して、再審の訴えを提起するとともに独立当事者参加の申出をした場合に、上記再審の訴えの原告適格を有することになるかが争われた。

　再審原告は、確定判決の効力を受け、かつその取消しを求める利益（不服の利益）を持つ者であり、原則として確定判決の当事者で、全部または一部を敗訴している者である。判決の効力が第三者に及ぶ場合は、判決の取消しについて固有の利益を有する第三者にも再審適格が認められる。この場合には、独立当事者参加の形式により、本訴の両当事者を共同被告とすべきであるとするのが通説である[10]。

(3) 独立当事者参加の申出と再審の訴えの原告適格に関する最決平成25年

　再審の訴えの原告適格に関して、最決平成26年7月10日は、新株発行無効の訴えに関する最決平成25年に依拠した。この最決平成26年7月10日から、最高裁の立場として、確定判決の効力を受ける第三者の再審の原告適格の判断については、最決平成25年の判断枠組みを踏襲することが明らかになった。すなわち、確定判決の効力を受ける第三者が再審を申し立てる場合、独立当事者参加の申出とともに再審を申し立てることで、その原告適格を有することになり、また、再審の原告適格の判断にあたっては、独立当事者参加の可否が再審開始決定の判断の際に行われることになる[11]。

　会社法上、新株発行無効の訴えも、株式会社の解散の訴えも、ともに「会社の組織に関する訴え」に当たり、また、被告適格が株式会社に限定されて

いる点も同じで（会社法834条2号および20号）、さらに、それぞれの請求を認容する確定判決が対世効を持つ根拠条文も共通している（会社法838条）。こうした事情に鑑みると、最決平成25年が示した根拠は、最決平成26年7月10日の事案のような株式会社の解散の訴えに係る請求を認容する確定判決に対する再審の訴えの場合にも共通すると考えることは合理的である[12]。

　再審の原告適格は、独自の再審事由を主張しつつ再審申立てをなしうる地位にあるか否かにより、原告適格が判断される。すなわち、主張が許される再審事由が当事者のものか第三者固有のものかが再審の原告適格の判断にとって重要であり、判決効が及ぶがゆえに当事者とは別の独自の再審事由を主張しうる者に適格を認める扱いとなる[13]。

　最決平成25年は、通説を採用することにしたが、確定判決の効力を受ける第三者は独立当事者参加の申出をすることによって再審の訴えの原告適格を有するとしていて、判決の取消しについての固有の利益を独立の要件として挙げていない点で、第三者が判決の取消しについて固有の利益を有する必要性を独立の要件として挙げる通説と相違する[14]。

　最決平成26年7月10日および最決平成25年に対しては、独立当事者参加の申出を再審の訴えの原告適格の根拠に直接に結びつけることに関して疑問が指摘されている。むしろ、第三者が確定判決の取消しについてどのような固有の利益を有するのかが問題とされるべきとする見解もある[15]。

4　独立当事者参加の申出と請求の定立の必要性

(1) はじめに

　最決平成26年7月10日の事案では、再審の訴えとともに独立当事者参加の申出がなされているが、独立当事者参加の申出人が原告に対しても被告に対しても自己の請求を定立していないので、独立当事者参加の申出の適法性が問題となった。この事案で、Xは、再審の訴えと同時に独立当事者参加の申出をするとしながら、Y1らのY4会社に対する請求の棄却を求めるのみで、Y1らまたはY4会社に対して何らの請求も定立していない。そこで、参加人が、前訴の当事者らに何らの請求も定立することなく原告から定立された請求の棄却の判決を求めるのみの独立当事者参加の申出が許されるかが問題と

なる。

　この点については、最判昭和45年が、「独立当事者参加の申出は、参加人が当該訴訟において裁判を受けるべき請求を提出しなければならず、単に当事者一方の請求に対して訴却下または請求棄却の判決を求めるのみの参加の申出は許されない」と判示していた。また、学説上も、独立当事者参加の申出には参加人からの請求の定立を要するというのが通説的見解である。

　なお、旧民訴法の詐害防止参加について、かつて大審院（大判昭和9年8月7日・民集13巻1559頁）は、参加人は原告の請求が棄却されるべきことを申し立てれば足りると説示していたことが指摘されている[16]。

(2) 参加人による請求の定立が必要であるとした最判昭和45年

　最判昭和45年は、旧民訴法71条に基づく独立当事者参加の申出は常に原被告双方を相手方としなければならず、当事者の一方のみを相手方とする参加の申出は、不適法であることは、当裁判所の判例とするところであるとした（最判昭和42年9月27日・民集21巻7号1925頁参照）。そして、独立当事者参加の申出は、参加人が当該訴訟において裁判を受けるべき請求を提出しなければならず、単に当事者一方の請求に対して訴え却下または請求棄却の判決を求めるのみの参加の申出は許されないものと解するとした。その理由として、この種の参加の申出は、訴えの提起という実質を有し、またもし参加人が訴え却下または請求棄却の判決を求めるのみであるとすれば、当事者と参加人との間に審理裁判の対象となるべき請求が存しないこととなるからであるとした[17]。

(3) 参加人による請求の定立が必要とする学説

　詐害防止参加の場合、参加人は、参加によって原告および被告の双方に対する自己の請求について判決を求めることが必要であるとする見解がある[18]。すなわち、詐害防止参加の場合、参加人は原告の請求に対して訴え却下または請求棄却の判決を求めるだけでは足りず、原告被告双方に対して原告の請求と相容れない請求を立てるべきであるとされる[19]。

　しかし、詐害防止参加に参加人からの請求の定立を必要とする説に対しては、詐害判決の防止という制度目的を逸脱した過剰な規制を設定するものであると批判されている[20]。

(4) 参加人による請求の定立は不要とする学説

旧民訴法下においては、少なくとも詐害防止参加については参加人からの請求の定立を要しないとの見解が有力に主張されていた。たとえば、参加訴訟においては、参加人が自らの請求を立てなくても参加人と当事者間の攻撃防御および裁判所の審理の目標が定まりうるのであって、参加人が原告の請求棄却を求めるために参加するという趣旨の申立てでも差し支えないことがあると主張されていた[21]。

また、詐害防止参加の場合、参加人が当事者として参加する根拠は原告・被告の訴訟追行に対する牽制を可能とすることに重点が置かれているとして、参加人が独自の請求を定立すべきことが独立当事者参加制度を設ける際に当然の前提とされていたかには疑問があるとして、参加人は必ずしも独自の請求を定立する必要はないと主張されていた[22]。

さらに独立当事者参加で参加人が原告の請求棄却の判決を求めれば三面紛争を解決しうる場合もあることを理由として、参加人は自己独自の請求を立てる必要がないと主張されていた[23]。

5　再審提起と共同訴訟的補助参加の有効性

(1) はじめに

最決平成26年7月10日の金築裁判官の意見は、再審の訴えの提起とともにする共同訴訟的補助参加の申出の有効性について否定的であった。当事者の一方を勝訴させるために、第三者が訴訟に参加し、その当事者を補助して訴訟を追行する手続形態を補助参加という。補助参加の申出は、書面または口頭によって再審の訴えの提起などと同時にすることができる[24]。本訴訟の判決の効力が相手方当事者と第三者（補助参加人）の間に及ぶ場合に、この第三者が補助参加する場合を**共同訴訟的補助参加**という。共同訴訟的補助参加は、判決の効力を受ける参加人の利益を保護するため、通常の補助参加の場合と異なって、必要的共同訴訟人に準じた訴訟追行の権能を与える必要があることに基づいて認められる。第三者が独立に原告または被告となる適格を有しないために、共同訴訟参加ができず補助参加しかできないときには、明文の規定がなくとも解釈上、このような特別扱いを認めることが妥当である

とされ、これによって、参加人は自分の利益を害するような本訴訟の進行を牽制することができる[25]。

(2) 共同訴訟的補助参加の申出と再審の訴え

Xによる**共同訴訟的補助参加の申出**という方法について、金築裁判官の意見は有効でないとする。その理由として、補助参加の申出と共に再審の訴えを提起した場合に主張しうる**再審事由**は、補助参加の性質上、参加の対象である訴訟の当事者が主張しうる再審事由に限られ、上記のような自己固有の再審事由を主張することはできないからであるとした。

しかし、通常の補助参加の場合には、再審事由は前訴の当事者を基準として判断されるため訴外第三者の手続保障の欠缺を再審事由として顧慮することは難しいが、共同訴訟的補助参加の場合は、参加人自身の事由による再審の訴えも許されると主張されている[26]。同様に設例の事案について、共同訴訟的補助参加の申出による再審事由の主張に肯定的な見解がある[27]。

また、共同訴訟的補助参加の被参加人が再審の訴えを取り下げることができるとすると、参加人が共同訴訟的補助参加の申出とともに再審の訴えを提起することは有効とはいえないことになる。しかし、共同訴訟的補助参加の場合、被参加人が再審の訴えを取り下げることを補助参加人は阻止しえないとする指摘もあるが、その点は、共同訴訟的補助参加の理解如何で変わりうると主張されている[28]。同様に、設例の事案で共同訴訟的補助参加の被参加人は不利な行為は単独ではできないから、会社は訴えを取り下げることができないとされる[29]。さらに、共同訴訟的補助参加の場合、参加人の地位は必要的共同訴訟の地位に近くなり、参加人は被参加人の行為と抵触する行為もできるとされ、たとえば、参加人のなした上訴を被参加人は取り下げることが許されないとされる[30]。判例にも、共同訴訟的補助参加の場合、参加人より提起した上告は主たる当事者単独の行為によってこれを取り下げることはできない旨を判示するものがある（大判昭和13年12月28日・民集17巻2878頁。また、最判昭和40年6月24日・民集19巻4号1001頁）。

(3) 最決平成26年7月10日に対する評価

最決平成26年7月10日に賛成する見解[31]があるのに対して、否定的な見解もある。たとえば、詐害防止参加を求めるにあたり、参加人は請求を定立

することは必要でないと解する山浦裁判官の反対意見を支持する見解がある[32]。そして、独立当事者参加の申出の効果が現れるのが再審開始決定の後であるとするならば、独立当事者参加の申出を再審の訴えの原告適格の根拠に直接に結びつけることには疑問が残るとされる[33]。このほか、請求の定立が困難であるものの、第三者再審を認めるべき要請の強い事件もあるとして、最決平成26年7月10日に批判的な見解もある[34]。

　旧民訴法71条に規定された独立当事者参加については、かつては原告および被告の双方を相手方とする必要があるとするのが判例であった（最判昭和42年9月27日・民集21巻7号1925頁）。しかし、現行の民訴法47条1項の立法経過においては、参加申出人と当事者の一方との間に実質的に争いがないときは、その者に対する請求の定立を強制することは、紛争の実情にそぐわず、あえて争いのない者に対して請求を定立させる必要はないなどの理由から、当事者の一方のみを相手方として独立当事者参加をすること（いわゆる片面的独立当事者参加）ができるようにして、独立当事者参加の手続を簡易化し、当事者に利用しやすいものとされた経緯がある。そして、民訴法47条4項において当事者の一方のみを相手方とする独立当事者参加についても、必要的共同訴訟に関する民訴法40条1項から3項までの規定を準用する理由は、独立当事者参加に必要的共同訴訟に関する規定が準用される必要があることについては、どの当事者も自分を除外して他の2人だけで勝手に訴訟追行がされることを阻止、牽制する必要があり、このような相互の排斥関係を手続に反映させることにあるが、これらの規定を準用する必要性については、当事者の一方に対してのみ請求を定立した場合であっても異なることはないからとされている[35]。上記のように、民訴法47条1項に関して参加人から「**請求を定立**」させることを明言する立法担当者の意思ないし立法経過に照らすと、民訴法47条1項については、参加人は少なくとも当事者の一方に対して請求を定立する必要があると考えられる。当事者の一方に対する「請求の定立」であれば、参加人にそれほど負担を課することにならないだろう。

　問題は、**請求の定立の具体的内容**である。沿革的にも実質的にも、詐害再審である本件のような場合には、**詐害判決を是正させるように原判決を変更させる**旨の請求を定立させれば足りることになると思われる。

本決定（最決平成26年7月10日）の意義

　本決定は、株式会社の解散の訴えに係る請求を認容する確定判決の効力を受ける第三者は、その確定判決に係る訴訟について独立当事者参加の申出をすることによって、当該確定判決に対する再審の訴えの原告適格を有することになるとともに、その独立当事者参加の申出は、参加人が参加を申し出た訴訟において裁判を受けるべき請求を定立しなければならず、当事者の一方の請求に対して訴え却下または請求棄却の判決を求めるのみの参加の申出は許されない旨を判示した。本決定は、第三者による再審訴訟提起の方式を明確化させた前掲最決平成25年と独立当事者参加の申出には参加人自身の請求の提出が必要であるとした前掲最判昭和45年による判例理論を再確認してそれらを組み合わせたという意義を有する。今後の問題は、参加人の固有の「請求の定立」の内容になろう。

1）間渕清史「判批」判評680号（判時2265号）30頁、31頁（2015年）、安西明子「判批」新・判例解説 Watch16号145頁、146頁（2015年）。
2）笠井正俊「判批」法教414号・判例セレクト2014［Ⅱ］30頁。
3）新堂・833頁。
4）新堂・836頁以下。
5）新堂・973頁。
6）新堂・974頁。
7）新堂・978頁以下。
8）高橋・重点下794頁〔本来の詐害防止参加は第三者に判決の効力が及ぶことを要件としておらず、事実上の効力が及べば足りるから、ここで判決の効力が及ぶことを持ち出すのは再審の場合における変容である〕、高田裕成ほか編・注釈民事訴訟法第5巻（有斐閣・2015年）480頁以下〔内山衛次〕、三木ほか・650頁以下〔菱田雄郷〕、加藤新太郎＝松下淳一編・新基本法コンメンタール民事訴訟法2（日本評論社・2017年）342頁〔吉垣実〕。
9）伊藤・602頁以下。
10）新堂・979頁、兼子・485頁。
11）石橋英典「判批」同法66巻6号219頁、229頁（2015年）。
12）日下部真治「判批」金商1465号8頁、9頁以下（2015年）。
13）堀野出「判批」新・判例解説 Watch15号145頁、147頁（2014年）。
14）菱田雄郷「判批」リマークス51号128頁、130頁（2015年）、我妻学「判批」法教422号25頁、27頁以下（2015年）。
15）徳田和幸「判批」民商150巻6号88頁、91頁（2014年）。
16）菱田・前掲注14）130頁。

17）小室直人＝上野泰男「判批」民商63巻4号90頁、98頁（1971年）〔参加人は本訴の両当事者に対して自己の請求を提起しなければならない〕、柳川俊一「判批」曹時22巻7号178頁、183頁（1970年）。

18）兼子・414頁。

19）笠井・前掲注2）30頁。同旨、兼子原著・第2版254頁〔新堂幸司＝高橋宏志＝高田裕成〕、畑宏樹「判批」明治学院大学法律科学研究所年報31号235頁、242頁（2015年）。これに対して、新堂・842頁、979頁以下。

20）間渕・前掲注1）33頁。

21）井上治典・多数当事者訴訟の法理（弘文堂・1981年）299頁。

22）徳田和幸「独立当事者参加における請求の定立──詐害防止参加の沿革を中心として」民事訴訟法理論の新たな構築（新堂古稀祝賀・上巻・有斐閣・2001年）705頁、727頁。

23）榊原豊「判批」法教第2期7号144頁、145頁（1975年）。また、松本博之＝上野泰男・民事訴訟法（第8版・弘文堂・2015年）790頁。同旨、高田ほか編・前掲注8）484頁〔内山〕、高橋・重点下520頁、中野貞一郎＝鈴木正裕＝鈴木正裕編・新民事訴訟法講義（第3版・有斐閣・2018年）615頁〔井上治典著＝安西明子補訂〕、住吉博・民事訴訟読本（第2版・法学書院・1976年）577頁、安西・前掲注1）148頁。さらに、詐害防止参加も権利主張参加も参加人は請求の定立は必要ないとするのは、三宅省三＝塩崎勤＝小林秀之ほか編・注解民事訴訟法Ⅰ（青林書院・2002年）473頁〔間渕清史〕、上田徹一郎＝井上治典編・注釈民事訴訟法(2)（有斐閣・1992年）205頁〔河野正憲〕。

24）新堂・815頁。

25）新堂・825頁以下。

26）岡田幸宏「判批」リマークス49号122頁、125頁（2014年）。同旨、三谷忠之「判批」判タ722号76頁、82頁（1990年）。

27）我妻学「判批」法教422号25頁、30頁、31頁（2015年）。同旨、笠井・前掲注2）30頁。

28）菱田雄郷「第三者による再審の訴えについて──訴え提起に係る手続的規制を中心として」民事手続の現代的使命（伊藤古稀祝賀・有斐閣・2015年）531頁、551頁。

29）間渕・前掲注1）33頁。

30）新堂・826頁、伊藤・696頁、松本＝上野・前掲注23）781頁以下。

31）畑・前掲注19）238頁。また、最決平成26年7月10日に反対ではないとするのは、笠井・前掲注2）30頁。

32）徳田・前掲注15）92頁、長屋幸世「判批」北星論集（経済学部）54巻2号113頁、126頁（2015年）。

33）徳田・前掲注15）91頁。最決平成26年7月10日に反対するのは、間渕・前掲注1）30頁。

34）川嶋四郎「判批」法セ733号96頁（2016年）。

35）一問一答・62頁。

国際民事訴訟法

国際裁判管轄と「特別の事情」
ユニバーサルエンターテインメント事件

最判平成28年3月10日・民集70巻3号846頁

▶予備知識

　外国人を当事者とする事件または外国にある物もしくは外国法上の事項についての事件（**渉外事件**）の場合、どこの国の裁判所が裁判権を行使することができるかという**国際裁判管轄**の問題を生じる。たとえば、わが国と何らかの関連を有する国際的な民事事件について、わが国の裁判所の国際裁判管轄が認められれば、わが国の裁判所が審理を行い、その他の訴訟要件が満たされていれば本案判断を下すことになる。しかし、わが国の裁判所の国際裁判管轄が否定されれば、わが国の裁判所としてはそれ以上審理することは許されず、訴え却下判決をすることになる。

　平成23年の民訴法改正により国際裁判管轄に関する規定が整備された。この平成23年の民訴法改正以前においては、**マレーシア航空事件**（最判昭和56年10月16日・民集35巻7号1224頁）が、わが国の国際裁判管轄権に関する最初の判例として機能していた。マレーシア航空事件は、わが国の国際裁判管轄権の有無につき、当事者間の公平、裁判の適正・迅速を期するという理念により条理に従って決定するのが相当であり、民訴法の国内土地管轄の規定により定まる裁判籍のいずれかがわが国にあるときは、わが国に国際裁判管轄を認めることが条理にかなうとし、被告である会社がわが国に支店を有することから（旧民訴法4条）、国際裁判管轄を肯定した。

　国際裁判管轄に関する平成23年民訴法改正により、民訴法3条の2ないし3条の8までの規定に基づいて、訴えについて日本の裁判所が管轄権を有することとなる場合（日本の裁判所にのみ訴えを提起することができる旨の合意に基づき訴えが提起された場合を除く）においても、事案の性質、応訴による被告の負担の程度、証拠の所在地その他の事情を考慮して、日本の裁判所が審理及び裁判をすることが当事者間の衡平を害し、又は適正かつ迅速な審理の実現を妨げることとなる特別の事情があると認めるときは、その訴えの全部又は一部を却下することができる、とされた（民訴法3条の9）。

　民訴法3条の2ないし3条の8までの規定を適用すると日本の裁判所が管轄権を有することになる場合には、原則として、日本の裁判所が審理判断をすべきであると考えられるが、事案によっては、**特別の事情**が存在し、当事者間の衡平または適正かつ迅速な審理の実現の観点から、日本の裁判所が審理判断をするより、外国の裁判所に審理判断を委ねることが望ましい場合もありうる。このような特別の事情が存在する事案の場合、国内土地管轄の問題であれば、第1審裁判所は、その訴訟を国内の他の管轄裁判所に裁量移送をすることができる（民訴法17条）。しかし、国際裁判管轄が問題となる事案では、**裁量移送**という方法により当事者間の衡平を図ることはできない。そこで、民訴法3条の9は、民訴法3条の2ないし3条の8までの規定により日本の裁判所が管轄権を有することになる場合においても、上記のような特別の事情があると認めるときは、訴えの全部または一部を却下することができる旨を定めている。これは、「**特段の事情**」による国内裁判管轄の修正（**修正逆推知説**）を認めた従前の判例（最判平成9年11月11日・民集51巻10号4055頁〔**ファミリー事件**〕ほか多数の下級審裁判例）を踏まえて立法化されたものである。

判例のポイント ☞

　日本の裁判所に提起された訴えが、すでに米国の裁判所に訴訟が係属していた被告の株式の強制償還等に関する紛争から派生したものであること、想定される本案の争点についての証拠方法が主に米国に所在すること、原被告とも被告の経営に関する紛争については米国で交渉、提訴等がされると想定していたこと、原告らが当該訴えに係る請求のための訴訟を米国で提訴追行することが原告らに過大な負担を課することになるとはいえないこと、上記の証拠を日本の裁判所において取り調べることは被告に過大な負担を課すことになる事情等を考慮すると、「日本の裁判所が審理及び裁判をすることが当事者間の衡平を害し、又は適正かつ迅速な審理の実現を妨げることとなる特別の事情」（民訴法3条の9）がある。

設　問

設例

次の設例を読んで、下の問いに答えなさい。

1　X1およびX2が、Yがインターネット上のウェブサイトに掲載した記事によって名誉および信用を毀損されたなどと主張して、Yに対し、不法行為に基づく損害賠償を請求する訴訟を日本の裁判所に提起した（この事件を以下「本件」と呼ぶ）。米国ネバダ州法人であるYが上記記事をウェブサイトに掲載することによって、日本法人とその取締役であるX1およびX2の名誉および信用の毀損という結果が日本国内で発生したといえることから、本件訴えについては日本の裁判所が管轄権を有することとなる場合に当たる（民訴法3条の3第8号）。その上で、「日本の裁判所が審理及び裁判をすることが当事者間の衡平を害し、又は適正かつ迅速な審理の実現を妨げることとなる特別の事情」（民訴法3条の9）があり、本件訴えを却下することができるか否かが争われている。

2　本件の事実関係等の概要は、次のとおりである。

(1)　X1は、パチンコ遊技機の開発、製造、販売等を主たる業務とする日本法人であり、X2は、X1の取締役会長である。X1の子会社であるAは、ネバダ州法人であり、Yの発行済株式の総数の約20％を保有していた。Yは、カジノの運営を主たる業務とするネバダ州法人であり、ネバダ州でゲーミング（賭博営業）免許を受けている。X2はYの取締役でもあった。

(2)　ネバダ州の法令上、ゲーミング免許の取得者は、関係者が犯罪に関与しているなど不適格であると規制当局に認定されると、当該免許を剥奪されることがある。また、Yの定款には、取締役会が、ゲーミング免許の維持を脅かす可能性のある者として不適格であると自ら判断した株主の株式を強制的に償還する旨の定めがある。

(3)　AおよびX1らは、Yや他の出資者との間で、Yへの出資等に関連する複数の合意をしている。これらの合意中には、同合意に関して提起される訴訟をネバダ州裁判所の専属管轄とし、ネバダ州法を準拠法とする定めがあり、また、同合意に係る契約書面はいずれも英語で作成されている。

(4)　Yのコンプライアンス委員会は、平成23年、米国の法律事務所に、X2が

Yのゲーミング免許の維持を脅かすこととなりうる行為に関与した可能性を示す証拠が存在するかどうかなどの調査をさせた。

上記法律事務所は、平成24年2月18日、X2およびその関係者が、フィリピンや韓国においてゲーミング事業の監督等を行う立場にあった政府職員等に対し賄賂を供与するなど米国の連邦法である海外腐敗行為防止法に違反する行為を繰り返してきたようにみられること等を記載した報告書（以下「本件報告書」という）を上記委員会に提出した。本件報告書の調査資料となった多数の文書、本件報告書の作成に関与した者、上記調査において事情聴取を受けた者等は、主として米国に所在する。

⑸ Yの取締役会は、平成24年2月18日、X2を除く取締役の全員一致で、本件報告書に基づき、AおよびX1らはYの定款にいう不適格である者と判断し、Aが保有するYの株式を強制的に償還することを決議した。

⑹ Yは、平成24年2月19日、そのウェブサイトに英語で作成された要旨次のような内容の記事（以下「本件記事」という）を掲載した。

　ア　X2およびその関係者が、自らの利益を図るために、海外腐敗行為防止法に明白に違反しYの行動準則を著しく無視するやり方で、3年余の期間に36回以上にわたって不適切な活動に従事してきたことが、本件報告書によって立証されたこと

　イ　Yの取締役会は、平成24年2月18日、X2を除く取締役の全員一致で、AおよびX1らはYの定款にいう不適格である者と判断し、Aが保有するYの株式を強制的に償還する決議をしたこと

⑺ Yは、平成24年2月19日、ネバダ州裁判所に対し、AおよびX1らを被告として、Yが合法的にかつ定款等に忠実に行動したことの確認請求およびX2の信認義務違反に関する損害賠償請求に係る訴訟を提起した。これに対し、AおよびX1は、同年3月12日、Yおよびその取締役らを被告として、Yの上記取締役会決議は無効であるとして、その履行の差止めと損害賠償等を求める反訴を提起した（以下、上記の各訴訟を併せて「別件米国訴訟」という）。

別件米国訴訟における開示の手続では、当事者双方から、合計約100名の証人および合計約9500点の文書が開示されている。開示された文書の大部分は英語で作成され、また、証人の大半は米国等に在住し日本語に通じない。

(8) X1らは、平成24年8月、東京地方裁判所に本件訴訟を提起した。

　本件訴訟の本案の審理において想定される主な争点は、本件記事の摘示する事実が真実であるか否かおよびYがその摘示事実を真実と信ずるについて相当の理由があるか否かである。本件訴訟と別件米国訴訟とは、事実関係や法律上の争点について、共通しまたは関連する点が多いものとみられる。

問　い

小問(1)　民訴法3条の9は、どのような経緯により立法化されたかについて説明しなさい。

小問(2)　民訴法3条の9の意義および機能について説明しなさい。

小問(3)　民訴法3条の9におけるその他の考慮要素として何があるかについて説明しなさい。

小問(4)　民訴法3条の3第8号における「不法行為に関する訴え」は、民法709条から724条までに規定される不法行為に関する訴えに限定されるかについて説明しなさい。

小問(5)　設例において、民訴法3条の9にいう「事案の性質、応訴による被告の負担の程度、証拠の所在地その他の事情を考慮して、日本の裁判所が審理及び裁判をすることが当事者間の衡平を害し、又は適正かつ迅速な審理の実現を妨げることとなる特別の事情」があるか否かについて説明しなさい。

判 例 か ら 考 え る

1　はじめに

　設例は、最判平成28年3月10日・民集70巻3号846頁に基づいたものである（以下「**ユニバーサルエンターテインメント事件**」と呼ぶ）。このユニバーサルエンターテインメント事件は、まず当該事件について、X1らが、Yがインターネット上のウェブサイトに掲載した記事によって名誉および信用を毀損されたなどと主張して、Yに対し、不法行為に基づく損害賠償を請求する事案であるとする。そして、米国ネバダ州法人であるYが上記記事をウェブサイトに掲載することによって、日本法人とその取締役であるX1およびX2の

名誉および信用の毀損という結果が日本国内で発生したといえることから、本件訴えについては日本の裁判所が管轄権を有することとなる場合に当たる（民訴法3条の3第8号）ことを前提とする。

続いてユニバーサルエンターテインメント事件は、上記のような事案において、本件訴えを却下すべきものとした原審の判断は正当として是認することができると結論し、その理由を次のように判示した。

本件について、民訴法3条の9にいう「事案の性質、応訴による被告の負担の程度、証拠の所在地その他の事情を考慮して、日本の裁判所が審理及び裁判をすることが当事者間の衡平を害し、又は適正かつ迅速な審理の実現を妨げることとなる特別の事情」があるか否かを検討する。上記事実関係等によれば、本件訴訟の提起当時にすでに係属していた別件米国訴訟は、米国法人であるYが、X2およびその関係者が海外腐敗行為防止法に違反する行為を繰り返すなどしていたとして、X2が取締役会長を務めるX1の子会社であるAが保有するYの株式を強制的に償還したこと等に関して、YとAおよびX1らとの間で争われている訴訟であるところ、本件訴訟は、X1らが、上記の強制的な償還の経緯等について記載する本件記事によって名誉および信用を毀損されたなどと主張して、Yに対し、不法行為に基づく損害賠償を求めるものであるから、別件米国訴訟に係る紛争から派生した紛争に係るものといえる。そして、事実関係や法律上の争点について、本件訴訟と共通しまたは関連する点が多い別件米国訴訟の状況に照らし、本件訴訟の本案の審理において想定される主な争点についての証拠方法は、主に米国に所在するものといえる。さらに、X1らもYも、Yの経営に関して生ずる紛争については米国で交渉、提訴等がされることを想定していたといえる。実際に、X1らは、別件米国訴訟において応訴するのみならず反訴も提起しているのであって、本件訴えに係る請求のために改めて米国において訴訟を提起するとしても、X1らにとって過大な負担を課することになるとはいえない。加えて、上記の証拠の所在等に照らせば、これを日本の裁判所において取り調べることはYに過大な負担を課することになるといえる。これらの事情を考慮すると、本件については、民訴法3条の9にいう「**日本の裁判所が審理及び裁判をすることが当事者間の衡平を害し、又は適正かつ迅速な審理の実現を妨げるこ**

ととなる**特別の事情**」があるというべきである。

　以下では、民訴法３条の９の立法の経緯、民訴法３条の９の意義および機能、民訴法３条の９と外国における訴訟の係属、不法行為に関する訴えと結果発生地、ユニバーサルエンターテインメント事件と民訴法３条の９における考慮要素に触れた上で、ユニバーサルエンターテインメント事件についての評価を解説する。

解　説

1　はじめに

　国際裁判管轄関連規定は、「民事訴訟法及び民事保全法の一部を改正する法律」（平成23年法律第36号）として立法化され、その結果、民訴法第１編第２章第１節に３条の２ないし３条の12が新たに追加規定された。

　ユニバーサルエンターテインメント事件は、その平成23年改正後の民訴法３条の９に定められた「**特別の事情**」の有無について、最高裁が初めて明示的に判断を示したという意義を有する。また、インターネット上での名誉毀損・信用毀損に基づく国際裁判管轄の有無が争われたという点でも初の事例である点に重要な意義の存在が指摘されている[1]。

2　民訴法３条の９の立法の経緯

　裁判所は、訴えについて日本の裁判所が管轄権を有することとなる場合（日本の裁判所にのみ訴えを提起することができる旨の合意に基づき訴えが提起された場合を除く）においても、事案の性質、応訴による被告の負担の程度、証拠の所在地その他の事情を考慮して、日本の裁判所が審理及び裁判をすることが当事者間の衡平を害し、又は適正かつ迅速な審理の実現を妨げることとなる特別の事情があると認めるときは、その訴えの全部又は一部を却下することができる（民訴法３条の９）。

　この民訴法３条の９は、民訴法３条の２以下の規定を適用すると日本の裁判所が管轄権を有することとなる場合においても、民訴法３条の９に定められた具体的な事情を考慮して、その訴えの全部または一部を却下することができる旨を定めている。民訴法３条の２以下の規定を適用すると日本の裁判

所が管轄権を有することになる場合には、原則として、日本の裁判所が審理判断をすべきであると考えられるが、事案によっては、特別の事情が存在し、当事者間の衡平または適正かつ迅速な審理の実現の観点から、日本の裁判所が審理判断をするより、外国の裁判所に審理判断を委ねることが望ましい場合もありうる。このような場合、国内土地管轄に関しては、第1審裁判所は、事案における具体的な事情を考慮し、訴訟を他の管轄裁判所に裁量移送をすることができる（民訴法17条）。しかし、国際裁判管轄が問題となる事案では裁量移送により当事者間の衡平を図ることはできない。そこで、民訴法3条の9は、民訴法3条の2から3条の8までの規定により日本の裁判所が管轄権を有することになる場合においても、事案の性質、応訴による被告の負担の程度、証拠の所在地その他の事情を考慮して、日本の裁判所が審理および裁判をすることが当事者間の衡平を害し、または適正かつ迅速な審理の実現を妨げることとなる特別の事情があると認めるときは、訴えの全部または一部を却下することができると定めている。これは、従前の判例（最判平成9年11月11日・民集51巻10号4055頁。これを以下「ファミリー事件」と呼ぶ）を踏まえ立法化されたものである[2]。この特別の事情による訴え却下と類似の法理であるアメリカの**フォーラム・ノン・コンヴィニエンス（不便宜な法廷地）の法理**では、条件付却下や審理の停止が可能であるが、わが国の場合は訴えの却下ができるだけで、そのような取扱いはできない[3]。

　平成23年改正前のわが国における国際裁判管轄の有無の判断は、ファミリー事件の判断枠組みに従って行われていた[4]。国際裁判管轄に関しては、国内土地管轄規定に完全に準拠して国際裁判管轄の有無を決する見解（逆推知説）等が主張されていたが、ファミリー事件は、逆推知説から得られる結論を「**特段の事情**」が存在する場合に修正することを認めた。この結果、従来、下級審で発展してきた**特段の事情論**が定着した[5]。そして、その後の下級審裁判例においては、逆推知説から得られる帰結を修正する解釈上のツールとして、「特段の事情」の判断枠組み（「特段の事情論」）が広く用いられることとなっていった。学説においても、「特段の事情」の枠組みを用いることに関しては、比較的広い支持を集めていたとされる[6]。しかし、特段の事情による処理が肥大化する傾向があって、予測可能性を損なっているとの批判が

なされていた⁷⁾。

　民訴法3条の9は、基本的には従前のファミリー事件の理論を成文化したものである⁸⁾。すなわちファミリー事件のいう特段の事情と平成23年改正後の民訴法3条の9にいう特別の事情との関係について、平成23年改正の立案の経過においては基本的に判断枠組みを変更するものではないと捉えられていた⁹⁾。

　しかし、ファミリー事件にいう「特段の事情」は国内管轄の規定から国際管轄権を肯定する場合（逆推知説）の修正手段としての特段の事情であり、平成23年改正では国内管轄から国際管轄権を推認する方法は採らず、国際裁判管轄について明文の規定を設けているので、民訴法3条の9の「特別の事情」は判例で認められた「特段の事情」とは異なる性質のものであるとする見解もある¹⁰⁾。

　なお、明文規定で国際管轄権の規定を置いたにもかかわらず、民訴法3条の9があると当事者の予測可能性を損なう点で問題があるという立法論的批判も加えられていた¹¹⁾。

3　民訴法3条の9の意義および機能

　民訴法3条の9は、日本の裁判所に提起された訴えが、日本の裁判所で審理裁判するのにふさわしくない場合がありうることに備えた最後の調整弁である¹²⁾。民訴法3条の9において掲げられた考慮要素は、立案担当者によれば、次のように説明されている。民訴法3条の9において掲げられた考慮要素のうち、「**事案の性質**」とは請求の内容、契約地、事故発生地等の紛争に関する客観的な事情を、「**応訴による被告の負担の程度**」とは、応訴により被告に生じる負担、当事者の予測可能性等の当事者に関する事情を、「**証拠の所在地**」とは、物的証拠の所在や証人の所在地等の証拠に関する事情を含む。その他の考慮要素の例としては、その請求についての**外国の裁判所の管轄権の有無**、外国の裁判所における同一または関連事件の係属等の事情が挙げられる¹³⁾。

　また、民訴法3条の9における「事案の性質」とは、請求の内容等の紛争に関する客観的な事情を、「応訴による被告の負担の程度」とは、応訴によ

り被告に生じる負担、当事者の予測可能性等の当事者に関する事情を、「証拠の所在地」とは、物的証拠の所在地や証拠調べの便宜等を含むものと解されるとして、民訴法３条の９の適用により、訴えを却下した下級審裁判例がある（東京地判平成25年２月22日・LEX/DB25510985）。

　民訴法３条の９に関しては、その適用が限定されるまたは限定すべきであるとする見解（限定説）があるが、その見解に対する反論（非限定説）もなされている。

　たとえば、平成23年改正では、日本の過剰管轄が生じないように様々な工夫によって管轄原因を限定したから、民訴法３条の９の発動は慎重に運用されるべきであるとする見解がある[14]。外国裁判所との連携と渉外性にそれなりの配慮をして立法された管轄原因を前提とすると、個別的・具体的な事案において「特別の事情」として考慮されるべき事情の範囲は、「特段の事情」のそれに比べて限定的なものにとどまるからである[15]。しかし、ユニバーサルエンターテインメント事件は、「特別の事情」を限定的に解する立場を否定するようであると指摘されている[16]。

　上記のような限定説に対しては、平成23年改正に関する３条の２以下の立法時の議論において、要件の絞り込みを途中で諦めて、必要があれば特段の事情論を継承する規定、すなわち民訴法３条の９で対処することを初めから織り込んでいたものがあることを根拠として反論が加えられている。そして、民訴法３条の９の今後の運用について、国際裁判管轄に関する明文の規定が整備されたので、例外的調整である民訴法３条の９の発動はごく限定的にすべきであると言い切るのは、やや単純過ぎるだろう[17]。

　平成23年改正の立案担当者が従前の判例の趣旨を踏まえて立法化したものであると説明していることや管轄が認められる原因には多様なものがあって特段の事情や特別の事情の考慮要素も様々であることなどに照らすと、少なくとも特別の事情と特段の事情との広狭を一律に論ずることはできず、特別の事情があるといえるか否かは、具体的事案に応じて個別に検討するほかない[18]。

4　民訴法3条の9と国際訴訟競合（外国における訴訟の係属）

　平成23年改正では、国際訴訟競合に関する規定を設けることは見送られたが、立案担当者は、民訴法3条の9におけるその他の考慮要素として、その請求についての外国の裁判所の管轄権の有無、外国の裁判所における同一または関連事件の係属等の事情を挙げている[19]。

　ユニバーサルエンターテインメント事件は、事実関係や法律上の争点について、当該訴訟と共通しまたは関連する点が多い別件米国訴訟の状況に照らして証拠の所在地を判断し、また、X1らは、別件米国訴訟において応訴するのみならず反訴も提起している旨を判示し、当該訴訟と関連した訴訟が外国の裁判所に係属していることを前提としている。

5　不法行為に関する訴えと結果発生地

　ユニバーサルエンターテインメント事件は、民訴法3条の9の適用を検討する前提として、当該事件は、X1らが、Yがインターネット上のウェブサイトに掲載した記事によって名誉および信用を毀損されたなどと主張して、Yに対し、不法行為に基づく損害賠償を請求する事案であるとする。そして、日本法人とその取締役であるX1およびX2の名誉および信用の毀損という結果が日本国内で発生したといえることから、当該訴えについては日本の裁判所が管轄権を有することとなる場合に当たるとし（民訴法3条の3第8号）、原告らの名誉および信用の毀損という結果が日本国内で発生したことに着目している。

　民訴法3条の3第8号における「不法行為に関する訴え」は、不法行為責任に基づく権利義務を訴訟物とする訴えを意味し、民法709条から724条までに規定される不法行為に関するものばかりでなく、その他の法律に規定する違法行為に基づく損害賠償請求に関する訴えを含み、たとえば、知的財産権の侵害に基づく損害賠償請求および差止請求もこれに含まれる。民訴法3条の3第8号は、不法行為に関する訴えについて、不法行為があった地が日本国内にあるとき（外国で行われた加害行為の結果が日本国内で発生した場合において、日本国内におけるその結果の発生が通常予見することのできないものであったときを除く）は、日本の裁判所に提起することができる旨を定めている。同号

が「不法行為があった地」を国際裁判管轄の基準としたのは、不法行為があった地には訴訟資料、証拠方法等が所在していることが多く、また、不法行為があった地での提訴を認めることが被害者にとっても便宜であると考えられたことに基づいている。民訴法３条の３第８号の「不法行為があった地」には、加害行為が行われた地と結果が発生した地の双方が含まれる[20]。

ユニバーサルエンターテインメント事件は、民訴法３条の３第８号により、日本の裁判所の管轄権を前提とした上で、民訴法３条の９に定められた事案の性質、応訴による被告の負担の程度、証拠の所在地その他の事情ないし特別の事情を検討している。

6　民訴法３条の９における考慮要素

(1) ユニバーサルエンターテインメント事件と民訴法３条の９

民訴法３条の９において掲げられた考慮要素のうち、その他の考慮要素の例としては、その請求についての外国の裁判所の管轄権の有無、外国の裁判所における同一または関連事件の係属等の事情が挙げられる[21]。

ユニバーサルエンターテインメント事件は、①当該事件がすでに米国の裁判所に訴訟が係属していたＹの株式の強制償還等に関する紛争から派生したものであること、②想定される本案の争点についての証拠方法が主に米国に所在すること、③Ｘ1らやＹとも、Ｙの経営に関する紛争については米国で交渉、提訴等がされると想定していたこと、④Ｘ1らが当該訴えに係る請求のための訴訟を米国で提訴追行することが、Ｘ1らに過大な負担を課することになるとはいえないこと、⑤上記の証拠を日本の裁判所において取り調べることはＹに過大な負担を課することになることから、特別の事情があるとした[22]。上記①は事案の性質や関連訴訟の存在を、②は証拠の所在地を、③は当事者の予測可能性を、④と⑤は当事者の負担を指摘するものとされる[23]。

これらのうちユニバーサルエンターテインメント事件が特に重視したのは、上記①の事案の性質と関連訴訟の存在との密接な関連性であると指摘されている[24]。しかし、②ないし⑤に関する具体的判断は当該訴訟が別件米国訴訟に係る紛争から派生しているという①の点を前提としてユニバーサルエンターテインメント事件がなされていることから、「特別の事情」に関するユニ

バーサルエンターテインメント事件の判断では①についての判断が決定的で
あるとしつつも、それに疑問を呈する見解もある。すなわち、その疑問の理
由として、別件米国訴訟は会社法上の請求を対象にしているのに対し、ユニ
バーサルエンターテインメント事件ではウェブサイトに掲載された記事の内
容が名誉毀損・信用毀損に当たるかの問題であって、それぞれの請求につい
て適用される準拠法やその適用において審理される事項や証拠等が異なるこ
とが指摘されている[25]。

　上述したように、民訴法3条の3第8号が、「不法行為があった地」を国
際裁判管轄の基準としたのは、不法行為があった地には訴訟資料、証拠方法
等が所在していることが多く、また、不法行為があった地での提訴を認める
ことが被害者にとっても便宜であると考えられたことに基づいており、同号
の「不法行為があった地」には、加害行為が行われた地と結果が発生した地
の双方が含まれる。そこで、不法行為に関するユニバーサルエンターテイン
メント事件は、当該事件の証拠方法の所在地に着目し、また、被害者がどこ
の国で提訴することが便宜であるかを中心に検討したものと考えられる。名
誉毀損等に係るX1らのYに対する不法行為に基づく損害賠償請求訴訟に関
する証拠方法が米国に数多く所在し、それに加えて、X1らが別件米国訴訟
で応訴しかつ反訴も提起しているのであれば、X1らがその不法行為に基づ
く損害賠償請求に関する訴えを米国で提起すべきことを要求されても不便で
はないことが主に検討されたものと考えられる。その結果、当該訴えは米国
で提起すべきものであって、逆に日本で提起すべきでないことになる。

(2) ユニバーサルエンターテインメント事件に対する評価

　ユニバーサルエンターテインメント事件に対しては、別件米国訴訟の存在
と進捗を過度に重視していることと本案の審理において想定される主な争点
についての証拠方法が主に米国に所在することが格別に考慮されたことは妥
当でない等として、批判が加えられている。また、民訴法3条の9は、外国
裁判所が当該訴えについて国際裁判管轄を肯定することなく、訴えの不適法
却下を導くことになっている結果として、裁判管轄の消極的抵触の危険性を
有し、加えて消滅時効の中断や出訴期間遵守等の訴訟係属の効果を考慮する
ならば、民訴法3条の9の適用については抑制的な態度で臨むべきであると

して、ユニバーサルエンターテインメント事件に批判が加えられている[26]。さらに、ユニバーサルエンターテインメント事件の事案では、日本の裁判所に係属する訴訟と別件米国訴訟における準拠法や審理事項が大きく異なること等から、「特別の事情」を認めるべきでないとして批判が加えられている[27]。

　これに対して、ユニバーサルエンターテインメント事件の結論に賛成する見解が多い。請求間に密接な関連性が認められる事件については、日本の民訴法３条の６に規定された併合請求の裁判籍により、日本の国際裁判管轄が拡張されることとのバランスをとる上でも、外国裁判所に先に係属した訴訟における請求と密接に関連する請求につき、外国裁判所に係属した先行訴訟の進行状況や証拠の所在等を考慮して、日本の国際裁判管轄を例外的に否定する余地を認めることは可能かつ適切であるとして、ユニバーサルエンターテインメント事件の結論を支持する見解がある[28]。

本判決（ユニバーサルエンターテインメント事件）の意義

　本判決は、その民訴法３条の９に定められた「特別の事情」の有無について、最高裁が初めて明示的に判断を示したという意義を有し、また、インターネット上での名誉毀損・信用毀損に基づく国際裁判管轄の有無が争われたという点でも初の事例である点に重要な意義を有する。

1）中野俊一郎「判批」民商153巻４号45頁、50頁（2017年）。
2）一問一答平成23年・157頁以下、加藤新太郎＝松下淳一編・新基本法コンメンタール民事訴訟法１（日本評論社・2018年）33頁〔日暮直子〕。立法担当者の説明によれば、民訴法３条の９が規定する「特別の事情」による訴えの却下は、確立した判例実務における「特段の事情」論を踏まえたものであるとされている。小林・新ケース440頁、443頁。
3）小林・新ケース440頁以下。
4）野村武範「判批」曹時69巻８号289頁、295頁（2017年）。
5）秋山幹男ほか・コンメンタール民事訴訟法Ⅰ（第３版・日本評論社・2021年）171頁以下。
6）山木戸勇一郎「判批」法研90巻６号97頁、102頁以下（2017年）。また、安達栄司「判批」金商1507号８頁、10頁（2017年）。
7）野村・前掲注４）295頁。
8）中野・前掲注１）52頁。

9）野村・前掲注4）297頁、山木戸・前掲注6）103頁。

10）高桑昭・国際民事訴訟法・国際私法論集（東信堂・2011年）58頁以下。また、学説では、民訴法3条の9の規定は慎重に運用すべきであって、特別の事情があると認めて訴えを却下する場合を限定的に捉えるべきであるとする見解が多いとし、本件におけるXらの論旨も、このような考え方を前提にするものであるとするのは、野村武範「判批」最高裁判所判例解説民事篇平成28年度（法曹会）234頁、242頁。

11）高桑・前掲注10）59頁、横溝大「国際裁判管轄法制の整備——民事訴訟法及び民事保全法の一部を改正する法律」ジュリ1430号37頁、43頁（2011年）。

12）青山善充「新しい国際裁判管轄法について」明治大学法科大学院論集10号345頁、363頁（2012年）。

13）一問一答平成23年・158頁以下。

14）青山・前掲注12）363頁。

15）横山潤・国際私法（三省堂・2012年）367頁。同旨の見解は、櫻田嘉章・国際私法（第6版・有斐閣・2012年）373頁以下。このほか、中野貞一郎＝松浦馨＝鈴木正裕編・新民事訴訟法講義（第3版・有斐閣・2018年）77頁〔長谷部由起子〕、村上正子「判批」平成28年度重要判解146頁、147頁。

16）村上正子「判批」JCA64巻1号11頁、16頁（2017年）。

17）中西康「新しい国際裁判管轄規定に対する総論的評価」国際私法年報15号2頁、12頁（2013年）。

18）野村武範「判批」ジュリ1501号88頁、90頁（2017年）、同「判批」最高裁時の判例IX（ジュリ増刊）275頁、277頁（2019年）。

19）一問一答平成23年・158頁以下。

20）一問一答平成23年・68頁以下。

21）一問一答平成23年・158頁以下。ほぼ同旨、加藤＝松下編・前掲注2）33頁〔日暮〕。

22）野村・前掲注18）90頁。また、山木戸・前掲注6）103頁以下。

23）野村・前掲注18）90頁。

24）村上・前掲注16）15頁。小林秀之＝村上正子・新版国際民事訴訟法（弘文堂・2020年）74頁以下では、ユニバーサルエンターテインメント事件が、本件の特殊な具体的事情による個別的調整であり、例外的にのみ「特別の事情」によりわが国の管轄権は否定できるとされる。

25）横溝大「判批」ジュリ1517号130頁、132頁（2018年）。

26）安達・前掲注6）12頁以下。

27）横溝・前掲注25）133頁。

28）中野・前掲注1）57頁。また、ユニバーサルエンターテインメント事件の結論に賛成するのは、山木戸・前掲注6）106頁、種村佑介「判批」判評698号（判時2320号）7頁（2017年）、小林＝村上・前掲注24）75頁。

❷❸ 外国判決の承認と間接国際裁判管轄
アナスタシア事件

最判平成26年4月24日・民集68巻4号329頁

▶予備知識

外国裁判所の判決は、一定の要件下で日本国内でもその効力が認められる（民訴法118条）。ただし、その判決内容をわが国の国家権力により強制的に実現するには、その効力が認められるための法定要件の審査に慎重を期する必要があり、民執法は、特に予め独立の手続をもってその要件の存在を審査し、わが国の裁判所の裁判により強制執行を許す旨を宣言することとした。これが**執行判決**の制度（民執法24条）である。強制執行に適する請求権を表示した外国裁判所の判決につき、わが国の執行判決が確定した場合、その外国裁判所の判決とわが国の裁判所による執行判決とが合体して**債務名義**（民執法22条6号）となる。

わが国の裁判所で外国判決の執行判決を得るためには、民訴法118条各号に掲げる要件を満たす必要がある（民執法24条3項）。民訴法118条1号における「**法令又は条約により外国裁判所の裁判権が認められること**」とは、わが国の国際民訴法の原則からみて、当該外国裁判所の属する国がその事件につき国際裁判管轄を有すると積極的に認められることをいう。民訴法118条1号は、「法令又は条約により外国裁判所の裁判権が認められること」と規定しており、判決をした外国裁判所の属する国（判決国）が国際裁判管轄を有していたことが要求される。このような国際裁判管轄を**間接管轄**（または**承認管轄**）といい、内国裁判所が渉外事件の実体審理を行う際に必要とされる国際裁判管轄である**直接管轄**（または**審理管轄**）と区別される。

直接管轄に関する平成23年民訴法改正前の直接管轄についての**ファミリー事件**（最判平成9年11月11日・民集51巻10号4055頁）は、どのような場合にわが国の国際裁判管轄を肯定すべきかについては、国際的に承認された一般的な準則が存在せず、国際的慣習法の成熟も十分ではないため、わが国の民訴法の規定する裁判籍のいずれかがわが国内にあるときは、原則として、わが国の裁判所に提起された訴訟事件につき、被告をわが国の裁判権に服させるの

が相当であるが、わが国で裁判を行うことが当事者間の公平、裁判の適正・迅速を期するという理念に反する特段の事情があると認められる場合には、わが国の国際裁判管轄を否定すべきである旨を判示した。

　平成23年民訴法改正前においては、このファミリー事件が、直接管轄に関する判例として機能していた。また、直接管轄に関する平成23年民訴法改正前においては、間接管轄について**サドワニ事件**（最判平成10年4月28日・民集52巻3号853頁）があった。間接管轄の判断枠組みと直接管轄の判断枠組みとの関係については、**鏡像理論**（同一基準説）と**別異基準説**の対立がある。直接管轄に関する原則と間接管轄に関する原則とはその性質上同一の抽象的標準によって決定されるべきものであるとする見解は、**同一基準説**と呼ばれる。これに対して、直接管轄の基準と間接管轄の基準について、自国でこれから裁判を行う場合の判断と、外国ですでに下されてしまった判決を内国でどう扱うかの判断とで、全く同じ基準を用いる必要はないとする見解は、**別異基準説**と呼ばれる。

判例のポイント 👆

　民訴法118条1号のいわゆる間接国際裁判管轄の有無については、基本的にわが国の民訴法の定める国際裁判管轄に関する規定に準拠しつつ、個々の事案における具体的事情に即して、外国裁判所の判決をわが国が承認するのが適当かという観点から、条理に照らして判断すべきである。民訴法3条の3第8号の「不法行為に関する訴え」は、違法行為により権利利益を侵害され、または侵害されるおそれがある者が提起する差止請求に関する訴えをも含む。民訴法3条の3第8号の「不法行為があった地」が判決国内にあるというためには、被告が原告の権利利益を侵害する行為を判決国内で行うおそれがあるか、原告の権利利益が判決国内で侵害されるおそれがあるとの客観的事実関係が証明されれば足りる。

設　問

1　Xは、営業秘密（米国カリフォルニア州の法律におけるもの）の不正な開示および使用を理由に損害賠償および差止めを命じた米国の裁判所の判決のうち懲罰的損害賠償を命じた部分を除く部分について、民事執行法24条に基づいて執行判決を求める訴えをわが国の裁判所に提起した（以下「本件」という）。

執行判決を得るためには、民訴法118条各号に掲げる要件を具備する必要があるところ、同条1号所定の「法令又は条約により外国裁判所の裁判権が認められること」とは、わが国の国際民訴法の原則からみて、当該外国裁判所の属する国（以下「判決国」という）がその事件について国際裁判管轄を有すると積極的に認められることをいう（以下、この場合における国際裁判管轄を「間接管轄」という）。Yら（後に出てくるY1ないしY6を併せて「Yら」という。以下、同じ）は、本件においては米国に間接管轄が認められないなどと主張して、これを争っている。

2　この事件の事実関係の概要等は、次のとおりである。

(1) カリフォルニア州民法典は、独立の経済的価値をもたらすものであって、公然と知られておらず、かつ、その秘密性を維持するために合理的な努力がされている情報を「営業秘密」と定義し（同法典3426.1条(d)項）、この営業秘密の不正な取得、開示又は使用を「不正行為」と定義した上（同条(b)項）、(a)損害賠償に関する規定（同法典3426.3条）のほか、(b)現実のまたは行われるおそれのある不正行為は、これを差し止めることができるとの規定（同法典3426.2条（A）項）を置いている（以下、これらの規定を「本件規定」という）。

(2) Xはカリフォルニア州法人であり、「アナスタシア・テクニカルサービス」と呼ばれる眉のトリートメント技術および情報（以下「本件技術等」という）を保有していた。本件技術等は、本件規定にいう営業秘密に当たる。

(3) Xは、平成15年12月、日本法人であるA株式会社との間で、日本国内における本件技術等の独占的使用権等をAに付与し、その対価を受領する旨の契約を締結した。そして、Xは、同契約に基づき、平成16年4月、カリフォルニア州内のXの施設において、Aの従業員であったY1およびY2に対し、本件技術等を開示した。

　Aは、平成16年10月以降、日本国内において眉のトリートメントサロンを順次開設した。

(4)　Y1およびY2は、平成18年2月、Aとは別に、株式会社Y3（以下「Y3会社」という）を設立し、Y1は同年4月に、Y2は同年5月にそれぞれAを退職した。Y3会社は、日本国内において眉のトリートメントサロンを開設したほか、眉のトリートメント技術を指導する教室を開講し、Y1および同Y2は、Y3会社の取締役として眉のトリートメント技術を使用した。

　Y4、Y5およびY6は、いずれもAの従業員であったが、平成18年12月頃までにそれぞれ退職し、Y3会社に雇用されて、日本国内において眉のトリートメント技術を使用した。

(5)　Xは、平成19年5月、Yらによる本件技術等の不正な開示および使用を理由に、カリフォルニア州中部地区連邦地方裁判所に対し、Yらを被告として、本件規定に基づく損害賠償および差止めを求める訴えを提起した。

　上記裁判所は、平成20年10月、Yらに対し、損害賠償のほか、日本国内および米国内における本件技術等の不正な開示および使用の差止めを命ずる旨の判決（以下「本件米国判決」という）を下した。

3　本件米国判決のうち懲罰的損害賠償を命じた部分を除く部分について、Xがわが国の裁判所に提起した執行判決を求める本件訴えに関して、第1審は、Xの請求を棄却した。これに対するXからの控訴に関して、原審（控訴審）は、「Yらの行為地は日本国内にあるため、これによるXの損害が米国内で発生したことを証明できなければならないところ、その証明がないから、本件米国判決のうち損害賠償を命じた部分及び差止めを命じた部分のいずれについても間接管轄を認める余地はない」と判断して、Xの請求を棄却すべきものとした（Xからの控訴を棄却）。

　これに対して、Xが上告受理の申立てをしたところ、その上告が受理された。

問　い

小問(1)　執行判決制度とその要件の一つである間接国際裁判管轄について説明しなさい。

小問(2) 設例において、民訴法3条の3第8号の「不法行為に関する訴え」は、違法行為により権利利益を侵害され、または侵害されるおそれがある者が提起する差止請求に関する訴えをも含むものと解されるかについて説明しなさい。

小問(3) 設例において、民訴法3条の3第8号の「不法行為があった地」は、違法行為が行われるおそれのある地や、権利利益を侵害されるおそれのある地をも含むものと解すべきかについて説明しなさい。

小問(4) 設例において、違法行為により権利利益を侵害され、または侵害されるおそれがある者が提起する差止請求に関する訴えの場合において、民訴法3条の3第8号の「不法行為があった地」が判決国内にあるというためには、原告はどのような事項を証明すればよいかについて説明しなさい。

判 例 か ら 考 え る

設例は、最判平成26年4月24日・民集68巻4号329頁（以下「アナスタシア事件」と呼ぶ）をもとにしたものである。このアナスタシア事件は、間接国際裁判管轄の判断枠組みや差止請求についての間接国際裁判管轄の判断枠組みに関して、次のように判示した。

「(1) 人事に関する訴え以外の訴えにおける間接管轄の有無については、基本的に我が国の民訴法の定める国際裁判管轄に関する規定に準拠しつつ、個々の事案における具体的事情に即して、外国裁判所の判決を我が国が承認するのが適当か否かという観点から、条理に照らして判断すべきものと解するのが相当である。

(2) そこで、まず、我が国の民訴法の定める国際裁判管轄に関する規定をみると、民訴法3条の3第8号は、『不法行為に関する訴え』については『不法行為があった地』を基準として国際裁判管轄を定めることとしている。

民訴法3条の3第8号の『不法行為に関する訴え』は、民訴法5条9号の『不法行為に関する訴え』と同じく、民法所定の不法行為に基づく訴えに限られるものではなく、違法行為により権利利益を侵害され、又は侵害されるおそれがある者が提起する差止請求に関する訴えをも含むものと解される

（最高裁平成15年（許）第44号同16年4月8日第1小法廷決定・民集58巻4号825頁参照）。そして、このような差止請求に関する訴えについては、違法行為により権利利益を侵害されるおそれがあるにすぎない者も提起することができる以上は、民訴法3条の3第8号の『不法行為があった地』は、違法行為が行われるおそれのある地や、権利利益を侵害されるおそれのある地をも含むものと解するのが相当である。

(3) ところで、民訴法3条の3第8号の規定に依拠して我が国の国際裁判管轄を肯定するためには、不法行為に基づく損害賠償請求訴訟の場合、原則として、被告が日本国内でした行為により原告の権利利益について損害が生じたか、被告がした行為により原告の権利利益について日本国内で損害が生じたとの客観的事実関係が証明されれば足りる（最高裁平成12年(オ)第929号、同年（受）第780号同13年6月8日第2小法廷判決・民集55巻4号727頁参照）。そして、判決国の間接管轄を肯定するためであっても、基本的に民訴法3条の3第8号の規定に準拠する以上は、証明すべき事項につきこれと別異に解するのは相当ではないというべきである。

　そうすると、違法行為により権利利益を侵害され、又は侵害されるおそれがある者が提起する差止請求に関する訴えの場合は、現実の損害が生じたことは必ずしも請求権発生の要件とされていないのであるから、このような訴えの場合において、民訴法3条の3第8号の『不法行為があった地』が判決国内にあるというためには、仮に被告が原告の権利利益を侵害する行為を判決国内では行っておらず、また原告の権利利益が判決国内では現実に侵害されていないとしても、被告が原告の権利利益を侵害する行為を判決国内で行うおそれがあるか、原告の権利利益が判決国内で侵害されるおそれがあるとの客観的事実関係が証明されれば足りるというべきである。

(4) これを本件についてみると、本件規定は、違法行為により権利利益を侵害され、又は侵害されるおそれがある者が提起する差止請求についても定めたものと解される。そして、本件米国判決が日本国内だけでなく米国内においてもＹらの不正行為の差止めを命じていることも併せ考えると、本件の場合、ＹらがＸの権利利益を侵害する行為を米国内で行うおそれがあるか、Ｘの権利利益が米国内で侵害されるおそれがあるとの客観的事実関係が証明さ

れた場合には、本件米国判決のうち差止めを命じた部分については、民訴法
3条の3第8号に準拠しつつ、条理に照らして間接管轄を認める余地もある」。

　以下では、執行判決制度と間接管轄、不法行為地管轄（民訴法3条の3第8
号）と差止請求、不法行為があった地（同号）、および間接管轄における請求
原因事実と管轄原因事実の符合について解説する。

解　説

1　はじめに

　アナスタシア事件の意義は、直接国際裁判管轄の明文規定を定めた平成23
年民訴法改正後に、初めて間接国際裁判管轄の判断枠組みについて判示した
ことと、差止請求についての間接国際裁判管轄の有無の判断枠組みを提示し
たことである[1]。すなわち、その意義としては、第1に、間接国際裁判管轄
についても基本的に直接国際裁判管轄に関する国際裁判管轄の規律に準拠す
ることを改めて確認した点が挙げられる。第2に、民訴法3条の3第8号に
いう「不法行為に関する訴え」に差止請求に関する訴えも含まれることを明
確にした点が挙げられる。第3に、不法行為地に基づく国際裁判管轄につき、
間接国際裁判管轄においても直接国際裁判管轄と同様、客観的事実関係の証
明を原告に求めた点が挙げられる[2]。

　なお、アナスタシア事件が、間接国際裁判管轄に関して「人事に関する訴
え以外の訴え」と限定しているのは、平成23年民訴法改正により直接国際裁
判管轄規定が設けられたのが、人事に関する訴え以外の訴えに限られている
ためである[3]。

　その後、平成30年4月18日に、人事訴訟法等の一部を改正する法律（平成
30年法律第20号）が成立した（同年4月25日公布、平成31年4月1日から施行）。こ
の改正法は、人事訴訟事件や家事事件についてのわが国の裁判所の国際裁判
管轄の有無について、明文により一般的な規律を定めたものである[4]。その
結果、人事に関する訴えを日本の裁判所に提起することができる管轄事由が
人事訴訟法3条の2ないし3条の5に規定されている。

2　アナスタシア事件と間接管轄

(1)　執行判決制度と間接管轄

　アナスタシア事件によれば、人事に関する訴え以外の訴えにおける間接管轄の有無については、基本的にわが国の民訴法の定める国際裁判管轄に関する規定に準拠しつつ、個々の事案における具体的事情に即して、外国裁判所の判決をわが国が承認するのが適当か否かという観点から、条理に照らして判断すべきものとされる。

　本件では、本件米国判決に関する執行判決が問題になっているが、外国裁判所の判決は一定の要件下で日本国内でもその効力が認められる（民訴法118条）。しかし、その内容をわが国の国家権力により強制的に実現するには、その効力が認められるための法定要件の審査に慎重を期する必要があり、執行機関ないし執行文付与機関にその判定を委ねることは適当でない。そこで、民執法は、特に予め独立の手続をもってその要件の存在を審査し、わが国の裁判所の裁判をもって強制執行を許す旨を宣言することとした。これが**執行判決**の制度（民執法24条）である。強制執行に適する請求権を表示した外国裁判所の判決につき、わが国の執行判決が確定した場合には、その外国裁判所の判決とこの執行判決とが合体して債務名義（民執法22条6号）となる[5]。

　外国判決の執行判決を得るためには、民訴法118条各号に掲げる要件を満たす必要があるが（民執法24条3項）、アナスタシア事件では、そのうち「外国裁判所の裁判権が認められること」という要件が主な争点となった[6]。すなわち民訴法118条1号は、**「法令又は条約により外国裁判所の裁判権が認められること」**と規定しており、判決をした外国裁判所の属する国（判決国）が国際裁判管轄を有していたことが要求される。このような国際裁判管轄を**間接管轄**（または**承認管轄**）といい、内国裁判所が渉外事件の実体審理を行う際に必要とされる国際裁判管轄である**直接管轄**（または**審理管轄**）と区別される[7]。

　間接管轄の要件の審査につき、判決国に国際裁判管轄があったことが積極的に認められる必要があるのかと、間接管轄の有無を判決国か承認国かいずれからみて審査するのかについて、かつては議論があったが、この2点は、今日ではすでに解決済みである。すなわち、民訴法118条1号における「法

令又は条約により外国裁判所の裁判権が認められること」とは、わが国の国際民訴法の原則からみて、当該外国裁判所の属する国がその事件につき国際裁判管轄を有すると積極的に認められることをいう[8]。これについて、同様に、アナスタシア事件も、わが国の国際民訴法の原則からみて当該判決国がその事件について国際裁判管轄を有すると積極的に認められることをいうと判示している[9]。

(2) 平成23年民訴法改正前の直接管轄に関する判例

　平成23年に民訴法が改正されて、直接管轄に関する明文の規定が、民訴法３条の２以下に規定された。それ以前は、直接管轄に関する明文の規定は、民訴法の中にはなかった。その改正まで直接管轄については学説・判例が分かれていたが、**特段の事情説**が、前記ファミリー事件によって確立され、この特段の事情説が学説においても支持され、平成23年民訴法改正前には多数説を構成していたとされる[10]。

　平成23年民訴法改正前の直接管轄に関するファミリー事件は、どのような場合にわが国の国際裁判管轄を肯定すべきかについては、国際的に承認された一般的な準則が存在せず、国際的慣習法の成熟も十分ではないため、当事者間の公平や裁判の適正・迅速の理念により条理に従って決定するのが相当であるとした。そして、わが国の民訴法の規定する裁判籍のいずれかがわが国内にあるときは、原則として、わが国の裁判所に提起された訴訟事件につき、被告をわが国の裁判権に服させるのが相当であるが、わが国で裁判を行うことが当事者間の公平、裁判の適正・迅速を期するという理念に反する特段の事情があると認められる場合には、わが国の国際裁判管轄を否定すべきであるとした。

　直接管轄に関する平成23年民訴法改正前においては、このファミリー事件が判例として機能していた。間接管轄の判断枠組みと直接管轄の判断枠組みとの関係については、**鏡像理論**（同一基準説）と**別異基準説**の対立があったが、これについて、平成23年民訴法改正前の段階においては、後述のサドワニ事件（最判平成10年４月28日・民集52巻３号853頁）が判断を示していた。

(3) 間接管轄に関する学説

　間接管轄の具体的判断枠組については、直接管轄との関係が議論されてき

た。直接管轄に関する原則と間接管轄に関する原則とはその性質上同一の抽象的標準によって決定されるべきものであるとする見解があり、これが「鏡像理論」と呼ばれる[11]。間接管轄と直接管轄は、元来、1つの問題の2つの側面であって、本来、同一の法則によって規律すべきであるとされる[12]。従来の下級審裁判例においては、この鏡像理論を採用するものが多数であったとされる[13]。これに対して、直接管轄の基準と間接管轄の基準について、自国でこれから裁判を行う場合の判断と、外国で下されてしまった判決を内国でどう扱うかの判断とで、全く同じ基準を用いる必要はないとする見解がある[14]。

　間接管轄の基準について、従来、通説は鏡像理論に立っており[15]、平成8年の民訴法改正の際にも、**鏡像理論**（**同一基準説**）が通説であったとされている[16]。

(4) 平成23年民訴法改正前のサドワニ事件

　直接管轄に関する平成23年民訴法改正前に、間接管轄について判示した最高裁判決は、サドワニ事件であった。このサドワニ事件は、民訴法118条1号所定の「法令又は条約により外国裁判所の裁判権が認められること」とは、わが国の国際民訴法の原則からみて、当該外国裁判所の属する国（判決国）がその事件につき国際裁判管轄（間接管轄）を有すると積極的に認められることをいうとした。そして、どのような場合に判決国が国際裁判管轄を有するかについては、これを直接に規定した法令がなく、よるべき条約や明確な国際法上の原則もいまだ確立されていないことからすれば、当事者間の公平、裁判の適正・迅速を期するという理念により、条理に従って決定するのが相当であるとした。そして、サドワニ事件は、具体的には、基本的にわが国の民訴法の定める土地管轄に関する規定に準拠しつつ、個々の事案における具体的事情に即して、当該外国判決をわが国が承認するのが適当か否かという観点から、条理に照らして判決国に国際裁判管轄が存在するか否かを判断すべきものとした。

　サドワニ事件は、国内土地管轄規定に準拠しつつ、外国判決をわが国で承認するのが適当か否かという観点から再吟味を加え、個々の事案の具体的事情に即して管轄を拡張または制限すべき旨を判示し、直接管轄と間接管轄が

異なりうることを示唆している。

　サドワニ事件が間接管轄に関して**鏡像理論**に従ったものか否かについては、その評価が分かれている。サドワニ事件については、これを鏡像原則に従ったものとする見解[17]もあるが、**別異基準説**によることを示したものと解すべきだろう（最高裁調査官も同旨）[18]。

(5)　サドワニ事件とアナスタシア事件

　アナスタシア事件の判旨は、サドワニ事件の「土地管轄に関する規定」という言葉を「国際裁判管轄に関する規定」に置き換えただけであって、サドワニ事件をそのまま引き写したものに過ぎないと理解するものが多い[19]。同様に、アナスタシア事件は、間接管轄の基準について、直接管轄に関する平成23年民訴法改正後もサドワニ事件が提示した基準を踏襲したとされる[20]。

(6)　アナスタシア事件の理解の仕方

　アナスタシア事件については、**鏡像理論**に立っていると理解する見解と**別異基準説**に立っている（鏡像理論とは異なっている）と理解する見解に、その理解の仕方が分かれている。

　アナスタシア事件は、具体的な当てはめにおいて間接管轄の基準と直接管轄の基準で異なる扱いをしている箇所はなく、直接管轄の規定にそのまま準拠して判断していると分析する見解がある[21]。また、アナスタシア事件は間接管轄について別異基準説（異別説）を採用したものではないとする見解もある[22]。

　これに対して、アナスタシア事件は間接管轄について別異基準説によったものと理解する見解のほうが多い[23]。アナスタシア事件について、平成23年民訴法改正後も「**条理**」を残していることから、アナスタシア事件は、直接管轄規定を鏡像的に適用した結果よりも間接管轄が認められる範囲を拡張する余地を認めたものと捉えるのが自然と思われる[24]。アナスタシア事件は、間接管轄の基準と直接管轄の基準は平成23年民訴法改正を踏まえても必ずしも一致する必要がないとする説を採用したと分析してよいだろう[25]。

(7)　間接管轄に関するアナスタシア事件に対する批判

　間接管轄に関するアナスタシア事件に対しては、その判旨で示された「**条理**」などをめぐっていくつかの批判が加えられている。

　間接管轄に関するサドワニ事件は、直接管轄に関する平成23年民訴法改正前の事件であったから、「条理」を判断基準の一要素とする合理性があったが、平成23年民訴法改正で導入された国際裁判管轄に関する規律は間接管轄の規律を念頭に置いて定立されたものであるから、アナスタシア事件はもはや「条理」が必要でなくなったにもかかわらず、「条理」を持ち出したとして、アナスタシア事件に批判が加えられている[26]。同様に、アナスタシア事件に対しては、本来、法の欠缺を補うという意味での「条理」によることはありえないにもかかわらず、依然として「条理」を解釈基準として挙示した点に疑問が提示されている[27]。

　アナスタシア事件は、「個々の事案における具体的事情に即して、外国裁判所の判決をわが国が承認するのが適当か否かという観点から、条理に照らして」判断するとしているが、これでは間接管轄に関する規律が不明瞭で予見し難いものになってしまう。このため民訴法3条の2以下の規定が間接管轄の判断に直接妥当するとみた上で、アナスタシア事件がいう「個々の事案における具体的事情」は、必要に応じ、特別の事情（民訴法3条の9）の判断の中で考慮すべきであるとする批判がアナスタシア事件に加えられている[28]。

　もっとも、「条理」は管轄を肯定するためにも否定するためにも機能する可能性があるが、特別の事情（民訴法3条の9）は管轄を否定するためにのみ機能するものであるから、「条理」の代替として「特別の事情」を機能させるという解釈は不可能であると指摘されている[29]。

3 不法行為地管轄（民訴法3条の3第8号）と差止請求
(1) はじめに
　アナスタシア事件によれば、民訴法3条の3第8号の「不法行為に関する訴え」は、民訴法5条9号の「不法行為に関する訴え」と同じく、民法所定の不法行為に基づく訴えに限られるものではなく、違法行為により権利利益を侵害され、または侵害されるおそれがある者が提起する差止請求に関する訴えをも含むものとされる。

　差止請求に関する管轄規定は、国内土地管轄規定にも平成23年民訴法改正以降の直接管轄規定にも存在していないので、差止請求の場合にも不法行為

地管轄規定（民訴法5条9号）を適用することができるかという問題設定で議論がなされてきた[30]。

アナスタシア事件が引用するミーリングチャック事件（最決平成16年4月8日・民集58巻4号825頁）によれば、民訴法5条9号は、「不法行為に関する訴え」につき、当事者の立証の便宜等を考慮して、「不法行為があった地」を管轄する裁判所に訴えを提起することを認めており、同号の規定の趣旨等に鑑みると、この「不法行為に関する訴え」（民訴法5条9号）の意義については、民法所定の不法行為に基づく訴えに限られるものではなく、違法行為により権利利益を侵害され、または侵害されるおそれがある者が提起する侵害の停止または予防を求める差止請求に関する訴えをも含むものであるとされた[31]。

このように、権利侵害等を理由とする差止請求に関する訴えが、国内土地管轄としての「不法行為に関する訴え」（民訴法5条9号）に該当することは、ミーリングチャック事件によって示されていたが、差止請求に関する訴えが、国際裁判管轄としての「不法行為に関する訴え」（民訴法3条の3第8号）に該当するかについては、必ずしも明らかではなかった[32]。

直接管轄を明文で規定した平成23年民訴法改正における立案担当者によれば、民訴法3条の3第8号における「不法行為に関する訴え」は、不法行為責任に基づく権利義務を訴訟物とする訴えを意味し、民法709条から724条までに規定される不法行為に関するものばかりでなく、その他の法令に規定する違法行為に基づく損害賠償請求に関する訴えを含み、たとえば、知的財産権の侵害に基づく損害賠償請求および差止請求もこれに含まれると説明されている[33]。

(2) アナスタシア事件の判旨

アナスタシア事件は、民訴法3条の3第8号の「不法行為に関する訴え」は、民訴法5条9号の「不法行為に関する訴え」と同じく、差止請求に関する訴えも含むと判示し、「不法行為に関する訴え」には、差止請求に関する訴えをも含むことを明示した[34]。すなわちアナスタシア事件は、差止請求にも不法行為地管轄を適用できるとした国内の土地管轄に関するミーリングチャック事件が国際裁判管轄にも妥当することを判示した[35]。

　このアナスタシア事件の差止請求に関する訴えと不法行為に関する訴えに
関する判旨は、従来の裁判例・学説・立法趣旨に即した判断と位置づけられ
ると評価されている[36]。

(3) アナスタシア事件に対する評価

　アナスタシア事件の事案のように不法行為の効果として差止めが求められ
る場合、これは民訴法3条の3第8号の「不法行為に関する訴え」に該当す
るとされる[37]。差止めは、ある権利の効力とみるべき場合と不法行為の救済
方法の一つとみるべき場合とがあるが、管轄ルールの適用に関して、アナス
タシア事件における差止めは、営業秘密を不法行為法の保護の客体として、
その権利の侵害に対する救済方法に過ぎないものと理解し、アナスタシア事
件の判旨のとおり不法行為の管轄ルールが適用されるという判断は正当であ
ると評価されている[38]。

4　不法行為があった地 （民訴法3条の3第8号）

(1) はじめに

　アナスタシア事件によれば、民訴法3条の3第8号の「不法行為に関する
訴え」は、違法行為により権利利益を侵害されるおそれがあるに過ぎない者
も提起することができる差止請求に関する訴えも含まれるから、民訴法3条
の3第8号の「不法行為があった地」は、違法行為が行われるおそれのある
地や、権利利益を侵害されるおそれのある地をも含むものとされている。

　差止請求に関する訴えについての「不法行為があった地」（民訴法3条の3
第8号）には、違法行為が行われた地のみならず、違法行為が行われるおそ
れのある地や権利利益を侵害されるおそれのある地も含むか否かという点に
ついて、文言上の「不法行為があった地」が過去形であることから、予防の
ための差止請求については不法行為地管轄権が認められないのではないかと
いう疑問が以前からあった[39]。すなわち、侵害の「おそれ」のみで不法行為
地管轄が発生するかという問題については、議論があった[40]。

　なお、現実の行為地および損害発生地のいずれも国内にないことを理由に
直ちに国際裁判管轄を否定するというのは、やや硬直に過ぎると指摘されて
いる[41]。

(2) アナスタシア事件と違法行為が行われるおそれのある地

　アナスタシア事件によれば、民訴法3条の3第8号の「不法行為に関する訴え」は、民訴法5条9号の「不法行為に関する訴え」と同じく、民法所定の不法行為に基づく訴えに限られるものではなく、違法行為により権利利益を侵害され、または侵害されるおそれがある者が提起する差止請求に関する訴えをも含むものとされる。そして、このような差止請求に関する訴えについては、違法行為により権利利益を侵害されるおそれがあるに過ぎない者も提起することができる以上は、民訴法3条の3第8号の「不法行為があった地」は、違法行為が行われるおそれのある地や、権利利益を侵害されるおそれのある地をも含むものとされている。

(3) アナスタシア事件に対する評価

　アナスタシア事件は、違法行為により権利利益を侵害され、または侵害されるおそれがある者が提起する差止請求に関する訴えについては、現実の侵害は必ずしも必要とされず、侵害のおそれがあるだけで国際裁判管轄権を肯定する余地があることを示した。その理由としては、差止請求に関する訴えの法的性質にあり、差止請求は、侵害されるおそれがあるに過ぎない者も提起できることが指摘されている。すなわち国際裁判管轄権につき、侵害のおそれのある地を排除すると、差止請求に関する訴えの趣旨に反し、差止請求の訴えの提起の要件と、国際裁判管轄における差止請求の効果の整合性の点からも問題が生じることが指摘されている[42]。同様に、差止めの実効性という観点からすれば、差止請求は将来の侵害行為をも対象とするべきであり、この点で、アナスタシア事件の判断は一般論としては妥当であるとされる[43]。

5　間接管轄における請求原因事実と管轄原因事実の符合

(1) はじめに

　アナスタシア事件は、違法行為により権利利益を侵害されまたは侵害されるおそれがある者が提起する差止請求に関する訴えの場合、民訴法3条の3第8号の「不法行為があった地」が判決国内にあるというためには、被告が原告の権利利益を侵害する行為を判決国内で行うおそれがあるか、原告の権利利益が判決国内で侵害されるおそれがあるとの客観的事実関係が証明され

れば足りるとする旨を判示している。

　不法行為地管轄規定に基づいて管轄の存在を認められるために、規定の文言上は「不法行為があった地」（民訴法3条の3第8号）となっているため、本案で主張立証すべき不法行為の請求原因事実と不法行為地管轄の管轄原因事実の存在について立証すべき事項が重なり合う部分が生じうる。このような問題は、請求原因事実と管轄原因事実の符合と呼ばれる[44]。すなわち、不法行為に関する訴えの間接管轄の有無を判断するためには、管轄原因事実である不法行為の要件事実のうち、(a)何について（要件事実の全部かまたは一部か）、(b)どの程度の証明を要するか（証明を要さないか、一応の証明で足りるか、証明を要するか）が問われ、学説上も見解が分かれている[45]。

　この請求原因事実と管轄原因事実の符合の問題に関し、不法行為に基づく損害賠償請求訴訟の直接管轄についてはウルトラマン事件（最判平成13年6月8日・民集55巻4号727頁〔円谷プロ事件ともいう〕）があった。

(2) 直接管轄に関するウルトラマン事件

　管轄原因事実としての「不法行為があった」地について、どの範囲・どの程度の証明を必要とするかに関して、不法行為に基づく損害賠償請求訴訟の直接管轄についてはウルトラマン事件があったが、違法行為により権利利益を侵害されまたは侵害されるおそれがある者が提起する差止請求訴訟における間接管轄の場合については明らかではなかった[46]。

　直接管轄に関するウルトラマン事件は、わが国に住所等を有しない被告に対し提起された不法行為に基づく損害賠償請求訴訟につき、民訴法の不法行為地の裁判籍の規定（民訴法5条9号、旧民訴法15条）に依拠してわが国の裁判所の国際裁判管轄を肯定するためには、原則として、被告がわが国においてした行為により原告の法益について損害が生じたとの客観的事実関係が証明されれば足りると解した。そして、その理由として、この事実関係が存在するなら、通常、被告を本案につき応訴させることに合理的な理由があり、国際社会における裁判機能の分配の観点からみても、わが国の裁判権の行使を正当とするに十分な法的関連があるということができるからであるとした。

　このウルトラマン事件は、「被告が我が国においてした行為により原告の法益について損害が生じたとの客観的事実関係」が証明されなければならな

いとして、客観的事実関係証明説に立った[47]。

　不法行為に基づく損害賠償請求の要件事実（請求原因事実）では、(a)原告の被侵害利益の存在、(b)被告の違法行為・故意過失、(c)損害の発生および額、(d)(b)と(c)との相当因果関係であるところ、客観的事実関係証明説を採用するウルトラマン事件によると、それらのうち、(a)原告の被侵害利益の存在、(b)'（わが国における）被告の行為、(c)'（わが国における）損害の発生、(d)'(b)'と(c)'との事実的因果関係が証明されれば足り、故意過失や違法性、相当因果関係等の立証を管轄の段階では必要としないとされる[48]。

(3) 従来の議論

　間接管轄についての請求原因事実と管轄原因事実の符合に関して、従来、学説では十分な議論はなされず、公刊された下級審裁判例は少なかった。この問題について、不法行為地管轄に限定せず一般的に間接管轄に関して、原則として原告の主張するところによって管轄原因事実を認定するという見解（管轄原因仮定説）があった[49]。

　間接管轄のうち不法行為地管轄が問題となった執行判決請求事件で、管轄原因仮定説に立った下級審裁判例がいくつかある。たとえば、わが国の民訴法によれば、不法行為地に関する訴えには行為地の特別管轄が認められており（民訴法5条9号）、そして、判決国が承認国の国際民訴法の立場から管轄権を有するか否かを問題とする間接管轄を検討するに当たっては、すでに判決裁判所が自国の管轄を肯定して、判決をしていることに鑑みれば、特段不合理な事情の窺われない限り、原則として当該訴訟において原告が請求原因として主張するところによって行為地を認定し、その地に管轄がある旨を判示した下級審裁判例がある[50]。

　これに対して、間接管轄のうち不法行為地管轄が問題となった執行判決請求事件で、アナスタシア事件と同様に、客観的事実関係証明説に立つ下級審裁判例がある。すなわち、外国において当該外国に住所等を有しない被告に対し提起された不法行為に基づく損害賠償請求訴訟につき、民訴法の不法行為地の裁判籍の規定（民訴法5条9号）に準拠して当該外国の裁判所の国際裁判管轄権（間接管轄）を肯定するためには、原則として、被告が当該外国においてした行為により原告の法益について損害が生じたとの客観的事実関係

が証明されれば足りる旨を判示した下級審裁判例がある[51]。

　このほか、学説では、間接管轄のうち不法行為地管轄に関する要証事実について一応の証明論（一応の証明説）を支持する見解もある[52]。

(4) アナスタシア事件に対する分析

　不法行為に基づく損害賠償請求に関する直接管轄が問題となったウルトラマン事件では、請求原因事実と管轄原因事実の符合に関して、客観的事実関係証明説を採用していたが、間接管轄におけるこの問題に関しては、上述のように下級審裁判例が分かれていた。アナスタシア事件は、違法行為により権利利益を侵害されまたは侵害されるおそれがある者が提起する差止請求に関して、上記のような間接管轄における符合の問題の場合についても客観的事実関係証明説を採ることを明らかにした[53]。このような間接管轄における符合の問題に関して客観的事実関係証明説を採用した最高裁判決は、アナスタシア事件が初めてである[54]。

　違法行為により権利利益を侵害されまたは侵害されるおそれがある者が提起する差止請求の要件事実は、(a)原告の被侵害利益の存在、および(b)被告が原告の権利利益を侵害するおそれであり、損害の発生や行為と損害との相当因果関係は必要ないが、アナスタシア事件によれば、民訴法3条の3第8号の「不法行為があった地」が判決国内にあるというためには、(a)原告の被侵害利益の存在、および(b)被告が原告の権利利益を侵害する行為を判決国で行うおそれまたは原告の権利利益が判決国で侵害されるおそれが証明されれば足りるとされる[55]。

(5) アナスタシア事件に対する批判

　アナスタシア事件は、上述したような間接管轄における符合の場合にも客観的事実関係証明説が妥当することを明らかにしているが、その根拠を明確にしてはいない[56]。そして、直接管轄と違ってすでに本案審理が終了している局面で判断される間接管轄に関して、それらの問題状況の違いを考えれば、外国裁判所が本案審理を終えている段階で、それでもなお客観的事実関係の証明を原告に課すことについて、アナスタシア事件の挙げる根拠は必ずしも十分でないとの批判が加えられている[57]。

　また、直接管轄の場合と異なって間接管轄の場合には、判決国ですでに本

案審理により実体的な不法行為要件の存否が判断されているのに、さらに管轄要件として事実的因果関係の証明を要求する意味はなく、そして、不法行為の成立要件のすべてを審理し判断され、これについて実質的再審査が禁止されている場面では、承認国である日本としては、自国管轄権に照らし、判決国が原因行為地または結果発生地に該当するか否かの証明・判断で足りるとする批判もある[58]。

さらに、アナスタシア事件は、差止請求に関する訴えの場合に証明されるべき点として、被告が原告の権利利益を侵害する行為を判決国内で行うおそれがあるか、原告の権利利益が判決国内で侵害されるおそれがあることを挙げているが、具体的に立証すべき事項として、当該外国における加害行為ないし結果の発生という場所的な点のみを証明すればいいのか、それとも原告の法益の存在や被告の行為と損害との因果関係までの証明が必要なのかが、アナスタシア事件の文言からは必ずしも明らかではないと批判されている[59]。

本判決（アナスタシア事件）の意義

　間接国際裁判管轄は原則として直接国際裁判管轄（平成23年立法による）に依拠しつつも条理による修正を認める（鏡像理論に常に従うわけではなく例外を認める）ことを確認した点、民訴法3条の3第8号にいう「不法行為に関する訴え」に差止請求に関する訴えも含まれることを明確にした点、および、不法行為地に基づく国際裁判管轄につき、間接管轄においても直接管轄と同様に客観的事実関係の証明を原告に求めた点が挙げられる。

1）山木戸勇一郎「判批」法研88巻4号83頁、96頁（2015年）。
2）横溝大「判批」知財政策学研究46号387頁、390頁（2015年）。同旨、中西康「判批」民商152巻2号137頁、142頁以下（2015年）、高杉直「判批」NBL1032号18頁、20頁（2014年）。
3）中西・前掲注2）150頁。
4）内野宗揮編著・一問一答平成30年人事訴訟法・家事事件手続法等改正（商事法務・2019年）5頁。
5）中野貞一郎＝下村正明・民事執行法（青林書院・2016年）179頁参照。
6）河村寛治「判批」際商44巻7号1012頁、1014頁（2016年）。
7）柳沢雄二「判批」名城64巻1＝2合併号209頁、214頁以下（2014年）。

8）河村・前掲注6）1014頁。

9）中西・前掲注2）143頁。

10）岡田幸宏「判批」平成26年度重要判解139頁、140頁。

11）江川英文「外国判決承認の要件としての裁判管轄権（2・完）」国際法外交雑誌41巻4号316頁、327頁（1942年）〔もっとも、反対に解すべき特別の理由のない限りという限定が付されている〕。

12）鈴木忠一＝三ケ月章編・注解民事執行法第1巻（第一法規・1984年）397頁〔青山善充〕、鈴木正裕＝青山善充編・注釈民事訴訟法第4巻（有斐閣・1997年）371頁〔高田裕成〕。また、道垣内正人「判批」平成26年度重要判解300頁、301頁。

13）横溝・前掲注2）391頁。

14）石黒一憲・現代国際私法（上・東京大学出版会・1986年）532頁。同旨、小林秀之・国際取引紛争（第3版・弘文堂・2003年）200頁、高部眞規子「判批」金商1458号8頁、9頁（2015年）。このほか、猪股孝史「外国財産関係判決の承認および執行制度に関する序論的考察」比雑22巻2号31頁、42頁（1988年）。

15）岡田・前掲注10）140頁、柳沢・前掲注7）216頁以下、山木戸・前掲注1）89頁、河野俊行「間接管轄」高桑昭＝道垣内正人編・国際民事訴訟法（青林書院・2002年）326頁、327頁。

16）河村・前掲注6）1015頁。

17）安達栄司「判批」NBL678号62頁、65頁（1999年）。

18）河邉義典「判批」最高裁判所判例解説（民事篇）平成10年度（上・法曹会）450頁、473頁、山本和彦「判批」平成10年度重要判解297頁、298頁以下、渡辺惺之「判批」判評484号（判時1670号）39頁、43頁以下（1999年）。サドワニ事件は、鏡像原則とは異なる判断を示したものであるとする見解の方が多数であるとするのは、柳沢・前掲注7）217頁。

19）たとえば、中野俊一郎「判批」判評672号（判時2241号）20頁、21頁（2015年）、山木戸・前掲注1）90頁。同旨、柳沢・前掲注7）215頁、岡田・前掲注10）140頁。また、道垣内・前掲注12）300頁以下、渡辺惺之「判批」リマークス51号144頁、145頁（2015年）、長田真里「判批」JCA62巻4号10頁、12頁（2015年）。

20）川嶋四郎「判批」法セ727号120頁（2015年）、安達栄司「判批」法教414号別冊付録判例セレクト2014〔Ⅱ〕31頁。同旨、道垣内・前掲注12）300頁以下、一場和之「判批」道垣内正人＝古田啓昌・実務に効く国際ビジネス判例精選162頁、167頁（有斐閣・2015年）。このほか、アナスタシア事件は、サドワニ事件の判断枠組みを継承し、平成23年民訴法改正後も別異基準説を採用したとするのは、廣瀬孝「判解」最高裁判所判例解説（民事篇）平成26年度（法曹会）180頁、187頁。

21）道垣内・前掲注12）301頁。

22）本間学「判批」金沢58巻1号127頁、133頁（2015年）。

23）河村寛治「判批」明治学院ロー22号13頁、16頁（2015年）、岡田・前掲注10）140頁。同様に、アナスタシア事件は、文言解釈上、**別異基準説**を採ったものと解するのは、高田寛「判批」富大経済論集60巻3号113頁、123頁（2015年）。同旨、寺村信道「判批」同法67巻6号211頁、221頁以下（2015年）、高杉・前掲注2）21頁以下。

24）山木戸・前掲注1）91頁。同旨、長田・前掲注19）13頁。また、小林秀之＝村上正子・新版国際民事訴訟法（弘文堂・2020年）151頁は、外国判決の承認とい

う観点からの独自の判断を認める趣旨と理解する。

25) 廣瀬孝「判批」ジュリ1501号78頁、79頁（2017年）。同様に、アナスタシア事件は、別異基準説によったと理解するのは、川嶋・前掲注20）120頁。さらに、同じ国際裁判管轄とはいえ、これから裁判を始めるのと承認するのとでは、両者の局面による差異は当然あるのではないかとの指摘は、小林・新ケース451頁。

26) 中野・前掲注19）22頁。同旨の批判は、山木戸・前掲注1）91頁。これに対して、間接管轄については明文の規定がなく、条理に基づいて判断すべきものであるとするのは、高部・前掲注14）9頁。

27) 山田恒久「判批」新・判例解説Watch18号325頁、326頁（2016年）。

28) 中野・前掲注19）22頁。

29) 山田・前掲注27）326頁以下。

30) 山木戸・前掲注1）91頁以下。

31) ミーリングチャック事件は、民訴法5条9号の規定の上記意義に照らすと、不正競争防止法3条1項の規定に基づく不正競争による侵害の停止等の差止めを求める訴えおよび差止請求権の不存在確認を求める訴えはいずれも民訴法5条9号所定の訴えに該当するとした。多数説および実務は、このミーリングチャック事件を支持しているとされる。寺村・前掲注23）218頁。

32) 高杉・前掲注2）22頁。同旨、高田・前掲注23）123頁。

33) 平成23年一問一答・68頁以下。

34) 高田・前掲注23）123頁以下。

35) 川嶋・前掲注20）120頁、渡辺・前掲注19）145頁。同旨、安達・前掲注20）31頁、同旨、道垣内・前掲注12）300頁以下。

36) 横溝・前掲注2）394頁。

37) 中野・前掲注19）22頁。同様に、民訴法3条の3第8号について、給付の目的は差止請求であってもよいとされる。兼子原著・第2版56頁〔新堂幸司＝高橋宏志＝高田裕成〕。

38) 道垣内・前掲注12）301頁。同様に、アナスタシア事件の不法行為地管轄と差止請求に関する判旨は妥当であるとされる。柳沢・前掲注7）216頁以下、寺村・前掲注23）224頁以下。

39) 高田・前掲注23）124頁。同旨、高杉・前掲注2）22頁。

40) 寺村・前掲注23）219頁以下〔下級審裁判例では、不法行為の「おそれ」で管轄発生を認めるものが多数のようである〕。

41) 廣瀬・前掲注25）80頁。

42) 高田・前掲注23）125頁。同旨、廣瀬・前掲注20）191頁。

43) 本間・前掲注22）136頁。同旨、柳沢・前掲注7）225頁以下、寺村・前掲注23）225頁、高杉・前掲注2）23頁。

44) 山木戸・前掲注1）93頁以下。

45) 高田・前掲注23）126頁以下。

46) 高杉・前掲注2）23頁。

47) ウルトラマン事件もアナスタシア事件も客観的事実関係証明説に立ったことについて、柳沢・前掲注7）227頁以下。

48) 高部・前掲注14）10頁。

49) 鈴木＝三ケ月編・前掲注12）398頁〔青山〕。

50) 東京地判平成15年9月9日・2003WLJPCA09090007。同様に、間接管轄のうち

不法行為地管轄が問題となった執行判決請求事件で管轄原因仮定説に立つのは、東京地判平成 6 年 1 月14日・判時1509号96頁、東京地判八王子支部平成10年 2 月13日・判タ987号282頁。

51）東京地判平成17年 8 月31日・2005WLJPCA08310001。また、学説では、渡辺惺之「判批」JCA59巻 8 号14頁、17頁（2012年）。

52）酒井一「判批」ジュリ1083号112頁、114頁（1996年）、小林＝村上・前掲注24）54頁。

53）廣瀬・前掲注25）81頁。同旨、川嶋・前掲注20）120頁、渡辺・前掲注19）146頁、横溝・前掲注 2 ）397頁、山田・前掲注27）327頁、髙田・前掲注23）126頁以下。また、河村・前掲注 6 ）1016頁。

54）本間・前掲注22）139頁。アナスタシア事件の当該判旨の立場に賛成するのは、中西・前掲注 2 ）156頁以下。

55）髙部・前掲注14）10頁以下。

56）柳沢・前掲注 7 ）223頁以下〔根拠をより詳しく判示するべきであった〕。

57）横溝・前掲注 2 ）397頁。

58）渡辺・前掲注19）147頁。

59）横溝・前掲注 2 ）397頁以下。

24 懲罰的損害賠償と外国判決の承認 萬世工業事件

最判平成 9 年 7 月11日・民集51巻 6 号2573頁

▶予備知識

　補償的損害賠償および訴訟費用に加えて、見せしめと制裁のために加害者に対し**懲罰的損害賠償**としての金員の支払を命じる外国判決に基づいて、わが国で強制執行できるかが問題とされている。わが国の民訴法では、国際協調の観点から、一定の手続的要件が満たされていれば**外国判決の既判力**が承認され（民訴法118条）、また、外国判決が給付判決の場合には、日本の裁判所で**執行判決**を得ることにより執行力が付与される（民執法24条）。外国判決が承認されるための要件は、**間接国際裁判管轄**が肯定され、**訴訟開始文書が現実に送達**もしくは応訴がなされ、わが国の**手続的および実体的公序**に反しないこと、および相互保証のあることである（民訴法118条各号）。

　外国判決の執行とは、一定の要件を具備した外国判決についてわが国の裁判所で執行判決をしてわが国の執行力を与え、これに基づいて強制執行をすることである。外国裁判所の判決について執行判決を求める訴えは、原則と

して、債務者の普通裁判籍の所在地を管轄する地方裁判所が管轄する（民執法24条1項）。執行判決は、裁判の当否を調査しないでしなければならないとされる（民執法24条4項・旧法24条2項）。この**実質的再審査禁止の原則**は、外国の裁判所がその外国の手続法・実体法に従って正しく裁判したかどうかを問題にするのに対して、民訴法118条3号（旧法200条3号）の**公序審査**は、その外国判決の結果がわが国の法秩序に照らしてわが国で受容可能なものかどうかを問題にする。

民訴法118条3号は、「判決の内容及び訴訟手続が日本における公の秩序又は善良の風俗に反しないこと」と定めている。民訴法118条3号は、外国判決がわが国の公序に反しないことを承認の要件と定め、それによって、外国判決の承認がわが国の法秩序の基本を害することを排除しようとするものである。ここにいう公序良俗とは、外国判決に対しても維持されるべき、わが国の法秩序の基本原則ないしそれを支えている基本理念を指すとされる。そして、外国判決の効力を認めた結果が、このような基本原則・基本理念に反し、わが国の法秩序を害する場合には、その承認を拒否するというのが、民訴法118条3号の意味であり、それは、外国判決がそれ自体として承認国の法秩序の基本原則と抵触するか否かを問題とするのではなく、その効力を内国に受容することがわが国の法秩序の基本を害するか否かを問題とするものであるとされている。

外国判決が、民訴法118条に定められた要件を具備しないときは、執行判決を求める訴えは排斥される。民訴法118条は、旧法200条とほぼ同様の規定である。懲罰的損害賠償の支払を命じるカリフォルニア州裁判所の判決について、わが国の裁判所でその執行判決を求める訴えを認容することが、日本の公の秩序に反しないか（民訴法118条3号・旧法200条3号）が問題となる。

判例のポイント 👉

　本件カリフォルニア州裁判所の判決のうち、悪性の強い行為をした加害者に対し、実際に生じた損害の賠償に加えて、見せしめと制裁のために懲罰的損害賠償としての金員の支払を命じた部分は、わが国の公の秩序に反するからその効力を有しない。したがって、そのような外国判決についての執行判決を求める訴えがわが国において提起されても、懲罰的損害賠償としての金員の支払を命ずる部分については執行判決を求める訴えを棄却すべきである。

設　問

設 例

　Xは、アメリカ合衆国のカリフォルニア州裁判所の判決についての執行判決を求める訴えをわが国の裁判所に提起したが、その事実等は、次のとおりである。

(1) カリフォルニア州民法典には、契約に起因しない義務の違反を理由とする訴訟において、被告に欺罔行為などがあったとされた場合、原告は、実際に生じた損害の賠償に加えて、見せしめと被告に対する制裁のための損害賠償を受けることができる旨の懲罰的損害賠償に関する規定（3294条）が置かれている。

(2) Y1会社は日本法人であり、Y2はY1会社の社長であるところ（以下「Y1会社およびY2」を併せてYらという）、カリフォルニア州上位裁判所は、XとY1会社の子会社である同州法人Mとの間の賃貸借契約締結についてYらがXに対して欺罔行為を行ったことを理由として、Yらに対し、補償的損害賠償として42万5251ドルおよび訴訟費用として4万104ドル71セントを支払うよう命ずるとともに、Y1会社に対し、これに加えて、上記規定に基づく懲罰的損害賠償として112万5000ドルをXに支払うよう命ずる判決（以下「本件外国判決」という）を言い渡した。

(3) その後、XおよびYらは、本件外国判決に対してカリフォルニア州控訴裁判所に控訴したが、同裁判所は、各控訴を棄却する旨の判決を言い渡し、本件米国判決が確定した。

　そこで、Xは、上記のカリフォルニア州裁判所の判決についての執行判決を求める訴えを、Y1会社を被告としてわが国の裁判所に提起した（Y2も被告としたが、Y2には懲罰的損害賠償の支払が命じられていないので、Y2に関しては、以下、省略する）。

問　い

小問(1)　実質的再審査禁止の原則と公序審査（民訴法118条3号・旧法200条3号）について説明しなさい。

小問(2)　外国裁判所の裁判が、民訴法118条（旧法200条）にいう「判決」に当たるための要件について説明しなさい。

小問(3)　設例において、見せしめと制裁のために被告に対し懲罰的損害賠償としての金員の支払を命じた部分は、わが国の公の秩序に反するかどうかについて説明しなさい。

小問(4)　外国判決に関して、わが国の公の秩序に反するかどうかを判断する際に内国牽連性をその判断に組み入れるべきかどうかについて説明しなさい。

小問(5)　設例において、カリフォルニア州民法典の定める懲罰的損害賠償に関する外国判決のうち、補償的損害賠償および訴訟費用に加えて、見せしめと制裁のために被告とされた会社に対し懲罰的損害賠償としての金員の支払を命じた部分は、わが国の公の秩序に反するから、その効力を有しないものとする見解の当否を説明しなさい。

　　　ただし、カリフォルニア州民法典の定める懲罰的損害賠償の制度は、悪性の強い行為をした加害者に対し、実際に生じた損害の賠償に加えて、さらに賠償金の支払を命ずることにより、加害者に制裁を加え、かつ、将来における同様の行為を抑止しようとするものであることを前提とする。

判 例 か ら 考 え る

　本問のもとにしたのは、旧民訴法の適用が問題となった最判平成9年7月11日・民集51巻6号2573頁（以下「萬世工業事件」という）であり、同判決は、

カリフォルニア州民法典の定める**懲罰的損害賠償**としての金員の支払を命じる外国判決と執行判決を求める訴えに関して、次のように判示した。

「(1) 執行判決を求める訴えにおいては、外国裁判所の判決が〔旧〕民訴法200条各号〔現行法118条各号〕に掲げる条件を具備するかどうかが審理されるが（民事執行法24条5項〔旧3項〕）、〔旧〕民訴法200条3号〔民訴法118条3号〕は、外国裁判所の判決が我が国における公の秩序又は善良の風俗に反しないことを条件としている。外国裁判所の判決が我が国の採用していない制度に基づく内容を含むからといって、その一事をもって直ちに右条件を満たさないということはできないが、それが我が国の法秩序の基本原則ないし基本理念と相いれないものと認められる場合には、その外国判決は右法条にいう公の秩序に反するというべきである。

(2) カリフォルニア州民法典の定める懲罰的損害賠償（以下、単に「**懲罰的損害賠償**」という）の制度は、悪性の強い行為をした加害者に対し、実際に生じた損害の賠償に加えて、さらに賠償金の支払を命ずることにより、加害者に制裁を加え、かつ、将来における同様の行為を抑止しようとするものであることが明らかであって、その目的からすると、むしろ我が国における罰金等の刑罰とほぼ同様の意義を有するものということができる。これに対し、我が国の不法行為に基づく損害賠償制度は、被害者に生じた現実の損害を金銭的に評価し、加害者にこれを賠償させることにより、被害者が被った不利益を補てんして、不法行為がなかったときの状態に回復させることを目的とするものであり（最高裁昭和63年(オ)第1749号平成5年3月24日大法廷判決・民集47巻4号3039頁参照）、加害者に対する制裁や、将来における同様の行為の抑止、すなわち一般予防を目的とするものではない。もっとも、加害者に対して損害賠償義務を課することによって、結果的に加害者に対する制裁ないし一般予防の効果を生ずることがあるとしても、それは被害者が被った不利益を回復するために加害者に対し損害賠償義務を負わせたことの反射的、副次的な効果にすぎず、加害者に対する制裁及び一般予防を本来的な目的とする懲罰的損害賠償の制度とは本質的に異なるというべきである。我が国においては、加害者に対して制裁を科し、将来の同様の行為を抑止することは、刑事上又は行政上の制裁にゆだねられているのである。そうしてみると、不法行為の

当事者間において、被害者が加害者から、実際に生じた損害の賠償に加えて、制裁及び一般予防を目的とする賠償金の支払を受け得るとすることは、右に見た我が国における不法行為に基づく損害賠償制度の基本原則ないし基本理念と相いれないものであると認められる。

(3) したがって、本件外国判決のうち、補償的損害賠償及び訴訟費用に加えて、見せしめと制裁のために Y1会社に対し懲罰的損害賠償としての金員の支払を命じた部分は、我が国の公の秩序に反するから、その効力を有しないものとしなければならない」。

以下では、懲罰的損害賠償制度、外国判決の承認・執行と我が国の公序、および懲罰的損害賠償を認める外国判決が我が国において民事判決といえるかについて解説する。次に、カリフォルニア州民法典に基づく懲罰的損害賠償を認める外国判決とわが国の公序、通則法42条または外国判決の承認に関わる内国牽連性、ならびに萬世工業事件に対する評価およびその射程範囲について解説する。

解　説

1　はじめに

懲罰的損害賠償を命じる外国判決が外国判決の承認・執行の要件を充足するかの問題について、萬世工業事件が初めて判断を示したという点で、萬世工業事件は非常に重要な意味を有する[1]。最判平成9年は、**カリフォルニア州の懲罰的損害賠償**の制度は制裁的色彩が強いため、懲罰的損害賠償部分は公序に反するとして承認・執行を否定した[2]。懲罰的損害賠償を命じたカリフォルニア州の裁判所の判決がわが国の公序に反するか否かが争われたのは、萬世工業事件の第1審判決が最初の裁判例であり、本格的な検討は、その第1審判決を契機として初めてなされるようになったものである[3]。

萬世工業事件は、カリフォルニア州民法典の定める懲罰的損害賠償の制度は悪性の強い行為をした加害者に対し、実際に生じた損害の賠償に加えて、さらに賠償金の支払を命ずることにより、加害者に制裁を加え、かつ、将来における同様の行為を抑止しようとするものであると理解し、公序（民訴法118条3号〔旧法200条3号〕）について検討している。**カリフォルニア州の懲罰**

的損害賠償制度では、契約違反の場合、懲罰的損害賠償は認められないのが原則である。しかし、契約違反の場合でも、例外的に懲罰的損害賠償請求が認められることがあり、その例外として挙げられるのは、公共サービス契約の違反、信託的義務の違反、独立した不法行為を伴う契約違反や信義誠実の黙示の約束違反の場合である。特に、例外として挙げられるのが、「独立した不法行為」を伴う契約違反に対し懲罰的損害賠償が認められる場合である。カリフォルニア州の民法典3294条（Civil Code §3294）では、契約違反に不法行為が伴う場合であれば、懲罰的損害賠償が認められる。その際には、不法行為のあったこと、および被告の行為に「悪意」「強要」あるいは「詐欺」の要素が伴うことを「明白かつ確信を抱くに足る証拠（clear and convincing evidence）」により証明しなくてはならないとされる4)。

　もともと懲罰的損害賠償制度はイギリス法に起源を有する法制度であり、そこからアメリカ法に継受され、アメリカにおいて独自の発展を遂げ、変容した。懲罰的損害賠償制度は民事賠償の形式をとりながら、刑罰的性格を兼ね備えるコモン・ロー独特の制度である。懲罰的損害賠償は、しばしば莫大な金額に上り、かつそれを予測することは極めて難しく、法制度としては安定性を欠いている上、懲罰的損害賠償の認定は民事陪審によるため、莫大な金額が対象とされるにもかかわらず、証拠と認定との因果関係が分かりにくく、また、懲罰的損害賠償は、過度の訴訟を誘発する可能性を持ち、その経済、社会に与える影響は少なくないと指摘されている5)。

　英米法に起源を有する懲罰的損害賠償制度が、わが国においてどのように受容ないし取り扱われているかが公序との関係で問題となる。わずかな下級審裁判例、実定法や学説を除けば、懲罰的損害賠償制度の受容に対するわが国の態度は消極的なものであり、わが国において懲罰的損害賠償制度は異質なものと評価される。そして、その評価は、外国判決の承認・執行における公序の判断に関わるものである。

　萬世工業事件も引用する最高裁判例によれば、不法行為に基づく損害賠償制度は、被害者に生じた現実の損害を金銭的に評価し、加害者にこれを賠償させることにより、被害者が被った不利益を補塡して、不法行為がなかったときの状態に回復させることを目的とするものである、とされている（最判

平成5年3月24日・民集47巻4号3039頁）。

　これに対して、学説の中には、懲罰的損害賠償は、わが国においても、民法709条・710条の立法趣旨から両条の解釈の枠内で認めることが可能であるとする見解もある[6]。また、わが国で、故意による債務不履行の場合には、**懲罰的ないし制裁的性質を有する慰藉料の支払義務を科することができるもの**とする下級審裁判例がある（京都地判平成元年2月27日・判時1322号125頁〔原告らが苦心と努力の結果、建築工事に伴う騒音等による精神的苦痛を防止する目的で成立した本件和解条項に違反する行為を故意にあえて行った本件では、それ自体違法な行為であるから予見される具体的な騒音等による財産的損害、精神的損害が立証されない場合でも、なお、債務不履行ないし契約違反自体による精神的苦痛に対し、その違反の懲罰的ないし制裁的な慰藉料の賠償を命ずるのが相当である）。また、慰謝料のうちに制裁的要素が含まれてよいことは、当裁判所もこれを否定するものではないとした高裁判決もある（東京高判平成4年7月20日・交通民集25巻4号787頁）。

　従来の通説・判例は、わが国の損害賠償法の基本を、民事責任と刑事責任との分化を前提として、加害者によって被害者に生じた損害の補填に求めてきたので、この考え方からすれば、損害填補の範囲を超えて、制裁と抑止のために課される懲罰的損害賠償は、わが国の損害賠償法の基本原則に反することになるとされる[7]。

　もっとも、上記のような不法行為に基づく損害賠償制度に関わる議論とは別に、わが国にも、使用者が支払わなければならない金額についての未払金のほか、これと同一額の**付加金**の支払を命ずることができる旨を定めた労働基準法114条（船員法116条も類似した規定）が、懲罰的損害賠償制度を論ずる文脈で指摘されることがあり、これらの規定は、制裁的性質を持つ損害賠償を認めるものであるとされている[8]。そして、付加金を定めた労働基準法114条に関する裁判例の多くはその法的性質について明示していないが、多数説によると、それは罰則と同様の制裁的措置（公法的制裁説）とされている[9]。

2　実質的再審査禁止の原則と公序審査

(1)　はじめに

　萬世工業事件の事案では、カリフォルニア州裁判所の判決についての執行判決を求める訴えがわが国の裁判所に提起された。執行判決を求める訴えにおいては、外国裁判所の判決が民訴法118条（旧法200条）各号に掲げる条件を具備するかどうかが審理される（民執法24条5項〔旧3項〕）。外国判決の既判力および形成力という効力を認めることを外国判決の承認という[10]。わが国では、外国判決の承認については、いわゆる自動的承認の制度を採り、外国判決が民訴法118条（旧法200条）所定の要件を満たせば、特別な裁判等を必要とせず、当然にその外国判決の効力がわが国においても認められるものとされている。

　ただし、外国判決に基づきわが国で強制執行を行うためには、債権者は、裁判所に申立てをして民執法24条所定の執行判決を得なければならず、確定した執行判決と外国判決とが一体となって債務名義になるもの（民執法22条）とされている[11]。

(2)　外国判決の執行における公序と懲罰的損害賠償

　外国判決の執行とは、一定の要件を具備した外国判決について日本で執行判決をして日本の執行力を与え、これに基づいて強制執行をすることである[12]。外国裁判所の判決について執行判決を求める訴えは、原則として、債務者の普通裁判籍の所在地を管轄する地方裁判所が管轄する（民執法24条1項）。執行判決は、裁判の当否を調査しないでしなければならない（民執法24条4項・旧24条2項）。この「**実質的再審査禁止の原則**」は、わが国での外国判決の承認・執行にあたり、外国の裁判所がその外国の手続法・実体法に従って正しく裁判したかどうかを問題にすることを禁じている。これに対して、民訴法118条3号（旧法200条3号）の公序審査は、その外国判決の結果が日本の法秩序に照らして日本で受容可能なものかどうかを問題にする[13]。すなわち公序則（民訴法118条3号）は、外国判決がわが国の公序に反しないことを承認の要件と定め、それによって、外国判決の承認がわが国の法秩序の基本を害することを排除しようとするものであり、ここにいう公序良俗則とは、外国判決に対しても維持されるべき、わが国の法秩序の基本原則ないし

それを支えている基本理念を指すとされる。そして、外国判決の効力を認めた結果が、このような基本原則・基本理念に反し、わが国の法秩序を害する場合には、その承認を拒否するというのが、民訴法118条3号の意味であり、それは、外国判決がそれ自体として承認国の法秩序の基本原則と抵触するか否かを問題とするのではなく、その効力を内国に受容することがわが国の法秩序の基本を害するか否かを問題とするものであるとされている[14]。

　民訴法118条に定められた要件は、いずれも**職権調査事項**であると解されており、外国判決がこれを具備しないときは、執行判決を求める訴えは排斥される[15]。民訴法118条の外国判決承認制度の意義については、本来属地的性質を有する外国判決の効力が承認によってわが国内に拡張されるとする効力拡張説を基本とすべきであるとされる[16]。

　民訴法118条は、旧法200条とほぼ同様の規定である。ただし、民訴法118条3号については、外国判決の内容が公序良俗に反しないだけでなく、その**手続（判決の成立）が公序良俗に反しない**ものであることも必要であるとの旧法200条3号に関する旧法下の解釈（最判昭和58年6月7日・民集37巻5号611頁）を、規定上明らかにする改正がなされたものである[17]。

　上記のように、外国裁判所の確定判決がその効力を有するためには（民訴法118条・旧法200条）、その判決の内容および訴訟手続が日本における公の秩序又は善良の風俗に反しないことが必要であり（同条3号）、萬世工業事件の事案では、カリフォルニア州民法典の定める懲罰的損害賠償としての金員の支払を命じる内容を有する外国判決が、この民訴法118条3号（旧法200条3号）との関係で問題となっている。

3　民訴法118条（旧法200条）にいう「判決」

(1) はじめに

　外国判決承認の対象になるのは、**民事判決**（私法上の請求権についてされた判決）に限られ、刑事事件や行政事件の判決は含まれない[18]。民事判決か否かという問題は、承認対象論の問題であり、いわば承認の窓口段階の問題であり、実質的な審査は、公序など他の要件に譲られる。仮に懲罰的損害賠償判決は非民事判決であると捉えるのであれば、さらに承認要件としての公序

を問題とする必要はない[19]。承認対象性とは、日本民事訴訟法上の既判力を与え執行判決請求訴訟のみで執行を可能とする外国判決の範囲はどこまでなのかという国際民事訴訟法上の法的性質決定の問題であり、**承認対象性**は当該外国判決の実質に着目して決せられるべきであるとされる[20]。

外国裁判所の裁判が、民訴法118条（旧法200条）にいう「判決」に当たるか否かは、法廷地法たる日本法により決せられるべき性質決定の問題であるが、国境を越えた権利保護および私的法律関係の国際的安定の趣旨からみて、ここにいう判決とは、実体私法上の法律関係につき、当事者双方の審尋を保障する手続により、裁判所が終局的にした裁判であることを要し、またそれをもって足りる、とするのが通説である[21]。すなわち、裁判の形式・名称を問わず[22]、外国確定判決該当性については、民事裁判として備えるべき普遍的属性、すなわち私人間の権利義務が判断対象とされていること、判断機関の中立性や法が判断基準とされていることなどが備わっているどうかを判断するべきであるとされる[23]。

民訴法118条（旧法200条）および民執法24条により承認・執行される「判決」が民事判決でなければならない根拠として、次のような点が挙げられている。すなわち第1に、「民事」訴訟法・「民事」執行法に置かれた規定であること、第2に、外国「刑事」判決の効力については刑法5条に規定されていること、第3に、外国判決の承認・執行制度の目的は、紛争解決の一回性の理想を国際的な場で実現し、また、判断内容が異なってしまって跛行的法律関係が発生することを回避することなどにあるが、このような議論は民事判決についてのみ当てはまること、第4に、外国裁判所が罰金の支払を命ずる判決を下した場合、その判決の執行を拒否することは比較法的にみても一般的なことであること、以上からわが国で承認・執行されるのは民事判決に限るとされる[24]。

(2) 民事判決であるか否かに関する学説

　ア　民事判決でないとする学説

　カリフォルニア州の懲罰的損害賠償制度に基づく外国判決は、わが国で承認執行の対象となる「判決」には該当しないとする見解は、次のように主張する。すなわち、民訴法118条・民執法24条にいう「判決」の範囲はどこま

でかという抵触法上の法的性質決定の問題があり、抵触法独自の立場から外国判決承認執行制度の趣旨を考慮して決定すべきである。刑事判決や租税判決のような一定程度以上の公権力性を有する外国国家行為は、ここでいう「判決」に該当しない。カリフォルニア州の懲罰的損害賠償制度は、同州の民法典3294条において見せしめと被告に対する制裁をその目的とすることが明記されており、その公権力性の度合いが非常に高いことは明らかである。したがって、同州の懲罰的損害賠償制度に基づく外国判決は、承認執行の対象となる「判決」には該当しない[25]。

また、民事判決性を否定する見解は、民訴法118条（旧法200条）柱書および民執法24条の「判決」という文言は、「民事判決」を意味しているということを前提として、わが国からみて、塡補ではなく制裁を目的とする懲罰的損害賠償判決は民事判決とはいえないと主張している[26]。

さらに、萬世工業事件で問題となったカリフォルニア州の懲罰的損害賠償は国家がもっぱら自らの政策目的達成の手段として認めるものであり、補償的損害賠償とは質的に異なるものとして、私人の権利保護を目的とする外国判決承認・執行制度の対象とはならないとする見解がある[27]。

イ 民事判決であるとする学説

カリフォルニア州の裁判所が下した懲罰的損害賠償を命じる判決は、私人間の法的紛争を解決するものとしてなされており、したがって私人の申立てにより、私人に対して支払われるものであること、別の刑事罰の可能性が否定されていないこと、前科とならないこと、またその解決の手続も民事手続であることからみると、民事判決に該当するとされる[28]。

多数の見解は、懲罰的損害賠償といえども、私人の請求に基づき私人に対して支払が命じられる私法上の損害賠償としての性質を否定されるものではないとして、その承認適格性（民事判決性）を肯定している[29]。

なお、萬世工業事件について、外国判決が民事判決であるか否かを一義的に確定することは困難であるとする見解もある[30]。

(3) 民事判決性に関する萬世工業事件についての理解

萬世工業事件は、アメリカの懲罰的損害賠償判決が民訴法118条（旧法200条）による承認対象である「民事の」判決であることを肯定したとする見

解[31]、または萬世工業事件は、懲罰的損害賠償請求の民事判決性について言及していないが、懲罰的損害賠償判決の民事判決性を当然の前提としているとする見解[32]が多い。

これに対して、萬世工業事件は、民事判決性（承認対象性）については何も判示していないと位置づける見解もある[33]。

4　カリフォルニア州民法典に基づく懲罰的損害賠償を認める外国判決とわが国の公序

(1) はじめに

萬世工業事件は、当該事案の外国判決のうち、補償的損害賠償および訴訟費用に加えて、見せしめと制裁のために被告に対し懲罰的損害賠償としての金員の支払を命じた部分は、わが国の公の秩序に反するとしている。懲罰的損害賠償を認める判決を外国裁判所の（民事）判決であるとした場合、わが国でそれを承認・執行することが一律に公序違反となるとする見解と、個別具体的に検討する必要があって一律に決めることはできないとする見解とが双方拮抗している[34]。

(2) 一般的に公序に反するとする説

アメリカの懲罰的損害賠償は、民刑事不分離時代の遺物とみるべき面が強いから、わが国の公序に反すると解する見解がある[35]。

なお、わが国にも労働基準法114条および船員法116条のように制裁的性質を持つ損害賠償を認める規定が存在しており、このことは、懲罰的損害賠償請求を認める判決の異質さを強調して公序違反を認めることには、消極的に作用すると指摘されている[36]。

(3) 個別具体的に検討する見解

わが国において懲罰的損害賠償に関し好意的な学説やその採用を提案する立法試案がある状況では懲罰的損害賠償そのものがわが国の公序に反するというのは困難であるとし、他方、アメリカでは懲罰的損害賠償の行き過ぎが問題となっているので無制限にどんな金額であっても承認・執行を認めるのも不適当であるとして、個別的に懲罰的損害賠償の性格や機能を考慮しながら、日本法の観点からみて真に忍び難い過酷な結果をもたらす場合に制限を

加えていくとする見解がある[37]。

　同様に、懲罰的損害賠償の賠償額が高額に過ぎ、執行債務者にとって過酷であるという点に焦点を当てる見解がある。すなわち、民訴法118条3号（旧法200条3号）の公序には、手続的公序と実体的公序があるが、萬世工業事件の事案では、後者が問題であり、この実体的公序は、外国判決の承認・執行がわが国の法秩序に混乱をもたらし、これに著しく反する場合には、承認・執行を拒絶するという安全弁の役割を担っており、通則法42条〔旧法例33条〕の公序に一致するとされる。したがって、懲罰的損害賠償がわが国の公序に反するとの判断は、懲罰的損害賠償の刑事的性格それ自体ではなく、その賠償額が高額に過ぎ、執行債務者にとって過酷であるという点に求められるべきであるとする[38]。アメリカの懲罰的損害賠償には種々のものがあり、州によって異なるため、弁護士費用や訴訟費用あるいは慰謝料的なものが含まれるから、その特定が可能な限りは**部分的承認**も認めるべきだろう。そして、被告に対して支払が命じられる懲罰的損害賠償の金額の中で、訴訟費用・弁護士費用・慰謝料塡補部分などが特定できない場合、実質的再審査禁止の原則に抵触しない限度でわが国からみて許される範囲を特定し、部分的に承認執行する可能性を認める見解もある[39]。

　なお、懲罰として命じられた賠償額が必ずしも実損害を超えるとは限らないので、懲罰的意味が含まれていても、実損害の賠償と評価しうる懲罰的損害賠償額は、公序違反とはいえないとする見解がある[40]。

(4) 承認はされるが執行はされないとする見解

　外国判決の承認と執行とを必ずしも明確に区別せず一体的に捉える通説の立場によれば、承認要件の充足は執行判決の付与に直結するが[41]、懲罰的損害賠償判決を民事判決と法性決定し、一概に公序に反するとはいえないものとしても、直ちに執行判決を与えることはできないとする見解がある[42]。そして、外国判決の承認と執行とは、同一次元の問題ではなく、当然に要件も異なるとし、懲罰的損害賠償を命ずる外国判決は「自然債務類型」に属するとする見解がある[43]。

(5) 萬世工業事件の採る見解

　萬世工業事件は、アメリカの懲罰的損害賠償一般について承認執行の可否

を判断したものではない。アメリカの中で懲罰的性格が強いカリフォルニア州のものについての判例である。本件カリフォルニア州の判決中、懲罰的損害賠償を命じる部分は一律に無効であるとしたと分析されている[44]。すなわち、萬世工業事件は、本件カリフォルニア州の懲罰的損害賠償判決が民訴法118条（旧法200条）3号に規定する公序に反するとして、その承認・執行を許さなかったとされる[45]。

　もっとも、萬世工業事件が、懲罰的損害賠償判決を一般的に公序違反としたのか、なお**部分的承認**の可能性を残しつつ特にカリフォルニア州のそれを公序違反としたのかについてはなお議論があるとの指摘もある[46]。

5　通則法42条または外国判決の承認に関わる内国牽連性

(1) 公序について定めた通則法42条および内国牽連性

　通則法は、法の適用に関する通則について定めるものである（通則法1条）。「外国法によるべき場合において、その規定の適用が公の秩序又は善良の風俗に反するときは、これを適用しない」として、公序則について定めた通則法42条の適用に際しては内国牽連性に関しても判断されるが、近時は、外国判決の承認に際しても、**内国牽連性を反公序性**（民訴法118条3号）の判断に組み入れる見解が有力に唱えられている。国際私法により渉外的私法関係に適用すべきとされた実質法のことを準拠法という。準拠法決定は、準拠法の候補となりうる各国実質法の中身をみることなく行われるというのが、日本の国際私法の原則である結果として、準拠法としていったん決定した法律を適用すると日本の法秩序にとって容認し難い結果をもたらすことがありうるので、このような事態を回避し、外国法の適用を退けるための道具が通則法42条である。公序則について定めた通則法42条に関して、一般的な説明としては、準拠法の適用結果の異常性が著しくても、事案の内国との牽連性が低ければ公序違反としない方向へ傾くとされ、適用結果の異常性と内国牽連性の相関関係で公序違反の有無が決まるとされる[47]。

(2) 外国判決の承認における公序と内国牽連性

　準拠法選択の場面における公序則（通則法42条・旧法例33条）の適用に関しては、準拠法適用結果の反公序性と内国牽連性が要件として挙げられている

が、近時は、**外国判決の承認**に際しても、内国牽連性を反公序性の判断に組み入れる見解が有力に唱えられている[48]。すなわち、抵触法上の公序の適用要件としての十分な内国牽連性ということは、通則法42条（旧法例33条）についてはこの点が問題なく認められているものの、民訴法118条3号（旧200条3号）については多少この点が従来のわが国の議論において不明確であったが、内国牽連性の問題は、今後、民訴法118条3号（旧200条3号）の公序の適用要件として、一層自覚的に取り上げられるべきものであると主張されている[49]。

外国判決の内容の公序違反性を審査するにあたっては、①外国判決を承認・執行した場合に内国でもたらされる結果の異常性・重大性、②事案と内国との牽連性の強さ、の両者を衡量することが求められるが、これは国際私法上の公序要件審査（通則法42条・旧法例33条）と歩調を合わせたものであるとされる[50]。

そして、民訴法118条3号（旧200条3号）は、外国判決がそれ自体として承認国の法秩序の基本原則と抵触するか否かを問題とするのではなく、その効力を内国に受容することがその法秩序の基本を害するか否かを問題とするものであるから、承認の結果がわが国の法秩序を害するというためには、内国牽連性を要すると主張されている[51]。同様に、公序違反の判断に関して、判決の対象がどの程度日本と密接な関係を有するかも無関係ではないとされ[52]、外国判決の内容に関する公序を問題とする場合、その判決の内国牽連性（内国牽連性は、それが薄い場合に公序の適用を否定する限りで機能すると理解すべきもの）が問題になるとされる[53]。

(3) 外国判決の承認における公序についての萬世工業事件と内国牽連性

萬世工業事件は、カリフォルニア州民法典の定める懲罰的損害賠償に関する外国判決に関して、わが国の公の秩序に反するかどうかを判断する際に内国牽連性には言及しなかった。公序要件は、内国私法秩序の維持を目的とするものであるから、当該事案が内国私法秩序との関係が薄い場合には、外国判決の承認・執行を認めてもその秩序を害するとまではいえないと解する余地があるとし、内国牽連性の程度を判断する際には、行為地、被告の国籍・住所地、被告の執行免脱目的の存否等が考慮されることになるが、萬世工業

事件については、行為地はアメリカであるが、被告とされた会社が日本法人であることから内国牽連性が弱い事案であるとは考え難いこともあって、この点は争点になっていないと分析されている[54]。同様に、萬世工業事件は、内国牽連性に触れていないが[55]、これは当該事案では、敗訴被告は日本の会社であり、当然に内国牽連性が肯定されるためと指摘されている[56]。

　これに対して、内国牽連性を考慮していない萬世工業事件には批判も加えられている。すなわち、カリフォルニア州の懲罰的損害賠償制度自体を公序審査の対象とし、実体的公序の内容としてわが国における不法行為に基づく損害賠償制度の基本原則を挙げる萬世工業事件の理論構成は、内国牽連性を考慮することなく、その懲罰的損害賠償制度が常に承認対象としないというに等しいものとされ[57]、従来の公序則概念を変容する危険性をはらむものであると批判されている。そして、その理由として、民訴法118条3号（旧200条3号）にいう実体的公序の判断については、結果の異常性を内国牽連性との相関関係において捉えるべきであるからとしている[58]。

6　萬世工業事件に対する評価・その射程範囲

　萬世工業事件は、わが国で純粋に違法行為の制裁・抑止のために懲罰的損害賠償を命じた部分を承認することが公序に反するという趣旨であると解され、基本的に支持できると評価されている[59]。また、萬世工業事件の結論に賛成するとする見解もある[60]。

　萬世工業事件は、カリフォルニア州民法典3294条による懲罰的損害賠償制度が過酷なほど高額なものであることに着目してわが国の公序に違反するとしたものであるから、カリフォルニア州以外の州の懲罰的損害賠償制度がわが国の公序に違反するかどうかについては何も判断していないことになる[61]。また、萬世工業事件により、その後の懲罰的損害賠償を命ずるアメリカの裁判所の判決がわが国においてその執行が拒否されることが確定されたものではないとされ、その理由として、公序の判断にあたっては、当該外国判決において支払が命じられている懲罰的損害賠償の性質等（当該州において与えられている一般的性質、具体的な判決における補塡的損害賠償部分との区分等）を検討する必要があるからとされている[62]。

本判決（萬世工業事件）の意義

　　萬世工業事件は、カリフォルニア州の懲罰的損害賠償は過酷なほど高額で制裁的色彩が強いため、懲罰的損害賠償部分は公序に反するとして承認・執行を否定した。この懲罰的損害賠償を命じたカリフォルニア州の裁判所の判決がわが国の公序に反するか否かが争われたのは、萬世工業事件の第１審判決が最初の裁判例であり、本格的な検討は、その第１審判決を契機として初めてなされるようになった。懲罰的損害賠償を命じる外国判決が外国判決の承認・執行の要件を充足するかの問題について、最高裁が初めて判断を示したという点で、萬世工業事件は非常に重要な意義を有する。

1）西野喜一「判批」平成10年度主要民事判解218頁、219頁、岡田幸宏「判批」法教210号70頁、71頁（1998年）。
2）小林・民訴法438頁。
3）須藤典明「懲罰賠償判決のわが国での執行の可否と今後の課題」自正49巻４号63頁、66頁（1998年）。
4）橋本道雄＝河村寛治「契約違反における懲罰的損害賠償請求とは──カリフォルニア州の動き（上）」際商30巻１号39頁以下、特に41頁（2002年）。
5）坂本昭雄「判批」金商921号48頁、50頁、52頁（1993年）。なお、アメリカにおける懲罰的損害賠償の機能について、小林秀之＝吉田元子「アメリカの懲罰的損害賠償判決の承認・執行（上）──萬世工業事件最高裁判決を契機として」NBL629号６頁、12頁以下（1997年）。
6）丹羽重博「懲罰的損害賠償の可能性」日法65巻４号３頁、33頁以下（2000年）。
7）兼子原著・第２版637頁〔竹下守夫〕。
8）中野俊一郎「判批」NBL627号19頁、23頁（1997年）。
9）芳賀雅顯・外国判決の承認（慶應義塾大学出版会・2018年）228頁。
10）澤木敬郎＝道垣内正人・国際私法入門（第８版・有斐閣・2018年）343頁。
11）竹下守夫「判例から見た外国判決の承認」新堂幸司ほか編・判例民事訴訟法の理論（中野古稀祝賀・下・有斐閣・1995年）513頁、516頁。
12）澤木＝道垣内・前掲注10）343頁。
13）吉野正三郎＝安達栄司「判批」判タ828号89頁、94頁（1994年）。
14）竹下・前掲注11）540頁。同旨、馬越道夫編・論点・国際民事訴訟法＆民事訴訟法の改正点（不磨書房・1998年）82頁以下〔二羽和彦〕。また、松本博之＝上野泰男・民事訴訟法（第８版・弘文堂・2015年）688頁。
15）佐久間邦夫「判批」曹時52巻４号141頁、152頁以下（2000年）。
16）菊井維大＝村松俊夫原著・コンメンタール民事訴訟法Ⅱ（第２版・日本評論社・2006年）510頁。
17）一問一答・136頁。
18）古閑裕二「判批」ひろば51巻１号54頁、60頁（1998年）。また、馬越・前掲注

14）73頁〔二羽〕。

19）酒井一「米国懲罰的賠償判決の承認と執行に関する一考察（一）——外国判決の承認と執行の分化試論」民商107巻 3 号353頁、363頁、367頁（1992年）。

20）早川吉尚「判批」民商119巻 1 号78頁、84頁以下（1998年）。

21）たとえば、須藤・前掲注 3 ）66頁。また、ある判決が民事判決であるか否かについてはもっぱら承認国たる日本法に従いなされるべきであることについて、酒井・前掲注19）360頁。

22）竹下・前掲注11）523頁。

23）菊井＝村松・前掲注16）511頁以下。

24）道垣内正人「アメリカの懲罰的損害賠償判決の日本における執行」民事手続法学の革新（三ケ月古稀祝賀・上巻・有斐閣・1991年）423頁、433頁。

25）横溝大「判批」判評475号（判時1643号）37頁、40頁（1998年）。

26）道垣内正人「判批」リマークス18号156頁、158頁（1999年）。また、懲罰的損害賠償の本質は制裁であるとし、日本の基準に照らせば民事とはいえないとされる。道垣内正人「判批」民執法判例百選22頁、23頁（1994年）。さらに、懲罰的損害賠償を命ずる判決の性質に鑑みると、これは民事判決とはいえず、民訴法118条柱書の「判決」に該当しないとするのは、澤木＝道垣内・前掲注10）348頁。これに対して、永井博史「判批」大阪経済法科大学法学論集42号（及川追悼記念）209頁、218頁以下（1998年）。

27）神前禎「判批」ジュリ1023号138頁、140頁（1993年）。また、早川・前掲注20）87頁。

28）櫻田嘉章「判批」平成 9 年度重要判解291頁、292頁。

29）小林秀之編・判例講義民事訴訟法「判批」34頁、35頁（2019年）〔中野俊一郎〕。同旨、永井・前掲注26）216頁、森川展男「わが国におけるアメリカ懲罰的損害賠償判決の承認・執行可能性」大東文化大学紀要（社会科学）34号81頁、86頁以下（1996年）。また、民事判決説を支持するのは、春日偉知郎「判批」平成 5 年度重要判解290頁、291頁、奥田安弘・国際財産法（明石書店・2019年）298頁、酒井・前掲注19）363頁以下、高桑昭「外国判決の承認」高桑昭＝道垣内正人編・新・裁判実務大系第 3 巻（青林書院・2002年）306頁、308頁以下。

30）横山潤「判批」国際私法判例百選（第 2 版）224頁、225頁（2012年）。

31）永井・前掲注26）215頁、馬越・前掲注14）74頁〔二羽〕。同旨、道垣内・前掲注26）159頁。

32）小林秀之＝吉田元子「アメリカの懲罰的損害賠償判決の承認・執行（下）——萬世工業事件最高裁判決を契機として」NBL630号42頁、45頁（1997年）。同旨、横溝・前掲注25）40頁、中野・前掲注29）35頁、古閑・前掲注18）61頁、須藤・前掲注 3 ）70頁。

33）早川・前掲注20）82頁。また、承認・執行対象性について萬世工業事件の考え方は全く示されていないとするのは、森田博志「判批」法協117巻11号161頁、170頁以下（2000年）。

34）西野・前掲注 1 ）219頁。

35）藤田泰弘「渉外民事事件の実務と問題点」自正31巻11号18頁、22頁（1980年）。また、坂本・前掲注 5 ）52頁。

36）中野俊一郎「判批」NBL627号19頁、23頁（1997年）。

37）小林秀之「懲罰的損害賠償と外国判決の承認・執行（下）」NBL477号20頁、24

頁（1991年）。なお、手塚裕之「米国各州の懲罰的賠償判決の性質・法的機能と本邦での執行可能性」ジュリ1020号117頁、122頁（1993年）。

38）春日偉知郎「判批」平成5年度重要判解290頁、292頁。なお、公序則により外国法適用が排除される要件について、通則法42条は、〔旧〕法例33条の規律を維持するものとされ、この点に関する既存の解釈論も通則法に引き継がれることになるとされる。小出邦夫編著・逐条解説法の適用に関する通則法（増補版・商事法務・2014年）375頁。

39）小林秀之＝村上正子・新版国際民事訴訟法（弘文堂・2020年）161頁。

40）奥田・前掲注29）306頁。

41）たとえば、日本では、外国判決の承認と執行の要件は同一であるとされる。澤木＝道垣内・前掲注10）344頁。

42）酒井・前掲注19）374頁。

43）酒井一「米国懲罰的賠償判決の承認と執行に関する一考察（二・完）──外国判決の承認と執行の分化試論」民商107巻4＝5号660頁、667頁、673頁（1993年）。

44）藤田泰弘「判批」判タ953号61頁、63頁以下（1997年）。同旨、田尾桃二「判批」金商1031号53頁、58頁（1998年）、岡田・前掲注1）71頁〔実質的に刑事制裁であることを理由としている〕、古閑・前掲注18）61頁、須藤・前掲注3）70頁以下。

45）永井・前掲注26）215頁。

46）馬越・前掲注14）85頁〔二羽〕。また、懲罰的損害賠償制度と公序適合性について、小林＝村上・前掲注39）161頁。

47）櫻田嘉章＝道垣内正人編・注釈国際私法第2巻（有斐閣・2011年）332頁、335頁〔河野俊行〕。

48）芳賀・前掲注9）206頁以下。

49）石黒一憲・現代国際私法上巻（東京大学出版会・1986年）557頁以下。

50）本間靖規＝中野俊一郎＝酒井一・国際民事手続法（有斐閣・2005年）191頁〔中野俊一郎〕。

51）竹下・前掲注11）540頁。同旨、馬越・前掲注14）83頁〔二羽〕。また、実体的公序に関しては内国牽連性の要件を求める見解を正当とするのは、芳賀・前掲注9）207頁以下および238頁。さらに、実体的公序違反の判断に関しては、一方で内国公序の目的や内容、他方で承認すべき外国判決の内容とわが国の法秩序との関連の程度（内国関連性）等に対する考慮が必要になるとするのは、木棚照一＝松岡博＝渡辺惺之・国際私法概論（第5版・有斐閣・2007年）352頁〔渡辺惺之〕。

52）鈴木忠一＝三ヶ月章編・注解民事執行法第1巻（第一法規・1984年）402頁〔青山善充〕。

53）鈴木正裕＝青山善充編・注釈民事訴訟法第4巻（有斐閣・1997年）382頁〔高田裕成〕。

54）佐久間・前掲注15）172頁以下。

55）森田・前掲注33）166頁。

56）兼子・前掲注7）637頁〔竹下〕。

57）櫻田・前掲注28）293頁。

58）横溝・前掲注25）39頁以下。同旨、森田・前掲注33）166頁以下〔実体的公序違反性を審査する際には、事案の内国牽連性についても考慮することが必要であ

るにもかかわらず、事案の内国牽連性に言及しない萬世工業事件については支
持できない〕。

59）兼子原著・第2版637頁〔竹下守夫〕。また、田尾桃二「懲罰的損害賠償をめぐ
って」法の支配113巻2頁、3頁（1999年）〔この判決に対しては、ほぼすべて
の判例批評が賛成した〕、田尾・前掲注44）58頁。

60）櫻田・前掲注28）292頁。同様に、萬世工業事件の結論には賛成するとするのは、
森田・前掲注55）165頁。

61）須藤・前掲注3）71頁。同旨、中野貞一郎＝下村正明・民事執行法（青林書院・
2016年）195頁注7。

62）佐久間・前掲注15）173頁以下。

事 項 索 引

判 例 索 引

●──著者紹介

小林秀之（こばやし ひでゆき）

1952年生まれ。東京大学法学部卒業。第28期司法修習生。東京大学法学部助手、上智大学法学部教授、上智大学法科大学院教授、一橋大学大学院国際企業戦略研究科教授を経て、現在、SBI大学院大学教授、一橋大学名誉教授、弁護士。主な著書に、新ケースでわかる民事訴訟法（日本評論社・2021）、判例講義 民事訴訟法（編、弘文堂・2019）、破産から新民法がみえる──民法の盲点と破産法入門（日本評論社・2018）、法学講義 民事訴訟法（編、弘文堂・2018）、国際裁判管轄の理論と実務（編集代表、新日本法規出版・2017）、証拠収集の現状と民事訴訟の未来（編、悠々社・2017）、民事訴訟法（新世社・2013）、交渉の作法──法交渉学入門（編、弘文堂・2012）ほか多数。

山本浩美（やまもと ひろみ）

1960年生まれ。上智大学法学研究科博士単位取得満期退学。上智大学法学部助手、南山大学法学部教授などを経て、現在、国士舘大学法学部法律学科教授。主な著書に、明解民事訴訟法（第3版・法学書院・2017）、やさしい民事執行法・民事保全法（法学書院・2013）以上すべて共著。アメリカ環境訴訟法（弘文堂・2002年）。

さいしん　じゅうようはんれいかいせつ　みんじ　そしょうほう
最新　重要判例解説　民事訴訟法

2021年9月30日／第1版第1刷発行

著　者　小林秀之／山本浩美
発行所　株式会社日本評論社
　　　　〒170-8474　東京都豊島区南大塚3-12-4
　　　　電話　03-3987-8621（販売）-8601（編集）
　　　　振替00100-3-16　https://www.nippyo.co.jp/
印刷所　精文堂印刷
製本所　牧製本印刷
装　幀　銀山宏子
© KOBAYASHI Hideyuki, YAMAMOTO Hiromi 2021　　　　Printed in Japan
ISBN 978-4-535-52596-2